D1727629

U&S Psychologie
Fthenakis u. a. · Ehescheidung

Ehescheidung

Konsequenzen für Eltern und Kinder

Wassilios E. Fthenakis
Renate Niesel
Hans-Rainer Kunze

Urban & Schwarzenberg
München–Wien–Baltimore 1982

Anschrift der Autoren:

Dr. Dr. Wassilios E. Fthenakis, Diplom-Psychologe
Renate Niesel, Diplom-Psychologin
Hans-Rainer Kunze, Diplom-Psychologe

Postfach 86 03 65
8000 München 86

Anschriften des Wissenschaftlichen Beirates

Prof. Dr. Siegfried Greif, Institut für Psychologie, FB 12, Freie Universität Berlin, Habelschwerdter Allee 45, 1000 Berlin 33

Prof. Dr. Ernst-D. Lantermann, Gesamthochschule Kassel, FB 3, Heinrich-Plett-Str. 40, 3500 Kassel

Prof. Dr. Rainer K. Silbereisen, Institut für Psychologie, FB 2, Technische Universität Berlin, Dovestr. 1–5, 1000 Berlin 10

CIP-Kurztitelaufnahme der Deutschen Bibliothek

Fthenakis, Wassilios E.:
Ehescheidung : Konsequenzen für Eltern u.
Kinder / Wassilios E. Fthenakis ; Renate Niesel ;
Hans-Rainer Kunze. – München ; Wien ;
Baltimore : Urban und Schwarzenberg, 1982.
(U–&–S–Psychologie)
ISBN 3–541–10311–6
NE: Niesel, Renate:; Kunze, Hans-Rainer:

ISBN 3-541-10311-6

Vorwort

Die Zahl der Scheidungen wächst – sowohl national als auch international gesehen – und damit auch die Zahl der von einer Scheidung betroffenen Kinder. Es ist schon allein von der zahlenmäßigen Größenordnung dieser gesellschaftlichen Entwicklung her erstaunlich, daß sich in der Bundesrepublik Deutschland bislang Öffentlichkeit wie Sozialwissenschaften dieses Gebiets so wenig angenommen haben. Mehr noch aber muß beunruhigen, daß diese Thematik sowohl im Hinblick auf die möglichen sozialen Auswirkungen als auch auf die Fehlentwicklungen bei dem Versuch, die Scheidungsfolgen individuell wie gesamtgesellschaftlich zu bewältigen, auf ein vergleichsweise geringes Interesse gestoßen ist. In anderen Ländern, z. B. in den USA, die allerdings (nach dem Stand von 1979) eine etwa viermal so hohe Scheidungsrate aufweisen wie die Bundesrepublik Deutschland, besteht ein deutlich höheres Problembewußtsein, das sich inzwischen in einer umfangreichen wissenschaftlichen Tätigkeit und in einer wachsenden Zahl von Veröffentlichungen monographischer wie periodischer Art manifestiert hat. Dies erklärt zum Teil auch den relativ geringen Anteil an deutschsprachiger Literatur, den wir in der vorliegenden Arbeit berücksichtigen konnten.

Als Autoren standen wir vor keiner leichten Entscheidung: Wir hatten die Wahl, noch abzuwarten, bis ein wirklich umfassender und zugleich eingehender Überblick – vielleicht auch mit vermehrter deutscher Originalliteratur – über dieses Arbeitsgebiet hätte gegeben werden können. Andererseits lagen uns viele neue und wichtige Informationen vor, von denen wir glauben, daß eine größere, interessierte wie betroffene Öffentlichkeit Zugang dazu haben sollte, so daß wir uns entschlossen haben, eine aus systematisch-wissenschaftlicher Perspektive gesehen vielleicht befriedigendere Vorgehensweise zurückzustellen und den letzteren Weg zu wählen. Dies erforderte aber eine gewisse Selektivität bei der Auswahl der Einzelaspekte. Wir wissen, daß eine Reihe von Fragen noch nicht in dem Umfang abgehandelt werden konnten, der ihrer Bedeutung angemessen wäre. Dies schlägt sich auch in der Gesamtstruktur des Buches nieder, das aus drei relativ selbständigen Abschnitten besteht. Jeder dieser Abschnitte kann auch für sich genommen und weitgehend ohne den anderen vorauszusetzen gelesen werden.

Der erste Abschnitt beschäftigt sich fast ausschließlich mit der Bedeutung, die der Vater für die Entwicklung seines Kindes hat und gibt einen

Überblick über den Stand der wissenschaftlichen Arbeit auf diesem Gebiet hinsichtlich verschiedener Teilaspekte. Hier lagen Erkenntnisse vor, die gerade auch mit Blick auf die Scheidung nicht ernst genug genommen werden können. Der zweite Abschnitt widmet sich im engeren Sinne den Konsequenzen, die eine Ehescheidung für Eltern und Kinder hat, den Lebensbedingungen der geschiedenen Familie und den Hilfen, die Eltern und Kindern vor, während und nach einer Scheidung gegeben werden können. Im dritten Abschnitt wird speziell die Frage der Regelung des elterlichen Sorgerechts im Anschluß an eine Scheidung behandelt. Es werden Problemfelder bei der Sorgerechtsregelung beschrieben sowie Voraussetzungen und Ansatzpunkte für Verbesserungen bei Sorgerechtsentscheidungen diskutiert.

Unsere Absicht war es in erster Linie, die Auswirkungen einer Scheidung auf die einzelnen Familienmitglieder und auf ihre Beziehung zueinander darzustellen. Gleichwohl sind wir uns in hohem Maße bewußt, daß die Familie als soziales System anzusehen ist, und wir versuchen eher noch verstärkt auf die Interdependenzen innerhalb der Familie hinzuweisen und auf die Bedeutung, die die einzelnen Familienmitglieder füreinander haben. Es war unser Anliegen, neben den klassischen Methoden neue Ansatzmöglichkeiten hervorzuheben. Wir sprechen uns dabei nicht für bestimmte Methoden aus, sondern wollten diese vielmehr bezüglich ihrer Ergebnisse, Sichtweisen und Probleme darstellen und zugleich die Vielschichtigkeit und Komplexität der Thematik immer wieder erkennbar werden lassen.

Desgleichen versuchen wir auf das Umfeld der Scheidungsfamilie aufmerksam zu machen, das von uns bei der Bewältigung der Scheidungsfolgen als von nicht minderer Bedeutung angesehen wird.

Wir wenden uns deshalb mit diesem Buch genauso an die wachsende Zahl der durch eine Scheidung direkt betroffenen Eltern, wie auch an alle indirekt an einer Scheidung Beteiligten, also Richter und Anwälte, Sachverständige, Pädagogen, Ärzte, Berater und Therapeuten und Wissenschaftler. Sie sollen mit dem aktuellen Stand der wissenschaftlichen Forschung und den vorliegenden Ergebnissen im einzelnen vertraut gemacht werden, sowohl, um ihren eigenen Kenntnisstand überprüfen, als auch, um sich ein eigenes Urteil bilden zu können. Wir hoffen dabei, daß es uns gelungen ist, mit unserer Arbeit einen notwendigen Beitrag zur Erweiterung der Diskussion über fachspezifische Grenzen hinaus zu leisten.

So sehr wir damit zufrieden sind, gerade auch den nicht fachwissenschaftlich arbeitenden Leser mit zahlreichen Ergebnissen (vor allem aus fremdsprachlicher Literatur) bekannt machen zu können, die ihm im allgemeinen nur mühevoll zugänglich sind, so sehr ist uns auch klar, daß bei der Vielzahl der Untersuchungen manche Unklarheit nicht ausgeräumt werden konnte, manche Darstellung vielleicht nicht deutlich genug erfolgt ist und selbst Widersprüche bestehen. Auch werfen manche Ergebnisse wieder neue Fragen auf, oder sie stellen nur Teilantworten dar. Unsere Arbeit reflektiert diesen unterschiedlichen Kenntnisstand auf den einzelnen Gebieten. Wir haben nicht versucht, hier Lücken zu füllen, die in der Tat gegenwärtig noch bestehen. Diese Defizite wollten wir eher deutlich machen und als Anregung für eine weitere Erforschung vermitteln.

Es gibt aber auch eine Reihe von Punkten, die wir – um den Umfang des Buches in Grenzen zu halten – zum Teil trotz schon eingehenderer wissenschaftlicher Behandlung hier nicht aufgenommen haben. Dies betrifft in erster Linie den Themenkomplex der Mutter-Kind-Beziehung, aber auch Fragen nach den Ursachen, den Bedingungen und dem Verlauf des Familienprozesses, der schließlich zu einer Scheidung führt, also die Gesamtproblematik der Vorscheidungs-Familie einschließlich solcher Vorgänge, die eher der juristischen oder anderweitig institutionellen Behandlung der Scheidung zugehörig betrachtet werden.

Weiterhin sollte noch stärker differenziert werden zwischen den Konsequenzen der Scheidung und der speziellen emotionalen Belastungssituation einerseits und den Prozessen in der Vor- und Nach-Scheidungsfamilie und ihren Auswirkungen andererseits. Größere Aufmerksamkeit erfordern auch langfristige Entwicklungsabweichungen bei Kindern in der kognitiven wie der Persönlichkeits- und sozialen Entwicklung. Wenig betont haben wir auch die Probleme, die im landläufigen Sinn der Scheidung eigentlich gar nicht mehr zugerechnet werden, obwohl sie als unmittelbare oder mittelbare Folgen der Scheidung anzusehen sind, also etwa Fragen der Unterhaltspflicht, die Wiederverheiratung geschiedener Elternteile oder der Komplex Stiefeltern- bzw. Stiefgeschwisterschaft.

Wir hoffen, daß sich in einer weiteren Auflage dieses Buches zumindest ein Teil dieser Defizite beheben läßt. Zugleich streben wir dann auch eine Verbesserung hinsichtlich der Vollständigkeit und der Klarheit der Darstellung an. Möglicherweise erfordert es die Komplexität der Thematik, daß einzelne Abschnitte dann eine eigenständige zusammenhängende Behandlung in Buchform erfahren.

Die Autoren würden sich über Anregungen freuen, die aus dem Leserkreis kommen, seien es Hinweise, die Fehler betreffen, oder Vorschläge für Verbesserungen oder die Nennung von Aspekten, die bislang als zu wenig beachtet oder einer Ergänzung bedürftig empfunden werden. Insbesondere sind wir auch an Erfahrungen und Ergebnissen aus Forschungsprojekten zur Scheidungsberatung, Scheidungsprophylaxe oder -nachbetreuung sowie zur Vater-Kind-Beziehung interessiert. Gern nehmen wir auch Hinweise auf derzeit noch in Arbeit befindliche Untersuchungen zu diesen Themen entgegen.

Frau Ellen Presser und Herr Rainer Heinrich waren mit der Organisation der Literatur betraut und erstellten in gewissenhaftem und unermüdlichem Einsatz die Bibliographie dieses Buches. Dafür möchten wir ihnen unseren besonderen Dank aussprechen. Frau Presser wirkte außerdem bei der Erstellung des Personen- und Stichwortverzeichnisses mit. Wir bedanken uns ebenfalls bei Frau Helga Haindl, die unter stetem Zeitdruck termingerecht, zuverlässig und sorgfältig die Schreibarbeiten am Manuskript erledigte.

Inhaltsverzeichnis

Vorwort   V

I. Abschnitt   1

Die Rolle des Vaters in der Entwicklung des Kindes   3

Einleitung   3
Die Vater-Kind-Beziehung als Forschungsgegenstand   5
   Einleitung   5
   Gründe für die Vernachlässigung der Rolle des Vaters   6
     Stereotype Konzepte der Rollenteilung in der Familie   7
     Entwicklungstheorien, die sich ausschließlich auf die Mutter-Kind-
     Beziehung konzentrieren   9
     Die Kluft zwischen soziologischen Theorien der Familie und
     psychologischen Theorien zur Eltern-Kind-Interaktion   11
     Nichteinbeziehung der Kompetenzen des Kleinkindes   12
   Theoretische Neuorientierung   13
   Methodologische Neuorientierung   15

Die Rolle des Vaters während der Schwangerschaft und der Geburt   17

Einleitung   17
Geburtsvorbereitende Kurse   17
Die Anwesenheit des Vaters bei der Geburt   18
Diskussion   21

Ähnlichkeiten und Unterschiede im Verhalten von Vätern und Müttern   23

Einleitung   23
Quantitative Aspekte der Vater-Kind-Interaktion und Mutter-Kind-
Interaktion   24
Ähnlichkeiten und Unterschiede mütterlichen und väterlichen Verhaltens
gegenüber Kleinkindern   27
   Ähnlichkeiten   27
   Unterschiede   29
Konsistenz der Mutter-Kind- und Vater-Kind-Beziehung   32
Das Geschlecht und die Position des Kindes in der Geschwisterreihe als
Determinante väterlicher und mütterlicher Verhaltensweisen   33

Wechselwirkungen zwischen Eltern und Kind in dyadischen Situationen . . .   35
   Reaktion des Kindes auf elterliches Verhalten   35
   Reaktion der Eltern auf kindliches Verhalten   36
   Einstellungen der Eltern gegenüber dem Kind   38
   Zusammenfassung   39

Zur Entstehung von Bindungsverhalten bei Kleinkindern   40

   Theoretische Ansätze   40
   Experimentelle Beiträge   43
   Faktoren, die Bindungsverhalten beeinflussen   48
   Bindungsverhalten unter Streßbedingungen   49
   Diskussion   51

Die Auswirkungen der Vaterabwesenheit auf die Entwicklung des Kindes . . .   54

   Einleitung   54
   Versuch einer Analyse des Forschungsfeldes   56
      Ausmaß der Vater-Kind-Trennung   56
      Ursachen der Vaterabwesenheit   56
      Zeitpunkt der Vater-Kind-Trennung   57
      Verfügbarkeit von Vatersurrogaten   57
      Charakteristika der Stichproben: Alter und Geschlecht   57
      Sozioökonomische Schichtzugehörigkeit   58
      Methodologische Probleme   58
   Auswirkungen der Abwesenheit des Vaters auf die kognitive Entwicklung
   des Kindes   60
      Arten der Vaterabwesenheit   60
      Dauer der Vaterabwesenheit   61
      Zeitpunkt des Beginns der Vaterabwesenheit   61
      Verfügbarkeit des Vaters   62
      Verfügbarkeit von Surrogaten   62
      Charakteristika der Stichproben: Alter und Geschlecht   62
      Kulturelle Unterschiede   63
      Sozioökonomische Schichtzugehörigkeit   63
      Familiengröße   64
      Arten kognitiver Leistungen   64
      Interpretation der Zusammenhänge   66
   Die Auswirkungen der Vaterabwesenheit auf die moralische Entwicklung .   68
      Untersuchungsergebnisse   68
      Interpretationsansätze   70
   Die Auswirkungen der Abwesenheit des Vaters auf die Geschlechtsrollen-
   entwicklung des Kindes   71
      Männliche Indentität   71

Geschlechtsspezifisches Verhalten 72
Geschlechtsspezifische Interessen und Fähigkeiten (Maskulinitäts-
Femininitäts-Skalen) 74
Weitere Indikatoren für die geschlechtliche Identität 74
Einflußfaktoren bei der Geschlechtsrollenentwicklung neben der Vater-
abwesenheit per se 75
Theoretische Ansätze zur Interpretation der Entwicklung geschlechts-
rollenspezifischen Verhaltens 77
Vaterabwesenheit und die Entwicklung seiner Tochter 80
Vaterabwesenheit und Verhaltensauffälligkeiten bei Kindern 82
Vorüberlegungen 82
Psychosoziale Entwicklung bei nicht als auffällig klassifizierten Kindern
und Jugendlichen 83
Manifeste Störungen der psychosozialen Entwicklung 84

Ausblick 88

II. Abschnitt 93

Konsequenzen der Ehescheidung für Eltern und Kinder 95

Einleitung 95
Veränderungen in den Lebensbedingungen geschiedener Familien 100
Der Einfluß individueller Faktoren 101
Durch die Scheidung entstehende Problembereiche 119
Zur finanziellen Situation und Berufstätigkeit 104
Probleme der Haushaltsführung und Kinderbetreuung 107
Emotionale Probleme und soziale Beziehungen 109
Väter mit Sorgerecht 115
Einleitung 115
„Typisierung" der Väter und Motivation für die Ausübung des
Sorgerechts 117
Anpassung an die Elternrolle 118
Folgerungen 120
Die Familiären Beziehungen nach der Scheidung 121
Die Beziehung der geschiedenen Ehepartner zueinander 121
Die Beziehung des sorgeberechtigten Elternteils zum Kind 124
Geschlechtsspezifische Unterschiede 127
Das Kind als Partnerersatz 130
Der nichtsorgeberechtigte Vater 134
Lebensstil und Probleme nichtsorgeberechtigter Väter 134
Die Beziehung des nichtsorgeberechtigten Vaters zu seinem Kind 136
Mögliche Ursachen für die Veränderungen der Vater-Kind-Beziehungen 137

Positive Einflußfaktoren auf die Vater-Kind-Beziehung nach der Scheidung 138
Abschließende Bemerkungen 141
Ehescheidung und die Konsequenzen für das Kind 142
Altersspezifische Reaktionen 143
Kinder im Alter von 2½ bis 3½ Jahren 145
Kinder im Alter von 3½ bis 5 Jahren 145
Kinder im Alter von 5 bis 6 Jahren 146
Kinder im Alter von 7 bis 8 Jahren 147
Kinder im Alter von 9 bis 12 Jahren 148
Kinder und Jugendliche im Alter von 13 bis 18 Jahren 150
Folgerungen und weiterführende Diskussion 151
Geschlechtsspezifische Reaktionen 154
Der Einfluß individueller Charakteristika 156
Anregungen für eine „integrative Perspektive" 157
Das Makrosystem: Gesellschaftliche Einstellungen zur Familie 158
Das Exosystem: Umweltstabilität und soziale Unterstützung 160
Das Mikrosystem: Die Wirkung intrafamiliärer Beziehungen auf das Kind 161
Das ontogenetische System: Individuelle Faktoren zur Streßbewältigung 162
Abschließende Bemerkungen 163
Hilfen für Eltern und Kinder vor, während und nach der Scheidung 164
Einleitung 164
Beratung vor und während der Scheidung 164
„The Divorce Experience" 164
„Divorce Mediator" – Vermittler in Scheidungskonflikten 165
Beratungsstelle am Familiengericht 168
„Das Stuttgarter Modell" 169
„Anwalt des Kindes" 171
Kombination von Beratung (außergerichtliche Konfliktlösung) und Erstellung einer Sorgerechtsempfehlung 172
Das „Denver Modell" 172
Von der Fallorientierten Therapie zum „Family Center" 174
Hilfe nach der Scheidung 176
Die traditionellen therapeutischen Ansätze 176
Intervention als Mittel zur Gewinnung von Forschungsdaten 176
„Warren Village" 184
„Community Support Group" 185

III. Abschnitt 187

Die Regelung des elterlichen Sorgerechts nach der Scheidung 189

Einleitung 189
Formen von Sorgerechtsregelungen 190
   Schematische Einteilung von Sorgerechtsregelungen 190
   Sorgerechtsregelungen im In- und Ausland 191
Begründungsmuster für Sorgerechtsregelungen 194
   Religiöse bzw. naturrechtliche Begründungsmuster 195
   Patriarchalische Begründungsmuster 195
   Naive Begründungsmuster 195
   Wissenschaftliche Begründungsmuster 197
   Kindorientierte Begründungsmuster 197
      Die Argumentation „zum Wohle des Kindes" 197
      Die Argumentation für „die am wenigsten schädliche Alternative für das
      Kind" 198
   Begründungsmuster, die sich auf Schuld und Versagen berufen 198
   Begründungsmuster, die sich auf Gerechtigkeit berufen 199
Die Untersuchung von Sorgerechtsregelungen – Forschungsergebnisse . . . 200
Problemfelder bei der Sorgerechtsregelung 206
   Elternrecht und Elternpflicht 206
   Elternrecht und Kindesrecht 209
   Zur Bestimmung des „Wohls des Kindes" 210
   Zur Rolle der Experten in Sorgerechtsverfahren 214
      Probleme des Familienrichters 214
      Probleme der Parteianwälte 216
      Probleme der begutachtenden Sachverständigen 217
Voraussetzungen und Ansatzpunkte für Verbesserungen von
Sorgerechtsregelungen 220

Literaturverzeichnis 231

Personenregister 255

Sachregister 262

I. Abschnitt

Die Rolle des Vaters in der Entwicklung des Kindes

Einleitung

Die Vater-Kind-Beziehung galt lange Zeit in der Forschung als ein vernachlässigtes Gebiet – verglichen etwa mit Studien zur Mutter-Kind-Beziehung. Dies hat sich nunmehr seit Beginn der siebziger Jahre geändert. Vor allem in der angelsächsischen Literatur läßt sich ein ständig wachsendes Interesse an der Rolle feststellen, die der Vater in der Entwicklung seines Kindes spielt. Heute steht man vor einer Vielzahl von Beiträgen, die es uns erlauben, die Frage nach der Bedeutung des Vaters differenziert zu beantworten und eine Reihe z. T. unreflektiert übernommener Ansichten über die Vaterrolle zu hinterfragen.

Speziell die deutschsprachige Literatur ist reich an philosophisch-anthropologischen Abhandlungen zur Vaterrolle, jedoch arm an empirischen Arbeiten. Die Durchsicht der Bibliographie der deutschsprachigen psychologischen Literatur macht diesen Mangel an empirischen Arbeiten deutlich: Von den 19 angeführten Beiträgen zur Vater-Kind-Beziehung sind 5 Übersetzungen aus anderen Sprachen, von den übrigen 14 stellen zwei Arbeiten quasi-experimentelle und allein eine Arbeit eine Felduntersuchung dar. Als Prototyp für eine Vielzahl von Abhandlungen aus dem deutschsprachigen Raum können die von Tellenbach (1976, 1978) herausgegebenen Bände angesehen werden, die eine ausführliche Behandlung des Vaterbildes von der ägyptischen Kultur bis zur Gegenwart unternehmen. Borneman (1975) analysiert in seinem Buch „Das Patriarchat" eine Reihe von Beiträgen und zieht interessante Schlüsse für die Rolle des Vaters. In ähnliche Richtung gehen auch die philosophisch-anthropologischen Beiträge von Scherer (1962), Juritsch (1966), Asperger (1960), Vetter (1960) und anderen. Von grundsätzlichem Interesse erweisen sich auch die soziologischen Beiträge zu dieser Thematik von Adorno et al. (1950), Horkheimer (1936), Mitscherlich (1953), Mendel (1972) u. a., 1968 hat Landolf eine psychologische Abhandlung zur Vaterrolle vorgelegt, der allerdings heute nur noch historische Bedeutung beigemessen wird. Erst seit der Mitte der siebziger Jahre beginnt sich das Bild zu wandeln. Zunächst sei auf die soziologische Abhandlung von Scharmann & Scharmann (1979) hingewiesen. Hinzu kommen das Übersichtsreferat von Stork (1974) und einige Dissertationsschriften (Finzer, 1974; Kerkhoff, 1975;

Khollar, 1976; Pohle-Hauss, 1977), die von theologischer, psychologischer und soziologischer Perspektive an die Vaterrolle herangehen. Fthenakis & Merz (1978) haben auf einige neuere Forschungsansätze – vor allem in der angelsächsischen Literatur hingewiesen und auf die Bedeutung der gegenwärtigen Vaterforschung für die Pädagogik aufmerksam gemacht. Fthenakis (1981) hat in einer weiteren Arbeit die besondere Situation der Vaterabwesenheit (bzw. des Vaterverlusts) in Folge einer Scheidung behandelt. Eine Reihe von Interventionsmaßnahmen in dieser Situation haben Fthenakis & Niesel (1981) erörtert. Auf den Mangel an Arbeiten, was die Rolle des Vaters anbetrifft, hat 1974 Lehr mit Nachdruck hingewiesen (vgl. auch 1980). An manchen Universitäten (Bonn und München) begann man mit Lehrveranstaltungen über die Bedeutung des Vaters in der frühen Kindheit. In diesem Kontext ist auch die Arbeit von Meyer-Krahmer (1980) zu sehen. Andere wiederum griffen den Schwerpunkt Vaterabwesenheit auf und versuchten die Aufmerksamkeit auf die Auswirkungen der Vaterabwesenheit und damit mittelbar auf die Bedeutung des Vaters in der Entwicklung des Kindes zu lenken (Thomas, 1980). Eine Arbeit von Keller & Werner-Bonus (1978, vgl. auch Keller & Keller, 1981) verdient deshalb besonders hervorgehoben zu werden, da sie sich als einzige Arbeit an die angloamerikanische Forschung anlehnt und die Überprüfung – von zum damaligen Zeitpunkt forschungsrelevanten Fragestellungen – allerdings in einer sehr kleinen Stichprobe – unternimmt. Der Mangel an empirischen Arbeiten im deutschsprachigen Raum ist auch der Hauptgrund dafür, daß im folgenden vorwiegend auf Literatur und Arbeiten zurückgegriffen wird, die in den USA, Schweden und anderen Ländern durchgeführt wurden.

In den nun folgenden Teilen dieses ersten Abschnittes werden wir fünf Schwerpunkte der Vater-Kind-Beziehung behandeln, deren Ergebnisse für die übergeordnete Thematik dieser Arbeit von grundsätzlicher Bedeutung sind. Wir haben den Schwerpunkt in diesem ersten Abschnitt bewußt auf die Vater-Kind-Forschung gelegt, um das historische Ungleichgewicht, das durch die einseitige Überbetonung der Mutter-Kind-Beziehung entstanden ist, ein wenig zu korrigieren. Es wäre eine Fehlinterpretation, würde man daraus ableiten, daß die Mutter-Kind-Beziehung sekundär für das Kind sei oder diese nicht das Forschungsinteresse der Autoren fände. Unser Plädoyer für eine gleiche Behandlung beider Elternteile begründen wir mit der ähnlichen, aber auch in manchen Verhaltensweisen unterschiedlichen Rolle, die Mütter und Väter im Leben ihrer Kinder spielen.

Im ersten Teil wird der Wandel in unserem Verständnis über die Rolle des Vaters während der letzten Jahre behandelt und auf die Gründe bislang fehlender Vaterforschung eingegangen. Mit einigen Anmerkungen zum theoretischen und methodologischen Wandel in der Vaterforschung schließen wir den ersten Teil ab. Im zweiten Teil wird auf die Änderung der Vaterrolle während der Schwangerschaft und der Geburt hingewiesen. Es wird versucht, denen, die die Entscheidungen über das Kleinkind – als Elternteil, als Richter, als Sachverständiger, oder als Sozialarbeiter – vorbereiten oder sogar treffen, den Wandel zu verdeutlichen, der uns vor eine stark veränderte gesellschaftliche Situation stellt. Im (dritten) Teil „Ähnlichkeiten und Unterschiede im Verhalten von Müttern und Vätern" setzen wir uns mit der überlieferten Auffassung auseinander, die Mutter eigne sich besser für die Erziehung eines Kleinkindes als der Vater. Unsere Ansicht geht dahin, mit Hilfe der vorliegenden Ergebnisse diese Position zu relativieren und auf die wichtige Rolle hinzuweisen, die *beide* Elternteile im Leben ihres Kindes spielen. Mit der These der Psychoanalyse und der Bindungstheorie, das Kind entwickle eine primäre, wenn nicht sogar ausschließliche Bindung an die Mutter, befassen wir uns im vierten Teil. Fragen des Zeitpunktes, der Art und Qualität kindlicher Bindung, der Faktoren, die kindliches Bindungsverhalten unter Streßbedingungen beeinflussen, sind Gegenstand unserer Betrachtung. In einem letzten Teil stellen wir relativ ausführlich die Auswirkungen der Abwesenheit des Vaters auf die Entwicklung des Kindes dar und konzentrieren uns insbesondere auf die kognitive, moralische, geschlechtsrollenspezifische und psychosoziale Entwicklung.

Viele Aspekte der Vaterforschung konnten hier nicht berücksichtigt werden. Wir hoffen jedoch, daß die hier behandelten Aspekte dem interessierten Leser dennoch einen Zugang zur Gesamtthematik und zur aktuellen Literatur vermitteln.

Die Vater-Kind-Beziehung als Forschungsgegenstand

Einleitung

Während die Mutter-Kind-Beziehung heute forschungsmäßig gut dokumentiert ist, waren Studien zur Vater-Kind-Beziehung bis zu Beginn der siebziger Jahre in der Literatur nur spärlich vorhanden. Mit Ausnahme der Beiträge von Schaffer & Emerson (1964) und Pedersen & Robson (1969) konnte man bis dahin kaum Arbeiten finden, die sich mit der Vater-Kind-Beziehung befaßten.

In der ersten „Phase" der Vaterforschung, etwa bis zur Mitte der siebziger Jahre, wurden im wesentlichen Fragestellungen und Methodologie der Mutter-Kind-Beziehung repliziert. So setzten sich Feldman & Ingham (1975), Kotelchuck et al. (1975) und Willemsen et al. (1974) mit Fragen der Zuneigung des Kleinkindes zum Vater auseinander, während Yogman (1977) und später Field (1978) Fragen der Face-to-face-Interaktion untersuchten. Mit Ausnahme der Arbeit von Clarke-Stewart (1977) und der Studien von Lamb (1974, 1976 b) gab es kaum Längsschnittuntersuchungen. Im Mittelpunkt dieser Ansätze stand die Rolle des Vaters in der frühen Kindheit. Das Ziel war, einen (deskriptiven) Entwurf für ein „Modell der Verhaltensabläufe" zwischen Vater und Kleinkind zu erstellen (Parke & Sawin, 1975; Sawin & Parke, 1976). Das Forschungsinteresse konzentrierte sich während dieser ersten Phase auf die Untersuchung der Auswirkungen der Vaterabwesenheit hinsichtlich der psychosexuellen Entwicklung des Kindes (Biller, 1974, 1976; Herzog & Sudia, 1973; Shinn, 1978) sowie auf die Feststellung von Ähnlichkeiten und Unterschieden im väterlichen und mütterlichen Verhalten in der Interaktion mit Kleinkindern in bestimmten Situationen (z. B. Fütterung, Spiel etc.) (Parke & O'Leary, 1976; Parke & Sawin, 1975). Diese frühen, einseitig gerichteten Modelle, die sich lediglich mit der Einflußnahme der Eltern auf das Kleinkind befaßten, liegen nunmehr hinter uns (Lewis & Rosenblum, 1974). Statt dessen etablierte sich – mit der Absicht dieses Ungleichgewicht zu korrigieren – ein Standpunkt der Überbetonung der kindlichen Einflußnahme.

Erst seit der zweiten Hälfte der siebziger Jahre hat sich ein bemerkenswerter Wandel in der (theoretischen und methodologischen) Orientierung der Forschung in diesem Bereich vollzogen: Man geht nun von der Annahme einer Wechselwirkung in der Interaktion aus und versucht ein Modell der familiären Einheit als einem System reziproker, interagierender Einflüsse zu entwickeln, das zeitlichen Veränderungen unterliegt. Auf diesen Wandel wird weiter unten noch näher eingegangen.

Gründe für die Vernachlässigung der Rolle des Vaters

Die Gründe, die zur Vernachlässigung der „Vaterforschung" geführt haben, sind vielfältig. Pedersen (1980 a) identifiziert vier Barrieren, die seiner Auffassung nach einen restriktiven Einfluß auf das Denken über die kindliche Umwelt ausgeübt haben müssen: (a) Stereotype Konzepte über die Rollenteilung in der Familie; (b) Entwicklungstheorien, die sich ausschließlich auf den mütterlichen Einfluß konzentrieren; (c) die Kluft zwischen den Theorien über die eheliche Beziehung und solchen, die die Eltern-Kind-Beziehung untersuchen und (d) Mangel an Konzepten, die eine Untersuchung kindlicher Interaktionsprozesse und seiner Kompetenzen in einem komplexen, die Mutter-Kind-Dyade sprengenden Kontext ermöglichen würden.

Stereotype Konzepte der Rollenteilung in der Familie

Auch in unserer Gesellschaft konnte man bis Ende der sechziger Jahre eine relativ stereotype Rollenteilung in der Familie beobachten. Kulturanthropologen haben darauf hingewiesen, daß jede kulturelle Gruppe über eine ihr eigene Definition der Institution Familie und der damit verbundenen Rollenteilung zwischen Mann und Frau verfügt und daß je nach Definition unterschiedliche Erwartungen an die Familienmitglieder herangetragen werden. Die traditionelle Kernfamilie westlicher Industriegesellschaften schreibt dem Vater die ökonomische Versorgerrolle, der Mutter die Führung des Haushaltes und die Kindererziehung zu. Eine explizite Darlegung dieser Rollenteilung findet sich in der Rollentheorie Parsons (1955), der die männliche Rolle als „instrumentell" bezeichnet (d. h. an der äußeren Umwelt orientiert und mit der Verantwortung für die soziale und ökonomische Stellung der Familie in der Gesellschaft betraut), die weibliche dagegen als „expressiv" (d. h. die Mutter ist verantwortlich für das emotionale Klima, für die Führung des Haushaltes und die Kindererziehung). Soziologen und andere Sozialwissenschaftler haben während der letzten Zeit versucht, die Gültigkeit dieser Polarisierung in Frage zu stellen. Sie vertraten die Auffassung, daß Geschlechtsstereotypien heute das Leben des Menschen weniger beeinflussen und einengen als in der Vergangenheit. Eine solche These übersieht allerdings, daß wir gegenwärtig über keine hinreichende Operationalisierung von Geschlechtsrollenstereotypien verfügen, und es ist anzunehmen, daß das Konzept „Geschlechtsrollenstereotypien" unterschiedliche Bereiche einschließt, die nur niedrig interkorrelieren. Demnach können Veränderungen in einem Bereich nicht unbedingt als gute Prädiktoren für Veränderungen in anderen Bereichen verwendet werden. Außerdem gibt es Untersuchungen, die belegen, daß der Wandel innerhalb der herkömmlichen Rollenteilung in der Familie zwischen Mann und Frau bei weitem nicht so fortgeschritten ist, wie man aufgrund der etwa durch die Frauenbewegung in den USA erweckten Erwartungen annehmen könnte: Untersuchungen aus den siebziger Jahren zeigten, daß globale Fragen über die Rechte der Frauen oder über die Gleichstellung beider Geschlechter zwar relativ regelmäßig zu positiven Antworten auf seiten der Männer führten, da es für sie einfach war, Gleichheitsprinzipien auf relativ allgemeinem Niveau zuzustimmen. Wurden die Männer jedoch gefragt, ob

7

sie bereit wären, die Verantwortung für die Versorgung der Kinder zu übernehmen, damit ihre Frauen die Berufskarriere fortsetzen könnten, oder ob sie fürchteten, daß ihre Frauen mehr verdienten als sie selbst, konnte man sie klarer als „sexistisch" oder „nicht sexistisch" einstufen. Solche Fragen, die den Männern die Konsequenzen der Gleichstellung der Geschlechter für ihr eigenes Leben klarmachen, zeigen, daß vielen Männern die Gleichberechtigungsidee relativ fremd geblieben ist (Safilios-Rothschild, 1979; Tavris, 1973).

Nash (1976) hat sogar die These vertreten, daß der Frauenbewegung eine „Männerbewegung" voranging, welche eine positivere Einschätzung der Vaterrolle mit sich brachte. Auf dem Höhepunkt ihrer Karriere empfanden diese Männer ein Gefühl der Leere, das sie durch väterliches Engagement zu füllen suchten. Diese Vermutungen können allerdings durch keinerlei Untersuchungen gestützt werden.

Dennoch läßt sich wohl behaupten, daß wir eine Trendwende erleben. Diese Trendwende verläuft in Richtung weniger differenzierter Geschlechtsrollen (Goode, 1970; Hoffman, 1977). Pedersen (1980 a) umschreibt die von der Rollenangleichung betroffenen Bereiche wie folgt: Veränderte Sprachformen, die Darstellung der Rollen von Mann und Frau in Lehrbüchern und in den Medien, die Verfügbarkeit ökonomischer Ressourcen im Bereich Arbeit und Aufstiegsmöglichkeiten sowie die Aufhebung von Gesetzen, die entweder den Mann oder die Frau diskriminieren.

Es lassen sich ferner neue theoretische Formulierungen von „Sowohl-als-auch-Perspektiven" feststellen (Bakon, 1966; Bem, 1974; Block, 1973; Heilbrun, 1976; Spence & Helmreich, 1978). Das Konzept der psychologischen Androgynie geht von der Möglichkeit der Integration männlicher und weiblicher Eigenschaften in einer Person aus, wobei die persönliche Reife in Abhängigkeit vom Ausmaß der Integration beider Verhaltensmöglichkeiten gesehen wird. Eine der praktischen Folgen solcher Geschlechtsrollenänderung besteht für die Väter in der Tendenz, z. B. die Versorgung des Babies durch einen Mann als „legitim" anzuerkennen. Daß die Anzahl der alleinerziehenden Väter während der letzten zehn Jahre in ständigem Wachsen begriffen ist und viele Väter heute um das elterliche Sorgerecht ihrer Kinder während der Scheidung kämpfen, darf als Indiz in diese Richtung gewertet werden. Allerdings sollte man dies nicht überbewerten. Wie empirische Arbeiten belegen, leben die meisten Familien noch mit den traditionellen Rollen und häufig kehrt die traditionelle Rollenteilung bei Ehepaaren mit der Geburt des ersten Kindes wieder ein, auch wenn sie kurz vorher Gleichberechtigung auf breiter Basis im Zusammenleben praktiziert haben. Wie die Untersuchung von Fine (1976) deutlich zeigte, kommt es darauf an, daß die Rollen in den ersten Wochen nach der Geburt bereits klar ausgehandelt werden.

Entwicklungstheorien, die sich ausschließlich auf die Mutter-Kind-Beziehung konzentrieren

Von vielen wird heute die Psychoanalyse als der entscheidende Hemmfaktor für die Erweiterung unseres Verständnisses der Vater-Kind-Beziehung angesehen. Bekanntlich wird innerhalb der psychoanalytischen Theoriebildung die Nahrungsaufnahme für die Entwicklung sozialen Verhaltens als besonders bedeutsam hervorgehoben und daher die Mutter als die primäre Bezugsperson des Kleinkindes angesehen. Dieser Vorwurf trifft sicherlich auf die relative Vernachlässigung der Vaterrolle in der präödipalen Phase zu. Ansonsten belegen aber sowohl die Daten aus der Analyse Erwachsener, als auch die Beobachtung von Kindern in der psychoanalytischen Literatur die Bedeutung der frühen Vater-Kind-Beziehung für die spätere pathologische wie auch normale Entwicklung des Kindes (Mächtlinger, 1976). So wurde zum Beispiel der Rolle des Vaters für die Gewissensbildung sowie für die Geschlechtsrollen-Identifikation große Bedeutung beigemessen. In vielen Fallgeschichten Freuds spielt der Vater die pathogene Rolle, die zur Entstehung neurotischen Verhaltens führt. Es sei nur auf die kindliche Neurose des kleinen Hans hingewiesen.

Die häufige Apostrophierung der Psychoanalyse als *des* hemmenden Faktors in der Erforschung der Vater-Kind-Beziehung kann deshalb in dieser Form nicht aufrechterhalten werden. Es darf nicht übersehen werden, daß namhafte Psychoanalytiker, wie z. B. Anna Freud, Helene Deutsch, Melanie Klein, Dorothy Burlingham und Therese Benedek mit Nachdruck auf die Bedeutung des Vaters hingewiesen haben. Wir werden auf den Beitrag von Helene Deutsch näher eingehen, wenn wir die Bedeutung des Vaters für die Entwicklung geschlechtsrollenspezifischen Verhaltens bei der Tochter besprechen. Darüber hinaus hat Melanie Klein (1955, 1971) die Bedeutung des Vaters für das Kleinkind erkannt, und sie unterstrich, daß Kinder bereits im Säuglingsalter Kontakt zu ihrem Vater haben und Bindung an ihn zeigen. Es ist jedoch das Verdienst von Anna Freud und Dorothy Burlingham, schon sehr früh auf die Bedeutung des Vater für die normale Entwicklung des Kindes hingewiesen zu haben (Burlingham & Freud, 1943). Sie wunderten sich darüber, daß zwar der Versuch gemacht wurde, für evakuierte Kinder Mutter-Surrogate zu finden, daß aber nicht an die vitalen Funktionen des Vaters gedacht wurde: „Die gefühlsmäßige

9

Beziehung des Kindes zum Vater . . . ist ein integraler Teil seines Gefühlslebens und ein notwendiger Bestandteil der komplexen Kräfte, welche seinen Charakter und seine Persönlichkeit formen" (Burlingham & Freud, 1943). Obwohl also von vielen psychoanalytischen Autoren die Bedeutung der Vaterrolle anerkannt wird (Greenacre, 1960; Neubauer, 1960; Winnicott, 1960), unterbleiben jedoch systematische Versuche, seine Rolle theoretisch zu formulieren. So hat 1966 Greenacre erneut auf die Vernachlässigung des Vaters in den ersten zwei Lebensjahren des Kindes hingewiesen und Leonard (1966) hat auf das Fehlen von Berichten über Vater-Tochter-Interaktionen aufmerksam gemacht. Burlingham (1973) äußerte sogar die Befürchtung, daß die Vernachlässigung der Erforschung der Vaterrolle möglicherweise zu einer Verzerrung der Sicht der Mutter-Kind-Beziehung geführt habe. In den siebziger Jahren gewinnen die Arbeiten von Abelin (1971, 1975) zur Wichtigkeit des Vaters an Bedeutung, auf deren ausführliche Behandlung hier verzichtet wird. Auch auf den umfassenden Beitrag von Mächtlinger (1976) sei der interessierte Leser hier nur kurz hingewiesen.

Zwei weitere Theorien gehen ebenfalls von der primären Bedeutung der Mutter-Kind-Beziehung aus: (a) In die Übersetzung psychoanalytischer Konzepte in Termini der Triebreduktionstheorie ging implizit die Annahme ein, die Mutter sei die primäre Bezugsperson für den Säugling. Diese Theorie sagt, daß die Mutter über die Assoziation mit der Triebreduktion beim Gefüttertwerden und anderweitiger Fürsorge die positive Qualität eines „generalisierten sekundären Verstärkers" annimmt, wodurch das Kind eine besonders intensive Beziehung zu ihr aufbaut. Allerdings erfuhr diese Position Kritik durch zahlreiche empirische Arbeiten; so beispielsweise durch die klassisch gewordene Arbeit von Harlow (1958) „The Nature of Love". Auch Hebb (1949), Hunt (1961), White (1959) und andere konnten nachweisen, daß taktiler Kontakt, Reizhunger und sensorische Stimulation bedeutsame Bedürfnisse im frühen Lebensalter darstellen, die die Entwicklung beeinflussen. (b) Der zweite Ansatz bestand in der Bindungstheorie von Bowlby (1969, 1975). Er befaßte sich besonders mit der Wirkung der Trennung von den Eltern und dem Einfluß einer institutionellen Umgebung auf die Entwicklung von Säuglingen, also mit „mütterlicher Deprivation" (vgl. auch Baumrind, 1981). Wir werden auf diesen Ansatz näher eingehen, wenn wir auf die Entwicklung von Bindungsverhalten beim Kleinkind im Teil IV zu sprechen kommen. Hier sei nur darauf hingewiesen, daß unter dem Einfluß der Bindungstheorie Bowlbys die ersten sechs Monate der Entwicklung des Kindes relativ unberücksichtigt blieben und daß die neueren Forschungsansätze einen theoretischen Gegensatz zu Bowlby bilden (Kotelchuck, 1973, 1976; Lamb, 1974, 1976 b; Parke & Sawin, 1980; Pedersen, Anderson & Cain, 1980). Zu den relativ gut dokumentierten Trends, die die Rollen der Familien betreffen, gehört die Zuwachsrate berufstätiger Frauen. In der Bundesrepublik Deutschland waren 1981 ca. 46 % aller Mütter schulpflichtiger Kinder berufstätig. Ähnliches läßt sich auch über die USA berichten: Dort waren es 1972 über 50 % (Hoffman, 1972). 1976 arbeitete ein Drittel der amerikanischen Mütter von Kindern unter drei Jahren.

Eine solche Entwicklung hat bedeutende Auswirkungen auf die Vater-Kind-Beziehung, da Väter sich bekanntlich bei Berufstätigkeit ihrer Frau um die Kinder kümmern. Wie aus einer Veröffentlichung von Hoffman (1977) hervorgeht, zeigten Väter, deren Frauen berufstätig waren, mehr Körperkontakt zu ihren Kindern und übernahmen mehr Versorgungstätigkeiten als eine vergleichbare Kontrollstichprobe. Pedersen (1980 a) äußert sogar die Ansicht, daß die Berufstätigkeit der Mütter mit Kindern im Kleinkinderalter diese den Vätern möglicherweise näher bringe. Eine andere Auswirkung mütterlicher Berufstätigkeit besteht in der Angleichung der Zeitspannen, die beide Eltern für das Kind zur Verfügung haben. Die Mutter ist nicht mehr unverhältnismäßig häufiger und länger mit dem Kind zusammen und fühlt sich damit auch nicht mehr als „Nur-Hausfrau" und von Erwachsenen-Kontakten depriviert. Bei Berufstätigkeit beider Partner bestehen für die Kinderversorgung und Interaktion gleiche Möglichkeiten, die natürlich je nach individueller Haltung und Ideologie unterschiedlich genutzt werden können. Leider gibt es bislang keine Veröffentlichung über Untersuchungen, in denen die Eltern-Kind-Interaktion bei einer solchen alternativen Rollenteilung geprüft wurde.

Die Kluft zwischen soziologischen Theorien der Familie und psychologischen Theorien zur Eltern-Kind-Interaktion

Pedersen (1980 a), an dessen Ausführungen wir uns im folgenden primär halten werden, zeigt einen weiteren interessanten Zusammenhang, der eine zusätzliche Erklärung fehlender Vater-Forschung bietet: Psychologen haben ein „seltsames Mißtrauen", die Familie als soziale Einheit zu studieren (Hill, 1966). Die meisten psychologischen Arbeiten befassen sich mit der Mutter-Kind- und seit geraumer Zeit nun mit der Vater-Kind-Beziehung. Somit betrachten Psychologen die Eltern-Kind-Beziehung als ihre Domäne und überlassen den Soziologen die Untersuchung ehelicher Interaktionen. Diese nach Pedersen unausgesprochene Arbeitsteilung der beiden Disziplinen mag einem integrativen Familienverständnis im Wege stehen. Dies ist auch einer der Gründe, warum lange Zeit die dyadischen Ansätze im Mittelpunkt des Forschungsinteresses standen und in der Bundesrepublik heute noch stehen. Sie ließen es nicht zu, auch triadische Beziehungen und die damit verknüpften Effekte zweiter Ordnung, d. h. die indirekte Wirkung des Vaters, zu erfassen.

Ein weiterer Grund fehlender integrativer Forschungsansätze mag in der Verschiedenheit der angewandten Methodik liegen. Während in der soziologischen Forschung Selbstaussagen von Betroffenen, Interviews und Fragebogen dominieren, stützt sich das Wissen über Eltern-Kind-Beziehungen vorwiegend auf Beobachtungsmethoden. In diesem Zusammenhang sind die Hinweise von Lytton (1974) und Yarrow, Campbell & Burton (1968) von Interesse, wonach die Anwendung dieser unterschiedlichen Untersuchungstechniken eo ipso auch zu anderen Resultaten führen kann. Einen Weg, diese Problematik zu überwinden, könnte man darin sehen, den Standpunkt aufzugeben, es gäbe psychologisch isolierte dyadische Beziehungen in der Familie. Statt dessen sollte man den Standpunkt beziehen, daß in der Interaktion zwischen zwei oder mehreren Familienmitgliedern jeder vom Verhalten des anderen beeinflußt wird bzw. jeder den anderen beeinflußt.

Nichteinbeziehung der Kompetenzen des Kleinkindes

Es ist das Verdienst der Konstruktivisten in der entwicklungspsychologischen Forschung der siebziger Jahre, das Kleinkind als einen aktiven Organismus zu interpretieren, der aktiv seine Umwelt wahrnimmt und strukturiert. Danach ist das Kind schon relativ früh in der Lage, nicht nur die Mutter von allen „anderen" Personen seiner Umgebung zu unterscheiden, sondern auch Beziehungen zu verschiedenen Kontaktpersonen herzustellen. Yogman (1977) berichtet, daß ein drei bis fünf Monate altes Kind unterschiedliche Erwartungen während der Interaktion mit der Mutter oder mit dem Vater hatte und daß es sein eigenes Verhalten so regulieren konnte, daß eine Synchronie beider Beziehungen nebeneinander möglich war. Auch in der älteren Arbeit von Pedersen & Robson (1969) konnte nachgewiesen werden, daß neun Monate alte Kinder unterschiedliche Erwartungshaltungen gegenüber Vätern und Müttern zeigten, die bereits ein differenziertes Reaktionsmuster des Kleinkindes auf unterschiedliche Verhaltensweisen beider Elternteile erkennen ließen. In seinem 1977 erschienenen Buch „Mothering" diskutiert Schaffer Beziehungen zwischen dem Kleinkind und einer anderen Person als der biologischen Mutter. Er behauptet, daß die „Mutter" irgendeine Person des einen oder anderen

Geschlechts sein könne, so daß die Eltern praktisch wählen könnten, wer die Mutterrolle übernehmen wolle. Auch Pedersen (1980 a) betont, daß Kinder im Alter von fünf Monaten in der Lage waren, komplexe Interaktionsmuster ihrer Eltern wahrzunehmen und differenziert auf diese zu reagieren. Demnach ist auch dem Säugling mehr als nur eine intensive Beziehung möglich.

Theoretische Neuorientierung

In der Einleitung wurde angedeutet, daß sich frühere Studien zur Vater-Kind-Beziehung mit der Einflußnahme des Vaters auf das Kleinkind befaßten. Diesem Forschungsansatz folgte eine neue Phase ebenfalls einseitiger Orientierung, in der die kindliche Einflußnahme auf den Vater im Vordergrund des Forschungsinteresses stand. Erst vor kurzem setzte sich – wie bereits oben erwähnt – die Auffassung durch, daß die Analyse dyadischer Beziehungen (Mutter-Kind- bzw. Vater-Kind-Beziehung) der Komplexität der in der Familie auftretenden Interaktionsprozesse nicht gerecht werden kann. Man begann die Familie als ein interagierendes Ganzes aufzufassen, als ein System reziproker, interagierender Einflußgrößen, das zeitlichen Veränderungen unterliegt. Ein solcher Ansatz setzt anstelle der herkömmlichen dyadischen Betrachtungsweise die Analyse triadischer und seit neuestem auch tetradischer und multipler Beziehungen und erlaubt, sowohl die direkte als auch die indirekte Einflußnahme des Vaters zu erforschen.

Parke (1979) hat eine erste Typisierung der Forschungsschwerpunkte im triadischen Kontext vorgelegt und unterscheidet fünf Forschungsstrategien: (1) Änderung des Verhaltens der Mutter durch den Vater und der Einfluß dieser Änderung auf das Kind; (2) Einfluß der Vater-Kind-Beziehung auf die Mutter-Kind-Beziehung; (3) Änderung des Verhaltens des Kindes durch den Vater und der Einfluß dieser Veränderung auf die Mutter-Kind-Interaktion; (4) Einfluß der Vater-Kind- auf die Vater-Mutter-Beziehung.

Etliche Studien konnten nachweisen, daß die Gegenwart des Vaters die Interaktion zwischen Mutter und Kind verändert. Allgemein werden derartige Veränderungen eines dyadischen Interaktionsmusters durch dritte Personen als „Effekte zweiten Grades" (Bronfenbrenner, 1974) oder als „indirekte Effekte der Vaterrolle" (Lewis & Weinraub, 1976) bezeichnet. Der größte Teil der Forschung, die sich mit den indirekten Wirkungen des Vaters befaßte, verfolgte das Ziel, Aufschlüsse darüber zu erhalten, wie die Gegenwart des einen Elternteils die Interaktion zwischen dem Kind und dem anderen Elternteil beeinflußt. Lamb (1976 b, 1977 a–c) hat gezeigt, daß der Wechsel von einer dyadischen zu einer triadischen Beziehung konsistent zur Verringerung der ursprünglichen Interaktionsrate führt. Ähnliches konnte Lamb auch beobachten, wenn zu einer dyadischen Beziehung der andere Elternteil hinzu kam oder wenn irgendein Familienmitglied eine Gruppe von Familienangehörigen aufsuchte (Cleaves & Rosenblatt, 1977). Die bisher durchgeführten Untersuchungen beschränken sich fast ausschließlich auf die Wirkungen, die sich im absoluten Ausmaß an Interaktionen manifestieren. Lamb (1980) unterstreicht die Notwendigkeit weiterer detaillierter Forschung, um subtile Wirkungen auf die Arten der Interaktion festzustellen, die von den bislang verwendeten groben Maßen offensichtlich nicht erfaßt werden können. Parke & O'Leary (1976) und Clarke-Stewart (1977) beobachteten die Interaktion zwischen Müttern und ihren Neugeborenen sowohl allein als auch in Gegenwart ihres Mannes und konnten folgende Effekte nachweisen: Zusammen mit dem Vater lächelten Mütter öfter und „explorierten" den Säugling häufiger als wenn sie allein mit ihm waren. Ähnliche Effekte konnten auch bei Vätern beobachtet werden. Weitere Zusammenhänge im triadischen Kontext wurden von Shereshefsky & Yarrow (1973), Anderson & Standley (1976), Henneborn & Cogan (1975), MacFarlane (1977), Pedersen, Yarrow & Strain (1975) untersucht. Shereshefsky & Yarrow (1973) fanden einen positiven Zusammenhang zwischen der Anpassung der Frau an die Schwangerschaft und der Sensibilität, mit der der Mann auf die Schwangerschaft reagierte. Wie Studien von Anderson & Standley (1976), Henneborn & Cogan (1975) und MacFarlane (1977) belegen, wurden Ängste der Mutter durch den Beistand des Mannes während der Wehen und der Geburt gemildert. Pedersen, Yarrow & Strain (1975) konnten Zusammenhänge zwischen emotionaler Unterstützung, die die Frau durch ihren Mann erfuhr, und ihrer Geschicklichkeit beim Füttern des Kindes nachweisen. Umgekehrt dürfte aber auch ein Zusammenhang zwischen ihrer Kompetenz als Mutter und der Anerkennung, die sie durch ihren Mann erfährt, bestehen (Parke, 1979). Auch Feiring & Taylor stellten 1976 fest, daß die positive Zuwendung der Mutter zum Kind davon abhängig ist, wieviel Unterstützung sie durch ihren Partner erfährt. Pedersen, Anderson & Cain (1977) sammelten mit Hilfe von Interviews Informationen über elterliche Haltungen, beobachteten Eltern in der Interaktion mit ihren Babies und schätzten das Verhalten von Neugeborenen auf der Brazelton-Skala ein (Brazelton, 1973). Die Vielzahl dieser Variablen wurde interkorreliert. Es ergaben sich einige interessante Beziehungen zwischen Merkmalen bei den Neugeborenen und den väterlichen bzw. mütterlichen Haltungen, die ihrerseits mit Indikatoren des jeweiligen elterlichen Interaktionsstils korreliert wurden. Diese Ergebnisse legen nahe, daß indirekte Wirkungen wichtig sein mögen; eine kohärente Gesamtstruktur hat sich jedoch aus den analysierten Daten bis jetzt nicht ergeben.

Clarke-Stewart (1977) berichtet inzwischen, daß jegliche signifikante Einwirkung der Väter auf die Kompetenz ihrer Kleinkinder über ihre Frauen vermittelt würde – d. h. der Einfluß insgesamt indirekt sei. Die Klärung der Frage, ob Clarke-Stewarts provokatives Ergebnis tatsächlich empirische Relevanz besitzt, die über die von ihr untersuchten 14 Babies hinausgeht, bleibt weiteren Studien vorbehalten.

In anderen Studien steht der Einfluß der Vater-Kind-Beziehung auf die Beziehung zwischen Vater und Mutter im Vordergrund. Studien von Cowan et al., (1978), Raush et al., (1974) konnten eindrucksvoll zeigen, wie die Geburt eines Kindes die Beziehung zwischen Mann und Frau verändern kann. Eine solche Neuorientierung hat uns von der einseitigen Betrachtung der Vater-Kind-Beziehung weitgehend entfernt und liefert zugleich die Argumentation gegen die Fortsetzung einer einseitig auf die Mutter-Kind-Beziehung orientierten Forschung.

Methodologische Neuorientierung

Mit der Neuorientierung in der Theoriebildung der Vaterforschung geht auch eine Neuorientierung in der Methodologie einher. Frühere Untersuchungen des väterlichen Einflusses konzentrierten sich auf ältere Kinder und benutzten vorwiegend die indirekte Methode: Es wurden Kindern, die vaterlos aufwuchsen, mit solchen aus vollständigen Familien verglichen. Dieser Forschungsansatz ist relativ gut dokumentiert (Biller, 1974; Herzog & Sudia, 1973; Shinn, 1978; Thomas, 1980). Man muß dieser Forschungsstrategie jedoch vorwerfen, daß ihr die Defizit-Hypothese zugrunde liegt. Indem sie das Augenmerk nicht auf das Verhalten des Vaters, sondern auf die beim Kind festgestellten Effekte richtet, übersieht sie wichtige psychologische Prozesse innerhalb der Familie. Die in den Studien nachgewiesenen Unterschiede zwischen Kindern mit und ohne Vaterabwesenheit lassen sich z. B. auch als solche des sozialen Milieus interpretieren bzw. auf andere Faktoren als auf die bloße Vaterabwesenheit zurückführen. Bell (1968) hat betont, daß das Forschungsdesign dieser Studien relativ unsensibel gegenüber genetischen oder konstitutionellen Variablen ist. Andere Autoren zeigten die technischen und methodologischen Grenzen solcher Ansätze auf.

Die Methoden, die zur Datenerhebung in der Vater-Kind-Interaktion verwendet wurden, zeichnen sich nicht gerade durch methodologischen Einfallsreichtum aus. Man verwendete entweder trainierte Beobachter oder wandte die Interviewtechnik an. Beide Ansätze liefern bekanntlich nur bedingt valide Daten. Die Grenzen des Interviews als Methode zur Gewinnung zuverlässiger Informationen hat Fisk (1978) aufgezeigt. Russell (1978) hat Vorschläge zur Erhöhung der Validität dieser Methode unterbreitet. Gegenwärtig konzentriert sich die Diskussion auf die Frage nach der Nützlichkeit von Laboruntersuchungen im Vergleich zu Beobachtungsstudien in der natürlichen Situation. Die Arbeit von Kotelchuck (1976) kann als typisches Beispiel für Laboruntersuchungen der Vater-Kind-Beziehung angesehen werden. Neueren Ansätzen liegt die Beobachtungsmethode in der natürlichen Situation (in der Regel zu Hause) zugrunde (Belsky, 1980; Lamb, 1976 b, 1977 a–c, 1980; Parke & Sawin, 1980). Einige versuchten, unterschiedliche methodologische Ansätze zu kombinieren (Lamb, 1976 b, 1977 a–c, 1980).

Parke (1979) hat vor kurzem auf die mit dem theoretischen Veränderungsprozeß einhergehenden methodologischen Konsequenzen aufmerksam gemacht: Nicht-interaktive time-sampling Verfahren und relativ globale Rating-Skalen werden zunehmend durch mikroanalytische Beobachtungstechniken abgelöst. Wie Arbeiten von Brazelton, Koslowsky & Main (1974), Brazelton et al. (1975) und Yogman et al. (1977) zeigen, versuchen neuere Studien zur Vater-Kind-Interaktion mit Hilfe solcher Techniken die subtilen, von Moment zu Moment sich verändernden Interaktionsprozesse in der Triade besser zu erfassen. Interessante Ansätze zur statistischen Analyse interaktionaler Daten haben Gottman (1979) und Gottman & Bakeman (1979) veröffentlicht.

Eine weitere methodologische Innovation in der Vaterforschung läßt sich vor dem Hintergrund der erkenntnistheoretischen Debatte um organismische vs. mechanistische Modelle und im Kontext der Diskussion von Kontinuität vs. Diskontinuität in der Entwicklung begreifen. Eine organismische Betrachtungsweise pflegt bekanntlich den Entwicklungsprozeß stärker zu betonen und geht davon aus, daß Mutter, Vater und Kind Glieder eines sich ständig in der Zeit ändernden Systems sind (Hartup & Lempers, 1973; Schaffer, 1977). Die methodologische Konsequenz, die sich aus dieser Position ableiten läßt, ist die Planung von solchen Studien, die mit Beobachtungen während der Schwangerschaft beginnen, diese während der Geburt fortsetzen und später in naturalistischen Settings fortführen (Anderson & Standley, 1976; Osofsky & Danzger, 1974; Parke, O'Leary & West, 1972; Parke & O'Leary, 1976; Parke & Sawin, 1977).

Die Rolle des Vaters während der Schwangerschaft und der Geburt

Einleitung

Als immer mehr Väter ein deutliches Interesse bekundeten, bei der Geburt ihres Kindes anwesend zu sein, wurden sie mit einer Reihe von Vorurteilen und unbegründeten Annahmen konfrontiert: Viele Kliniken äußerten die Befürchtung, daß durch die Anwesenheit des Vaters die Infektionsgefahr steige, andere wiederum hatten Bedenken, die Väter könnten zu einer zusätzlichen Belastung für die Mutter oder das Personal werden, z. B. dadurch, daß sie in Ohnmacht fallen (Alexander, 1972; Goodrich, 1966; Morton, 1966; Schaefer, 1965). Einige Kliniken sind deshalb dazu übergegangen, vom werdenden Vater den Nachweis der Teilnahme an geburtsvorbereitenden Kursen zu verlangen, wenn er bei der Geburt im Kreißsaal anwesend sein möchte (Bean, 1972; Colman & Colman, 1972; Goodrich, 1966; Lechtman & Jenan, 1971; Wonnell, 1971). Es ist deshalb verständlich, daß sich erste Beiträge zu dieser Fragestellung mit der Widerlegung obiger Annahmen befassen mußten (Bean, 1972; Bradley, 1965; Goetsch, 1966; Rutherford, 1966; Stender, 1971).

Bald verlagerte sich jedoch das Forschungsinteresse auf die Frage, was mit dem Besuch von geburtsvorbereitenden Kursen bzw. mit der Anwesenheit des Mannes bei der Geburt des Kindes hinsichtlich der Beziehung zum Kind und zur Ehefrau gewonnen wird (Cronenwett & Newmark, 1974; Fein, 1974; Manion, 1977; Parke & O'Leary, 1976; Pedersen et al., 1979). Die Forschung während der letzten zehn Jahre hat sich auf zwei Schwerpunkte konzentriert:

(1) Geburtsvorbereitende Maßnahmen und deren Auswirkung auf das Verhalten des Vaters während und nach der Geburt sowie (2) die Bedeutung, die der Anwesenheit des Vaters bei der Geburt des Kindes im Hinblick auf seine Beteiligung an der Pflege zukommt, bzw. wie seine Anwesenheit die Beziehung zur Mutter und zum Kind verändert. Im folgenden werden diese beiden Schwerpunkte getrennt behandelt.

Geburtsvorbereitende Kurse

Daß die Beteiligung von werdenden Vätern am Besuch geburtsvorbereitender Kurse immer noch relativ gering ist, dürfte auch an der Organisation dieser Kurse liegen, von denen die meisten tagsüber stattfinden. Wir verfügen deshalb über keine hinreichende Forschung zur Teilnahme von Männern an solchen Kursen. Die wenigen Untersuchungen, die z. Z. vorliegen, liefern keine einheitlichen Ergebnisse.

Manion (1977) fand beispielsweise, daß Männer, die medizinisch betreute geburtsvorbereitende Kurse besucht hatten, häufiger an der Geburt des Kinder teilgenommen hatten als Väter einer Kontrollstichprobe. Dagegen fanden Wente & Crockenberg (1976), daß es keinerlei Unterschiede in der Einstellung zum Neugeborenen zwischen Vätern mit und ohne Teilnahme an Lamaze-Kursen gab. Vielmehr sei die Anwesenheit des Vaters bei der Geburt für solche Unterschiede von Bedeutung. Auf die Frage nach der Zufriedenheit mit dem Lamaze-Training antworteten viele Väter, daß sie damit zufrieden waren zwar hinsichtlich des Trainings für die Geburt, nicht aber für die Zeit danach. Beail (1980) erwähnt eine unveröffentlichte Arbeit von Gayton (zit. in: Beail, 1980, S. 7), in der zwei Väter-Gruppen verglichen wurden. Die eine Gruppe nahm an geburtsvorbereitenden Kursen teil und war bei der Geburt des Kindes anwesend (Gruppe I), die zweite Gruppe bildeten Männer, bei denen beides nicht der Fall war (Gruppe II). Der Autor konnte unterschiedliche Angstniveaus für beide Gruppen feststellen. Väter der Gruppe II hatten große Angst zu Beginn der Geburt, die während des Geburtsvorgangs noch stieg und erst fiel, als sie erfuhren, daß Kind und Mutter wohlauf waren. Die Hauptängste waren: ihre Frau während des Geburtsvorgangs in Schmerzen zu wissen, das Aussehen des Kindes nach der Geburt und die Angst, daß die Geburt vor dem Erreichen des Krankenhauses stattfinden würde. Außerdem waren Ängste bezüglich der Gesundheit des Kindes vorhanden. Väter der Gruppe I dagegen zeigten große Angst nur während der starken Wehen, die dann aber wesentlich zurückging; sie fühlten sich in sozialer und ethischer Hinsicht und im Hinblick auf ihre familiären Verpflichtungen wohler. Einige Väter vertraten die Ansicht, daß die Kurse sie nicht genügend auf die Intensität der Erfahrung ihrer Frauen vorbereitet hatten.

Die Anwesenheit des Vaters bei der Geburt

Wir haben darauf hingewiesen, daß der Mann anfänglich Schwierigkeiten überwinden mußte, bis es ihm erlaubt wurde, bei der Geburt des Kindes anwesend zu sein. In den zurückliegenden zehn Jahren hat sich hier – zumindest auf zwei Ebenen – ein einschneidender Wandel vollzogen: (1) Nach den Veröffentlichungen von Dick-Read, 1959; Bradley, 1965; Lamaze, 1970 und Leboyer, 1974 setzte eine Bewegung für die natürliche Geburt ein, die das Ziel verfolgte, beide Eltern über Schwangerschaft und Geburt zu informieren und medizinische Eingriffe, vor allem solche, die dem Neugeborenen schaden könnten, zu minimieren. Ferner setzte sich diese Bewegung dafür ein, der werdenden Mutter die Möglichkeit zu schaffen, Schwangerschaft und Geburt im Kreis ihr nahestehender Personen zu erleben, die ihr emotionale Unterstützung geben. Die Bedeutung der emotionalen Unterstützung ist mehrfach in der Literatur hervorgehoben worden (Kitzinger, 1972; Tanzer & Block, 1972). Die mit der Geburt verbundenen Ängste konnten so stark verringert werden. (2) Die zweite, ebenfalls dramatische Veränderung betrifft die elterlichen Erfahrungen nach der Geburt. Es ist das Verdienst der amerikanischen Kinderärzte Klaus & Kennell (1976), von ethologischen Daten verschiedener Tierarten ausgehend, auf die Bedeutung der frühesten (d. h. innerhalb von Minuten nach der Geburt) Mutter-Kind-Interaktion hingewiesen zu haben. Man postuliert hier eine sogenannte sensible Phase, die als Auslöser für das Pflegeverhalten der Mutter interpretiert und als entscheidend für die Entwicklung späteren Bindungsverhaltens angesehen wird. Klaus & Kennell (1976) haben eine Vielzahl von Arbeiten erörtert und die bleibende Wirkung dieser frühesten Mutter-Kind-Beziehung aufzuzeigen versucht. Die Frage, ob hier biologische oder psychologische Faktoren die entscheidende Rolle spielen, konnte bis heute nicht geklärt werden.

Heute ist die Anwesenheit des Mannes im Kreißsaal eher die Regel als die Ausnahme (Oakley, 1979). Trotzdem liegen, was den genauen prozentualen Anteil von Vätern anbetrifft, die bei der Geburt dabei sind, nur wenige zuverlässige Daten vor, und man ist auch hier vielfach auf Schätzungen und anekdotisches Wissen angewiesen. Richards (1980) schätzte z. B., daß zwischen 60 und 80% der Männer, die zum ersten Mal Vater werden, bei der Geburt dabei sind. Oakley (1979) berichtet, daß 74% der untersuchten Väter (N = 50) bei der Geburt anwesend waren. Ali (1980) fand sogar 86% Vateranwesenheit im Kreißsaal eines englischen Krankenhauses. Richman & Goldthorp (1978) untersuchten zwei Gruppen von Männern: die eine Gruppe (N = 100) war bei der Geburt anwesend, die zweite (N = 50) hielt sich lediglich im Krankenhaus auf. Die Autoren konnten keine Unterschiede zwischen beiden Gruppen nachweisen hinsichtlich Art und Umfang der über Schwangerschaft gelesenen Literatur, der Anzahl der Besuche im Krankenhaus nach der Geburt oder hinsichtlich ideologischer Beziehungen zum Feminismus. Diese Ergebnisse befinden sich in krassem Gegensatz zu den Beobachtungen von Fein (1974): Die Väter ihrer Untersuchung, die nicht im Kreissaal anwesend waren, litten unter ihrer Unsicherheit und dem Gefühl nicht helfen zu können, und fast alle bekundeten ihre Bereitschaft, bei der nächsten Geburt dabei zu sein.

Neuere Arbeiten auf diesem Gebiet befassen sich nicht lediglich mit der Frage der bloßen Anwesenheit des Vaters bei der Geburt, sondern vielmehr mit der Frage, ob diese Anwesenheit eine Änderung seiner Einstellung gegenüber dem Kind, seiner Frau und seiner Beteiligung an der Pflege des Kindes hervorruft. Auch hier liefert die Forschung kein konsistentes Bild: In der bereits zitierten Arbeit untersuchte Fein (1974) Väter ca. vier Wochen vor und sechs Wochen nach der Geburt des Kindes. Sie konnte in der Nachbefragung (sechs Wochen nach der Geburt) große Unterschiede hinsichtlich der Beteiligung des Vaters an der Pflege des Kindes feststellen. Parke & O'Leary (1976) haben darauf hingewiesen, daß die Anwesenheit des Vaters bei der Geburt seine Beziehung zum Kind verbessert – ein Ergebnis, das in einer späteren Arbeit (Parke & O'Leary, 1976) nicht mehr bestätigt werden konnte: Väter (N = 82), die weder an geburtsvorbereitenden Kursen teilnahmen noch bei der Geburt des Kindes selbst anwesend waren, engagierten sich dennoch für die Pflege und Erziehung des neugeborenen Kindes, wenn ihnen die Möglichkeit dazu gegeben wurde. Cronenwett & Newmark (1974) interviewten 152 Väter kurz nach der Geburt ihres Kindes. 64 davon hatten an einem geburtsvorbereitenden Kurs teilgenommen und waren bei der Geburt anwesend. 58 waren nur bei der Geburt anwesend, die übrigen 30 hatten weder einen Kurs besucht noch waren sie bei der Geburt anwesend. Die Autoren konnten keinerlei signifikante Unterschiede zwischen den Vätern dieser drei Gruppen hinsichtlich ihrer Gefühle gegenüber dem Kind feststellen. Dagegen äußerten sich Väter, die einen geburtsvorbereitenden Kurs besucht hatten oder bei der Geburt anwesend waren, positiver, verglichen mit den Vätern der dritten Gruppe, hinsichtlich ihrer Gefühle gegenüber ihrer Frau sowie bezüglich ihrer Rolle bei der Geburt. In einer weiteren Arbeit haben Richards, Dunn & Antonis (1975) Mütter bezüglich der Beteiligung des Vaters an der Pflege des Kindes interviewt. Die Autoren verwendeten die Kategorien Füttern, Spielen, Baden und Aufnehmen. Sie fanden eine positive Beziehung zwischen der Anwesenheit von Vätern bei der Geburt und dem Ausmaß ihrer Beteiligung an der Pflege des Kindes auch nach 30 Wochen. Nach 60 Wochen konnte dieser Zusammenhang von den Autoren nicht mehr bestätigt werden. Zu ähnlichen Ergebnissen kam auch Manion (1977) bei der Untersuchung von 45 Vätern: Sie fand eine positive Beziehung zwischen der Anwesenheit des Vaters bei der Geburt und seiner späteren Beteiligung an der Pflege des Kindes. Pedersen et al. (1979) haben 46 amerikanische Paare der Mittel- und Oberschicht untersucht, die unterschiedliche Geburtsmethoden planten: natürliche Geburt im Krankenhaus, natürliche Geburt zu Hause und Geburt im Krankenhaus unter

Narkose. Die Untersuchung erfolgte zwischen dem sechsten und achten Schwangerschaftsmonat. Die Väter wurden während der Geburt systematisch beobachtet und anschließend hinsichtlich ihrer Gefühle gegenüber dem Kind und der Geburtsmethode eingeschätzt. Die Autoren interviewten die meisten Väter eine Woche nach der Geburt sowie im ersten, zweiten, vierten und sechsten Monat danach im Hinblick auf ihre Beteiligung an der Pflege des Kindes und ihr aktuelles Verhalten dem Kind gegenüber. Ferner wurden Verhaltensbeobachtungen des Vaters in Interaktion mit seinem Kind in der Familie gemacht. Pedersen et al. (1979) stellten eine positive Beziehung zwischen dem beobachteten Verhalten beim Vater während der Geburt und der positiven Beziehung zum Neugeborenen fest. Insbesondere korrelierten ein positiveres Geburtserlebnis, längere Wehen und die häusliche Umgebung positiv mit seiner Beziehung zum Neugeborenen. Die Autoren stellten ferner fest, daß Geburtserfahrungen von Vätern und ihr Verhalten gegenüber ihren Frauen während der Geburt wichtige Prädikatoren für die Beteiligung des Vaters an der Pflege des Kindes sind. Die Verallgemeinerung dieser Ergebnisse bereitet Schwierigkeiten, da Pedersen et al. (1979) keine Kontrollstichprobe (mit Vätern, die nicht der Geburt beiwohnten) verwendeten.

Diskussion

Es ist bereits deutlich geworden, daß wir gegenwärtig über eine nur sehr limitierte Kenntnis verfügen, die uns eine zuverlässige Einschätzung der Bedeutung der Teilnahme des Vaters an geburtsvorbereitenden Kursen bzw. seiner Anwesenheit bei der Geburt des Kindes erlauben könnte. Den vorliegenden Studien liegen in der Regel sehr kleine Stichproben zugrunde. In manchen Fällen wurde sogar ganz auf eine Kontrollstichprobe verzichtet (Pedersen et al., 1979). Fast alle Arbeiten haben vernachlässigt, andere Formen der Vorbereitung (z. B. Lektüre relevanter Literatur) zu erfassen und haben die Nichtteilnahme an geburtsvorbereitenden Kursen einer völligen Unkenntnis der mit der Schwangerschaft und Geburt zusammenhängenden Fragen gleichgestellt. Nash (1976) hat darauf hingewiesen, daß in den meisten Untersuchungen nur Personen der Mittel- und Oberschicht teilnahmen und diese wiederum aller Wahrscheinlichkeit nach eine hochselektierte Stichprobe darstellen, die eine Verallgemeinerung dieser Ergebnisse nicht zuläßt. All diese Arbeiten gehen von einem sehr engen Konzept aus, indem sie direkte Zusammenhänge zwischen Teilnahme an geburtsvorbereitenden Kursen bzw. Anwesenheit bei der Geburt und Änderung des väterlichen Verhaltens hinsichtlich seiner Beziehung zum

Kind, zu seiner Frau und bezüglich seiner Bereitschaft, an der Pflege des Kindes zu partizipieren, implizieren. Einige der referierten Arbeiten weisen selbst auf die Enge dieses Ansatzes hin (Nash, 1976; Manion, 1977). Weiterhin fehlen vergleichende Untersuchungen bezüglich verschiedener Methoden der Geburtsvorbereitungen. Es ist heute nicht klar, ob die Anwesenheit bei der Geburt die nachfolgende Interaktion mit dem Baby erleichtert oder ob es von vorne herein der „gute" Vater ist, der sich entscheidet, bei der Geburt dabei zu sein. Außerdem sagt diese Entscheidung hauptsächlich etwas über die Beziehung des Ehepaares aus.

Unabhängig davon, wo die Gründe liegen, spielt der Vater während der Schwangerschaft eine minimale Rolle. Die geburtsvorbereitenden Kurse richten sich primär an die Mutter, und daß die Anwesenheit des Vaters bei der Geburt heute eher akzeptiert wird, darf nicht als Indikator einer angemessenen Beteiligung des Vaters gewertet werden. Was der Vater heute braucht, ist eine aktive Rolle und Beteiligung an allen Phasen der Schwangerschaft und der Geburt. Auf die Notwendigkeit, dem Vater nicht lediglich die Rolle des Beobachters während der Geburt, sondern eine aktive, positive und kohärente Rolle einzuräumen, hat Kitzinger (1979) hingewiesen. Andere Autoren treten für die Entwicklung von „Rückhaltesystemen" (support systems) ein, die den Vater in seiner neuen Rolle unterstützen sollen. Verschiedentlich sind konkrete Vorschläge unterbreitet worden, die Beail (1980, S. 21) wie folgt zusammenfaßt: (1) Die Entwicklung von Erziehungsprogrammen in der Schule; (2) die Einrichtung von Kursen, die Männer auf ihre Vaterschaft vorbereiten sollten; (3) „Vaterschaftsurlaub" und (4) nachgeburtliche Unterstützungsgruppen. Außerdem wären Veränderungen in den Krankenhäusern notwendig. Bei einer Geburt zu Hause ist der Vater auf familiärem Territorium. Er kann sich zu seiner Frau setzen oder sich zu ihr legen, um es ihr bequemer zu machen und ihr zu helfen. In Krankenhäusern dagegen sind die Väter mit der Umgebung völlig unvertraut. Es wäre deshalb sinnvoll, Vätern die Möglichkeit zu geben, sich mit dem Geburtsraum vertraut zu machen. Während der Wehen sollte dem Ehepaar äußerste Privatheit in einem eigenen Raum gegeben werden, und nach der Geburt sollten die Eltern ihre eigenen Entscheidungen treffen können. Vätern sollte erlaubt sein, solange bei ihrer Frau und dem Kind zu bleiben, wie sie es wünschen, und es sollte ihnen die Möglichkeit der Beteiligung an allen Arten der Kinderpflege eingeräumt werden. Auch wenn diese Vorschläge gegenwärtig von den Krankenhäusern nur vereinzelt aufgenommen werden, so besteht dennoch die Möglichkeit, für den werdenden Vater einige dieser Empfehlungen zu realisieren: Der Besuch geburtsvorbereitender Kurse, die Lektüre geeigneter Literatur über Schwangerschaft, Geburt und Entwicklung des Kindes, ein Gespräch mit einem spezialisierten Psychologen bzw. Arzt, die Teilnahme an der Geburt sowie die Betreuung seiner Frau und des Kindes in den ersten (zumindest zwei) Wochen nach der Geburt sind sicherlich geeignete Maßnahmen, die ihn in die Rolle einführen, für die er weder von der Natur noch durch die Gesellschaft, in der er lebt, vorbereitet wurde. Es kommt häufiger vor, daß Männer für die Geburt und die Zeit danach Urlaub nehmen, um ihre Frau in der neuen Aufgabe zu unterstützen. Von einem familienorientierten, sozialpolitischen Standpunkt aus betrachtet, erscheint es heute unverständlich, daß einem Vater zugemutet wird, anläßlich der Geburt seines Kindes einen Teil seines Jahresurlaubs zu nehmen, um seiner neuen Aufgabe zu entsprechen. Es ist deshalb anzuregen, Vätern vergleichbare Rechte einzuräumen wie Müttern, um ihnen die Möglichkeit eines „Vaterschutzurlaubs" zu gewähren, der ihnen die Einführung in ihre neue Rolle und den frühen Kontakt zu ihrem eigenen Kind ermöglichen würde.

Die Notwendigkeit einer angemessenen Vorbereitung auf seine neue Rolle als Vater läßt sich nicht nur durch das Recht des Kindes und der Ehefrau auf einen guten Vater und Ehegatten allein begründen. Auch zu seiner eigenen Entwicklung, zur Ausbalancierung der durch die Geburt des Kindes neu in der Familie zu ordnenden Beziehungen, ist eine solche Vorbereitung unentbehrlich.

Ähnlichkeiten und Unterschiede im Verhalten von Vätern und Müttern

Einleitung

Bis vor wenigen Jahren war es üblich, der Mutter die elterliche Sorge für die Kinder zu übertragen. Dem Vater wurde die Rolle des nicht-sorgeberechtigten Elternteils zugewiesen. So blieben bis zu 90% aller Kinder bei der alleinerziehenden Mutter, während alleinerziehende Väter die Ausnahme waren. Dieses Ungleichgewicht hat sich während der letzten Jahre zugunsten der Väter geändert, aber die Zahl der Väter, denen das elterliche Sorgerecht übertragen wird, liegt immer noch weit unter dem Anteil der alleinerziehenden Mütter. Die Gründe, die zur Aufrechterhaltung dieses Ungleichgewichts beitragen, sind neben den ökonomischen Gesichtspunkten Annahmen über die Nicht-Eignung von Vätern, die Erziehung ihrer Kinder zu übernehmen. Beeinflußt durch die Psychoanalyse und die Bin-

23

dungstheorie wird in vielen Fällen angenommen, daß die Mutter die primäre Bindungsperson für das Kind und infolge ihrer Persönlichkeit die einzig Geeignete für die Erziehung der Kinder sei. Eine solche Vorstellung impliziert, daß zwischen Müttern und Vätern fundamentale Unterschiede im Verhalten bestehen. Diese stellen unterschiedliche Prädiktoren für die kindliche Entwicklung mit eindeutiger Überlegenheit der Mutter gegenüber dem Vater dar. In diesem Teil setzen wir uns mit dieser herkömmlichen Auffassung auseinander und untersuchen Ähnlichkeiten und Unterschiede des mütterlichen und väterlichen Verhaltens. Darüber hinaus wird die Frage nach der Konsistenz der Mutter-Kind- bzw. Vater-Kind-Beziehung aufgeworfen, um anschließend einige Moderatorvariablen zu diskutieren, die das elterliche Verhalten beeinflussen.

Quantitative Aspekte der Vater-Kind-Interaktion und Mutter-Kind-Interaktion

Analysen der Rollenverteilung zwischen Vater und Mutter bei der Pflege und Erziehung des Neugeborenen und des Kleinkindes, die in unterschiedlichen Kulturen durchgeführt wurden, zeigten, daß die Mutter in der Regel die primäre Pflege- und Erziehungsperson ist und daß der Vater eine nur untergeordnete Rolle spielt. Eine solche Rollenverteilung, die historische und kulturelle Wurzeln sowie ökonomische Ursachen hat (Josselyn, 1956), ist auch in unserer Gesellschaft die Regel: Bis vor kurzer Zeit war es nicht üblich, daß sich der Vater um die Pflege und Erziehung des Neugeborenen und Kleinkindes kümmerte (Biller, 1971 a–c; Lynn, 1974; Stephens, 1963). Im Rollenverständnis zwischen Vater und Mutter hat sich indes in vielen westlichen Industriegesellschaften (wie z. B. in den USA, Schweden und in der Bundesrepublik Deutschland) seit Beginn der siebziger Jahre ein deutlicher Wandel bemerkbar gemacht (Liljeström, 1976; Nettelbladt, Uddenberg & Englesson, 1980).

Vor diesem Hintergrund ist es verständlich, daß sich frühere Arbeiten vor allem mit den überlieferten Annahmen über elterliches Erziehungs- und Pflegeverhalten auseinandersetzen mußten. Vor allem die Frage, ob sich Väter für die Übernahme solcher Rollen grundsätzlich eignen, stand im Vordergrund. Greenberg & Morris (1974) gingen in ihrer Untersuchung dieser Frage nach und konnten keinerlei Differenzen zwischen Vater und Mutter hinsichtlich ihrer Bereitschaft und Fähigkeit, die Pflege des Neugeborenen zu übernehmen, feststellen. Parke & O'Leary machten 1976 darauf aufmerksam, daß Väter von Anfang an ebenso aktiv wie Mütter an der Pflege des Kindes beteiligt sein können und mit dem Neugeborenen in gleichem Ausmaß wie Mütter interagieren, wenn sie die Gelegenheit dazu haben. Allerdings geschieht dies in unterschiedlicher Weise, worauf wir später genauer eingehen werden.

Bald befaßten sich andere Autoren mit dem quantitativen Aspekt der Vater-Kind-Interaktion. Fragen nach der Verfügbarkeit des Vaters lenkten das Forschungsinteresse auf sich. Diese Studien haben deutlich gezeigt, daß die angegebene Zeit, die Väter mit ihren Kindern verbringen, von Studie zu Studie stark differiert; die meisten Schätzungen haben jedoch ergeben, daß diese Zeit relativ begrenzt ist. Pedersen & Robson (1969) errechneten aus den Angaben von Müttern mit neun Monate alten Kindern, daß die Väter pro Woche 26 Stunden während der Zeit, in der das Baby wach war, anwesend waren und 8 Stunden pro Woche mit ihren Kindern spielten. Kotelchuck (1976) fand erwartungsgemäß heraus, daß Mütter die Hauptverantwortung für die Pflege ihrer 6 bis 21 Monate alten Kinder trugen. Sie widmeten ihren Kindern bedeutend mehr Zeit als die Väter (9 Stunden gegenüber 3. 2 Stunden pro Tag). Die Unterschiede zwischen Vätern und Müttern beschränkten sich nicht nur auf die Quantität an Zeit, in der sie für das Kleinkind verfügbar waren. Vielmehr weisen sie nach Kotelchuck auch erhebliche Unterschiede hinsichtlich ihrer jeweiligen Aktivitätsbereiche auf. Die Mütter widmeten dem Füttern (1. 45 Stunden gegenüber 0. 25 Stunden pro Tag) und der Pflege (0. 92 Stunden gegenüber 0. 15 Stunden) mehr Zeit als die Väter. 64% aller Mütter trugen die alleinige Verantwortung für die Pflege ihrer Kinder, 9,2% konnten sich diese Aufgabe mit einer zweiten Person teilen. Nur 7,5% der Väter übernahmen einen so großen Teil der Kinderpflege wie ihre Frauen. Nicht mehr als 25% beteiligten sich zumindest regelmäßig oder anders formuliert: 75% der Väter halfen nur gelegentlich mit. Während Mütter insgesamt mehr mit dem Säugling spielten (2. 3 Stunden gegenüber 1. 2 Stunden bei Vätern) verbringen Väter einen größeren relativen Zeitanteil mit Spielaktivitäten (37,5% gegenüber 25,8% bei Müttern).

Zu ähnlichen Ergebnissen kamen auch Rendina & Dickerscheid (1976) bei Beobachtungen an 5 bis 13 Monate alten Kindern: Väter verbrachten 10,4% ihrer Zeit in der Familie mit sozialer Kontaktaufnahme zum Kind – einschließlich Spiel – und nur 3,8% mit Pflegetätigkeiten. Richards, Dunn & Antonis (1975) stellten in England bei Befragungen von Eltern mit 30 bzw. 60 Wochen alten Kindern fest, daß über 90% der Väter regelmäßig mit ihren Kindern spielten. 35% der Väter fütterten ihre Kinder im Alter von 30 Wochen, 46% waren es im Alter von 60 Wochen. Im allgemeinen gab es eine klare Hierarchie der väterlichen Aktivitäten, wobei Wickeln und Baden ganz unten lagen und Spielen am häufigsten genannt wurde.

Viele der frühen Arbeiten auf diesem Gebiet versäumen es, eine theoretisch wie methodologisch wichtige Unterscheidung zu treffen: die zwischen Kompetenz und Performanz. Eine solche Trennung ist aber sinnvoll, da diese Studien wegen der begrenzten zeitlichen Verfügbarkeit des Vaters häufig zu der Fehlinterpretation führten, daß Väter sich auch grundsätzlich für die Pflege und Erziehung des Neugeborenen und des Kleinkindes nicht eignen. Gegen eine solche Auffassung haben sich vor allem Parke & Sawin (1976) gewandt: „. . . die Tatsache, daß in historischen, sozialen und ökonomischen Übereinkünften den Vätern andere Rollen zugewiesen werden, impliziert nicht notwendigerweise, daß diese tatsächlich unfähig sind, pflegerische Funktionen zu übernehmen". (Parke & Sawin, 1976, S. 366f.)

Bereits 1972 hatten Parke, O'Leary & West die Ergebnisse einer interessanten Beobachtungsstudie vorgelegt. Sie wurde in einem Krankenhaus 6 und 48 Stunden nach der Geburt des ersten Kindes in einer triadischen Situation (Vater, Mutter und Kind) durchgeführt. Die Ergebnisse zeigten, daß die Väter sich in diesem Kontext, der die Möglichkeit zu einer freiwilligen Teilnahme bot, ebenso intensiv ihren Neugeborenen widmeten wie die Mütter. In den meisten untersuchten Verhaltensweisen gab es keinerlei Unterschiede zwischen Vätern und Müttern. Diese Studie ließ aber einige Fragen ungeklärt. So wäre beispielsweise denkbar, daß die intensive Interaktion zwischen Vater und Neugeborenem vom Kontext, z. B. der stützenden Funktion der anwesenden Mutter, abhängt. Die an der Untersuchung beteiligten Väter hatten darüber hinaus Lamaze-Kurse besucht und bis auf einen waren alle bei der Geburt anwesend. Ferner entstammten sie der amerikanischen weißen bildungsbewußten Mittelschicht.

Aus diesem Grunde haben Parke & O'Leary (1976) eine zweite Studie durchgeführt, an der Väter aus der amerikanischen Unterschicht teilnahmen, die weder einen Lamaze-Kurs besuchten noch bei der Geburt anwesend waren. Die Vater-Kind-Interaktion wurde in zwei unterschiedlichen Situationen beobachtet: (1) allein mit dem Neugeborenen, (2) in Anwesenheit der Mutter. Auch die Väter dieser Untersuchung zeigten großes Interesse und aktive Kontaktaufnahme mit dem Säugling, sowohl in Gegenwart der Mutter, als auch wenn sie mit dem Säugling allein waren. Parke & O'Leary berichten, daß sich diese Väter, wenn beide Elternteile anwesend waren, sogar mehr mit dem Säugling beschäftigten als die Mütter. Parke & O'Leary (1976), Parke & Sawin (1975) und Parke (1979) betonen zusammenfassend, daß Väter sich ebenso intensiv ihren Neugeborenen widmeten wie Mütter. Die Mütter übertrafen die Väter nur in einer

Hinsicht, sie lächelten öfter. Auf diese qualitativen Unterschiede im Verhalten von Vätern und Müttern werden wir noch näher eingehen.

Die Ergebnisse dieser Untersuchungen liefern eine erste empirische Evidenz dafür, daß sich Väter und Mütter in gleichem Maße für die Pflege ihres neugeborenen Kindes eignen und daß Väter sich in solchen Tätigkeiten engagieren, wenn ihnen hinreichend dazu Gelegenheit angeboten wird. Das unterschiedliche Ausmaß der Verfügbarkeit von Vater und Mutter ist demnach nicht als Desinteresse des Vaters, sondern vielmehr als Funktion bestehender Rollenverteilung innerhalb der Familie aufzufassen.

Ähnlichkeiten und Unterschiede mütterlichen und väterlichen Verhaltens gegenüber Kleinkindern

Väter und Mütter weisen mehr Ähnlichkeiten als Unterschiede in ihrem Verhalten gegenüber dem Kleinkind auf; die bislang systematisch beobachteten Unterschiede betreffen die Aktivitätsbereiche: Füttern, Lächeln, Vokalisierung und Spielen.

Ähnlichkeiten

In der Studie von Parke & Sawin (1980) ergaben sich nur einige wenige, über die Zeit konstante Unterschiede, die zugleich frühere Untersuchungsergebnisse von Parke & O'Leary (1976) und Parke & Sawin (1975) bestätigen: Mütter verrichteten mehr Pflegetätigkeiten als Väter; sie küßten ihr Baby häufiger im Kontext der Nahrungsaufnahme. Väter hingegen gaben häufiger visuelle Stimulierungen derart, daß sie den Gesichtsausdruck des Kindes nachahmten. Diese Ergebnisse liefern erste Hinweise einer Rollendifferenzierung zwischen den Eltern. Die Autoren erwähnen, daß Eltern in dieser Untersuchung zwar ähnlich viel Zeit mit ihrem Kind verbrachten, jedoch mit unterschiedlichen Aktivitäten. Aus den 27 von ihnen erfaßten Variablen differenzierten allerdings nur drei zwischen mütterlichem und väterlichem Verhalten. In der von Pedersen, Anderson & Cain (1980) durchgeführten Untersuchung an fünf Monate alten Kindern zeigten sich keinerlei Unterschiede zwischen Müttern und Vätern in 9 der 12 erfaßten Variablen. Eine weitere Variable: Füttern mit flüssiger Nahrung darf vernachlässigt werden, da die Mütter in dieser Stichprobe zu 88% ihre Kinder stillten. Demnach weisen Mütter und Väter nur in den zwei Variablen (a) elterliche Verbalisierungen, die an das Kind gerichtet waren und (b) Lächeln signifikante Unterschiede auf, Ergebnisse, die

27

durch etliche weitere Untersuchungen bestätigt wurden (Clarke-Stewart, 1978, 1980; Field, 1978; Parke & Sawin, 1980).

An Kindern im Alter von 15 Monaten und deren Eltern untersuchte Belsky (1980) den elterlichen Einfluß auf die Entwicklung der Erkundungskompetenz des Kindes. Von den 13 analysierten Variablen, die sich auf verbales und nicht verbales Verhalten, auf körperlichen Kontakt und auf das Spiel bezogen, differenzierten zwischen Müttern und Väter nur zwei: Väter regten das Kind häufiger zu einer Tätigkeit an. Belskys Analyse belegt, daß die Ähnlichkeiten in der Art und Weise, wie Väter und Mütter aus traditionellen Kernfamilien mit ihren Kleinkindern interagierten, weitaus dominierten und daß die wenigen Unterschiede, die festgestellt wurden, entweder mit der Rolle oder mit dem sozialen Kontext der Interaktion zusammenhingen.

Auch Field (1978) kommt zu dem Ergebnis, daß das Pflegeverhalten nicht als Funktion des elterlichen Geschlechts, sondern vielmehr der Rolle anzusehen ist, die der jeweilige Elternteil bei der Rollenverteilung innerhalb der Familie übernimmt. Er fand keinerlei Unterschiede zwischen Vätern und Müttern, die primär die Pflege des Kleinkindes übernahmen, wohl aber zu solchen Vätern, die sich nur sekundär an der Pflege der Kinder beteiligten.

Als wesentliches Kriterium, Verhaltensähnlichkeiten und -unterschiede bei Eltern festzustellen, wird gewöhnlich die Häufigkeit angesehen, mit der Eltern Signale des Kindes adäquat erfassen und kindgemäß auf diese reagieren. Frodi & Lamb (1978) untersuchten Ehepaare der amerikanischen Mittelschicht hinsichtlich ihrer Reaktionen auf unangenehme Kindersignale (Kindergeschrei normal- und frühgeborener Kinder) und konnten keinerlei Differenzen zwischen Vätern und Müttern feststellen. In einer anderen Untersuchung fand Lamb (1976 b) bei der Erfassung elterlichen Spielverhaltens und physischen Kontakts bei zwei Drittel seiner Vergleiche keine signifikanten Unterschiede zwischen Vätern und Müttern. Ähnlichkeiten fand auch Yogman (1977, 1981) in der Laborsituation: In der Beobachtungssituation waren Spielinitiativen als elterliche Reaktion auf Kleinkinder sowohl bei Vätern wie auch bei Müttern häufig. In über einem Drittel aller erfaßten Aktivitäten bestand hohe Übereinstimmung in der Art und Dauer der Reaktion bei beiden Elternteilen. Die sehr kleine Stichprobe und die atypische Laborsituation dürften allerdings nicht ohne einen wesentlichen Einfluß auf die Ergebnisse Yogmans geblieben sein.

Die einzige Beobachtungsstudie, die bislang mehr Unterschiede als Ähnlichkeiten feststellen konnte, lieferte Clarke-Stewart (1978, 1980), die Kinder im Alter zwischen 15 und 30 Monaten beobachtete. Sie berichtet, daß ein großer Anteil an Meßwerten ermittelt werden konnte, in denen sich Väter und Mütter unterscheiden. Vermutlich spielen hier ebenfalls methodologische Probleme eine große Rolle: Der geringe Stichprobenumfang, der relativ kurze Beobachtungszeitraum und vor allem die Beschränkung auf die intellektuelle Entwicklung des Kindes.

Gegenwärtig neigt man zu der Auffassung, daß elterliches Verhalten eher „artspezifischer" Natur ist und nicht vom Geschlecht des Elternteils abhängt. Die bislang angenommenen großen Unterschiede im Verhalten von Vätern und Müttern in Interaktionen mit Kleinkindern konnten nicht bestätigt werden. Vielmehr sprechen die Ergebnisse der Forschung für mehr Ähnlichkeiten als Unterschiede.

Unterschiede

Unterschiede im Verhalten von Vätern und Müttern in Interaktion mit ihren Kleinkindern beziehen sich vor allem auf folgende Aktivitäten: (a) Füttern, (b) Lächeln, (c) Verbalisation und (d) Spiel.

Belsky (1980) korrelierte die von ihm erfaßten (13) Variablen elterlichen Verhaltens mit seinen (vier) Maßen kindlicher Erkundungskompetenz und fand eine höhere Übereinstimmung zwischen väterlichem Verhalten und kindlicher Entwicklung als zwischen mütterlichen Verhaltensweisen und der Entwicklung des Kleinkindes. Am stärksten zeigte sich der Zusammenhang zwischen Vaterverhalten und kindlicher Kompetenz beim Kreativitätsindex (nach McCall, 1974). Belsky interpretiert diese Zusammenhänge als Funktion der aufmerksamkeitskonzentrierenden Eigenschaften elterlichen Verhaltens und den Aufmerksamkeits-Anforderungen beim Spielen. Belsky: Indem Mütter und Väter das Kind anregen, lehren sie es, wie es sich selbst anregen und seine eigene Aufmerksamkeit auf etwas lenken kann.

Lamb (1976 b–e) konnte zeigen, daß Väter wie Mütter etwa gleich häufig mit dem Kind spielten, aber die Reaktion des Kindes auf das Spiel mit dem Vater signifikant positiver war. Außerdem spielten die Väter mehr „körperliche" Spiele. Mütter initiierten häufiger Spiele mit Töchtern als mit Söhnen, während beim Vater diese Tendenz nicht vorhanden war. Sie spielten mit ihnen mehr konventionelle Spiele, obgleich die Mädchen darauf nicht positiver reagierten als die Jungen. Mütter nahmen die Kinder häufiger auf und hielten sie länger im Arm als Väter, und zwar auch dann, wenn die Kinder nicht danach verlangten. Die Reaktionen des Kindes auf das Gehaltenwerden und körperlichen Kontakt waren beim Vater positiver. Nach Lamb (1976a) liegt der Grund wohl darin, daß die Mutter mehr

29

mit der Pflege und Kontrolle beschäftigt ist, der Vater hingegen in erster Linie mit dem Kind spielt. Klammert man die Spielvariable aus, dann gibt es in der Stichprobe von Lamb keinen Unterschied mehr in den Reaktionen des Kindes auf Väter und Mütter.

In der Studie von Clarke-Stewart (1980) war die Mutter mit der Aufsicht und Pflege des Kindes weit mehr beschäftigt als der Vater. Diese Unterschiede traten bei allen Interaktionsarten auf und waren beim elterninitiierten Verhalten offensichtlicher als beim reagierenden Elternverhalten. Ähnlichkeit bestand hinsichtlich der Häufigkeit im Spielangebot; das Spiel mit dem Vater war jedoch etwas kürzer, weniger durch Spielzeuge vermittelt und bestand eher in einer körperlichen Aktivität. Die Beobachtungen des elterlichen Verhaltens in den Spieluntersuchungen ergaben unterschiedliche Spielstile der Eltern mit ihren 15 Monate alten Kindern: Mütter bevorzugten Aktivitäten, die nicht „sozial" sondern eher „intellektuell" waren und Spielmaterial einbezogen, während Väter „soziale" und „physische" Aktivitäten wählten. Ferner ergaben die täglichen Aufzeichnungen der Mütter, daß die Rolle des Vaters als Spielgefährte über eine Zeitdauer von 15 bis 30 Monaten an Bedeutung zunahm. Zur gleichen Zeit wie der Vater ein häufiger Spielkamerad wurde, nahm bei der Mutter die Häufigkeit der Kinderpflege ab: Die Eltern unterschieden sich hinsichtlich dieser beiden Variablen zunehmend weniger.

Yogman (1977, 1981) interessierte sich für Ähnlichkeiten und Unterschiede zwischen Vätern und Müttern in der Interaktion mit ihren drei Monate alten Kindern, speziell für die Struktur und den Inhalt der Spiele. Yogmans Studie zeigte, daß sich für die Mutter-Kind-Interaktion ein sanftfließender Rhythmus von Phasen erhöhter und verminderter Aufmerksamkeit gegenüber dem Interaktionspartner als typisch erwies, während in der Vater-Kind-Interaktion der Wechsel zwischen aktiven und passiven Phasen akzentuierter bzw. abrupter verlief.

Während andere Forscher sich damit begnügten, auf verschiedene Spielarten zwischen Vater und Mutter in Interaktion mit ihrem Kind hinzuweisen, untersuchte Belsky (1980) die Konsequenzen unterschiedlicher Spielstile: Mütter bevorzugten objektvermitteltes Spiel, Väter hingegen starkes Bewegungsspiel.

Bei einer an 82 Paaren durchgeführten Beobachtung konnten Parke & O'Leary (1976) nachweisen, daß sich die Väter seiner Studie sogar signifikant mehr mit dem Kind beschäftigten (Halten des Kindes, visueller und physischer Kontakt, auditive Stimulation) als die Mütter. Demgegenüber lächelten die Mütter mehr als die Väter. Die Ab- und Anwesenheit der Mutter wirkte sich kaum auf die Vater-Kind-Interaktion aus. Bei ihrer

Anwesenheit lächelten sie etwas häufiger, berührten und schaukelten das Kind jedoch etwas weniger. Insgesamt verhielten sich Väter in beiden Situationen gleichermaßen aktiv. Bei Anwesenheit des Vaters konnten Parke & O'Leary eine Reduktion des Ausmaßes der Mutter-Kind-Interaktion feststellen (erfaßt am Sprechen, Aufnehmen, Wiegen und Berühren).

Eine höhere Rate beim Lächeln wurde für die Mutter in allen Untersuchungen gefunden, die diese Variable berücksichtigten (Field, 1978; Parke & O'Leary, 1976; Parke, O'Leary & West, 1972). Eine höhere Rate mütterlicher Verbalisierung, wie sie von Pedersen, Anderson & Cain (1980) festgestellt wurde, konnten auch andere Autoren beobachten (Clarke-Stewart, 1978, 1980; Rebelsky & Hanks, 1971). Auch das Ergebnis, wonach Mütter sich stärker als Väter in der Pflege des Kindes engagierten, konnte durch zahlreiche Arbeiten bestätigt werden (Belsky, 1980; Clarke-Stewart, 1977, 1980; Lamb, 1980; Parke 1979; Parke & Sawin, 1980). Weitere Informationen über die unterschiedlichen elterlichen Spielstile liefern die Untersuchungen von Lytton (1976), Weinraub & Frankel (1977) und Yogman (1977, 1981). In diesen Studien war das Spiel des Vaters mit dem Kind mehr physisch, unvorhersagbar und nicht verbal, während das Spiel der Mutter mehr konventionell, materialbezogen und verbal war. Power & Parke (1979) beobachteten, daß Mütter mehr körperfernes Spiel initiierten; Väter hingegen hatten mehr physischen Kontakt im Spiel mit ihren acht Monate alten Kindern.

Hinsichtlich der Ätiologie von Ähnlichkeiten und Unterschieden im väterlichen und mütterlichen Verhalten liegen unterschiedliche Interpretationsansätze vor. Ähnlichkeiten sind nach Auffassung von Parke & Sawin z. T. der strukturierten Untersuchungssituation wie auch den begrenzten Fähigkeiten und Verhaltensmöglichkeiten des Kindes in den ersten Lebensmonaten zuzuschreiben. Field (1978) hingegen interpretiert sie vorwiegend als rollenabhängiges Verhalten. Für Unterschiede machen Parke & Sawin sowohl biologische Unterschiede als auch kulturelle Erwartungen verantwortlich. Pedersen, Anderson & Cain (1980) vertreten die Ansicht, daß die Größe der Gruppe, in der die Interaktion stattfindet, einen starken Einfluß auf das elterliche Verhalten ausübt. Für diese These sprechen auch die Ergebnisse von Lamb (1980): Die Gruppengröße beeinflußte die Verbalisierung der Eltern.

Andere Autoren wiederum versuchten Unterschiede im elterlichen Verhalten mit der biologischen Verbundenheit von Müttern und Kindern zu interpretieren (Lewis & Weinraub, 1976). Sie nehmen an, daß Mütter wegen ihrer biologischen Verbundenheit zum Kind einen eher direkten Einfluß auf das Kind haben und ihre Rolle im Behüten des Kindes und der

Sorge um sein körperliches Wohl besteht, während der Vater mit größerer Wahrscheinlichkeit eine „indirekte" Beziehung zum Kind aufweist und seine Rolle im Spiel mit seiner Beziehung zur Außenwelt zusammenhängt (Clarke-Stewart, 1977, 1980).

Konsistenz der Mutter-Kind- und der Vater-Kind-Beziehung

Wir haben bereits erwähnt, daß Längsschnittstudien im Bereich der Vater-Kind-Interaktion selten sind. Solche Studien würden uns helfen, die Veränderung elterlichen Verhaltens über die Zeit zu erfassen, denn nur so ließen sich die beobachteten Ähnlichkeiten und Unterschiede im Verhalten von Vätern und Müttern besser verstehen. Daß solche Studien notwendig sind, zeigen z. B. die eindrucksvollen Ergebnisse von Parke & Sawin (1980), Belsky (1980), Lamb (1976 a–e, 1977 a–c, 1980) und Clarke-Stewart (1977, 1980). Parke & Sawin (1980) beobachteten, daß sich Richtung und Umfang der Unterschiede zwischen mütterlichen und väterlichen Verhaltensweisen im Laufe der ersten drei Monate nach der Geburt änderten. Sie konnten zeigen, daß unter Berücksichtigung des Geschlechts des Elternteils und des Zeitfaktors eine Reihe von Wechselwirkungen festzustellen war. Dabei fielen nicht nur Unterschiede zwischen väterlichem und mütterlichem Verhalten auf, sondern es ließen sich auch im Zusammenhang mit dem Aktivitätsbereich und dem jeweiligen Kontext verschieden gerichtete Veränderungen in der Mutter-Kind- und Vater-Kind-Beziehung nachweisen. Parke & Sawin (1980) erwähnen, daß *Rollenumkehr* mit folgender *Rollenkonvergenz* charakteristische Trends im Kontext der Spielsituation waren, während *Rollenumkehr*, welche über die Zeit beibehalten wurde, typischer für den Kontext der Nahrungsaufnahme war.

Parke & Sawin (1980) führen als Beispiel für eine allmähliche Konvergenz mütterlicher und väterlicher Verhaltensweisen die Häufigkeit des Lächelns in der Spielsituation an: Im Krankenhaus lächelten Mütter häufiger als Väter, nach drei Monaten bestand zwischen Vätern und Müttern fast kein Unterschied mehr. Einen ähnlichen Verlauf beobachteten die Autoren bei Routine- und Pflegetätigkeiten und in der Spielsituation. Vergleichbare Trends der Rollenumkehr und -konvergenz wiesen Parke & Sawin (1980) auch für stimulative Verhaltensweisen mit starken Unterschieden im Bereich der taktil-kinästhetischen Stimulierung des Kindes in der Situation der Fütterung nach: Väter berührten und bewegten die Gliedmaßen ihrer Kinder während des Krankenhausaufenthaltes häufiger als die Mütter. Nach drei Wochen zeigten die Mütter größere Häufigkeit in taktiler Stimulierung. Diese Unterschiede vergrößerten sich noch bis zum dritten Lebensmonat. Einen ähnlichen Verlauf nahm auch die taktile und auditive Stimulierung in der Spielsituation.

Die Ergebnisse von Parke & Sawin (1980) zeigen, daß sich zwei unterschiedliche Trends des Rollenwechsels von Müttern und Vätern in der Interaktion mit ihren Kindern beobachten lassen: (1) Die Entwicklung elterlichen Verhaltens ist kontextabhängig. (2) Elterliches Rollenverhalten ist kontextabhängig. Bei Parke & Sawin (1980) zeigte sich Rollenumkehr in der dritten Woche im Spiel- wie im Fütterungskontext: sie blieb jedoch stabil nur im Fütterungskontext bis zum dritten Lebensmonat; der Rollenwechsel in der Spielsituation führte nach drei Monaten zur Rollenkonvergenz.

Diese Annahmen von Rollenumkehr und -konvergenz lassen vermuten, daß Eltern einander im Familiensystem der frühen Kindheit als Modell dienen. Allem Anschein nach übernehmen Eltern, indem sie Fürsorge, Zuwendung und Stimulierung ihres Kindes gemeinsam erfahren, die Verhaltensweisen ihres Partners. Die Eltern können voneinander lernen und dienen sich gleichzeitig als Modell (Parke & Sawin, 1980).

Das Geschlecht und die Position des Kindes in der Geschwisterreihe als Determinante väterlicher und mütterlicher Verhaltensweisen

Die Literatur vermittelt gegenwärtig kein konsistentes Bild hinsichtlich des Einflusses des kindlichen Geschlechts auf Verhaltensmuster von Vätern und Müttern. Während z. B. Pedersen, Anderson & Cain (1980) – in Übereinstimmung mit Lamb – den Standpunkt vertreten, das Geschlecht des Kindes spiele als Determinante väterlichen und mütterlichen Verhaltens während des zweiten Lebensjahren eine größere Rolle als während des ersten, sind Parke & Sawin (1980) der Meinung, daß das kindliche Geschlecht bereits im Laufe der ersten drei Lebensmonate das Verhalten von Eltern modifiziere. In der Literatur ist mehrfach die Auffassung vertreten, daß Väter und Mütter ihr Kind unterschiedlich behandeln, je nachdem, ob es sich dabei um einen Jungen oder ein Mädchen handelt (Moss, 1974; Parke, 1979; Parke & Sawin, 1980; Rebelsky & Hanks, 1971; Rendina & Dickerscheid, 1976). Vielleicht bietet eine differenziertere Betrachtung der vorliegenden Ergebnisse, die auch andere Faktoren (z. B. die Art der Interaktion, der Kontext, in dem sie stattfindet, das Alter des Kindes etc.) berücksichtigt, die Möglichkeit einer angemesseneren Antwort auf die Frage nach den Zusammenhängen zwischen kindlichem Geschlecht und elterlichen Verhaltensmustern.

Routine-Fürsorgemaßnahmen eignen sich z. B. in besonderer Weise, um

Ähnlichkeiten elterlicher Interaktionsstile festzustellen, die sich vom Geschlecht des Kindes als unabhängig erweisen. Verwendet man jedoch Zuwendungsverhalten als Kriteriumsvariable, so zeigt sich, daß Mütter mit ihren Söhnen öfter und länger schmusen als mit ihren Töchtern. Väter verhalten sich hingegen umgekehrt (Parke & Sawin, 1980). Bei visueller Zuwendung bevorzugen Väter ihre Söhne und Mütter ihre Töchter. So berichten Parke & Sawin (1980), daß Väter in der Spielsituation ihren Söhnen das Spielzeug häufiger reichten als den Töchtern. Mütter zeigten ein entgegengesetztes Verhalten. Laboruntersuchungen stellten ferner fest, daß Mütter mehr mit ihren Töchtern redeten (Weinraub & Frankel, 1977) und daß auch Mädchen ihre Vokalisationen häufiger an die Mutter richteten als an den Vater (Clarke-Stewart, 1980).

Etliche Autoren weisen darauf hin, daß Väter und Mütter von Geburt an ihre Jungen und Mädchen unterschiedlich, d. h. geschlechtsspezifisch, behandeln (Moss, 1974; Rendina & Dickerscheid, 1976; Rebelsky & Hanks, 1971; Safilios-Rothschild, 1978, 1979). Sie kommen zu dem Ergebnis, daß Väter sich stärker bei ihren Söhnen als bei ihren Töchtern engagieren. Andere wiederum berichten über auffallend größere Unterschiede zwischen Müttern und Vätern in der Behandlung von (Lamb, 1980) und im Einfühlungsvermögen (Rubin, Provenzano & Luria, 1974) gegenüber Jungen und Mädchen. Die Annahme unterschiedlicher väterlicher Behandlungsmuster gegenüber Jungen und Mädchen wird auch durch Ergebnisse der interkulturellen Forschung gestützt (Gewirtz & Gewirtz, 1968; Keller & Werner-Bonus, 1978; Redican, 1976).

Es besteht z. Z. weitgehend Übereinstimmung darüber, daß die Auswirkung väterlichen Verhaltens auf die Entwicklung geschlechtsrollenspezifischen Verhaltens bei Jungen und Mädchen bereits unmittelbar nach der Geburt des Kindes beginnt. Väter spielen bei diesem Prozeß sogar eine grundsätzliche Rolle. Sie differenzieren in ihrem Verhalten stärker zwischen Jungen und Mädchen als die Mutter.

Die hier referierten Befunde liefern ferner eine erste empirische Evidenz für die Annahme, daß die affektive Zuwendung von Vätern und Müttern mehr auf das Kind des anderen Geschlechts gerichtet ist, während Aufmerksamkeits- und stimulatives Verhalten beim gleichgeschlechtlichen Kind häufiger ist. Ebenfalls wird zur Zeit angenommen, daß Mütter und Väter speziell auf diesem Bereich reziproke und komplementäre Rollen übernehmen. Parke & Sawin (1980) machen jedoch auf die hohe kulturelle Abhängigkeit und Keller & Werner-Bonus (1978) auf die Fragwürdigkeit der Übertragung der in den USA gewonnenen Ergebnisse auf die Bundesrepublik Deutschland aufmerksam.

Die Position in der Geschwisterreihe erwies sich in den Untersuchungen von Parke & Sawin (1975, 1980) als nicht so gewichtig wie etwa das Geschlecht des Kindes. Dennoch konnten bestimmte Zusammenhänge festgestellt werden: Signifikante Wechselwirkungen zwischen dem Geschlecht eines Elternteils und der Position des Kindes in der Geschwisterfolge weisen darauf hin, daß diese Variable Mütter und Väter in unterschiedlicher Weise beeinflußt. So lächelten Väter seltener bei der Fütterung ihrer Erstgeborenen; Mütter verhielten sich umgekehrt. Zudem schmusten Väter nur kürzere Zeit mit ihren Erstgeborenen als mit den Spätgeborenen. Bei Müttern zeigte sich auch hier ein umgekehrtes Verhaltensmuster.

Wechselwirkungen zwischen Eltern und Kind in dyadischen Situationen

Die Frage nach der Interaktionsbereitschaft des Kleinkindes während der ersten drei Lebensmonate beschäftigte Parke & Sawin (1975, 1980). Zur Beantwortung dieser Frage wandten sie eine Methode der Analyse bedingter Wahrscheinlichkeiten an, welche die Überprüfung von Veränderungen der Wahrscheinlichkeit des Auftretens kindlicher Verhaltensweisen als Funktion eines bestimmten elterlichen Verhaltens ermöglicht (Parke & Sawin, 1975; Sawin, Langlois & Leitner, 1977). Die Autoren fragten in diesem Zusammenhang (a) nach der Veränderung der Auftretenswahrscheinlichkeit einer bestimmten Verhaltensweise im 10-Sekunden-Intervall als Funktion der Reaktion der Eltern und umgekehrt; (b) ob sich in Abhängigkeit von einer Reaktion des Kindes bestimmte Verhaltensweisen der Eltern ändern.

Reaktion des Kindes auf elterliches Verhalten

Parke & Sawin (1980) konnten generelle Muster der Veränderung nachweisen, die sie an zwei Beispielen elterlicher Reaktionen erläuterten: Vokalisierung und Lächeln.
- Starke elterliche Vokalisierung beim Füttern modifiziert eine Vielzahl kindlicher Verhaltensweisen. So z. B. nimmt die Häufigkeit kindlicher Vokalisierungen in den ersten drei Monaten zu, während eine lebhafte Mimik seltener zu beobachten ist. Die Wahrscheinlichkeit kindlichen Lächelns als Reaktion auf elterliche Vokalisierungen nimmt ebenfalls zu.
- Während das Lächeln der Eltern als visuelle Stimulation im Gegensatz zu auditiver Vokalisierung in der Zeit nach der Geburt kein konsistenter Auslöser für kindliche Verhaltensweisen ist (z. B. hat es keinen Einfluß

auf die Aufmerksamkeit des Kindes gegenüber den Eltern), erweist es sich drei Wochen später als ein Stimulus, der beim Kind einen leichten Anstieg der Häufigkeit von Reaktionen im Gesichtsausdruck (z. B. „Grimassen schneiden") bedingt, der sogar bis zum dritten Lebensmonat zunimmt. Im dritten Lebensmonat fanden Parke & Sawin (1980) eine Korrespondenz zwischen elterlichem und kindlichem Lächeln. Das Lächeln des Vaters löste mit geringerer Wahrscheinlichkeit Lächeln beim Kleinkind aus als das der Mutter. Die Autoren weisen ferner darauf hin, daß dieses Verhaltensmuster von den Variablen: Stellung in der Geschwisterreihe und Geschlecht des Kindes abhängig ist: Auf das Lächeln des Vaters reagieren mit größerer Wahrscheinlichkeit ihre erstgeborenen Söhne ebenfalls mit Lächeln. Im Gegensatz dazu löst Lächeln der Mutter in wenigeren Fällen Lächeln bei ihren erstgeborenen Söhnen aus, sehr häufig jedoch bei spätgeborenen Söhnen und erstgeborenen Töchtern.

Auch in der zweiten von den Autoren beobachteten Situation erwiesen sich auditive und visuelle Signale von Müttern und Vätern als zuverlässige Auslöser kindlichen Verhaltens. Die bisherige Forschung zur Reaktivität des Kindes auf variierende elterliche Interaktionsraten wurde hauptsächlich in dyadischen Kontexten durchgeführt (Brazelton et al., 1975; Yogman et al., 1976). Die Ergebnisse zeigen, daß Kleinkinder ihr Verhalten angemessen in Reaktion auf variierende Aktivitäten ihrer Sozialpartner ändern, sei der Partner nun die Mutter oder der Vater.

Reaktion der Eltern auf kindliches Verhalten

Väter und Mütter zeigen eine ähnlich große Bereitschaft, auf kindliche Signale und Hinweisreize zu reagieren. Diese Bereitschaft bleibt konstant über unterschiedliche Situationen hinweg. So z. B. in der Spielsituation wie auch beim Füttern. Eine ständige Zunahme der Reaktionsbereitschaft der Eltern gegenüber kindlichen Vokalisierungen in beiden Situationen während der ersten drei Lebensmonate konnten Parke & Sawin (1980) nachweisen. Zwar ergab sich, daß unmittelbar nach der Geburt Vokalisierungen des Kindes eher einen hemmenden Faktor darstellen, was die elterlichen Reaktionen betrifft. Dies beruhte jedoch darauf, daß Eltern ihre eigenen Vokalisierungen unterbrachen, um auf die Äußerungen ihres Kindes zu achten. Die Autoren unterstreichen zugleich die Notwendigkeit einer genaueren Überprüfung längerer Ketten sprachlichen Dialogs zwischen Eltern und Kleinkind, die offensichtlich Vorläufer von „Konversation" sein dürften. Drei Wochen bzw. drei Monate nach der Geburt des

Kindes reagierten Eltern auf kindliche Vokalisierungen verstärkt: Typische Reaktionsmuster sind Blickkontakt, Lächeln und Berührung des Kindes. Im allgemeinen betonen Parke & Sawin (1980), daß die Wahrscheinlichkeit elterlicher Vokalisierungen im untersuchten Zeitraum unabhängig von der Häufigkeit kindlicher Vokalisierungen blieb.

Kindliche Bewegungen beim Füttern waren dagegen zu allen drei Zeitpunkten der Untersuchung der reliable Auslöser elterlicher Reaktionen (Lächeln, Blickkontakt und Berührung). Ferner konnte gezeigt werden, daß ein, wenn auch geringer, Zusammenhang zwischen Bewegungen des Kindes und Vokalisierungen der Eltern bestand.

Weitere Wechselwirkungen zwischen kindlichem und elterlichem Verhalten konnte auch Clarke-Stewart (1980) nachweisen: So z. B. eine positive Korrelation zwischen der intellektuellen Kompetenz der Kinder und der verbalen und material-bezogenen Stimulierung durch die Mutter. Sie wies ferner eine stärkere Assoziation bei Mädchen zwischen der intellektuellen Fähigkeit und der verbalen und intellektuellen Anregung durch die Mutter als bei Jungen nach. Die intellektuelle Entwicklung bei Mädchen scheint nach den ·Ergebnissen von Clarke-Stewart (1980) mit der verbalen und intellektuellen Stimulierung durch die Mutter, bei Jungen mit dem physischen Kontakt und der intellektuellen Stimulierung durch den Vater zusammenhängen. Darüber hinaus erwiesen sich interkorrelative Beziehungen zwischen dem mütterlichen Verhalten und der Entwicklung des Sohnes bzw. zwischen väterlichem Verhalten und der intellektuellen Leistung der Tochter als signifikant: Der Intelligenzquotient der Jungen hängt mit dem körperlichen Kontakt und dem sozialen Spiel der Mutter eng zusammen, während der Intelligenzquotient der Mädchen mit der väterlichen, sozialen, positiven, verbalen und reagierenden Interaktion assoziiert ist.

Clarke-Stewart (1980) betont, daß Väter auf die intellektuelle Leistung der Kinder eher reagieren als diese direkt zu stimulieren. In ihrer Studie reagierten sie bevorzugt auf ihre in intellektueller, verbaler und sozialer Hinsicht schon weiter entwickelten Töchter. Obgleich die Autorin eine indirekte Beziehung zwischen väterlichem Verhalten und intellektueller Entwicklung der Kinder postuliert, stand verbale Interaktion und Spiel mit beiden Eltern in direkter Beziehung zur Sozialkompetenz der Kinder. Sie konnte auch ältere Befunde von Baumrind & Black (1967) bestätigen, wonach Jungen autonom waren, wenn beide Elternteile sich herzlich und liebevoll zu ihnen verhielten. Bei Mädchen benötigte das System mehr Spannung: Sie waren selbständig und sozial kompetent, wenn Mutter und Vater weniger herzlich und mitfühlend waren und der Vater ihre Unabhängigkeit in einem relativ frühen Alter erwartete.

Einstellungen der Eltern gegenüber dem Kind

Parke & Sawin (1975) entwickelten einen aus 45 Items bestehenden Fragebogen, mit dessen Hilfe die Einstellung der Eltern gegenüber dem Kind, deren Wissen über kindliche Entwicklung und deren Vorstellungen über die Elternrolle erfaßt werden sollte. Eine Faktorenanalyse dieses Fragebogens ergab ein sechsdimensionales Modell. Die sechs extrahierten Faktoren mit ihren Varianzanteilen: (1) Elterliche Anstrengung (z. B. Babies fordern viel Aufmerksamkeit) (43%); (2) elterliche Einstellung zur Stimulierung des Kindes (z. B. Häufigkeit der Zuwendung) (18%); (3) Sorge um das kindliche Glück (z. B. es ist gut, Babies anzulächeln) (12%); (4) fürsorgliche Angst (z. B. Ich habe Angst, mein Kind zu verletzen) (10%); (5) elterliches Wissen um die (visuelle) Wahrnehmungsfähigkeit des Kindes (z. B. Babies können zwischen verschiedenen Menschen unterscheiden) (9%); (6) Einstellung zur Elternrolle (z. B. es ist nicht Aufgabe des Vaters, das Kind zu pflegen) (8%). Die Analyse der Ergebnisse aus einer späteren Studie von Parke & Sawin (1980) zeigt deutlich, daß sich die sechs Faktoren unabhängig voneinander verhielten und daß sie einen unterschiedlichen Verlauf während der ersten drei Monate nach der Geburt bei Vätern und Müttern nahmen. Der Faktor „elterliche Anstrengung" beispielsweise zeigt einen Drei-Phasen-Verlauf: Er erreichte in der Zeit unmittelbar nach der Geburt die niedrigsten Werte, was verständlich ist aufgrund der Unterstützung, die Eltern während des Krankenhausaufenthaltes durch Schwestern und Ärzte erfahren, wies seinen höchsten Stand drei Wochen nach der Geburt auf, d. h. zu einem Zeitpunkt, in dem man sich mit den realen Belastungen auseinandersetzen muß, die das Neugeborene mit sich bringt und fiel auf ein mittleres Niveau drei Monate nach der Geburt. Für den Faktor: „Elterliche Einstellung zur Stimulierung des Kindes" zeigte sich nach drei Tagen ein kleiner Vorsprung der Väter, nach drei Wochen ein noch geringer Vorsprung der Mütter; nach drei Monaten wiesen Mütter signifikant höhere Werte als Väter auf. Während sich die Werte der Mütter zwischen dem 3-Tage- und dem 3-Wochen-Termin als stabil erwiesen und zwischen 3 Wochen und 3 Monaten zunahmen, fielen die Werte der Väter zwischen 3 Tagen und 3 Wochen ab und blieben dann bis zum 3-Monats-„Termin" stabil. Die Autoren schließen daraus, daß die Einstellung der Väter zur affektiven Stimulierung ihres Kindes im untersuchten Zeitraum am positivsten nach den ersten drei

Tagen im Hospital ausgeprägt ist, während dies bei den Müttern im 3. Lebensmonat der Fall ist. Was den Verlauf des Faktors fünf anbetrifft, konnten Parke & Sawin feststellen, daß sowohl Väter als auch Mütter die visuelle Kompetenz des Kindes mit zunehmendem Lebensalter höher einschätzten, das Muster der Unterschiede zwischen Vätern und Müttern veränderte sich jedoch mit der Zeit. Dem Neugeborenen attestierten die Väter höhere visuelle Kompetenz; zum 3-Wochen-Termin traf dies für die Mutter zu; zwischen drei Wochen und drei Monaten wuchsen die Werte für Väter und Mütter, wobei Mütter weiterhin höhere Einstufungen erreichten.

Sollten die Ergebnisse dieser Studie durch Wiederholungsuntersuchungen bestätigt werden, und sollte durch weitere Längsschnittstudien der Beweis für Veränderungen dieser Art auch in anderen Entwicklungsstufen erbracht werden, könnte die Arbeit von Parke & Sawin als Vorläufer einer Entwicklung angesehen werden, die uns zu komplexen Studien über die Auswirkungen elterlicher Einstellungen auf Kleinkinder hinführt.

Zusammenfassung

Wie etliche Studien nachweisen konnten, engagieren sich Väter und Mütter in gleicher Weise in der Pflege des Kleinkindes, wenn ihnen hinreichend Gelegenheit geboten wird. Väter eignen sich ähnlich wie Mütter für die Übernahme von Pflegetätigkeiten und sie erweisen sich in gleichem Ausmaß erfolgreich in der Wahrnehmung solcher Aufgaben. Das häufig beobachtete unterschiedliche Ausmaß der Verfügbarkeit von Vater und Mutter darf nicht als Desinteresse des Vaters interpretiert werden, sondern muß als Ergebnis bestehender Rollenteilung innerhalb und außerhalb der Familie aufgefaßt werden.

Die meisten der bislang durchgeführten Studien kommen zu einem übereinstimmenden Ergebnis: Es gibt weit mehr Ähnlichkeiten im Verhalten von Vätern und Müttern als Unterschiede. Vom Standpunkt eines Evolutionisten aus würde dies mehr Überlebenschancen für Kleinkinder bedeuten und von manchen Soziologen könnte dies als Indiz einer Rollenangleichung beider Geschlechter angesehen werden. Die ermittelten Unterschiede betreffen elterliche Verhaltensweisen im Kontext folgender Aktivitäten: Fütterung, Lächeln, Verbalisation und Spielaktivitäten. Obwohl gegenwärtig keine Klarheit über die Natur dieser Unterschiede und deren Ätiologie herrscht, neigen die meisten Forscher zu der Auffassung, daß es sich dabei um reziprokes und komplementäres Verhalten zwischen Mutter und Vater handelt, und daß diese Unterschiede auf unterschiedliche Interaktionsstile und nicht auf das Geschlecht des Elternteils zurückzuführen sind. Offensichtlich spielen eine Reihe von Moderatorvariablen beim Entstehen solcher Unterschiede elterlichen Verhaltens eine Rolle, wie z. B. der Kontext, in dem eine Aktivität stattfindet, die Gruppierung, das Geschlecht des Kindes und nicht zuletzt dynamische Aspekte, die mit der Entwicklung und Veränderung elterlichen Verhaltens zusammenhängen. Von besonderem Interesse ist der Befund, daß es sich bei diesen Verhaltensunterschieden um signifikant unterschiedliches Verhalten handelt, was die wichtige Rolle beider Elternteile in der Entwicklung des Kindes begründet.

Auf die Konsequenzen dieser Forschungsergebnisse für das elterliche Sorgerecht wird im Abschnitt III dieses Bandes eingegangen werden.

Zur Entstehung von Bindungsverhalten bei Kleinkindern

Gegenwärtig wird in der gerichtlichen Praxis bei der Entscheidungsfindung in Fragen des elterlichen Sorgerechtes dem Kriterium „Bindungen des Kindes" besondere Aufmerksamkeit geschenkt. Dies begründet die relativ ausführliche Darstellung des gegenwärtigen Forschungsstandes. Ziel dieses Abschnittes ist es, überlieferte – und weitgehend unreflektiert übernommene – Annahmen bezüglich Entwicklung und Formen kindlichen Bindungsverhaltens auf ihre empirische Evidenz zu hinterfragen.

Theoretische Ansätze

Unter dem Einfluß der Psychoanalyse hat man angenommen, daß die primäre Bindungsperson für das Kleinkind die Mutter sei. Das Kind lebt nach psychoanalytischer Auffassung mit seiner Mutter in einer symbiotischen Einheit, die kaum Raum für andere Bindungspersonen (etwa für den Vater oder andere Familienmitglieder) zuläßt (Balint, 1953; Benedek, 1938). Freud selbst sieht die Mutter-Kind-Beziehung als Prototyp für alle späteren (Liebes-)Beziehungen des Kindes. Aus dieser theoretischen Sicht werden Beziehungen des Kleinkindes zu anderen Familienmitgliedern als untergeordnet beurteilt.

Bowlby (1969, 1975) kommt zu einer ähnlichen Auffassung, was die Exklusivität der Mutter-Kind-Beziehung anbetrifft, allerdings aus anderen theoretischen Überlegungen heraus: Er geht von einem ethologischen und evolutionstheoretischen Ansatz aus, analysiert die Ergebnisse der Ethologie und der Primatenforschung und zieht den Schluß, die Mutter-Kind-

Beziehung sei für das Kleinkind die wichtigste und beeinfluße alle nachfolgenden Beziehungen. Bowlby behauptet, daß Kleinkinder biologisch für die Suche der Nähe von Erwachsenen prädisponiert seien, da diese das hilflose Kind gegen Gefahren schützen können. Das nähefördernde Verhalten des Kleinkindes ist nach den Verfechtern der Bindungstheorie in den ersten acht Wochen noch ungerichtet (Ainsworth, 1972; Bowlby, 1969). In den darauffolgenden Monaten wird dieses Verhalten schrittweise auf diejenigen Personen eingeschränkt, die sich am häufigsten und konsistent dem Kind zuwenden. An diese Personen entsteht eine Bindung.

Man nimmt allgemein an, daß bis zum Alter von sechs bis acht Monaten Kinder überhaupt keine Bindung entwickeln (Ainsworth, 1969; Lamb, 1978 d). Es besteht weitgehende Übereinstimmung darüber, daß Kinder Bindungsverhalten erst dann zeigen, wenn sie bereits jene Stufe ihrer kognitiven Entwicklung erreicht haben, die in der Literatur mit „Objektpermanenz" beschrieben wird und in der das Kleinkind eine einfache, aber adäquate Vorstellung von einer unabhängig von ihm und permanent existierenden anderen Person entwickelt hat (Bell, 1970; Piaget, 1937; Spitz, 1950). Diese Stufe wird zwischen dem sechsten und dem achten Lebensmonat des Kindes lokalisiert (Ainsworth, 1973; Bowlby, 1969; Schaffer, 1971; Yarrow, 1972). Ab diesem Alter beginnt das Kind auch zu protestieren, wenn es von seinen Eltern getrennt wird. Nach Bowlby zeigt dieser Trennungsprotest, daß das Kind nun nicht mehr bereit ist, einen Ersatz zu akzeptieren und die abwesenden Eltern zurück haben möchte. Bowlby betont ferner, daß Kinder erst zur Mutter Bindung entwickeln und diese durchgehend dem Vater vorziehen. Die meisten Kinder zeigen konsistentes Bindungsverhalten bis zum Ende des dritten Lebensjahres. Erst nach diesem Alter sind Kinder in der Lage, „sich in einer fremden Umgebung mit untergeordneten Bindungsfiguren sicher zu fühlen", etwa mit einer Verwandten oder einer Lehrerin (Bowlby, 1975, S. 195). Diese untergeordneten Bindungsfiguren müssen jedoch dem Kind gut bekannt sein. Darüber hinaus soll das Kind immer wissen, wo sich seine Mutter aufhält, um mit ihr Kontakt aufnehmen zu können.

Die Entwicklung von Bindungsverhalten wurde ferner von Murphy (1962) für Kinder im vorschulischen Alter untersucht. Während sich jüngere Kinder um 2 $\frac{1}{2}$ Jahre weigerten, einem Fremden ohne Mutterbegleitung zu folgen, hatten 5-jährige Kinder diese Ängste bereits weitgehend überwunden. Zu vergleichbaren Ergebnissen kam auch eine englische Studie von Newson & Newson (1966, 1968). Bowlby (1969) betont, daß die meisten Kinder nach dem dritten Geburtstag weniger intensiv Bindungsverhalten zeigen, wenn dies auch nach wie vor ein Hauptaspekt ihres

41

Verhaltens bleibt. Das Bindungsverhalten ist nach Ansicht Bowlbys auch in den ersten Schuljahren manifest: „Beim Spazierengehen werden Kinder von 5, 6 oder sogar mehr Jahren bisweilen gerne vom begleitenden Elternteil an der Hand geführt, oder sie fassen auch selbst danach . . ." (Bowlby, 1975, S. 196). Bindung wird erst mit der Adoleszenz abgeschwächt. Zu diesem Zeitpunkt können andere Personen als die Eltern für die oder den Jugendliche(n) die wichtigste Rolle spielen. Während der Jugend und des Erwachsenenalters richtet sich ein Teil des Bindungsverhaltens an Personen oder sogar Institutionen außerhalb der Familie, wobei hier prominente Personen in der Gruppe oder in der Institution eine wesentliche vermittelnde Rolle bei der Entwicklung von Bindung an eine Gruppe oder an eine Institution wahrnehmen. Bowlby impliziert eine qualitative Fortsetzung kindlichen Bindungsverhaltens bis ins Erwachsenenalter hinein: „In Unglücksfällen sucht der Mensch fast immer die Nähe einer bekannten Person, zu der er Zutrauen haben kann" (Bowlby, 1975, S. 197). Bei den meisten Menschen hält das Band zu den Eltern bis ins Erwachsenenalter hinein und wirkt sich auf vielerlei Art und Weise aus. Im Alter, wenn es nicht mehr möglich ist, Bindungsverhalten auf eine ältere oder die eigene Generation zu richten, kann es sich statt dessen Mitgliedern einer jüngeren Generation zuwenden.

Um solche und andere theoretische Fragen zu überprüfen, bedarf es einer genauen Festlegung der Strategien valider Erfassung von Bindungsverhalten. Diese Frage beschäftigt die Forschung seit den sechziger Jahren. Bowlby (1969) selbst hat eine Liste mit Verhaltensweisen vorgelegt, die Bindungsverhalten messen sollen. Während der letzten Jahre entwickelte sich eine lebhafte Diskussion darüber, wie man Bindungsverhalten vor allem bei Kleinkindern zuverlässig ermitteln kann. Gewöhnlich wird das Ausmaß der Trauer bei einer lang andauernden Trennung des Kindes von der Bindungsperson als valider Indikator für Bindungsverhalten angesehen. Ein solches Kriterium findet allerdings aus ethischen Gründen kaum Anwendung. Aber auch an der Validität von Trennungsprotest als Indikator für Bindungsverhalten wurden Zweifel erhoben (Kotelchuck, 1973; Lewis, Weinraub & Ban, 1972). Ainsworth & Wittig (1969) sehen im Trennungsprozeß eher einen Indikator für kindliche Unsicherheit als ein Indiz für Bindungsverhalten. Auf weitere methodologische Unzulänglichkeiten bei der Messung von Trennungsprotest haben Fleener & Cairns (1970) hingewiesen. Es ist das Verdienst von Ainsworth (1964) eine Liste mit Verhaltenscharakteristika vorgelegt zu haben, die eine Differenzierung zwischen Personen erlauben, zu denen das Kleinkind eine Bindung entwickelt hat oder auch nicht (Ainsworth & Bell, 1969; Ainsworth, Bell &

42

Stayton, 1969, 1972, 1974; Ainsworth & Wittig, 1969; Bell & Ainsworth, 1972; Stayton, Ainsworth & Main, 1973; Tracy, Lamb & Ainsworth, 1976).

Lamb (1976 b, 1980) hat eine methodologisch wie theoretisch wichtige Unterscheidung getroffen, indem er darauf hinweist, daß einige der Ainsworthschen Kategorien nicht ausschließlich für das System Bindungsverhalten als typisch angesehen werden dürfen, wie etwa Lächeln oder Lautemachen. Nach Lamb handelt es sich bei diesen Kategorien um Verhaltensweisen, die das Kleinkind auch anderen freundlichen Menschen gegenüber zeigt, an die jedoch keine Bindung besteht.

Lamb (1976 b) hat die von Bretherton & Ainsworth (1974) stammende Unterscheidung zwischen „Attachment"- und „Affiliative"-Verhaltensweisen übernommen und behandelt letztere – im Gegensatz zu Ainsworth und Bowlby – getrennt (vgl. auch Bretherton, 1974). Er geht davon aus, daß Bindungsverhalten (attachment) sehr viel häufiger gegenüber Personen gezeigt wird, an die Bindung im engeren Sinne entsteht. „Affiliative"-Verhaltensweisen (im folgenden Kontaktverhaltensweisen genannt), die in unterschiedlichem Ausmaß auftreten, zeigen lediglich an, daß es bei häufigem Auftreten insgesamt auch zu häufigeren Interaktionen zwischen dem Kind und dieser Person gekommen ist. Lamb führte zwei Längsschnittstudien in der Familiensituation sowie ergänzende Laboratoriumsuntersuchungen durch (Lamb, 1976 b, 1977 a–c, 1978 b, 1980). Er – wie auch andere Autoren (Cohen & Campos, 1974; Schaffer & Emerson, 1964) – setzt sich mit dem Exklusivitätspostulat der Mutter-Kind-Beziehung auseinander und versucht einige überlieferte, durch die Psychoanalyse und die Bindungstheorie Bowlbys unterstützte Annahmen hinsichtlich Entstehung und Intensität von Bindungsverhalten bei Kleinkindern zu überprüfen. Im Mittelpunkt des Forschungsinteresses standen folgende Fragen: (1) Stellt der Vater eine der Mutter äquivalente Bindungsperson dar? (2) Wann entsteht beim Kleinkind Bindungsverhalten zu seinen Eltern? (3) Wird einer der beiden Eltern zu irgendeinem Zeitpunkt der kindlichen Entwicklung dem anderen Elternteil vorgezogen? (4) Liegen qualitative Unterschiede zwischen Mutter-Kind- und Vater-Kind-Beziehung vor? Im folgenden werden einige Arbeiten erörtert, die uns während der letzten Jahre die Beantwortung dieser Fragen ermöglicht haben.

Experimentelle Beiträge

Erste Hinweise lieferten die schottischen Forscher Schaffer & Emerson (1964). Sie fanden, daß 80% der von ihnen untersuchten 9 bis 18 Monate alten Kinder Bindungen zu beiden Elternteilen aufwiesen und daß nur 50%

die Mutter dem Vater vorzogen. Kinder reagierten in dieser Studie nicht weniger stark, wenn sie vom Vater separiert wurden. Viele Kinder in dem untersuchten Alter zeigten sogar eine stärkere Bindung an ihren Vater auch dann, wenn er nicht an der Pflege direkt beteiligt war. Die Ergebnisse von Schaffer & Emerson (1964) finden durch frühere tierexperimentelle Forschungsergebnisse über Rhesusaffen eine Bestätigung. Harlow & Zimmermann (1959) und Harlow (1961) konnten nachweisen, daß die physische Bedürfnisbefriedigung keine signifikante Rolle für die Mutter-Kind-Beziehung spielt. Leider weist die Studie von Schaffer & Emerson (1964) zwei Nachteile auf: Die Daten wurden aus mütterlichen Berichten gewonnen, die nicht als reliable Informationsquelle über die Vater-Kind-Beziehungen angesehen werden können. Außerdem verwendeten die Autoren ein viel zu enges Kriterium für die Erfassung von Bindungsverhalten, nämlich die Wahrscheinlichkeit des Auftretens kindlichen Protests als Folge kurzer, täglich wiederkehrender Trennungen von bestimmten Personen. Daß auch der Vater für das Kleinkind eine Bindungsperson darstellt, konnte Ainsworth (1967) bei afrikanischen (Ganda-)Babies bestätigen.

Kotelchuck hat in einer 1973 erschienenen Arbeit berichtet, daß Kinder ähnlich starke Verhaltensweisen des Trennungsprotestes zeigten, wenn der Vater oder die Mutter sie verließ. Lewis, Weinraub & Ban (1972) fanden Differenzen in den kindlichen Reaktionen auf Vater und Mutter bei ein-, nicht jedoch bei zweijährigen Kindern. Auch für die Altersgruppe der 10 bis 21 Monate alten Kinder gilt, daß sie auf die Trennung von der Mutter nicht heftiger reagieren als auf die vom Vater (Cohen & Campos, 1974; Ross et al., 1975; Spelke et al., 1973). Während Cohen & Campos (1974) berichteten, daß 10 bis 16 Monate alte Kinder unter Streßbedingungen eher die Nähe der Mutter als die des Vaters suchten, stellten Feldman & Ingham (1975) sowie Willemsen et al. (1974) fest, daß ein- und zweijährige Kinder unter vergleichbaren Streßbedingungen keine Bevorzugung irgendeines Elternteils zeigten. Einen Beitrag zur Lösung dieses Widerspruchs liefern die Arbeiten von Lamb, auf die im folgenden ausführlicher eingegangen wird.

Lamb (1974, 1976 b, 1977 a–c, 1980) wählte das Alter seiner Versuchspersonen so, daß er die Angaben Bowlbys über den Zeitpunkt der Entstehung von Bindung beim Kleinkind überprüfen konnte (sechster bis achter Lebensmonat). Lamb nahm die Messungen vor, als die Kinder sieben bzw. acht Monate und noch einmal als sie zwölf bis dreizehn Monate alt waren. In der zweiten Längsschnittstudie, die teilweise die gleichen Familien wie die erste umfaßte, konnten noch Messungen im Alter von 15, 18, 21 und 24 Monaten vorgenommen werden. Von den von Lamb vorgelegten Ergebnissen werden im folgenden nur diejenigen berücksichtigt, die aus der Analyse triadischer Beziehungen gewonnen wurden.

Die Analyse der Ergebnisse der ersten Längsschnittstudie ergab bei Kindern im Alter von 7 und 8 Monaten eine eindeutige Präferenz für beide Elternteile gegenüber einer fremden Person, z. B. einem Besucher. Das Präferenzmuster der Kleinkinder, das sich in beachtlichem Maß als zeitstabil erwies, bestätigt, daß Kinder im ersten Lebensjahr zu beiden Elternteilen Bindungen entwickeln können und widerlegte somit die überlieferte und durch die Psychoanalyse und die Bindungstheorie Bowlbys unterstützte Annahme, wonach Kinder dieses Alters eine stärkere oder sogar ausschließliche Bindung an die Mutter zeigen. Auch die Analyse der Daten der zweiten Längsschnittstudie bestätigte dieses Ergebnis: Die Maße für Bindungsverhalten diskriminierten wiederum deutlich zwischen Eltern und fremder Person. Das galt jedoch nicht für „Kontaktverhalten" (affiliative behaviours). Unerwartet war in der zweiten Analyse, daß Kinder sogar deutliche Präferenzen bezüglich des Vaters – verglichen mit der Mutter – zeigten. Diese Ergebnisse blieben stabil. Eine genauere Analyse der einzelnen, diese Präferenz bestimmenden Variablen, ließ einen Geschlechtsunterschied erkennen: Eine zunehmende Anzahl von Jungen zeigte Präferenzen für den Vater (in den Bindungsmaßen); für die Mädchen war eine Vorhersage ihres Präferenzverhaltens nicht möglich: manche bevorzugten den Vater, andere die Mutter und etliche keinen der beiden Elternteile.

Lamb (1980) betont, daß die Tatsache der Entwicklung von Bindungen an beide Elternteile von untergeordneter Bedeutung sein könnte, wenn die eine der beiden Bindungen sich als redundant erweisen sollte; vielmehr liegt den durchgeführten Studien die Annahme zugrunde, daß (a) die Vater-Kind-Beziehung qualitativ verschieden von der Mutter-Kind-Beziehung ist und daß (b) beide verschiedene Erfahrungen beinhalten, aus denen unterschiedliche Konsequenzen für die Persönlichkeitsentwicklung des Kindes resultieren.

Diese Annahmen überprüfte Lamb an zwei unterschiedlichen Situationen: Beim Spiel und beim Halten des Kindes. Die Ergebnisse seiner ersten Längsschnittstudie bestätigten eine durchschnittlich positivere Reaktion der Kinder auf das Spiel mit dem Vater. Dieses Ergebnis wurde sowohl bei den 7 und 8, als auch bei den 12 und 13 Monate alten Kindern bestätigt. Die Präferenz für den Vater beim Kind kann als Folge des andersartigen Spielstils interpretiert werden: Während des ersten Lebensjahres bevorzugten Mütter mehr konventionelles, über Spielzeug vermitteltes Spiel, während Väter – der Tendenz nach – eher körperliches Spiel oder sonstige

Spielformen wählten, auf die Kinder besonders stark reagierten. Diese von Lamb beobachteten Unterschiede hängen also stärker mit der Art des Spiels und der Qualität der Interaktion als mit dem Geschlecht des Vaters per se zusammen. Die Ergebnisse stehen in Übereinstimmung mit Befunden aus anderen Untersuchungen, die die körperliche Stimulation, die eher wilde und ausgelassene, sowie nicht intellektuelle Art des väterlichen Spiels hervorgehoben haben (Lamb, 1980; Yogman, 1977). Sie bestätigen ferner die Beobachtung von Burlingham (1973), daß das väterliche Spiel mit dem Kind aktiver, aufregender und stimulierender sei als dasjenige der Mutter.

Zur Erklärung des Spielstils des Vaters liegen unterschiedliche Ansätze vor (Ban & Lewis, 1964; Field, 1978; Freedman, 1974; Lamb, 1976 b, 1978 a–b; Lynn & Cross, 1974; Lytton, 1976; Rendina & Dickerscheid, 1976; Suomi, 1977). Es besteht gegenwärtig keine Übereinstimmung darüber, ob der Spielstil des Vaters auf biologisch-konstitutionelle Faktoren zurückzuführen oder ob er aufgrund kultureller Erwartungen entstanden ist. Suomi (1977) zeigte, daß auch bei männlichen Affen der physische Spielstil vorherrscht. Ebenfalls schließen die Ergebnisse von Field (1978) eine Erfahrung aus der erzieherischen Tätigkeit als Erklärung für den väterlichen Spielstil aus. Freedman (1974) hat die Auffassung vertreten, daß der „typisch maskuline" Spielstil möglicherweise eine sozial akzeptable Form des mehr aktiven und aggressiven Stils darstelle, die das männliche Verhalten in allen Kulturen und allen Spezies charakterisiere. Eine gewisse Unterstützung findet die Annahme einer biologisch-konstitutionellen Begründung väterlichen Spielstils in anderen Studien, die nachweisen, daß das väterliche Spiel besonders häufig mit Söhnen stattfindet und mit diesen besonders viel Freude macht (Lamb, 1976 b; Lynn & Cross, 1974; Lytton, 1976; Ban & Lewis, 1964; Rendina & Dickerscheid, 1976).

Clarke-Stewart (1980) weist darauf hin, daß obgleich eine biologische Begründung des Spielstils angenommen werden kann, nicht übersehen werden darf, daß dieser Stil in unserer Gesellschaft durch kulturelle Erwartungen an Väter und Söhne unterstützt wird. In ihrer eigenen Untersuchung konnte Clarke-Stewart (1977, 1980) die Ergebnisse Lambs z. T. bestätigen: Bezüglich des Bindungsverhaltens bei 20 Monate alten Kindern konnte sie keine Bevorzugung eines Elternteils bemerken. Im Gegensatz zu Lambs Ergebnissen schnitten Mütter in den „Kontaktverhaltensweisen" besser ab als Väter. Eine eindeutige Interpretation dieses Unterschieds muß offen bleiben. Vielleicht spielen hier Stichprobenprobleme eine Rolle. Jedenfalls lassen auch die Ergebnisse von Clarke-Stewart keinerlei Anhaltspunkte erkennen, die uns erlauben würden, dem Geschlecht per se eine primäre Rolle bei der Präferenz in Kontaktverhaltensweisen einzuräumen.

Die aufgeworfenen Fragen überprüfte Lamb auch beim Halten des Kindes. Viele Theoretiker betrachten körperlichen Kontakt (Halten und Gehaltenwerden) als einen wichtigen Teil des Bindungs-Verhaltens-Systems (Ainsworth et al., 1971; Bowlby, 1969). Denn betrachtet man die Bindung vom ethologischen Standpunkt aus, so ist das Erreichen von körperlichem Kontakt, speziell das Gehaltenwerden durch einen beschützenden Erwachsenen, das Ziel des Bindungs-Verhaltens-System. Ainsworth et al. (1971) und Ainsworth, Bell & Stayton (1972) sind sogar der Auffassung, daß die Reaktion des Kleinkindes auf das Gehaltenwerden der verläßlichste Indikator für seine Bindung an eine Person sei. Die Ergebnisse dieser Analyse bestätigten, daß auch dann, wenn die Mütter öfter als die Väter ihre Kinder hielten, die durchschnittlichen Reaktionen der Kinder gegenüber dem Vater signifikant positiver waren. Mütter hielten aus anderen Gründen ihre Kinder als die Väter, nämlich um sie zu pflegen oder zu schützen. Väter hingegen hielten sie meist, um mit ihnen zu spielen. Wenn Halten zum Zweck des Spielens nicht gerechnet wurde, ergaben sich durchschnittlich gesehen keine Reaktionsunterschiede auf die Eltern, was wiederum einen weiteren Hinweis dafür liefert, daß die Präferenz des Vaters durch das Kleinkind mit der Qualität seines Spielstils zusammenhängt.

Weitere experimentelle Belege zur Vater-Kind- und Mutter-Kind-Beziehung des Kindes liefern die Studien von Kotelchuck und Mitarbeitern an der Bostoner Universität (Kotelchuck, 1972, 1976; Kotelchuck et al., 1975; Ross et al., 1975; Spelke et al., 1973). Kotelchuck verwendete als Kriterium für Bindungsverhalten (a) Indikatoren für Trennungsprotest (Schreien, Unterbrechung des Spiels) und (b) Häufigkeitsaufzeichnungen interaktiven Verhaltens wie Lächeln. Auch diese Ergebnisse bestätigen, daß Kinder im Alter zwischen 6 und 21 Monaten keine so großen Unterschiede ihrer Reaktionsmuster auf Vater und Mutter zeigen, wie man anhand der Theorie der matrizentrischen und monotropen Beziehung des Kleinkindes (Bowlby, 1969) annehmen würde. Die Arbeit von Kotelchuck hat ferner einen ersten Einblick in den Entwicklungsverlauf bestimmter kindlicher Reaktionsmuster ermöglicht: So hat Kotelchuck (1976) gezeigt, daß Reaktionsmuster wie z. B. Trennungsprotest des Kleinkindes, Hinter-dem-Vater-und-der-Mutter-Herlaufen und In-der-Nähe-der-Tür-Verbleiben, einem kurvilinearen Verlauf folgen. Einen ähnlichen Entwicklungsverlauf zeigten auch Verhaltensweisen wie Schreien und Weinen bei der von ihm untersuchten Stichprobe.

Faktoren, die Bindungsverhalten beeinflussen

In diesem Zusammenhang gewinnt die Frage nach den Faktoren an Interesse, die bei der Entwicklung und in der Intensität von kindlichem Bindungsverhalten beteiligt sind. Gegenwärtig besteht keine Veranlassung, andere Faktoren für die Vater-Kind-Beziehung als jene, die für die Mutter-Kind-Beziehung verantwortlich sind, anzunehmen. Die vorliegenden Ergebnisse lassen auch die Auffassungen der Psychoanalyse und der Triebreduktionstheorie, wonach umfassende physische Versorgungsmaßnahmen für die Entstehung von Bindungsverhalten erforderlich sind, nicht aufrechterhalten. Wie bereits erwähnt, haben Schaffer & Emerson (1964) in ihrer Studie zeigen können, daß Kinder in der Lage sind, auch zu solchen Personen Bindung zu entwickeln, die nicht direkt an ihrer Pflege beteiligt waren. Die Untersuchungsergebnisse von Lamb für einjährige Kinder unterstützen diese Auffassung.

Es besteht ferner eine weitgehende Übereinstimmung darüber, daß nicht die Quantität an Pflege (jenseits eines noch nicht näher determinierten Schwellenniveaus), sondern die Qualität der Eltern-Kind-Beziehung als entscheidend für die Entstehung von Bindung betrachtet wird. Wie Feldman (1973, 1974), Pedersen & Robson (1969), Schaffer & Emerson (1964) zeigten, ist auch das absolute Maß an Zeit, das ein Elternteil mit seinem Kind zusammen verbringt, ein schwacher Prädiktor für die zwischen Eltern und Kind entstehende Bindung. Andere Forscher verglichen das Bindungsverhalten zwischen Müttern und Kindern, die längere Zeit in einer Kinderkrippe bzw. vorwiegend zu Hause aufwuchsen. Die Ergebnisse dieser Untersuchungen weisen in die gleiche Richtung: Das absolute Maß an gemeinsam verbrachter Zeit korrelierte nur schwach mit der Mutter-Kind-Bindung (Doyle, 1975; Doyle & Somers, 1975; Feldman, 1973; Ragozin, 1975). Bindungsverhalten wird am besten gefördert, wenn die Eltern sich als aufmerksame und einfühlsame Interaktionspartner erweisen, die fähig sind, angemessen auf die kindlichen Signale zu reagieren und Interaktionsprozesse einzuleiten, die dem jeweiligen Entwicklungsstand und den Bedürfnissen und Fähigkeiten der Kinder entsprechen (Ainsworth, Bell & Stayton, 1969, 1974; Schaffer & Emerson, 1964). Auf die Bedeutung einer einfühlsamen Beobachtung der Säuglinge durch ihre Väter haben Parke & O'Leary (1976) sowie Parke & Sawin (1976, 1977) aufmerksam gemacht. Obwohl oben gesagt wurde, daß eine signifikante Beziehung zwischen Versorgungsmaßnahmen und Bindungsverhalten nicht nachgewiesen werden konnte, bietet die Pflege dennoch für viele Väter eine gute Möglichkeit, diesen einfühlsamen Umgang mit dem Baby zu entwickeln. Interessanterweise zeigen auch psychophysiologische Untersuchungen, daß Mütter und Väter in gleichem Maß fähig sind, sensibel auf kindliche Signale zu reagieren und einfühlsam mit ihren Kindern umzugehen (Frodi et al., 1977; Parke & Sawin, 1976, 1977).

Bindungsverhalten unter Streßbedingungen

Die Arbeiten von Lamb machen deutlich, daß Kinder im ersten Lebensjahr keinerlei Präferenzen für den einen oder anderen Elternteil zeigen müssen. Solche Präferenzen wurden jedoch im Laufe des zweiten Jahres – zumindest bei einigen Kindern – sichtbar. Während dieser Zeit bevorzugte ein Teil der Kinder den Vater gegenüber der Mutter.

Dennoch erweist sich die Frage nach einer validen Erfassung von Präferenzen bei Kindern als keine einfache. Bindungstheoretiker und unter diesen vor allem Anhänger der ethologischen Richtung behaupten, daß echte Präferenzen nicht ermittelt werden können, wenn nicht das System der Bindungsverhaltensweisen im engeren Sinne aktiviert wird. Für Lamb ist hier die entscheidende Frage: Wem wendet sich das Kind zu, wenn das Bindungssystem aktiviert wird, z. B. wenn das Kind in eine belastende Situation gerät? Die implizierten Grundannahmen lauten: Bei Desaktivierung des Systems wird Bindungsverhalten willkürlich auf Personen verteilt. Bei Aktivierung kommt es hingegen zu einer höheren Selektivität.

Wir haben bereits darauf hingewiesen, daß der Trennungsprotest sich als nur bedingt brauchbare Variable zur Erfassung kindlicher Reaktionsmuster in Streßsituationen erweist.

Cohen & Campos (1974) griffen deshalb auf eine von Harlow & Zimmermann (1959) entwickelte Technik zur Erfassung von Bindungsverhalten zurück, die im wesentlichen darin besteht, daß dem Kind verschiedene Personen „angeboten" werden. Sie untersuchten Kleinkinder im Alter von 10, 13 und 16 Monaten unter streng experimentellen Bedingungen und in vier unterschiedlichen Situationen (a) Mutter, Vater und eine weibliche fremde Person; (b) Mutter, Vater und eine männliche fremde Person; (c) Mutter, zwei Fremde und (d) Vater, zwei Fremde. Die Ergebnisse zeigten deutlich und in allen Maßen eine Bevorzugung des Vaters gegenüber den Fremden. Im Vergleich zur Mutter aber war der Vater in allen erhobenen Maßen unterlegen. Ausnahmen waren (a) die Latenzzeit, die das Kind benötigte, bevor es sich auf den Vater zubewegte, war kürzer und (b) die negative Reaktion auf die Trennung vom Vater war heftiger. So näherte sich das Kind im Durchschnitt zweimal so häufig der Mutter, es legte die Entfernung zu ihr fast doppelt so schnell zurück, blieb länger in ihrer Zone und hatte von dort aus auch mehr Augenkontakt mit der fremden Person. Dennoch gab es Gemeinsamkeiten in der Behandlung von Vater und Mutter, insbesondere wenn nur ein Elternteil anwesend war: Befand sich das Kind in der Zone von Vater oder Mutter, so blieb es dort bis zum Schluß des Versuchs. War das Kind also einmal beim Vater, so verhielt es sich ihm gegenüber genauso wie zur Mutter, Fremden gegenüber tauchte dieses Verhaltensmuster gar nicht auf. Die Bindung des Kindes an den Vater steht auch hier außer Zweifel, und auch mit zunehmendem Alter wurde keine Veränderung beobachtet. 90% aller Kinder, unabhängig vom Geschlecht, zeigten sich gleichfalls an den Vater gebunden. Da der Versuch in einem Laborraum unter strengen experimentellen Bedingungen durchgeführt wurde, kann man davon ausgehen, daß dies eine Streßsituation für das Kind darstellte.

Auch Lamb (1976 b, 1977 a–c), der sonst das vertraute häusliche Milieu vorzieht, hat die Ergebnisse von Laborbeobachtungen herangezogen, um die aufgeworfenen Fragen zu beantworten. Das Alter seiner Kinder betrug 8, 12, 18 und 24 Monate. Geprüft wurde die Hypothese, ob Kinder in Streßsituationen ihr Bindungsverhalten deutlich stärker auf primäre Bindungspersonen einschränken. Als Stressoren dienten: (a) eine fremdartige Situation, (b) das Auftauchen eines unbekannten Erwachsenen und (c) Müdigkeit/Langeweile. In streßfreien Situationen konnte Lamb keinerlei Unterschiede im Bindungsverhalten der Kinder zwischen Vater und Mutter beobachten. Bei den Kontaktverhaltensweisen bestätigte sich der Befund der Präferenz des Vaters. Befand sich jedoch ein Kind im Alter von 12 oder 18 Monaten mit einem Fremden im Untersuchungsraum, so wandten sich die Kinder mehr an die Mutter als an den Vater. Dieses Ergebnis bestätigt die Annahme, daß Mütter für Kinder in Streßsituationen die primäre Bindungsperson zu sein scheinen. Bei den 8 Monate alten Kindern ergaben sich allerdings keinerlei Präferenzen in Streßsituationen für den einen oder anderen Elternteil. Und dieses Ergebnis wurde bei den 24 Monate alten Kindern bestätigt. Offensichtlich handelt es sich hier um ein entwicklungsmäßig begrenztes Phänomen. Um dieses zu interpretieren, bedarf es noch weiterer experimenteller Untersuchungen und vor allem Längsschnittstudien in naturalistischen Settings.

Die Ergebnisse lassen sich wie folgt kurz zusammenfassen:
1. In streßfreien Episoden zeigen Kinder keinerlei Präferenzen für den einen oder anderen Elternteil; im zweiten Lebensjahr zeigen Jungen eine zeitlich begrenzte Präferenz für ihren Vater.
2. Bei mäßiger Streßbelastung in der Laboratoriumssituation nimmt das

Bindungsverhalten des Kindes zum verfügbaren Elternteil – unabhängig von seinem Geschlecht – zu.
3. In Streßsituationen in Laboruntersuchungen, in denen beide Elternteile verfügbar sind, neigen Kinder im zweiten Lebensjahr dazu, ihre Mutter dem Vater vorzuziehen. Diese Präferenz ist ebenfalls zeitlich begrenzt und tritt bei 7 bzw. 24 Monate alten Kindern nicht auf.

Diskussion

Im folgenden gilt es, Antworten auf die eingangs gestellten Fragen zu geben und darüber hinaus einige Anregungen hinsichtlich der Brauchbarkeit des Kriteriums *Bindung* bei der Entscheidungsfindung in Fragen des elterlichen Sorgerecht zu formulieren.

Die erste Frage: Stellen Väter eine der Mutter *äquivalente* Bindungsperson für das Kleinkind dar?, kann aufgrund der referierten Ergebnisse bejaht werden. Die Studien, auf die Bezug genommen wurde, widerlegen mit ihren Resultaten die Annahme der Bindungstheoretiker, wonach die Mutter die primäre, wenn nicht sogar die ausschließliche Bindungsperson für das Kleinkind sei. Es gibt gegenwärtig keine empirische Evidenz, die die Aufrechterhaltung des Exklusivitätspostulats der Mutter-Kind-Bindung rechtfertigen ließe. Vielmehr erweist sich Bindungsverhalten bei Kleinkindern als eine Funktion der Qualität der Eltern-Kind-Beziehung, die unabhängig vom Geschlecht des jeweiligen Elternteils ist und eher mit dem Rollenverhalten der Eltern korreliert.

Die zweite Frage bezieht sich auf den *Zeitpunkt*, in dem Bindungsverhalten entsteht. Die vorliegenden Beobachtungsstudien und die Ergebnisse aus Laboratoriumsuntersuchungen bestätigen auf den ersten Blick die Ansicht der Bindungstheoretiker, wonach traditionelle Anzeichen von Bindungsverhalten (etwa Trennungsprotest) nicht vor der zweiten Hälfte des ersten Lebensjahres auftreten. Es darf allerdings nicht übersehen werden, daß fast alle Forscher Kinder untersucht haben, die bereits älter als 6 Monate waren. Die einzige Ausnahme stellt die Studie von Parke & Sawin (1980) dar, die Eltern und Kinder drei Monate nach der Geburt untersuchten. Diese Autoren haben mehrfach bestätigt gefunden, daß die Grundlagen für Bindungsverhalten viel früher gebildet werden und betonen, daß Bindungsverhalten (im Sinne einer wechselseitigen Bezogenheit) als Funktion der Interaktion zwischen Eltern und Kindern aufgefaßt werden muß und daß dieser Prozeß unmittelbar nach der Geburt des Kindes beginnt.

Pedersen, Anderson & Cain (1980) liefern einen weiteren Hinweis auf eine sehr frühe Entstehung von Bindung. Sie weisen auf das komplexe Zusammenspiel von Häufigkeit und Art der Interaktion hin, die in triadischen Situationen beobachtet werden kann. Das 5 Monate alte Kind scheint solche Interaktionen bereits wahrzunehmen, darauf zu reagieren und sein Verhalten den Aktivitätsveränderungen sowohl der Mutter als auch des Vaters anzupassen. Diese erstaunlich komplexe, wechselseitige Abstimmung zwischen den Interaktionen der Eltern untereinander und denen des Kleinkindes bedarf sicherlich noch weiterer Untersuchungen. Dennoch scheinen diese Hinweise erste Anhaltspunkte zu liefern, die nicht nur zum Verständnis der Entstehung von Bindungsverhalten beitragen, sondern auch eine Antwort auf die Frage nach dem Zeitpunkt der Entstehung von Bindungsverhalten beim Kleinkind geben können.

Die dritte Frage, mit der sich die Forschung befaßt, ist die nach der *Präferenz* des einen oder anderen Elternteils in einem bestimmten Entwicklungsabschnitt des Kindes. Die meisten Studien sprechen dafür, daß Kinder Bindungsverhalten zu beiden Elternteilen entwickeln. Die von Lamb im zweiten Lebensjahr beobachtete Bevorzugung des Vaters durch seinen Sohn läßt sich auf seinen Spielstil zurückführen und ist zeitlich begrenzt. Es ist ferner denkbar, daß im Laufe des zweiten Lebensjahres Veränderungen im Rollenverhalten der Eltern eintreten, die denen, die Parke & Sawin (1980) in den ersten drei Lebensmonaten beobachteten, ähneln. Sollte dies zutreffen, so stellen Präferenzen dieser Art eine differenzierte Antwort des Kleinkindes auf verändertes elterliches Verhalten dar.

Die vierte Frage betrifft die *qualitativen Unterschiede* mütterlichen und väterlichen Verhaltens. Diese Thematik ist bereits zum Gegenstand eingehender Erörterungen geworden, so daß wir uns hier mit einigen wenigen Anmerkungen begnügen können. Die Ergebnisse bestätigen, daß – neben weitreichenden Ähnlichkeiten im Verhalten beider Elternteile – sich auch qualitative Unterschiede nachweisen lassen. Demnach kann der Vater nicht als gelegentlicher Mutterersatz angesehen werden, sondern er übernimmt eine für die Entwicklung des Kindes ebenso zentrale Rolle wie die Mutter. So kommt beispielsweise dem Vater eine spezielle Funktion bei der Entwicklung geschlechtsrollenspezifischen Verhaltens bei Jungen und Mädchen zu. Es ist das Verdienst von Lamb (1980), darauf hingewiesen zu haben, daß die väterliche Rolle nicht „redundant" ist. Pedersen (1980 b) spricht ebenfalls davon, daß die Vater-Kind-Beziehung einige Elemente enthält, die gegenüber der Mutter-Kind-Beziehung einzigartig sind.

Für die Praxis des elterlichen Sorgerechts lassen sich hieraus einige Anregungen ableiten: Das Ergebnis, daß nicht das Geschlecht, sondern die

Qualität elterlichen Verhaltens entscheidend für das Bindungsverhalten des Kindes ist, läßt beide Ehepartner grundsätzlich als gleichberechtigt bei der Frage um das elterliche Sorgerecht für die gemeinsamen Kinder erscheinen. Dies wird durch den Befund unterstützt, wonach die Fähigkeit, die Pflege eines Kleinkindes zu übernehmen, nicht als Funktion des Geschlechtes, sondern primär als Funktion der Rolle, die man als Elternteil bei der Rollenteilung in der Familie übernimmt, angesehen werden muß. Hinzu kommt noch, daß alle Studien, in denen Vergleiche zwischen Vätern und Müttern hinsichtlich der Fertigkeit der Kinderpflege durchgeführt wurden, zu dem Ergebnis gekommen sind, daß diesbezüglich keinerlei Unterschiede vorliegen. Die bislang auch in der Praxis der Rechtsprechung akzeptierte „Tender-Years-Assumption" ist vor dem Hintergrund dieser Forschungsergebnisse nicht mehr aufrechtzuerhalten. Aber auch eine zu starke Betonung des Kriteriums „Bindung" in der Praxis des elterlichen Sorgerechts erweist sich als nicht unproblematisch: Erstens wissen wir noch relativ wenig darüber, wie Bindungsverhalten bei Kleinkindern entsteht und welchen Gesetzmäßigkeiten es im Laufe der Entwicklung eines Kindes unterliegt. Vor allem bei Kindern ab drei Jahren liegen kaum Beobachtungsstudien vor, und man ist heute vielfach auf Anleihen bei Bowlby (1975) oder auf andere allgemeine entwicklungspsychologische Forschungergebnisse angewiesen. Eine solide wissenschaftliche Grundlage, die eine zuverlässige Erfassung von Bindungsverhalten (vor allem bei älteren Kindern) erlaubt, fehlt noch weitgehend. Hinzu kommen noch methodologische Fragen: Ainsworth (1964, 1969) und Lamb (1976 a–b) haben deutlich gemacht, daß die Charakteristika der Verhaltensliste von Ainsworth (1964) nur grobe Indizes für das tatsächliche Bindungsverhalten darstellen. Man verfügt bis heute über keine geeigneten Meßinstrumente, mit deren Hilfe das Bindungsverhalten bei Kindern valide erfaßt werden kann.

Eine dritte Schwierigkeit ergibt sich aus der Überbetonung der prognostischen Relevanz kindlichen Bindungsverhaltens bei der Entscheidungsfindung um das elterliche Sorgerecht. Es sei daran erinnert, daß Bindungsverhalten nur eines von vier in der Literatur gegenwärtig diskutierten und das Verhalten des Kleinkindes vermittelnden Systeme ist. Fthenakis (1981) hat in Anlehnung an Cotroneo & Krasner (1979) diese Einseitigkeit kritisiert und betont, daß für die Zusprechung des Elternrechts der Elternteil am besten geeignet sei, der es am ehesten verkraften und in dem Bestreben kooperativ sein könne, den Kindern die Verbindung zu allen bedeutsamen Personen in ihrem Beziehungssystem zu erhalten. Die Tatsache, daß die Präferenz für den einen oder anderen Elternteil zeitlichen

Veränderungen und einer weitgehend unbekannten Dynamik unterliegt, bringt eine weitere Unsicherheit mit sich.

Die Aufmerksamkeit des Sachverständigen sollte künftig nicht so sehr auf die Bindung des Kindes, sondern auf eine sehr differenzierte und umfassende Analyse der Qualität der Eltern-Kind-Beziehung gerichtet werden. Daß „Bindung" einer erneuten Präzisierung und kritischen Würdigung bedarf, wird heute von allen Seiten eingeräumt. Man sollte auch nach den anderen vermittelnden Verhaltenssystemen fragen. Dabei sollte nicht übersehen werden, daß die bislang praktizierte Untersuchung der Eltern-Kind-Beziehung in dyadischen Situationen zugunsten triadischer Analysen aufgegeben werden muß. Pedersen (1980 b) macht uns nicht nur auf die Komplexität elterlichen Verhaltens aufmerksam, das mit der Entstehung von Bindungsverhalten beim Kind korreliert, sondern auch auf die Tatsache, daß Hauptkomponenten elterlichen Verhaltens wie z. B. die Kontaktverhaltensweisen von Lamb (1976 b, 1980) anderen Gesetzmäßigkeiten unterliegen als die „klassischen" Bindungskategorien. So erfolgt positive Zuwendung beim Kleinkind diskontinuierlich und ist vom Ausmaß der Stimulation des Interaktionspartners abhängig. Die Frage nach den Kriterien zur Ermittlung von Bindungsverhalten ist neu aufzuwerfen. Die Literatur läßt jedenfalls eine valide Antwort auf die Frage nach dem Bindungsverhalten des Kindes gegenwärtig kaum zu.

Die Auswirkungen der Vaterabwesenheit auf die Entwicklung des Kindes

Einleitung

Die Auswirkungen der Abwesenheit des Vaters auf die Entwicklung des Kindes wurden erstmals während des zweiten Weltkrieges zu einem zentralen Untersuchungsthema für die psychologische Forschung, das in der Folgezeit immer wieder aufgegriffen wurde. Gegen Ende der sechziger und zu Beginn der siebziger Jahre stellten Studien zur Vaterabwesenheit *den* Schwerpunkt der Vaterforschung dar. Sie boten einen indirekten Weg, die Rolle des Vaters für die Entwicklung des Kindes zu untersuchen.

Betrachtet man die einschlägigen Studien seit dem zweiten Weltkrieg, so läßt sich der Trend feststellen, den Vater differenzierter wahrzunehmen. Während z. B. die meisten frühen Untersuchungen von einer schlichten Dichotomie zwischen An- und Abwesenheit des Vaters ausgehen, werden in späteren Arbeiten verschiedene Arten der Vaterabwesenheit in zunehmendem Maße berücksichtigt. Weitaus seltener als die Differenzierung nach den verschiedenen Arten der Vaterabwesenheit wird eine Differenzierung nach den unterschiedlichen Formen der Vateranwesenheit vorgenommen und dies, obwohl Kinder aus vollständigen Familien in den Untersuchungen über die Auswirkungen der Vaterabwesenheit meist als Kontrollgruppen dienten.

In letzter Zeit setzt sich jedoch die Auffassung durch, die Variable An- bzw. Abwesenheit des Vaters nicht als Dichotomie, sondern als Kontinuum aufzufassen. Entsprechend ändert sich auch die Terminologie: Man spricht von den unterschiedlichen Graden der „Verfügbarkeit" des Vaters bzw. aus negativer Sicht, vom unterschiedlichen Ausmaß väterlicher Deprivation. Es liegt gegenwärtig eine kaum mehr überschaubare Literatur zur Thematik der Vaterabwesenheit vor. Der interessierte Leser sei insbesondere auf die Beiträge von Biller (1974, 1976), Herzog & Sudia (1973), Lamb (1976 a, 1978 b), Lehr (1974), Lynn (1974), Shinn (1978) und Thomas (1980) hingewiesen. Diese Vielzahl der vorliegenden Forschungsergebnisse veranlaßt uns, abweichend von der bisherigen Darstellung, diesen Teil über die Auswirkung der Vaterabwesenheit auf die Entwicklung des Kindes relativ ausführlich zu behandeln. Die indirekte Methode, die den meisten dieser Studien zugrunde liegt, beherrschte über ein Jahrzehnt das Feld der Vaterforschung und lieferte Ergebnisse, die für die übergeordnete Thematik dieses Buches von großem Interesse sind. Allerdings darf nicht übersehen werden, daß gegenwärtig der indirekten Methode in der künftigen Vaterforschung kaum Chancen eingeräumt werden, was die Forscher veranlaßt, nach neuen Ansätzen zu suchen, um die Zusammenhänge zwischen der Vaterabwesenheit und kindlicher Entwicklung untersuchen zu können.

Im folgenden wird der Versuch unternommen, eine Analyse des Forschungsfeldes vorzunehmen, um auf einige Aspekte aufmerksam zu machen, die bei weiteren Studien zur Vaterabwesenheit Berücksichtigung finden sollten. Darüber hinaus soll diese Analyse Strukturierungshilfen bei der Darstellung der Forschungsergebnisse liefern. Anschließend werden die Zusammenhänge zwischen Vaterabwesenheit einerseits und kognitiver, moralischer und geschlechtsspezifischer Entwicklung des Kindes andererseits erörtert. Ferner befassen wir uns mit den Auswirkungen der Vaterabwesenheit auf die Entstehung von Verhaltensauffälligkeiten bei Kindern.

Der Leser, der sich primär für Fragen der Ehescheidung und deren Auswirkungen auf Eltern und Kindern interessiert, könnte die folgenden Seiten unberücksichtigt lassen und sich mit den am Ende dieses Teils gegebenen Anregungen zur künftigen Forschung auf dem Gebiet der Vaterforschung begnügen.

Versuch einer Analyse des Forschungsfeldes

Die grundlegenden Unterscheidungen zwischen verschiedenen Arten der Vaterabwesenheit betreffen Ausmaß, Dauer, Ursache und Zeitpunkt der Vater-Kind-Trennung; in einigen Untersuchungen wird auch berücksichtigt, ob dem Kind bei Abwesenheit des natürlichen Vaters ein Vaterersatz zur Verfügung steht.

Ausmaß der Vater-Kind-Trennung

Die Abwesenheit des Vaters kann eine dauernde oder nur vorübergehende sein, wobei die zeitlich begrenzte Abwesenheit weiter differenziert werden kann nach Dauer und Häufigkeit bzw. Regelmäßigkeit. Die Unterscheidung nach dauernder und vorübergehender Abwesenheit sagt nichts über den Grad der Verfügbarkeit des Vaters aus: Auch bei dauernder Abwesenheit des Vaters, z. B. infolge einer Scheidung der Eltern, können regelmäßige Kontakte zwischen Vater und Kind stattfinden. Leider gibt es kaum Studien, die die Effekte dauernder vs. vorübergehender Vaterabwesenheit miteinander vergleichen.

Es existiert jedoch eine Reihe von Studien, die die Auswirkungen dauernder bzw. vorübergehender Vaterabwesenheit nachweisen.

Bei permanenter Vaterabwesenheit variiert die Dauer in Abhängigkeit vom Trennungszeitpunkt; eine vorübergehende Abwesenheit kann sich über Stunden, Tage oder Jahre erstrecken. So wird unter vorübergehender Abwesenheit die berufsbedingte Abwesenheit des Vaters während des Mittagessens (Whiteman & Deutsch, 1967), oder auch die zweijährige Abwesenheit des Vaters in Seemannsfamilien (Lynn & Sawrey, 1959) subsummiert. Untersuchungen, die Effekte von Vaterabwesenheit unterschiedlicher Dauer miteinander vergleichen, kommen erwartungsgemäß zu dem Ergebnis, daß sich die Abwesenheit des Vaters umso negativer auswirkt, je länger sie dauert (Blanchard & Biller, 1971; Carlsmith, 1964; Landy, Rosenberg & Sutton-Smith, 1969; Pedersen, 1966; Trunnell, 1968).

Ursachen der Vaterabwesenheit

Die Ursachen der Vaterabwesenheit können einerseits danach unterschieden werden, ob sie sozial gebilligt sind (Militär, Beruf), oder nicht (Trennung, Scheidung, Gefängnis, Ehelosigkeit etc.), zum anderen danach, ob der Vater die Familie freiwillig verläßt (Trennung, Scheidung) oder ob dies nicht in seiner Entscheidungsmöglichkeit liegt (Tod, Militär). Die meisten Untersuchungen, die die Trennungsursachen berücksichtigen, kommen zu dem Schluß, daß sich die Abwesenheit des Vaters dann am nachteiligsten auswirkt, wenn sie auf Trennung oder Scheidung der Eltern beruht (Baggett, 1967; Crescimbeni, 1965; Ferri, 1976; Santrock, 1972, 1974; Santrock & Wohlford, 1970; Sutton-Smith, Rosenberg & Landy, 1968).

Zeitpunkt der Vater-Kind-Trennung

Nach den einschlägigen Untersuchungen wirkte sich die Abwesenheit des Vaters umso negativer aus, je früher sie im Leben eines Kindes einsetzte (Blanchard & Biller, 1971; Carlsmith, 1964; D'Andrade, 1973; Landy, Rosenberg & Sutton-Smith, 1969; Santrock & Wohlford, 1970; Sutton-Smith, Rosenberg & Landy, 1968; Trunnell, 1968). Santrock (1972) konnte dieses Ergebnis bei Abwesenheit des Vaters aufgrund von Scheidung, nicht jedoch im Falle seines Todes bestätigen.

Etliche Untersuchungen setzten sich mit der Frage nach der Wirkung der Vaterabwesenheit in den verschiedenen Altersstufen auseinander. Leider weisen die meisten dieser Studien erhebliche methodologische Probleme auf, die auch die relativ inkonsistenten Ergebnisse erklären könnten. Übereinstimmend wird jedoch festgestellt, daß eine Abwesenheit des Vaters, die vor dem fünften Lebensjahr einsetzte, die nachteiligsten Folgen für das Kind mit sich brachte (Hillenbrand, 1970).

Verfügbarkeit von Vatersurrogaten

Durch die Anwesenheit einer älteren männlichen Bezugsperson in der Familie (Bruder, Stiefvater) können die Effekte der Vaterabwesenheit unter Umständen reduziert werden. Aus den diesbezüglichen Untersuchungen geht hervor, daß Kinder mit Vatersurrogaten (Lessing, Zagorin & Nelson, 1970) und Stiefvätern (Santrock, 1972; Solomon et al., 1972) in Intelligenz- und Leistungstests zwischen den „vaterab-" und den „vateranwesenden" Kindern lagen.

Charakteristika der Stichproben: Alter und Geschlecht

In einem späteren Kapitel wird darauf hingewiesen, daß die Reaktion des Kindes auf den Väterverlust in den verschiedenen Altersstufen nicht mehr oder weniger intensiv, sondern qualitativ unterschiedlich ist. Die Untersuchungen, die die Bedeutung des Alters bei den Auswirkungen der Vaterabwesenheit zu erfassen suchen, enthalten eine Vielzahl methodologischer Unzulänglichkeiten: Es handelt sich meist um Querschnittstudien, in denen die Autoren gleichzeitig mehrere Altersstufen untersuchen, was in der Regel auch eine zu geringe Personenzahl pro untersuchter Altersgruppe zur Folge hatte (Atkinson & Ogston, 1974). Auch waren die Kriterien zur Ermittlung der Auswirkungen der Vaterabwesenheit in vielen Fällen nicht valide (Schulnoten) oder einseitig auf die Erfassung kognitiver Leistungen ausgerichtet.

Was die Wirkung der Vaterabwesenheit auf das Geschlecht des Kindes anbetrifft, so kommen die Untersuchungen zu dem Ergebnis, daß Vaterabwesenheit sich negativ sowohl auf Jungen als auch auf Mädchen auswirkt. Einige Autoren postulieren stärkere negative Wirkungen der Vaterabwesenheit auf Jungen, während andere wiederum behaupten, daß bei Vaterabwesenheit Mädchen mehr „profitieren" (Pedersen, Rubenstein & Yarrow, 1973; Rees & Palmer, 1970; Sutton-Smith, Rosenberg & Landy, 1968). Auf die Rolle des Vaters bei der Entwicklung geschlechtsrollenspezifischen Verhaltens bei Jungen und Mädchen werden wir später noch näher eingehen.

Sozioökonomische Schichtzugehörigkeit

Auch die Einschätzung der Zusammenhänge zwischen Vaterabwesenheit und sozioökonomischem Status erweist sich als besonders schwierig, da die meisten Forscher vorwiegend Kinder aus der unteren sozialen Schicht untersuchten. In vielen Studien erfolgt die Kontrolle des sozioökonomischen Status nur in ungenügend differenzierter Weise. Der Beruf des Vaters oder die finanzielle Situation beider getrennt lebender Elternteile erwiesen sich unterhalb eines gewissen Schwellenniveaus als unzuverlässige Prädiktoren (Hetherington, Cox & Cox, 1975). Obwohl die Verringerung des Einkommens in vaterlosen Familie sich sehr wahrscheinlich negativ auf die kognitive Entwicklung des Kindes auswirkt, vermögen Einkommensunterschiede in der von ihnen untersuchten Gruppe allein die Zusammenhänge nicht zu erklären (Shinn, 1978).

Methodologische Probleme

Bevor wir auf die Konsequenzen der Vaterabwesenheit für die Entwicklung des Kindes näher eingehen, sind einige methodologische Probleme anzusprechen.

Die Möglichkeiten, die Abwesenheit des Vaters operational zu definieren, sind vielfältig; entsprechend werden unter dem Begriff „Vaterabwesenheit" von den einzelnen Autoren recht unterschiedliche familiäre Verhältnisse subsummiert. Abgesehen von den Schwierigkeiten, die allzu grobe Definitionen der Vaterabwesenheit bieten, erschwert die definitorische Heterogenität die Vergleichbarkeit der Untersuchungsergebnisse.

‚Ein-Eltern-Familien' verfügen gewöhnlich über weniger Geld als vollständige Familien; finanziell besonders benachteiligt sind vaterlose Familien (Hess et al., 1968). Gleichzeitig ist der Anteil an unvollständigen Familien in den unteren Einkommensgruppen höher als in den oberen. Aus diesen beiden Fakten ergibt sich bei mangelnder Kontrolle des sozioökonomischen Status die Schwierigkeit, zwischen den Auswirkungen der Vaterabwesenheit einerseits und denen des niedrigen Einkommens bzw. der Schichtzugehörigkeit andererseits zu unterscheiden, eine Schwierigkeit, die durch die Interdependenz beider Faktoren noch erhöht wird. (Der Verlust des Vaters führt zu einem verringerten Einkommen, dies wiederum bedingt einen Umzug in eine schlechtere Wohngegend etc. und trägt damit zum Absinken in eine niedrigere sozioökonomische Schicht bei.)

Herzog & Sudia (1973) berichten, daß Kinder aus unvollständigen Familien sowie Kinder aus der Unterschicht mit größerer Wahrscheinlichkeit als andere zu einem früheren Zeitpunkt vor Gericht gestellt und auch verurteilt wurden. Die unterschiedliche Behandlung von Kindern verschiedener sozialer Herkunft oder aus unterschiedlichen familiären Verhältnissen ist im Falle der Erfassung delinquenten Verhaltens besonders offenkundig, aber sicher nicht nur dort zu finden. Die soziale Umwelt wird auf ein Kind, dessen Vater im Gefängnis sitzt, anders reagieren als auf ein Kind aus einer „normalen" Mittelschichtfamilie.

Der gern gezogene Schluß von den Auswirkungen der Vaterabwesenheit auf die Bedeutung des Vaters für die kindliche Entwicklung wird durch die mögliche Nicht-Repräsentativität vaterloser Familien für Familien im allgemeinen zweifelhaft. Familien, in denen ein Elternteil „ausfällt", können sich durch eine Reihe von Faktoren von anderen Familien unterscheiden, Faktoren, die dann letztlich für die Auswirkungen der Vaterabwesenheit verantwortlich zu machen wären. So können Ehen, die schließlich geschieden werden, lange vor ihrer Auflösung durch hohe Konflikthäufigkeit, finanzielle Schwierigkeiten und geringe Verfügbarkeit der Eltern für die Kinder gekennzeichnet sein; die Beeinträchtigung der Entwicklung der Kinder wäre dann auf die familiären Spannungen, die der Trennung der Eltern vorausgehen, zurückzuführen und nicht auf die Abwesenheit des Vaters nach der Scheidung.

Außerdem ist es fast unmöglich, langfristig das Verhalten von Kindern aus vaterlosen Familien bzw. bei permanenter Vaterabwesenheit zu prognostizieren. Langzeituntersuchungen an Kindern aus *vollständigen* Familien haben ergeben, daß Prognosen dieser Art in der Regel unzuverlässig, und aufgrund eines einzigen Kriteriums (etwa eines Testscores) überhaupt nicht möglich sind (Macfarlane, 1963; Meier, 1965, 1966; Otterström, 1946).

Auswirkungen der Abwesenheit des Vaters auf die kognitive Entwicklung des Kindes

Arten der Vaterabwesenheit

Die Abwesenheit des Vaters hatte, wie gesagt, im allgemeinen dann die nachteiligsten Effekte für die kognitive Entwicklung des Kindes, wenn sie auf Trennung oder Scheidung der Eltern zurückging (Ferri, 1976; Santrock, 1972; Sutton-Smith, Rosenberg & Landy, 1968). Dies wird meist dahingehend interpretiert, daß die negativen Auswirkungen der Vaterabwesenheit in erster Linie auf familiäre Spannungen zurückzuführen sind, die einer Trennung oder Scheidung, nicht aber einem plötzlichen Tod oder der berufsbedingten Abwesenheit des Vaters vorausgehen. Diese Sichtweise wird durch die Feststellung von Douglas, Ross & Simpson (1968) gestützt, daß der Verlust des Vaters durch einen Todesfall nur dann nachteilige Wirkungen auf die kognitive Leistungsfähigkeit der betroffenen Kinder hatte, wenn ihm eine lange und wahrscheinlich alle Familienmitglieder belastende Erkrankung vorausging. Nach den Ergebnissen von Santrock (1972) müssen neben den näheren Umständen der Vater-Kind-Trennung auch der kognitive Entwicklungsstand des Kindes bzw. seine Fähigkeit, einschneidende Ereignisse verarbeiten zu können, berücksichtigt werden.

Bei diesem Versuch der Analyse des Forschungsfeldes haben wir bevorzugt auf jene Studien Bezug genommen, die sich mit den Zusammenhängen zwischen Vaterabwesenheit und kognitiver Entwicklung des Kindes befassen, weil sie eine differenzierte Analyse zulassen. Auf den gegenwärtigen Stand der Forschung läßt sich auch die inkonsistente Anwendung der mit dieser Analyse gewonnenen Differenzierungshilfen zurückführen, wofür wir den Leser um Verständnis bitten möchten.

Santrock stellte fest, daß sich die Abwesenheit des Vaters infolge von Scheidung, Trennung oder Verlassenwerden in den ersten zwei Lebensjahren des Kindes am negativsten auswirkt, während der Tod des Vaters dann die nachteiligsten Folgen für die kognitive Entwicklung des Kindes hat, wenn das Kind zu diesem Zeitpunkt zwischen 6 und 9 Jahre alt ist. Dies soll zugleich das Alter sein, in dem sich Kinder besonders mit dem Tod auseinandersetzen (Anderson & Anderson, 1954), so daß die Möglichkeit besteht, daß die Erfahrung des Todes in diesem Alter besonders traumatisch ist.

Dauer der Vaterabwesenheit

Landy, Rosenberg & Sutton-Smith (1969) stellten eine negative Beziehung zwischen der Dauer der Vaterabwesenheit infolge von Nachtschichtarbeit und den Leistungen der Töchter fest. Blanchard & Biller (1971) sowie Carlsmith (1964) beobachteten die einschneidensten Effekte der Vaterabwesenheit bei früh einsetzender und lang andauernder Abwesenheit des Vaters. Sutton-Smith, Rosenberg & Landy (1968) und Hillenbrand (1970) fanden jedoch in bezug auf die Dauer der Vaterabwesenheit keine signifikanten Effekte. Dies ist möglicherweise darauf zurückzuführen, daß die Effekte der Dauer der Vaterabwesenheit mit aktuellen Reaktionen auf die Trennung vom Vater vermischt sein können. So fanden Santrock & Wohlford (1970) die schlechtesten kognitiven Leistungen bei Jungen, die den Vater erst vor kurzem verloren hatten (zwischen dem 6. und dem 9. Lebensjahr). Eine Reihe von Studien, die zunächst keine Wirkung der Abwesenheit des Vaters auf die kognitive Entwicklung von Kindern im vorschulischen Alter sowie in den ersten Eingangsstufen der Grundschule feststellen konnten, wiesen bei denselben Kindern später signifikante nachteilige Effekte nach (Deutsch, 1960, 1964; Ferri, 1976; Hess et al., 1968; Hess et al., 1969; Rees & Palmer, 1970). Dies wird im allgemeinen so erklärt, daß sich die schädigenden Auswirkungen der Vaterabwesenheit erst mit zunehmender Dauer auf ein nachweisbares Niveau aufsummieren. Shinn (1978) macht jedoch mit Recht auf die Möglichkeit aufmerksam, daß sich Effekte der Vaterabwesenheit bei kognitiven Fähigkeiten, wie sie bei jüngeren Kindern gemessen werden, noch nicht so deutlich zeigen wie bei den später gemessenen Leistungen.

Zeitpunkt des Beginns der Vaterabwesenheit

Die meisten Untersuchungen kamen zu dem Ergebnis, daß sich die Abwesenheit des Vaters umso stärker auswirkte, je jünger das Kind zum Zeitpunkt der Trennung war (Blanchard & Biller, 1971; Carlsmith, 1964; Landy, Rosenberg & Sutton-Smith, 1969; Sutton-Smith, Rosenberg & Landy, 1968). Santrock (1972) konnte dies in bezug auf Abwesenheit des Vaters infolge einer Trennung der Eltern bestätigen, nicht jedoch in bezug auf den Todesfall des Vaters (siehe oben).

Verfügbarkeit des Vaters

Blanchard & Biller (1971) untersuchten zwei verschiedene Grade der Verfügbarkeit des Vaters für sein Kind (weniger als 6 Stunden pro Woche und mehr als 2 Stunden pro Tag) sowie die Wirkung von früh bzw. spät einsetzender Vaterabwesenheit. Kinder von in hohem Maße verfügbaren Vätern erreichten in Leistungstests konsistent bessere Werte als Kinder von wenig verfügbaren Vätern; diese Kinder wiederum übertrafen in ihren Leistungen die Kinder, deren Väter während ihrer ersten Lebensjahre bereits abwesend gewesen waren. Landy, Rosenberg und Sutton-Smith (1969) stellten bei einem Vergleich der Leistungen von Studentinnen, deren Väter infolge von Nachtschichtarbeit in geringerem Maße für ihre Töchter verfügbar gewesen waren, und Studentinnen, deren Väter am Tag arbeiteten, fest, daß sich die geringe Verfügbarkeit des Vaters während der ersten 9 Lebensjahre des Kindes in den späteren Leistungen bemerkbar machte.

Verfügbarkeit von Surrogaten

Kinder, denen ein Vaterersatz zur Verfügung stand (Lessing, Zagorin & Nelson, 1970) sowie Kinder, deren Mütter wieder geheiratet hatten (Chapman, 1977; Santrock, 1972; Solomon, Hirsch, Scheinfeld et al., 1972), lagen in ihren kognitiven Leistungen im allgemeinen zwischen den Kindern mit Vater und den Kindern ohne Vater bzw. Vaterersatz. Der kompensatorische Einfluß eines Stiefvaters wird vor allem bei Jungen deutlich: So fand Santrock (1972), daß die Wiederverheiratung der Mutter die kognitive Entwicklung des Sohnes, nicht jedoch der Tochter, positiv beeinflußte, falls sie vor dem 5. Lebensjahr des Kindes erfolgte. Auch Chapman (1977) konnte bei männlichen Studenten den, die nachteiligen Auswirkungen der Vaterabwesenheit abschwächenden Einfluß eines Vaterersatzes feststellen, fand jedoch bei Studentinnen keine konsistenten Zusammenhänge zwischen Abwesenheit des Vaters, Verfügbarkeit eines Surrogats und Leistung. Wie Santrock kommt auch Chapman zu dem Ergebnis, daß sich die Wiederverheiratung umso günstiger in der Entwicklung des Sohnes niederschlägt, je früher sie erfolgt.

Charakteristika der Stichproben: Alter und Geschlecht

Ein Einfluß der Vaterabwesenheit auf die kognitiven Leistungen der betroffenen Kinder wurde sowohl bei Kleinkindern (Pedersen, Rubenstein & Yarrow, 1973) als auch bei älteren Kindern (Blanchard & Biller, 1971;

Fowler & Richards, 1978; Santrock, 1972) sowie bei Studenten (Carlsmith, 1964; Gregory, 1965 a–b; Landy, Rosenberg & Sutton-Smith, 1969; Sutton-Smith, Rosenberg & Landy, 1968) nachgewiesen. Der Nachweis von Effekten der Vaterabwesenheit ist bei kleineren Kindern jedoch offenbar schwieriger als bei älteren, da eine Reihe von Untersuchungen die Auswirkungen erst bei wiederholter Messung an denselben Kindern zu einem späteren Zeitpunkt feststellen konnten (vgl. oben).

Von den Untersuchungen, die die differentiellen Effekte der Vaterabwesenheit auf die kognitiven Leistungen von Jungen und Mädchen vergleichen, kommen die meisten zu dem Schluß, daß Jungen durch die Abwesenheit des Vaters stärker beeinträchtigt werden (Lessing, Zagorin & Nelson, 1970; Pedersen, Rubenstein & Yarrow, 1973; Sutton-Smith, Rosenberg & Landy, 1968). Von den Untersuchungen, die sich mit männlichen bzw. weiblichen Probanden beschäftigen, kommt jeweils etwa die Hälfte zur Feststellung von Zusammenhängen zwischen Vaterabwesenheit und Leistung (Shinn, 1978).

Kulturelle Unterschiede

Eine Untersuchung von Coleman et al. (1966) legt die Vermutung nahe, daß die Auswirkung der Vaterabwesenheit variiert in Abhängigkeit von der Bedeutung, die innerhalb einer kulturellen Gruppe dem Vater beigemessen wird. So erlitten z. B. Kinder aus stark patriarchalisch orientierten Minoritäten (z. B. Puertorikaner, Mexiko-Amerikaner, Orient-Amerikaner) besonders starke Einbußen.

Sozioökonomische Schichtzugehörigkeit

Die meisten Untersuchungen zur Auswirkung der Vaterabwesenheit beziehen sich nur auf Kinder der Unterschicht, so daß der Einfluß der Schichtzugehörigkeit auf die kognitiven Fähigkeiten im Zusammenhang mit der Abwesenheit des Vaters schwer einzuschätzen ist. Eine Reihe von Forschern kommt jedoch zu dem Schluß, daß der Schulerfolg in engerer Beziehung zur Einkommensgruppe steht als zu den jeweiligen Familienverhältnissen (Coleman et al., 1966; Deutsch & Brown, 1964; Wilson, 1967). Nur drei Untersuchungen beschäftigten sich mit Kindern der Mittelschicht; zwei davon (Blanchard & Biller, 1971; Sutton-Smith, Rosenberg & Landy, 1968) ermittelten einen Zusammenhang zwischen Vaterabwesenheit und kognitiver Leistungsfähigkeit. Die Arbeit von Kitano (1968) kam nicht zu dem Ergebnis. Von den zwei Untersuchungen, die die Wirkungen der Vaterabwesenheit auf Kinder der unteren und der mittleren Schichten miteinander verglichen, stellte die eine (Deutsch & Brown, 1964) stärkere Effekte bei den Unterschichtskindern fest, die andere (Broman, Nichols & Kennedy, 1975), daß die Effekte mit steigender sozioökonomischer Schicht zunahmen.

Familiengröße

Sutton-Smith, Rosenberg & Landy (1968) verglichen die Leistungen von Studenten mit und ohne Vater aus Ein-, Zwei- und Drei-Kind-Familien. Die Auswirkungen der Vaterabwesenheit war am ausgeprägtesten in Familien mit drei Kindern, gemäßigt in Familien mit zwei Kindern und minimal in Einzelkindfamilien. Während in den Familien mit drei Kindern beide Geschlechter durch die Abwesenheit des Vaters beeinträchtigt waren, wirkte sich die Abwesenheit des Vaters bei männlichen Studenten deutlicher in den Zwei-Kind-Familien, bei weiblichen Studenten in der Einzelkindsituation aus. Überraschenderweise wurden die größten Unterschiede zwischen Studenten mit und ohne Vater dann festgestellt, wenn die untersuchten Personen gegengeschlechtliche Geschwister hatten. Ein Geschwisterkind gleichen Geschlechts schien die Abwesenheit des Vaters zumindest teilweise ausgleichen zu können. So ergab sich bei erstgeborenen Jungen mit einer jüngeren Schwester ein signifikanter Unterschied zwischen Experimental- und Kontrollgruppe, bei erstgeborenen Jungen mit einem jüngeren Bruder jedoch nicht. Kompensatorische Effekte aufgrund besonderer familiärer Konstellationen stellten auch Solomon et al., (1972) fest: Vaterlose Kinder, die von Großeltern oder anderen Verwandten in sehr kleinen Haushalten aufgezogen wurden, übertrafen Kinder sowohl aus Mutter-Kind- als auch aus vollständigen Familien in ihren Leistungen.

Arten kognitiver Leistungen

Die meisten Studien, die ein allgemeines Maß der intellektuellen Leistungsfähigkeit verwenden (Schulnoten, Notendurchschnitt, American College Entrance Examination, Stanford Achievement Test etc.), kommen zu dem Ergebnis, daß Kinder aus vaterlosen Familien leistungsschwächer sind als Kinder aus vollständigen Familien (Blanchard & Biller, 1971; Mackie, Maxwell & Rafferty, 1967; Santrock, 1972; Sutton-Smith, Rosenberg & Landy , 1968). Auch die vorübergehende Abwesenheit des Vaters wirkt sich negativ auf die Leistungen der Kinder aus (Douglas, Ross & Simpson, 1968; Lambert & Hart, 1976; Landy, Rosenberg & Sutton-Smith, 1969).

Die Tatsache, daß nicht alle Untersuchungen nachteilige Effekte nachweisen konnten und daß zwei Studien die Abwesenheit des Vaters überzufällig oft mit Hochbegabung bei Kindern (IQ über 150) und Studenten (Promotion mit summa cum laude) assoziiert fanden (Albert, 1971; Gregory, 1965 a–b), weist jedoch darauf hin, daß die Beziehung zwischen Vaterabwesenheit und intellektueller Leistungsfähigkeit keineswegs eine einfache ist.

In Leistungstests erreichen Mädchen im allgemeinen höhere Werte für verbale als für mathematische Fähigkeiten; bei Jungen ist es umgekehrt. In einer Reihe von Untersuchungen wurde jedoch festgestellt, daß bei vaterlosen männlichen Probanden häufig eine Umkehr des geschlechtstypischen Verhältnisses von mathematischen zu verbalen Fähigkeiten auftritt; sie zeigen – dem „femininen" Fähigkeitsmuster entsprechend – höhere verbale als mathematische Fähigkeiten (Carlsmith, 1964; Funkenstein, 1963; Gregory, 1965 a–b; Nelsen & Maccoby, 1966). Es besteht Unklarheit darüber, ob die Umkehr des Fähigkeitsmusters auf einer Verminderung der mathematischen Fähigkeiten (Cortes & Fleming, 1968; Lessing, Zagorin & Nelson, 1970; Fowler & Richards, 1978) oder auf einer Verbesserung der verbalen Fähigkeiten (Altus, 1958; Jones, 1975; Oshman, 1975; Vroegh, 1973) beruht. Shinn (1978) kam aufgrund ihrer Literaturübersicht zu dem Schluß, daß die Abwesenheit des Vaters relativ oft mit schwachen mathematischen Leistungen assoziiert ist und speziell in der Mittelschicht auch oft mit einer Verbesserung der verbalen Fähigkeiten in Zusammenhang steht. Die Interpretation der Befunde wird durch den Umstand erschwert, daß auch bei weiblichen Probanden im Zusammenhang mit der Abwesenheit des Vaters eine Abnahme der mathematischen Leistungen (Fowler & Richards, 1978; Landy, Rosenberg & Sutton-Smith, 1969) sowie eine Verbesserung der verbalen Fähigkeiten (Shelton, 1969; Sutton-Smith, Rosenberg & Landy, 1968) gefunden wurde. Eine weitere Studie (Gregory, 1965 a–b) stellte Ähnliches bei Abwesenheit der Mutter fest.

Über den Einfluß der Vaterabwesenheit auf die Kreativität des Kindes gibt es kaum Studien. Cantey (1974), der den differentiellen Effekt von Vaterabwesenheit und sozioökonomischer Schicht auf die kreative Leistungsfähigkeit von Schuljungen untersuchte, kam zu dem Ergebnis, daß die Abwesenheit des Vaters keine Wirkung auf die Kreativität der Kinder hat.

Interpretation der Zusammenhänge

Geschlechtsrollenidentifikation: Carlsmith (1964) vertritt die Meinung, daß die Auswirkung der Abwesenheit des Vaters auf die kognitive Entwicklung des Sohnes durch die Geschlechtsrollenidentifikation vermittelt wird. Nach dieser Theorie ist das Muster von relativ besseren verbalen bzw. relativ schlechteren mathematischen Fähigkeiten, das bei vaterlosen Jungen wiederholt festgestellt wurde, Folge der Schwierigkeiten dieser Jungen, eine adäquate männliche Geschlechtsidentität ohne männliches Modell aufzubauen. Da die Umkehr des geschlechtstypischen Fähigkeitsmusters auch bei vaterlosen Mädchen sowie bei mutterlosen Jungen gefunden wurde, scheint die These von der vermittelnden Wirkung der Geschlechtsrollenidentifikation jedoch fraglich.

Angstinterferenz: Maccoby & Rau (1962) stellten die Hypothese auf, daß „Angstinterferenz" die Ursache des mathematisch-verbalen Differenzwertphänomens sei; vaterlose Kinder stünden unter einem stärkeren Streß, der mehr mit den mathematischen als mit den verbalen Fähigkeiten interferiere. Während es Nelsen & Maccoby (1966) nicht gelang, die Angstinterferenzhypothese eindeutig zu bestätigen, gibt es einige indirekte Hinweise auf die interferierende Wirkung von Angst und Streß: Untersuchungen, die die unterschiedliche Auswirkung verschiedener Ursachen der Vaterabwesenheit prüften, stellten immer dann stärkere negative Effekte der Vaterabwesenheit fest, wenn der Verlust des Vaters mit erhöhten familiären Spannungen (Konflikte zwischen den Eltern, langwierige Erkrankung des Vaters etc.) verbunden war.

Das Konfluenz-Modell: Zajonc & Markus (1975) stellten Überlegungen über die zweckmäßige Definition der intellektuellen Umgebung des Kindes an. Der Einfachheit halber gehen sie in ihrem Modell von einem durchschnittlichen Intelligenz-Niveau des Elternteiles von 100 willkürlichen Einheiten aus und definieren die intellektuelle Umgebung wie folgt:

$$\text{I-Niveau} = \frac{100_{\text{Vater}} + 100_{\text{Mutter}} + \sum_{i=0}^{n} W_i + 0_{\text{Neugeborenes}}}{3 + n}$$

W_i = Intelligenz-Punktwert des i-ten Geschwisters zum Zeitpunkt der Geburt des letzten Kindes, n = Geschwisterzahl

Vergrößert sich die Familie durch jemanden, der ein – bezogen auf die Familie – überdurchschnittliches Intelligenz-Niveau hat, erhöht sich das

Niveau der intellektuellen Umgebung für jeden einzelnen Familienangehörigen. Alle Neugeborenen und Kinder hingegen (sowie andere Personen mit einem unterdurchschnittlichen Intelligenz-Niveau) verringen das Intelligenz-Niveau der Umgebung. Ein Kind mit vielen Geschwistern lebt aller Voraussicht nach in einer Umwelt mit vergleichsweise niedrigem intellektuellen Anregungspotential, da die meisten Familienmitglieder ein geringes geistiges Alter haben und die Aufmerksamkeit der Eltern auf viele Kinder verteilt werden muß (Näheres zum Konfluenz-Modell siehe Fthenakis & Kunze, 1982). Zajonc & Markus (1975) konnten zeigen, daß die Familiengröße mit dem IQ der einzelnen Kinder negativ korreliert. In bezug auf die Vaterabwesenheit ist nach diesem Modell ebenfalls eine Minderung der Qualität der intellektuellen Umwelt und als Folge davon eine Beeinträchtigung der kognitiven Entwicklung der betroffenen Kinder zu erwarten. Bei Abwesenheit des Vaters ist nicht nur die Vater-Kind-Interaktion reduziert, wenn nicht völlig abgebrochen, sondern oft auch die Häufigkeit der Interaktion zwischen Mutter und Kind herabgesetzt (Hetherington, Cox & Cox, 1975). Eine gewisse Bestätigung erfährt das Konfluenz-Modell durch die Untersuchung von Sutton-Smith, Rosenberg & Landy (1968), die ergab, daß sich die Abwesenheit des Vaters umso deutlicher auswirkte, je größer die Familie war. Fowler & Richards (1978) kritisieren jedoch zu Recht, daß das Modell noch zu wenig differenziert ist, um solche Effekte zu erklären. Vielleicht bietet das Konfluenz-Modell einen brauchbaren Ansatz, um kompensatorische Wirkungen zu untersuchen, die ein Vaterersatz oder andere Erwachsene auf die kognitive Entwicklung des Kindes haben.

Intelligenzdefizithypothese: Kohlberg (1966) hat die Vermutung aufgestellt, daß die Unterschiede in den kognitiven Leistungen von Kindern mit und ohne Vater in erster Linie darauf zurückzuführen sind, daß vaterlose Kinder weniger intelligent seien. Diese Annahme wurde jedoch in einer Untersuchung von Blanchard & Biller (1971) widerlegt, die bei Kindern, die in bezug auf ihren Intelligenzquotienten parallelisiert waren, umso schlechtere Schulleistungen feststellten, je weniger der Vater für sie verfügbar war. Nur in der Gruppe mit hoher Vaterverfügbarkeit (mehr als zwei Stunden pro Tag) bestand eine signifikate Korrelation zwischen IQ und Leistungswerten. Offenbar konnten diese Jungen im Vergleich zu Jungen aus vaterlosen Familien und aus Familien, in denen der Vater relativ wenig verfügbar war, ihr intellektuelles Potential mit größerer Wahrscheinlichkeit auch verwirklichen.

Die Auswirkungen der Vaterabwesenheit auf die moralische Entwicklung

Die meisten Untersuchungen über die Auswirkungen der Vaterabwesenheit auf die moralische Entwicklung des Kindes haben sich in erster Linie mit den Resultaten einer offenkundig fehlgelaufenen Entwicklung befaßt, nämlich delinquentem Verhalten. Der Zusammenhang zwischen Vaterabwesenheit und jugendlicher Delinquenz ist bestens dokumentiert, wenn auch alles andere als klar interpretierbar. Eine kritische Übersicht über die einschlägigen Untersuchungen sowie über die vorherrschenden Ansätze zur Erklärung der Zusammenhänge finden sich bei Herzog & Sudia (1973). Shinn (1978) hat sich wiederum mit dem Sammelreferat von Herzog & Sudia kritisch auseinandergesetzt.

Weitaus seltener als Untersuchungen über delinquentes Verhalten sind Studien über den Stand der moralischen Entwicklung bei nicht auffällig gewordenen Kindern und Jugendlichen. Dies liegt zum einen wohl an der geringeren gesellschaftspolitischen Relevanz der Thematik, zum anderen jedoch an den Schwierigkeiten, subtilere Formen von Moralität auf ihren unterschiedlichen Entwicklungsstufen zu erfassen. So werden von den einzelnen Autoren ganz unterschiedliche Verhaltensweisen als Indikatoren für das Niveau der moralischen Entwicklung des Kindes verwendet, darunter Widerstand gegen „Verführung", Selbstkritik, Altruismus, Wiedergutmachungsmaßnahmen, Schuld- und Schamgefühle, Aufschub von Bedürfnisbefriedigung, Lügen, Abschreiben von Schulaufgaben etc. Die Konzentration auf unterschiedliche Aspekte der moralischen Entwicklung erschwert die Vergleichbarkeit der Untersuchungsergebnisse vor allem deshalb, weil kein konsistenter Zusammenhang zwischen den verschiedenen Indikatoren für Moralität besteht; die Hauptaspekte moralischer Entwicklung: moralisches Verhalten, moralische Urteilsfähigkeit und moralische Gefühle verhalten sich orthogonal zueinander (Santrock, 1974). Hinzu kommt als weitere Schwierigkeit, die nicht übersehen werden darf, daß – wie erstmals Hartshorne & May (1928–1930) nachgewiesen haben – Moralität keine konsistente Persönlichkeitseigenschaft ist, sondern stark von der jeweiligen (Untersuchungs-)Situation abhängig ist.

Untersuchungsergebnisse

Allgemeine moralische Entwicklung: Bei Zusammenfassung der Untersuchungsergebnisse und unter Berücksichtigung der oben geäußerten Vorbehalte läßt sich feststellen, daß Kinder, die ohne Väter aufwuchsen, als moralisch „unreifer" eingestuft wurden als Kinder aus vollständigen Familien (Hoffman, 1971; Holstein, 1972; Kersey, 1973; Lavinson, 1970; Meer-loo, 1956; Mischel, 1961; Santrock, 1974; Santrock & Wohlford, 1970).

Moralisches Verhalten: Vaterlose Jungen waren in der Entwicklung morali-schen Verhaltens weniger weit fortgeschritten als Jungen aus vollständigen Familien; sie konnten Versuchungen schlechter widerstehen (Kersey, 1973; Lavinson, 1970; Santrock, 1974) und zogen die sofortige Belohnung einer größeren, aber zeitlich aufgeschobenen Befriedigung vor (Mischel, 1961; Santrock & Wohlford, 1970). Nach Einschätzung der Lehrer begin-gen sie auch häufiger Regelverletzungen in der Schule (Hoffman, 1971; Santrock, 1974) und verhielten sich aggressiver (Hoffman, 1971).

Ob dasselbe auch von vaterlosen Mädchen gesagt werden kann, ist unklar; Kersey (1973) konnte beispielsweise zeigen, daß sowohl bei Jungen als auch bei Mädchen der Widerstand gegen „Verführung" und andere Maße der Selbstkontrolle negativ mit dem Grad der Verfügbarkeit des Vaters assoziiert war, während Hoffman (1971) signifikante Unterschiede in der moralischen Entwicklung nur zwischen Jungen mit und ohne Vater, nicht jedoch zwischen Mädchen mit und ohne Vater fand. Die Auswirkun-gen der Abwesenheit des Vaters auf die moralische Entwicklung variieren auch in Abhängigkeit von den Arten der Vaterabwesenheit: Jungen aus geschiedenen Ehen zeigten einen höheren Grad von sozialer Abweichung (Santrock, 1974) und ein geringeres Maß an Selbstkontrolle (Santrock & Wohlford, 1970) als Jungen, deren Väter gestorben waren. Santrock & Wohlford (1970) stellten ferner fest, daß Jungen, die den Vater sehr früh (in den ersten zwei Jahren) verloren hatten, größere Schwierigkeiten beim Aufschub von Bedürfnisbefriedigung hatten als Jungen, die zwischen dem 3. und dem 5. Lebensjahr vom Vater getrennt worden waren.

Moralische Urteilsfähigkeit: In der Untersuchung von Hoffman (1971) erzielten Jungen, die in vaterlosen Haushalten lebten, signifikant niedrige-re Werte in verschiedenen Maßen für moralisches Urteilsvermögen als Jungen aus vollständigen Familien; bei den Mädchen ergaben sich wieder-um keine Unterschiede in Abhängigkeit von der An- bzw. Abwesenheit des Vaters. Auch Santrock (1974) stellte fest, daß das moralische Urteilsver-mögen vaterloser Jungen weniger weit entwickelt war als das von Jungen aus intakten Familien; die Söhne geschiedener Frauen erwiesen sich jedoch in bezug auf ihre moralische Urteilsfähigkeit den Söhnen von Witwen überlegen.

Moralische Gefühle: Jungen, die in vaterlosen Familien aufwuchsen, neigten bei Regelverletzungen weniger zu Schuld- und Schamgefühlen als Jungen aus vollständigen Familien (Hoffman, 1971; Santrock, 1974).

Interpretationsansätze

Identifikation und Geschlechtsrollenübernahme: Die besondere Bedeutung, die dem Vater als dem Vermittler gesellschaftlicher Normen und Standards bei der moralischen Entwicklung des Kindes zukommt, wird sowohl von Freud als auch von Parsons unterstrichen; beide Autoren sehen in der Identifikation des Kindes (respektive des Sohnes) mit dem Vater den wesentlichen Faktor für die Übernahme moralischer Ge- und Verbote durch das Kind. Rückstände in der moralischen Entwicklung vaterloser Kinder wären nach dieser Theorie auf die fehlende Möglichkeit zur Identifikation mit dem Vater zurückzuführen. Eine gewisse Bestätigung erfährt diese Annahme durch den Befund von Hoffman (1971), daß Jungen, die sich nicht mit ihrem Vater identifizierten, moralisch ebenfalls weniger „reif" erschienen, wenn auch nicht in dem Maße wie vaterlose Jungen.

Parsons (1955) hat die These aufgestellt, daß in unserer Kultur antisoziales Verhalten mit den Schwierigkeiten in Zusammenhang steht, denen sich der kleine Junge bei der Übernahme der männlichen Geschlechtsrolle gegenübersieht. Das Engagement in antisozialen Aktivitäten ist nichts als die überschießende Reaktion auf eine primär feminine Identifikation mit der Mutter, die abzulegen der heranwachsende Junge bemüht ist. Nach der Theorie des „männlichen Protestes" können alle jene Faktoren, die eine starke Identifikation mit der Mutter fördern und die frühe Identifikation mit dem Vater behindern, also auch und vor allem die Abwesenheit des Vaters, die Auftretenswahrscheinlichkeit antisozialen Verhaltens erhöhen. Eine Überprüfung durch Siegman (1966) konnte diese These bei Studenten, die während ihrer frühen Kindheit vom Vater getrennt gewesen waren, bestätigen.

Modellernen: Theorien des sozialen Lernens sehen im Vater ein im Prinzip nicht unersetzbares Modell für Selbstkontrolle und für an Normen, Bestimmungen und Zeitpläne gebundenes Verhalten. Für Rückstände in der moralischen Entwicklung eines ohne Vater aufwachsenden Kindes müßte dann das Fehlen eines männlichen Modells verantwortlich gemacht werden.

Veränderte Mutter-Kind-Interaktion: In der Untersuchung von Hoffman (1971) gaben die Jungen aus vaterlosen Familien an, weniger Zuwendung von ihren Müttern erhalten zu haben als Jungen aus vollständigen Familien; bei den Mädchen verhielt es sich umgekehrt. Dies könnte erklären, warum die Abwesenheit des Vaters die moralische Entwicklung von Jungen, nicht jedoch die von Mädchen beeinträchtigt. Auch Santrock (1974) stellte in Zusammenhang mit der moralischen Entwicklung der Kinder unterschiedliche Disziplinierungstechniken von Müttern aus vollständigen und aus unvollständigen Familien fest. Unter Berücksichtigung des an vollständigen Familien gewonnenen Ergebnisses, daß die Erziehungshaltung der Mutter und nicht die des Vaters für die Internalisierung moralischer Normen wesentlich ist (Hoffman, 1971), könnte man schließen, daß die Abwesenheit des Vaters nur insofern eine Auswirkung auf die moralische Entwicklung des Kindes hat, als sie das Verhalten der Mutter dem Kind gegenüber beeinflußt.

Die Auswirkungen der Abwesenheit des Vaters auf die Geschlechtsrollenentwicklung des Kindes

Männliche Identität

Biller & Borstelmann (1967) unterscheiden drei Aspekte der Geschlechtsrolle: Geschlechtsrollenorientierung (als eine Facette des Selbstkonzepts), Geschlechtsrollenbevorzugung (die Bevorzugung von Symbolen und Aktivitäten, die nach herrschenden Konventionen als geschlechtsspezifisch gelten), und Geschlechtsrollenannahme (wie maskulin bzw. feminin das Verhalten eines Individuums den anderen erscheint). Die meisten Untersuchungen über die Auswirkung der Vaterabwesenheit auf die Ausbildung der männlichen Identität befassen sich mit einem dieser Aspekte oder basieren zumindest auf ähnlichen Konzepten.

Nach den Ergebnissen dieser Untersuchungen hatten Jungen, die ohne Väter aufwuchsen, im Vergleich zu Jungen aus vollständigen Familien eine weniger maskuline Identität (Badaines, 1973; D'Andrade, 1973; Lynn & Sawrey, 1959) und ein weniger männliches Selbstkonzept (Biller & Bahm, 1971). Die Geschlechtsrollen waren bei ihnen begrifflich weniger ausdifferenziert (LeCorgne & Laosa, 1976). Am stärksten schien die Abwesenheit des Vaters die Geschlechtsrollenorientierung zu beeinflussen (Biller, 1968, 1969; Drake & McDougall, 1977; Leichty, 1960); Unterschiede zwischen Jungen mit und ohne Vater in der Geschlechtsrollenbevorzugung konnten in einigen Untersuchungen festgestellt werden (Biller, 1969; D'Andrade,

1973; Hetherington, 1974), in anderen jedoch nicht (Barclay & Cusumano, 1967; Drake & McDougall, 1977; Santrock & Wohlford, 1970).

Es gibt keine Hinweise darauf, daß die Vaterabwesenheit die Annahme der männlichen Geschlechtsrolle durch den betroffenen Jungen verhindert: Zwischen Kindern aus vaterlosen und aus vollständigen Familien konnten keine Unterschiede in bezug auf die „Männlichkeit" ihres Verhaltens festgestellt werden (Biller, 1969; Drake & McDougall, 1977; Tiller, 1961). Jungen ohne Vater imitierten ebenso wie Jungen mit Vater eher ein männliches als ein weibliches Modell (Badaines, 1973), und in zwei Untersuchungen wurden Jungen ohne Vater sogar als „männlicher" eingeschätzt als Jungen aus vollständigen Familien (Santrock, 1977; Santrock & Wohlford, 1970).

Es ist schwer zu entscheiden, ob die unterschiedlichen Ergebnisse in bezug auf die verschiedenen Aspekte der Geschlechtsrolle darauf hinweisen, daß die Abwesenheit des Vaters differentiell auf die Geschlechtsrollenentwicklung des Jungen wirkt, oder ob sich in ihnen methodische Unterschiede widerspiegeln.

Während die Beurteilung des Grades der Geschlechtsrollenannahme meist auf Verhaltensbeobachtungen oder Lehrereinschätzungen beruht, werden Geschlechtsrollenorientierung und -bevorzugung in der Regel mit projektiven Methoden erfaßt, darunter IT-Scale für Children, Franck-Test, Blacky-Test, Draw-a-Family-Test, Drawing-Completion-Test. Allen diesen Tests ist gemeinsam, daß das Testverhalten der Versuchungsperson interpretiert werden muß, um zu einer sinnvollen Aussage über die Person zu gelangen. Dabei ist der Interpretationsspielraum oft so groß, daß zumindest die auf projektive Verfahren gestützten Aussagen angezweifelt werden können. Ein Beispiel (zitiert nach Herzog & Sudia, 1973): In einer Untersuchung von Lynn und Sawrey (1959) zogen Jungen, deren Väter gerade zur See waren, mit größerer Wahrscheinlichkeit als andere Kinder die Vaterpuppe der Mutterpuppe vor. Dies wurde von den Autoren interpretiert als Ausdruck des starken Verlangens dieser Jungen nach der Identifikation mit dem Vater. Eine ganze Reihe von anderen Interpretationen des beobachteten Verhaltens ist natürlich denkbar.

Geschlechtsspezifisches Verhalten

In einer Reihe von Studien wird im Zusammenhang mit der Geschlechtsrollenentwicklung nicht die „Männlichkeit" vaterdeprivierter Jungen untersucht, sondern es wird auf Verhaltensweisen Bezug genommen, die nach Ansicht der Forscher Attribute der männlichen Geschlechtsrolle sind. Die am häufigsten untersuchten derartigen Verhaltensweisen sind Aggressivität und Unabhängigkeit. Die Erwartungen der Forscher gehen offenbar dahin, daß ein „richtiger" Junge ein gewisses Maß an Aggressivität besitzt und auch seine Ellbogen zu benutzen weiß. Aggressives Verhalten wird allerdings in den Untersuchungen über die moralische Entwicklung unter einem negativen Aspekt gesehen. Es scheint für heranwachsende Jungen in unserer Gesellschaft ungemein schwierig zu sein, die an sie herangetragenen Erwartungen zu erfüllen und ihre Aggressivität und Durchsetzungsfähigkeit so zu dosieren, daß sie einerseits „männlich" erscheinen und andererseits die geltenden Normen und Konventionen nicht verletzen. Jungen ohne Vater scheint dieser Balanceakt schlechter zu gelingen als Jungen aus vollständigen Familien: Während die kleinen Jungen nach Ansicht der Forscher zu wenig aggressiv sind und dazu neigen, an Mutters Rockschoß zu hängen, sind die älteren oft zu aggressiv – bis hin zur Delinquenz. Die Abwesenheit des Vaters war bei kleinen Jungen mit relativ geringerer Aggressivität (Bach, 1946; Sears, Pintler & Sears, 1946; Sears, 1951) und geringerer Unabhängigkeit (Lynn & Sawrey, 1959; Santrock, 1970; Tiller 1961) im Puppenspiel verbunden. Bei Rückkehr des Vaters nach nur vorübergehender Abwesenheit konnte es zu vermehrten Aggressionsäußerungen im Spiel kommen (Seplin, 1952; Stolz et al., 1954; Tiller, 1961). Geringe Aggressivität und starke Abhängigkeit wurden bei vaterlosen Jungen nicht nur im Spiel, sondern auch im Umgang mit Gleichaltrigen festgestellt (Hetherington, 1974; Santrock, 1970; Stolz et al. 1954).

Während kleine Jungen ohne Vater an Durchsetzungsfähigkeit zu wünschen übrig ließen, fielen vaterlose Jungen im Grundschulalter bereits durch erhöhte Aggressivität auf: Santrock und Wohlford (1970) und Santrock (1974) stellten fest, daß vaterlose Jungen von den Lehrern als aggressiver, ungehorsamer, männlicher und unabhängiger eingeschätzt wurden als ihre Klassenkameraden aus vollständigen Familien. Nach den Ergebnissen von Santrock erwiesen sich Schuljungen aus geschiedenen Ehen im Puppenspiel als aggressiver verglichen mit Jungen, deren Väter gestorben waren. Wenn die Abwesenheit des Vaters relativ spät in der Entwicklung des Kindes auftrat, waren die Jungen zwar aggressiver im Spiel, wurden von ihren Lehrern jedoch als weniger ungehorsam eingestuft. Setzte die Vater-Kind-Trennung sehr früh ein, so war das Kind besonders ungehorsam, mit einer erkennbaren Tendenz zu antisozialem Verhalten (Betrügen, Lügen, Stehlen).

Geschlechtsspezifische Interessen und Fähigkeiten (Maskulinitäts-Femininitäts-Skalen)

M-F-Skalen, wie sie in einer Reihe von Tests (z. B. MMPI) enthalten sind, versuchen die Geschlechtsidentität einer Person über den Vergleich ihrer Eigenschaften, Einstellungen und Interessen mit denen „typischer" Männer und Frauen zu erfassen. Die Skalen stützen sich dabei nach Meinung von Pollak (1960) und Vincent (1966) auf überaltete Konzeptionen der männlichen und weiblichen Geschlechtsrolle und sind deshalb heute zur Erfassung der geschlechtlichen Identität nur mehr bedingt brauchbar. Darüber hinaus gehen die gebräuchlichen M-F-Skalen von einem einzigen Kontinuum aus, dessen eines Ende hohe Maskulinität und dessen anderes Ende hohe Femininität repräsentieren soll. Wie Herzog & Sudia (1973) zu Recht kritisieren, werden dadurch Stereotype von Männlichkeit, die keine femininen Züge (wie Freundlichkeit und Sensibilität) aufweist, zum Ideal (und Maßstab für die Geschlechtsrollenentwicklung) erhoben, die in der Realität kaum wünschenswert erscheinen.

So fragwürdig die M-F-Skalen als Meßinstrumente erscheinen, so widersprüchlich sind auch die mit ihrer Hilfe gewonnenen Ergebnisse: Altus (1958) sowie Carlsmith (1973) fanden zwar bei College-Studenten ohne Vater eine stärkere Femininität, Barclay & Cusumano (1967), Greenstein (1966), Hathaway & Monachesi (1963), Miller (1961), Tiller (1961) konnten jedoch keine Unterschiede zwischen Jugendlichen mit und ohne Vater auf der M-F-Skala feststellen. Terman & Miles (1936) hatten sogar festgestellt, daß vaterlose Jungen signifikant über dem Mittelwert für Männer in bezug auf Maskulinität der Interessen lagen.

Weitere Indikatoren für die geschlechtliche Identität

Eine Reihe von Untersuchungen stellt Ergebnisse dar, die als Hinweis auf eine gestörte Maskulinität bei vaterlosen Jungen interpretiert werden. Am häufigsten wird die Umkehr des Verhältnisses mathematischer zu verbalen Fähigkeiten, die wiederholt bei vaterlosen College-Studenten beobachtet wurde (vgl. oben), als Ausdruck einer mißlungenen Geschlechtsrollenentwicklung dargestellt. Dieser Schluß scheint jedoch beim gegenwärtigen Stand der Forschung nicht gerechtfertigt.

Ausgehend von dem Befund, daß Männer mehr eckige Formen und Frauen eher runde Formen bevorzugen, untersuchten Rogers & Long (1968) die Formpräferenzen von Kindern, deren Väter in unterschiedlichem Maße verfügbar waren. 6-bis 15jährige Jungen, deren Väter aus beruflichen Gründen mindestens 6 Monate im Jahre von zu Hause abwesend waren, bevorzugten die „männlichen" eckigen Formen in weitaus geringerem Maße als Jungen, deren Väter in Berufen tätig waren, die keine Abwesenheit von zu Hause erforderten. Diese erhöhte „Femininität" schien jedoch nur vorübergehend zu sein, da zwischen den erwachsenen Männern beider Gruppen keine diesbezüglichen Unterschiede festgestellt werden konnten. Longabaugh (1973) stellte fest, daß die Abwesenheit des Vaters per se keinen Einfluß auf den semantischen Stil des Sohnes hatte, der vielmehr von der Interaktionshäufigkeit zwischen Mutter und Sohn abhängig war. Je größer die Interaktionsrate zwischen Mutter und Sohn – diese Rate war in vaterlosen Familien höher als in vollständigen Familien – desto femininer war der semantische Stil des Sohnes.

Einflußfaktoren bei der Geschlechtsrollenentwicklung neben der Vaterabwesenheit per se

Zeitpunkt der Vater-Kind-Trennung: Die Geschlechtsrollenentwicklung wird nach den Ergebnissen der meisten Untersuchungen von der frühen Vaterabwesenheit besonders beeinträchtigt; die Angaben über das Ende der kritischen Periode schwanken zwischen dem 2. Lebensjahr (D'Andrade, 1973), dem 4. Lebensjahr (Biller, 1969; Hetherington, 1974) und dem 5. Lebensjahr (Biller & Bahm, 1971). Im Gegensatz dazu stellten McCord, McCord & Thurber (1962) fest, daß das kritische Alter zwischen dem 6. und 12. Lebensjahr liege, während die Abwesenheit des Vaters vor dem 6. Lebensjahr des Kindes einen geringen Einfluß auf seine Geschlechtsrollenentwicklung habe. Drake & McDougall (1977) konnten keine Unterschiede in Abhängigkeit vom Zeitpunkt der Vater-Kind-Trennung in der Geschlechtsrollenentwicklung feststellen.

Verfügbarkeit von Surrogaten: Während Drake & McDougall (1977) zu dem Schluß kommen, daß die Verfügbarkeit eines Vaterersatzes keine maßgebliche Rolle zu spielen scheint, stellte eine Reihe anderer Forscher fest, daß die Anwesenheit eines älteren Bruders oder einer anderen männlichen Bezugsperson in der Familie die Abwesenheit des Vaters im Hinblick auf die Geschlechtsrollenentwicklung weitgehend ausgleichen konnte (Santrock, 1970; Wohlford, Santrock, Berger et al., 1971).

Sozioökonomische Schicht: Obwohl bekannt ist, daß die Geschlechtsrollentypisierung bei der Kindererziehung in der Unterschicht ausgeprägter ist als in den oberen Schichten und daß geschlechtsspezifische Unterschiede mit zunehmendem Bildungsniveau abnehmen (Kagan, 1964; Kohlberg,

1966; Maccoby, 1966), existieren keine Untersuchungen, die die Wirkung der Vaterabwesenheit auf die Geschlechtsrollenentwicklung von Kindern unterschiedlicher Schichtzugehörigkeit miteinander vergleichen. Carlsmith (1973) sieht in der sozioökonomischen Schicht noch aus anderen als den oben genannten Gründen eine wesentliche Moderatorvariable in bezug auf die Auswirkungen der Vaterabwesenheit: Sie stellte fest, daß Studenten aus der Mittelschicht, die in der frühen Kindheit vorübergehend vom Vater getrennt waren, einen kognitiven Stil und Interessen zeigten, die in unserer Kultur mit der weiblichen Rolle assoziiert sind. Die Studenten schienen jedoch mit ihrer Rollenidentität zufrieden und zeigten keine diesbezüglichen Konflikte und Ängste. Carlsmith vermutet, daß „feminine" Studenten deshalb keine Schwierigkeiten haben, weil „weibliche" Züge (soziale, ästhetische Interessen, verbale Fähigkeiten) in der Mittelschicht sowie in intellektueller/akademischer Umgebung hoch geschätzt werden.

Im Gegensatz dazu kann eine erhöhte „Femininität" von Jungen in einer anderen Umwelt zu schweren Konflikten führen. So untersuchten Rohrer & Edmonson (1960) jugendliche Delinquenten aus vaterlosen Familien, die bei gleichzeitigem Vorhandensein femininer Züge hyperviriles Verhalten an den Tag legten und jede Form von Femininität ablehnten. Ihr Bedürfnis, feminine Züge zu kompensieren und zu überkompensieren, wird nach Ansicht von Carlsmith in Anbetracht der spezifischen Einstellungen und Werthaltungen der Unterschicht, aus der sie kamen, verständlich.

Kulturelle Unterschiede: Ein Einfluß der Abwesenheit des Vaters auf die Geschlechtsrollenentwicklung seines Sohnes wurde sowohl bei weißen (Drake & McDougall, 1977; Hetherington, 1974) als auch bei schwarzen Kindern (Badaines, 1973; D'Andrade, 1973; Hetherington, 1974) und Mexiko-Amerikanern (Badaines, 1973; LeCorgne & Laosa, 1976) beobachtet. Obwohl keine Unterschiede im Zusammenhang mit der rassischen und ethnischen Zugehörigkeit der Kinder im direkten Vergleich von Kindern unterschiedlicher Herkunft berichtet wurden, macht die Replikation einer Studie über die Auswirkungen der Vaterabwesenheit in einem anderen Kulturraum wahrscheinlich, daß es solche Unterschiede gibt. Ancona, Cesa-Bianchi & Bocquet (1964) wiederholten die Untersuchung von Lynn & Sawrey (1959) über die Effekte der Abwesenheit des Vaters auf norwegische Seemannskinder bei Genueser Seemannsfamilien. Die norwegische Untersuchung hatte ergeben, daß die Jungen weniger reif und unabhängig waren, mit instabiler Geschlechtsidentität und Hinweisen auf kompensatorische Männlichkeit.

In der italienischen Untersuchung konnten dagegen keine Unterschiede zwischen Experimental- und Kontrollgruppe in bezug auf maskuline Identität gefunden werden; die Jungen, deren Väter ständig anwesend waren, wurden sogar als abhängiger und behüteter eingeschätzt als die Seemannskinder, deren Väter oft monatelang nicht zu Hause waren. Die Autoren der italienischen Untersuchung führen die Widersprüchlichkeit der Ergebnisse trotz sorgfältiger Replikation auf die unterschiedlichen kulturellen und sozialen Einflüsse zurück, denen Mütter in Norwegen bzw. in Italien ausgesetzt sind. Das Verhalten der Mutter wird also letztlich als wichtigerer Faktor betrachtet als die Abwesenheit des Vaters per se.

Einfluß der Mutter: Es gibt Hinweise darauf, daß die Mutter durch Ermutigung männlichen Verhaltens bei ihrem Sohn die Abwesenheit des Vaters zumindest teilweise kompensieren kann (Biller, 1969; Biller & Bahm, 1971; D'Andrade, 1973); es erscheint jedoch auch als möglich, daß die Effekte der Vaterabwesenheit auf die Geschlechtsrollenentwicklung des Jungen erst durch die Mutter vermittelt werden: So stellte Longabaugh (1973) fest, daß die Abwesenheit des Vaters mit einer Veränderung des Verhaltens der Mutter gegenüber ihren Söhnen, nicht jedoch gegenüber ihren Töchtern verbunden war. Im Vergleich zu den Verhältnissen in vollständigen Familien war die Interaktionsrate zwischen Mutter und Sohn in einem vaterlosen Haushalt wesentlich höher; und je höher die Interaktionsrate, desto femininer war der semantische Stil des Sohnes.

Theoretische Ansätze zur Interpretation der Entwicklung geschlechtsrollenspezifischen Verhaltens

Die erste umfassende Theorie zur Entwicklung geschlechtsrollenspezifischen Verhaltens bei Jungen und Mädchen hat die Psychoanalyse vorgelegt. Nach Freuds Ansicht sind die Vater-Kind-Beziehungen in Zusammenhang mit der Lösung des Ödipuskomplexes von hervorragender Bedeutung für die Geschlechtsrollenentwicklung. Im Falle eines Jungen erklärt dies Freud wie folgt: Der Junge und sein Vater sind Konkurrenten im Kampf um die Zuneigung der Mutter; die Furcht des Jungen vor seinem Vater wird durch die Entdeckung des anatomischen Geschlechtsunterschieds noch gesteigert, die die Angst vor den möglichen Vergeltungsmaßnahmen des Rivalen hervorruft („Kastrationsangst"); um diesen zu entgehen, verzichtet das Kind auf seine Ansprüche an die Mutter und nimmt die Verhaltensweisen und Werthaltungen des Vaters an. Durch die Identifikation mit dem Vater wird der Ödipuskomplex gelöst und die maskuline Entwicklung in Gang gebracht.

Bei Mädchen ging Freud ursprünglich davon aus, daß dieser Prozeß ähnlich wie bei Jungen verläuft. Daß diese Annahme unhaltbar ist, zeigte sich u. a. auch darin, daß die Kastrationsangst bei Jungen kein Gegenstück bei Mädchen haben kann: Während Jungen fürchten mußten, daß ihnen etwas passieren könnte, müßten Mädchen Ressentiments auf etwas entwikkeln, was bereits passiert ist („Penisneid"). Freud selbst revidierte deshalb seine Theorie und behauptete, daß Ressentiments gegenüber der Mutter, die das Mädchen für seine „Kastration" verantwortlich macht, die intensive Bindung an sie auflösen. Stattdessen nimmt das kleine Mädchen nun den Vater zum Liebesobjekt. Was in dieser Theorie offen bleibt, ist die Erklärung dafür, warum sich Mädchen dennoch mit ihren Müttern identifizieren und wie im einzelnen die Übernahme der Geschlechtsrolle erfolgt.

Einen anderen Standpunkt vertraten die orthodoxen Behavioristen, die die Entwicklung geschlechtsrollenspezifischen Verhaltens als das Ergebnis differentieller Verstärkungsprozesse ansehen (Watson, 1928). Nach dieser Theorie werden Jungen für „maskulines" Verhalten belohnt und für „feminines" bestraft, bei den Mädchen ist es umgekehrt. Behavioristische Ansätze messen den beiden Elternteilen keine besondere Bedeutung bei, da bekanntlich die Quelle der Verstärkung unwichtig sei.

Die Theorie des sozialen Lernens betont an Stelle der Verstärkung behavioristischer Provenienz das Beobachtungslernen. Ihre Verfechter vertreten die Auffassung, daß die Geschlechtsrollenentwicklung bei Jungen und Mädchen die Nachahmung der Verhaltensweisen der sie umgebenden Personen beinhalte (Bandura & Walters, 1963). Bandura hat den dynamisch-motivationalen Aspekt der psychoanalytischen Theoriebildung ausgeschaltet und bietet als Alternativerklärung die „wahrgenommene Macht" an: Jungen identifizieren sich mit ihren Vätern, da diese in unserer traditionellen Familie im allgemeinen dominieren. Dieser Ansatz bietet allerdings keine Antwort auf die Frage, warum sich Töchter dann nicht auch mit dem Vater identifizieren, und man sah sich vor Probleme gestellt, was die weibliche Entwicklung anbetraf.

Kohlberg (1966) begreift die Geschlechtsrollenentwicklung als einen Aspekt der kognitiven Entwicklung. Nach Kohlberg werden Kinder sich zur selben Zeit der Konstanz des eigenen Geschlechts bewußt, in der sie allgemeine Konstanzprinzipien erkennen. Kinder suchen nach gleichgeschlechtlichen Modellen, die sie nachahmen können, um zu lernen, wie man sich adäquat verhält. Kohlbergs Ansatz überwindet gewissermaßen den motivationalen Engpaß der Theorie des sozialen Lernens, vermag allerdings nicht, die Geschlechtsrollenentwicklung vor dem 6. Lebensjahr, d. h. vor dem Zeitpunkt der Entwicklung allgemeiner Konstanzprinzipien, zu erklären.

Es ist das Verdienst von Helene Deutsch (1942, 1945), den Beitrag Freuds zum Verständnis der femininen Entwicklung maßgeblich erweitert zu haben. Nach Deutsch führt der Versuch, die Zuneigung des Vaters zu gewinnen, das kleine Mädchen dazu, die Verhaltensweisen der Mutter zu beobachten und nachzuahmen. Darüber hinaus sucht das kleine Mädchen im Verhalten des Vaters nach Hinweisen darauf, was er von ihm erwartet. Solche Hinweise können sowohl in den Reaktionen liegen, die der Vater beim Mädchen hervorzurufen versucht, als auch in seinen Reaktionen auf die Verhaltensweisen des Kindes. Deutsch beschrieb damit einen Prozeß, den man in der Literatur unter dem Begriff „reziprokes Lernen" kennt und der differentielle Verstärkung durch eine bewunderte und geliebte Person und komplementäres Rollenlernen beinhaltet. Die Grundposition des reziproken Lernens besteht darin, daß man Verhaltensweisen, die mit einer Rolle zusammenhängen, dadurch am besten lernt, daß man mit Personen interagiert, die komplementäre Rollen innehaben. Ein Mädchen würde also lernen sich feminin zu verhalten, indem es sich komplementär zum männlichen Verhalten des Vaters benimmt. Subtile Verstärkungsmechanismen scheinen die Verhaltensformung innerhalb dieses Prozesses zu bewirken. Interessanterweise gibt es keinen Hinweis darauf, daß reziprokes Rollenlernen bei der männlichen Geschlechtsrollenentwicklung von irgendeiner Bedeutung ist.

Die meisten dieser Theorien stimmen darin überein, daß die Identifikation des Sohnes mit dem Vater und die Imitation seiner Verhaltensweisen als wesentliche Prozesse angesehen werden, wenn auch dafür vom jeweiligen Autor unterschiedliche Gründe angegeben werden: u. a. Angst vor Bestrafung (Freud, 1950), Angst vor Liebesverlust (Mowrer, 1950), Liebe zum Vater (Sears, 1957), Macht des Vaters (Bandura & Walters, 1963), Neid auf die überlegene Stellung des Vaters und seine Verfügungsgewalt über Ressourcen (Burton & Whiting, 1961).

Ebenso einhellig folgt aus den verschiedenen Theorien, daß bei Abwesenheit des Vaters wegen Fehlen eines männlichen Identifikationsobjektes und Modells die Geschlechtsrollenentwicklung des Jungen beeinträchtigt wird. Eine besondere Schwierigkeit bei der Geschlechtsrollenentwicklung des Jungen liegt darin, daß er sich aus der primären Identifizierung mit der Mutter lösen und die männliche Geschlechtsidentität annehmen muß. Dieser Übergang – den nach der kulturvergleichenden Analyse von Burton

& Whiting (1961) in primitiven Kulturen Initiationsriten zu vollziehen helfen – wird durch das Fehlen des Vaters maßgeblich erschwert. Die resultierende Beeinträchtigung der Geschlechtsrollenentwicklung des Jungen kann sich zeigen als Femininisierung (Fortsetzung der primären Identifikation mit der Mutter, Nachahmung des weiblichen Modells), Unsicherheit bezüglich der eigenen geschlechtlichen Identität, oder Hypermaskulinität (als Reaktion auf die primäre gegengeschlechtliche Identifikation).

Aus der den meisten Theorien gemeinsamen Annahme, daß die Geschlechtsrollenentwicklung in erster Linie durch die Identifikation mit dem gleichgeschlechtlichen Elternteil vermittelt wird, folgt, daß die An- bzw. Abwesenheit des Vaters nur geringe Bedeutung für die Geschlechtsrollenentwicklung des Mädchen haben kann.

Gegen eine solche Auffassung wendet sich die Theorie des reziproken Rollenlernens, die gegenwärtig eine der brauchbarsten Grundlagen für die Interpretation der Geschlechtsrollenentwicklung bei Mädchen bietet (Lamb, Owen & Chase-Lansdale, 1978).

Vaterabwesenheit und die Entwicklung seiner Tochter

Ebenso heterogen wie die Schlußfolgerungen aus den verschiedenen Annahmen über die Bedeutung des Vaters für die Geschlechtsrollenentwicklung des Mädchens sind auch die diesbezüglichen Ergebnisse.

Auf der einen Seite wurde festgestellt, daß Mädchen durch die Abwesenheit des Vaters weniger beeinflußt werden als Jungen (Bach, 1946; Lessing, Zagorin & Nelson, 1970; Lynn & Sawrey, 1959; Santrock, 1972; Winch, 1950), und daß die Vaterabwesenheit die Annahme der weiblichen Rolle und der damit verbundenen geschlechtsspezifischen Interessen nicht behindert (Hetherington, 1972; Lynn & Sawrey, 1959; Santrock, 1970). Santrock (1970) stellte sogar fest, daß Mädchen, die ohne Vater aufwuchsen, sich im Puppenspiel weiblicher verhielten als ihre Altersgenossinnen aus vollständigen Familien.

Andere Untersuchungen kommen dagegen zu dem Ergebnis, daß Mädchen durch die Abwesenheit des Vaters in ihrer heterosexuellen Entwicklung ebenso beeinflußt werden wie Jungen (Biller, 1971 c, 1974; Biller & Weiss, 1970; Brown, 1963; D'Andrade, 1973; Stephens, 1962), und daß die Abwesenheit des Vaters zur Ablehnung der Rolle als Frau und Mutter (Seward, 1945; White, 1959) und weiblicher Interessen (Landy, Rosenberg & Sutton-Smith, 1967) führte.

Jacobson & Ryder (1969) stellten im Zusammenhang mit der Abwesenheit des Vaters auch Schwierigkeiten bei erwachsenen Frauen fest, befriedigende sexuelle Beziehungen zu ihren Ehemännern herzustellen.

Die Vermutung, daß eine Reihe bislang noch ungenügend identifizierter Variablen den Zusammenhang zwischen Abwesenheit des Vaters und Geschlechtsrollenentwicklung des Mädchens beeinflußt, wird bestätigt durch das zweimalige Mißlingen des Versuchs, die Ergebnisse der berühmten Untersuchung von Hetherington (1972) zu replizieren.

Die Studie von Hetherington über 13- bis 17jährige Mädchen aus vollständigen Familien, geschiedenen Ehen und Familien, die den Vater durch Tod verloren haben, wird als wichtigste und methodisch exakteste Untersuchung auf diesem Gebiet immer wieder zitiert. Hetherington stellte fest, daß Mädchen, die ohne Vater aufwuchsen, größere Schwierigkeiten im Umgang mit erwachsenen Männern und gleichaltrigen Jungen hatten als Mädchen aus vollständigen Familien; während die Töchter von Witwen in der Interaktion mit Männern extrem schüchtern waren, bemühten sich die Töchter geschiedener Frauen in auffälliger Weise darum, die Aufmerksamkeit von Männern zu erregen und in engen Kontakt mit ihnen zu kommen.

Verglichen mit den übrigen Mädchen berichteten die Töchter von Witwen über weniger, die Töchter von Geschiedenen über mehr heterosexuelle Aktivitäten.

Die meisten Schwierigkeiten im Umgang mit dem anderen Geschlecht traten bei Mädchen auf, die ihren Vater vor dem 5. Lebensjahr verloren hatten. Der frühe Vaterverlust war auch mit einer stärkeren mütterlichen Überbehütung verbunden als die Abwesenheit des Vaters nach dem 5. Lebensjahr.

Die Töchter von Witwen erinnerten sich an positivere Beziehungen zu ihrem Vater und beschrieben ihn als wärmer und kompetenter als Mädchen aus geschiedenen Ehen. Diese hatten auch ein vermindertes Selbstwertgefühl, während sich die Töchter von Witwen in dieser Hinsicht nicht von den Mädchen aus vollständigen Familien unterschieden.

Beide Gruppen von vaterlosen Mädchen glaubten, daß sie weniger Kontrolle über ihr Leben hätten und zeigten mehr Angst als Mädchen aus vollständigen Familien.

Da sich zwischen den drei Mädchengruppe keine Unterschiede in bezug auf Geschlechtsrollenbevorzugung, -orientierung und -annahme feststellen ließen, schloß Hetherington, daß sich Effekte der Vaterabwesenheit auf die Geschlechtsrollenentwicklung bei Mädchen erst in der Adoleszenz und auf anderen Gebieten als bei Jungen zeigten; in erster Linie würde es vaterdeprivierten Mädchen offenbar an den entsprechenden Fähigkeiten im Umgang mit dem anderen Geschlecht mangeln.

Hainline & Feig führten 1978 eine sorgfältige Replikation der Hetherington-Studie an 17- bis 23jährigen Studentinnen durch.

Sie konnten zwischen Mädchen aus vollständigen Familien und aus Familien, die den Vater aufgrund von Tod oder Scheidung verloren hatten, keine Unterschiede im Verhalten Männern gegenüber, in bezug auf heterosexuelle Aktivitäten, Angst und Kontrolle feststellen.

Auch Young und Parish (1977), die das von Hetherington beobachtete unterschiedliche Verhalten von Mädchen aus unterschiedlichen familiären Verhältnissen Männern gebenüber zu erfassen suchten, fanden keine Unterschiede zwischen jungen Frauen aus vaterlosen und aus vollständigen Familien.

Hainline und Feig (1978) führen als Grund für die mangelnde Übereinstimmung ihrer Ergebnisse mit denen Hetheringtons den möglichen Einfluß leichter Unterschiede in den Stichprobencharakteristika der beiden Studien (Alter der Versuchspersonen, Großstadt- vs. Kleinstadtbevölkerung, religiöser Hintergrund usw.) an.

Es wäre noch zu untersuchen, ob dies tatsächlich die ausschlaggebenden Faktoren waren.

In jedem Fall ist das vollständige Mißlingen des Versuchs, die Ergebnisse von Hetherington zu replizieren, ein Hinweis darauf, daß diese nicht in dem Maße generalisiert werden dürfen, wie dies bislang geschehen ist.

Vaterabwesenheit und Verhaltensauffälligkeiten bei Kindern

Vorüberlegungen

Die Vermutung, daß die Abwesenheit des Vaters zu Störungen in der psychosozialen Entwicklung des Kindes führen könnte, hat man im wesentlichen auf zwei Arten empirisch untersucht. (a) Die eine Vorgehensweise besteht darin, daß man zwei Versuchspersonengruppen zusammenstellt, die sich (möglichst) nur im Hinblick auf die Variable Vateranwesenheit bzw. Vaterabwesenheit unterscheiden, und dann die Vorkommenshäufigkeit bestimmter Verhaltensauffälligkeiten in beiden Gruppen miteinander vergleicht. (b) Die andere Methode geht von einer Gruppe (oft erwachsener) Versuchspersonen aus, in der bestimmte Verhaltensstörungen bereits manifest sind, und untersucht die Vorkommenshäufigkeit von Vaterabwesenheit in dieser Gruppe.

Das zentrale Problem bei dieser zweiten Vorgehensweise ist die Auswahl einer Kontrollgruppe, die möglichst repräsentativ für die allgemeine Bevölkerung sein sollte und sich in bezug auf eine Reihe als wesentlich erkannter Variablen (Alter, Schicht, etc.) nicht zu stark von der Patientengruppe unterscheiden sollte.

Die Frage adäquater Vergleichs- und Kontrollgruppen ist in den wenigsten Untersuchungen über die Vorkommenshäufigkeit elterlichen Verlusts in Patientenpopulationen zufriedenstellend gelöst worden, so daß viele der diesbezüglichen Ergebnisse mit Skepsis aufzunehmen sind (Gregory, 1958; Herzog & Sudia, 1973; Kadushin, 1970).

Eine weitere Schwierigkeit bei der Einschätzung und Interpretation der Ergebnisse resultiert daraus, daß die meisten Untersuchungen als Indikator für das Vorliegen einer psychischen Störung den Umstand verwenden, daß eine Person in psychologischer/psychiatrischer Behandlung und/oder in einer entsprechenden Institution untergebracht ist.

Sofern es sich bei den untersuchten Personen um Kinder und Jugendliche handelt, kann die wiederholt festgestellte Überrepräsentation von vaterlos Heranwachsenden in Patientengruppen nicht nur auf die negativen Auswirkungen der Vaterabwesenheit zurückgeführt werden, sondern auch darauf, daß sich alleinerziehende Mütter bei auftretenden Problemen eventuell eher um Hilfe von außen bemühen als Frauen, die mit der Unterstützung ihres Mannes rechnen können.

Es ist auch denkbar, daß die Entscheidung über die Überweisung eines Kindes zu einer psychologischen/psychiatrischen Behandlung durch außerfamiliale Agenten (Gericht, Jugendamt, Schule usw.) – ähnlich wie im Falle jugendlicher Delinquenz – durch die Kenntnis der familiären Verhältnisse des Kindes mitbestimmt wird, so daß ein vaterloses Kind a priori als behandlungsbedürftiger eingeschätzt wird als ein Kind aus vollständiger Familie.

Psychosoziale Entwicklung bei nicht als auffällig klassifizierten Kindern und Jugendlichen

Kinder und Jugendliche, die ohne Vater aufwuchsen, waren in ihrer psychosozialen Entwicklung beeinträchtigt (Baggett, 1967; Cortes & Fleming, 1968; Oshman & Manosevitz, 1967), sie waren psychisch labiler (Santrock, 1970) und ängstlicher (Koch, 1961; Stolz et al., 1954) als Kinder aus vollständigen Familien und hatten ein geringeres Vertrauen in sich selbst sowie in andere (Oshman & Manosevitz, 1976). Vaterlose Jungen kamen mit Gleichaltrigen schlechter zurecht und waren unter ihnen weniger beliebt (Leiderman, 1953; Mitchell & Wilson, 1967; Miller, 1961; Stolz et al., 1954; Tiller, 1958); als Erwachsene werden sie mit größerer Wahrscheinlichkeit als Jungen aus vollständigen Familien einen Psychologen konsultieren (Gregory, 1965 a–b) und Schwierigkeiten in der Ehe haben (Gurin, Veroff & Feld, 1960; Langner & Michael, 1963; Pettigrew, 1964; Rohrer & Edmonson, 1960). Vaterlose Mädchen hatten in der Jugend Schwierigkeiten im Umgang mit dem anderen Geschlecht (Hetherington, 1972) und als Erwachsene bei der Aufnahme befriedigender sexueller Beziehungen (Jacobson & Ryder, 1969).

Die Auswirkung der Abwesenheit des Vaters auf die psychosoziale Entwicklung wird natürlich (s. a. o.) durch eine Reihe von Faktoren modifiziert: So stellte Santrock (1970) fest, daß Kinder, die während der ersten zwei Lebensjahre von ihrem Vater getrennt lebten, in ihrer psychosozialen Entwicklung stärker beeinträchtigt waren als Kinder, die ihre Väter erst später verloren. Da die Kinder, die während ihrer ersten zwei Lebensjahre von ihrem Vater getrennt wurden, gleichzeitig die mit der längsten Trennungsdauer sind, können die gefundenen Unterschiede jedoch ebensogut auf die Dauer der Vaterabwesenheit wie auf eine kritische Phase zurückgeführt werden.

Während Santrock (1970) keine Unterschiede in der psychosozialen Entwicklung von 10- bis 12jährigen Jungen in Abhängigkeit von der Ursache der Abwesenheit des Vaters feststellen konnte, fand Baggett (1967), daß die psychosoziale Anpassung von Studenten, deren Eltern geschieden waren, schlechter war als die von Studenten, deren Vater gestorben war; beide Gruppen erwiesen sich als schlechter angepaßt als Studenten aus vollständigen Familien.

Auch bei den Studentinnen ergab sich eine schlechtere psychosoziale Anpassung im Zusammenhang mit einer Abwesenheit des Vaters; Unterschiede in Abhängigkeit von der Trennungsursache konnte Bagett bei den weiblichen Probanden jedoch nicht feststellen.

Oshman & Manosevitz (1976) verglichen Studenten aus vollständigen Familien mit Studenten aus Familien ohne Vater oder Vaterersatz und Studenten aus Stiefvaterfamilien. Sowohl Studenten, die mit ihrem Vater, als auch Studenten, die mit ihrem Stiefvater zusammenlebten, schnitten in einem Test zur Erfassung der psychosozialen Entwicklung besser ab als die Studenten ohne Vater/Vaterersatz.

Manifeste Störungen der psychosozialen Entwicklung

Manifestationen im Kindes- und Jugendalter: In Verbindung mit der Abwesenheit des Vaters wurden wiederholt Verhaltens- und Persönlichkeitsstörungen bei Kindern und Jugendlichen diagnostiziert (Caplan & Douglas,

1969; Garbower, 1959; Gregory, 1965 a–b; Hardy, 1937; Holman, 1953; Layman, 1960; Palmer, 1960; Redding, 1971; Risen, 1939; Rowntree, 1955; Russell, 1957; Rutter, 1966; Seplin, 1952; Trunnell, 1968; Tuckman & Regan, 1966; Wylie & Delgado, 1959).

Kinder aus geschiedenen oder getrennten Ehen kommen meist wegen Schulproblemen, Aggressivität und antisozialer Verhaltensweisen in Behandlung, während Kinder von Witwen an Ängsten und Depressionen leiden (Caplan & Douglas, 1969; Tuckman & Regan, 1966).

Pedersen (1966) fand zwar keine Unterschiede zwischen auffälligen und nicht-auffälligen Kindern in bezug auf die Vorkommens*häufigkeit* einer Abwesenheit des Vaters, stellte jedoch einen Zusammenhang zwischen der Schwere der Störung und der *Dauer* der Vaterabwesenheit fest. Auch Trunnell (1968) fand, daß die Schwere der Psychopathologie bei ambulant behandelten Kindern in Abhängigkeit von Dauer und Zeitpunkt der Abwesenheit des Vaters variierte. Je länger der Vater abwesend war, und je jünger das Kind zum Zeitpunkt der Trennung war, desto gravierender waren die Störungen des Kindes.

Nach Garbower (1959) stand auch bei wiederholter vorübergehender Abwesenheit des Vaters der Grad der psychischen Störung des Kindes in Zusammenhang mit deren Häufigkeit und jeweiliger Dauer.

Auf die Effekte der die Vaterabwesenheit vermittelnden Rolle der Mutter weist eine Untersuchung von Wylie & Delgado (1959) hin. Die Autoren stellten fest, daß Mütter von vaterlosen Jungen, die wegen aggressiver Verhaltensstörungen und Schulschwierigkeiten in Behandlung kamen, eine besondere Art von Beziehung zu ihren Söhnen hatten: Sie behandelten den Sohn wie den früheren Ehemann, über den sie gleichzeitig sehr abwertend sprachen; die Mutter-Sohn-Beziehung war stark sexualisiert (über die Hälfte der 20 untersuchten Jungen schlief mit der Mutter in einem Bett).

Im Kontrast zu den übrigen Befunden stehen die Ergebnisse von Kagel, White & Coyne (1978), die 48 Jungen zwischen 12 und 15 Jahren untersuchten. Die Hälfte der Jugendlichen war als psychisch gestört klassifiziert worden, und sowohl in der Gruppe der „gestörten" Jungen als auch in der Gruppe der „nicht-gestörten" Jungen stammte jeweils die Hälfte aus vollständigen bzw. vaterlosen Familien.

Entgegen ihren Annahmen stellten die Autoren fest, daß Verhaltensstörungen bei Jungen aus vaterlosen Familien in keiner Beziehung zur negativen Charakterisierung des Vaters durch die Mutter oder zur Einschränkung der Autonomiebestrebungen des Sohnes durch die Mutter standen; ebenso stützten die Ergebnisse nicht die Hypothese, daß die spezifischen

Bedingungen einer vaterlosen Familie einen Faktor in der Entwicklung pathologischen Verhaltens bei Jugendlichen darstellen.

Es wurde vielmehr festgestellt, daß Verhaltensstörungen bei männlichen Jugendlichen sowohl aus vollständigen, als auch aus unvollständigen Familien in Zusammenhang standen mit weniger warmen, unterstützenden und expressiven Familienbeziehungen, mit einer geringeren Orientierung der Familie in Richtung auf Förderung der persönlichen Entwicklung und mit weniger erfolgreicher Teilnahme an außerfamiliären Aktivitäten.

Untersuchungen zum Erwachsenenalter: Untersuchungsergebnisse, die für, wie solche, die gegen einen Zusammenhang zwischen psychischer Erkrankung im Erwachsenenalter und Abwesenheit des Vaters in der Kindheit sprechen, halten sich die Waage.

Birtchnell (1970 a–c), Grandville-Grossman (1966), Gregory (1965 a–b, 1966), Hopkinson & Reed (1966), Hudgens (1967), Morrison, Hudgens & Barchha (1968), Munro (1966), Pitts et al. (1965), Robins (1966), Schofield & Balian (1959) und Waring & Ricks (1965) konnten alle keine signifikante Beziehung zwischen dem Aufwachsen in einem vaterlosen Haushalt und späteren Manifestationen psychischer Störungen feststellen.

In anderen Studien wurden dagegen überdurchschnittlich hohe Raten von Vaterabwesenheit in der Kindheit bei Patienten mit ausgeprägten Persönlichkeitsstörungen (Oltman & Friedman, 1967) und bei Drogensüchtigen (Dennehy, 1966; Oltman & Friedman, 1967; Rosenberg, 1969) festgestellt, ebenso bei Alkoholikern (Dennehy, 1966; Rosenberg, 1969), Neurotikern (Ingham, 1949; Madow & Hardy, 1947; Norton, 1952) und Schizophrenen (DaSilva, 1963; Dennehy, 1966; Oltman, McGarry & Friedman, 1952; Wahl, 1954). Auch unter Personen, die wegen eines Selbstmordversuchs in eine Klinik eingewiesen wurden, soll die Vorkommenshäufigkeit von Abwesenheit des Vaters in der Kindheit überdurchschnittlich hoch gewesen sein (Bruhn, 1962; Gay & Tonge, 1967; Robins, Schmidt & O'Neal, 1957), ebenso bei Patienten mit Depressionen (Beck, Sethi & Tuthill, 1963; Brown, 1961; Dennehy, 1966; Haworth, 1964; Hill & Price, 1967; Keeler, 1954): Die Wahrscheinlichkeit einer depressiven Erkrankung scheint besonders groß bei einem Verlust des Vaters zwischen dem 10. und 15. Lebensjahr (Brown, 1961; Dennehy, 1966; Hill & Price, 1967; Munro, 1966) durch Trennung oder Scheidung der Eltern (Brill & Liston, 1966).

Hill & Price (1967) sahen die Interpretation des Zusammenhangs zwischen Abwesenheit des Vaters in der Kindheit und Depressionen im Erwachsenenalter allerdings durch den Umstand erschwert, daß die Väter der von ihnen untersuchten über 100 depressiven Patienten durchgehend älter waren als die der Vergleichsgruppe. Dennehy (1966), die ebenfalls ein im Vergleich zu den Verhältnissen in der Gesamtpopulation erhöhtes Durchschnittsalter der Eltern von psychiatrischen Patienten ermittelte, kam jedoch nach sorgfältiger Analyse der Daten zu dem Schluß, daß das häufigere Vorkommen von Verlust eines oder beider Elternteile in der Patientenpopulation nicht auf das höhere Alter ihrer Eltern zurückzuführen sei.

Gegen diese Annahme spricht auch das Muster komplexer Beziehungen, das Dennehy (1966) zwischen Erkrankungsart, Geschlecht des in der Kindheit verlorenen Elternteils und Geschlecht des Patienten feststellte: So gab es in der Patientenpopulation einen Überschuß an männlichen depressiven Patienten, die ihre Mutter, und an weiblichen depressiven Patienten, die ihren Vater verloren hatten; Schizophrene beiderlei Geschlechts hatten überdurchschnittlich oft die Mutter vor dem 5. Lebensjahr verloren, und unter den männlichen Schizophrenen war der Verlust des Vaters zwischen dem 5. und dem 10. Lebensjahr ungewöhnlich häufig; bei den männlichen Alkoholikern zeigte sich ein signifikant häufigeres Vorkommen von Verlust beider Elternteile, bei den weiblichen Alkoholikern von Verlust der Mutter; männliche Drogensüchtige hatten überzufällig oft den Vater, weibliche Drogensüchtige besonders häufig die Mutter verloren.

Derart komplexe Zusammenhänge lassen vermuten, daß die Beziehung zwischen Vaterabwesenheit und Erkrankungsrisiko im Erwachsenenalter durch eine Vielzahl bislang unbekannter Variablen modifiziert wird. Eine Untersuchung von Huttunen & Niskanen (1978) soll wegen ihrer Einzigartigkeit am Schluß noch ausführlich erwähnt werden. Die Autoren untersuchten, welchen Einfluß die Abwesenheit des Vaters schon vor der Geburt des Kindes auf dessen weitere Entwicklung haben kann. Im Finnischen Bevölkerungsregister für die Jahrgänge 1925 bis 1957 wurden 167 Fälle entdeckt, in denen die Väter vor der Geburt des Kindes gestorben waren (Indexgruppe); eine in bezug auf Sozialschicht, Geschlecht des Kindes und Alter der Mutter bei Schwangerschaft parallelisierte Kontrollgruppe umfaßte 168 Personen, deren Väter während des ersten Lebensjahres der Kinder gestorben waren. Huttunen & Niskanen stellten fest, daß das Vorkommen von Alkoholismus und Persönlichkeitsstörungen in beiden Gruppen überdurchschnittlich hoch war; darüber hinaus ergab sich, daß die Zahl der als schizophren diagnostizierten Patienten und die Zahl der delinquent gewordenen Personen in der Indexgruppe signifikant höher war als in der Kontrollgruppe. Diese Ergebnisse legen nach Ansicht der Autoren nahe, daß vor allem während des 3. bis 5. und des letzten

Schwangerschaftsmonats mütterlicher Streß (aufgrund des Todes des Ehemannes) das Risiko des Kindes für eine spätere psychische Erkrankung erhöht.

Ausblick

Immer wieder haben wir im Rahmen dieses Buches auf eine Vielzahl theoretischer und methodologischer Unzulänglichkeiten in der „Vater-Forschung" hingewiesen. Die wichtigsten seien hier nochmals kurz zusammengefaßt:

Die Vergleichbarkeit der Ergebnisse wird dadurch erschwert, daß die Fragestellungen in den verschiedenen Untersuchungen zu unterschiedlich formuliert wurden. Außerdem wurden sehr verschiedene Methoden der Erfassung, unterschiedliche Meßverfahren und analytische Strategien zur Auswertung der erhobenen Daten angewandt. Bei allen Studien besteht die Problematik, viele Variablen bei einer relativ geringen Probandenzahl untersucht zu haben. Häufig wurden statistische Verfahren benutzt, zu denen die Voraussetzungen nicht in befriedigendem Maß gegeben waren. Der Mangel an Kreuzvalidierungsversuchen, die von Untersuchung zu Untersuchung verschiedenen Altersstufen der Probanden und nicht zuletzt der Mangel an Längsschnittstudien relativieren die Ergebnisse und schränken die Generalisierbarkeit in einem empfindlichen Ausmaß ein.

Die Vernachlässigung kognitiver Faktoren sowie anderer subjektiver Variablen bei vielen älteren Interaktionsmodellen und die vor dem Hintergrund des mechanistischen Modells postulierte isomorphe Beziehung zwischen tatsächlichen und wahrgenommenen kindlichen Handlungen muß der Vater-Kind-Forschung angelastet werden.

Eine weitere Einschränkung erfahren die Ergebnisse dadurch, daß sie vorwiegend an Familien der amerikanischen bildungsbewußten Mittelschicht mit relativ traditioneller Rollenteilung und innerhalb eines sehr kurzen historischen Zeitraumes (1972–1978) gewonnen wurden. Randgruppen, Minoritäten und unvollständige Familien wurden bislang in der Forschung fast ganz ausgeschaltet.

Trotz dieser starken Kritik stellen diese Arbeiten mehr dar als einen bloßen Zugang zur Thematik der Vater-Kind-Forschung. Sie haben theoretische, aber auch einige methodologische Wege aufgezeigt, die uns neue Perspektiven in der Erforschung der komplexen familiären Interaktionsmuster eröffnen. Vor allem haben sie viele unserer überlieferten Meinungen stark infrage gestellt, und sie zwingen uns, manche unserer Positionen, was die Eltern-Kind-Beziehung anbetrifft, zu überdenken bzw. neue Forschungsfragen zu formulieren. Dem gegenwärtigen Stand der Forschung muß eingeräumt werden, daß die vorliegenden Ergebnisse einen ersten Schritt in Richtung auf ein umfassendes Verständnis der väterlichen Rolle in der sozialen Umwelt des Kindes darstellen und neue, z. T. dramatische Änderungen in unserem Forschungsverständnis einleiten.

Im folgenden möchten wir ohne Anspruch auf Systematik und Vollständigkeit einige Anregungen für die weitere Forschung auf diesem Gebiet geben.

Auf die Notwendigkeit der Ausweitung unseres Verständnisses von einer dyadischen Mutter-Kind- bzw. Vater-Kind-Interaktion auf triadische und multiple Interaktionsmodelle wurde bereits mehrfach hingewiesen. Die Entwicklungspsychologie muß ihren bisher engen Ansatz der Vater-Kind-Beziehung durch Einbeziehung von Wechselwirkungen im Interaktionsprozeß der Eltern als wichtige Determinanten kindlichen Verhaltens überwinden. Dies könnte zugleich die Kluft zwischen soziologischer und entwicklungspsychologischer Forschung aufheben und somit Disziplingrenzen beseitigen, die sich bislang als hinderlich für die Erforschung dieser Interaktionsprozesse erwiesen haben. Strategien, die die Familie als Einheit betrachten, erweisen sich solchen Ansätzen gegenüber als überlegen, die Mutter-Kind- bzw. Vater-Kind-Beziehungen separat untersuchen. Darüber hinaus können in einem solchen Ansatz auch andere Aspekte elterlichen Verhaltens wie z. B. kommunikative Effektivität in der Ehe und die Bedeutung der gegenseitigen emotionalen Unterstützung als wichtige Determinanten der Eltern-Kind-Beziehung angemessen berücksichtigt werden. Ferner sollte untersucht werden, wie Variablen des Kindes (etwa Frühgeburt oder andere Komplikationen) die Vater-Mutter-Beziehung beeinflussen und gegebenenfalls sogar elterliche Spannungen und Konflikte verschärfen. Mit anderen Worten: Die Erforschung der psychologischen Grundlage sekundärer Wirkungen in der Familie ist nicht nur ein dringendes Forschungsanliegen, sondern eröffnet zugleich neue Forschungsfelder.

Viele der bislang durchgeführten Studien leiden unter einer unzureichenden Differenzierung der Dimensionen im väterlichen Verhalten. Erst in den letzten Jahren hat man Anregungen gegeben, die uns ermutigen, das Verhalten des Vaters (der Eltern) als nicht einheitlich anzusehen (Parke & Sawin, 1980; Pedersen, 1980). So haben beispielsweise Parke & Sawin (1980) gezeigt, daß väterliches Verhalten sich aus mehreren orthogonalen, d. h. voneinander unabhängigen Dimensionen zusammensetzt, die sich im Laufe der Zeit unterschiedlich verhalten. Pedersen (1980) kritisiert die Dichotomisierung elterlicher Stichproben nach dem biologischen Geschlecht, um Mütter und Väter vergleichen zu können. Vielmehr legt die Literatur über Väter und über psychologische Androgynie nahe, die Stichprobe der Väter zumindest in zwei Untergruppen mit dem Kriterium ihrer Versorgungsleistungen für das Kind aufzuteilen. Die Frage einer differenzierten Betrachtung väterlichen Verhaltens und die Analyse komplexer Beziehungen im Familienkontext wird uns in Zukunft veranlassen, über diese Hinweise hinaus Überlegungen über die Art der weiteren Moderatorvariablen anzustellen, die von Bedeutung für die Eltern-Kind-Interaktion sind und aus diesem Grunde berücksichtigt werden müßten. Hier befindet sich die Diskussion noch in den Anfängen.

In fast allen Studien fehlen „subjektive" Daten, beispielsweise zum Wissen über bzw. zu den Einstellungen gegenüber Kleinkindern und Kinderpflege sowie deren Auswirkungen auf den Eltern-Kind-Interaktionsprozeß. Dies überrascht umso mehr, weil gerade in den letzten Jahren in den USA die Bedeutung solcher Faktoren neu entdeckt wurde. Parke & Sawin (1980) weisen darauf hin, daß es das Vermächtnis des amerikanischen S-R-Erbes ist, das viele zu der Auffassung veranlaßt hat, elterliche Reaktionen auf kindliches Verhalten vor dem Hintergrund des sog. mechanistischen Modells zu betrachten und im Bemühen um die Entwicklung einer objektiven Analyse-Methode von Interaktionsmustern die Rolle subjektiver Ereignisse vernachlässigt zu haben.

Kontext und Zeitraum, in denen die meisten der bisherigen Studien durchgeführt wurden, stellen zugleich auch die Grenzen ihrer Generalisierung dar. Für die Durchführung von Untersuchungen in naturalistischen Settings gibt es gegenwärtig keine ernstzunehmende Forschungsalternative, so daß Beobachtungsstudien in der Familiensituation trotz ihrer bekannten Einschränkungen nach wie vor die bessere Möglichkeit der Untersuchung der Eltern-Kind-Beziehung bieten. Daß hier Ansätze erforscht werden sollten, die eine Analyse dieser Beziehung auf multiplen Ebenen ermöglichen und mehr komplexe, statistische und analytische Strategien verlangen, darauf haben Belsky (1980) und Clarke-Stewart (1980) hingewiesen. Hier erweist sich als erforderlich, neuere methodologische Ansätze wie z. B. die Anwendung mikroanalytischer Beobachtungstechniken oder neue Ansätze zur statistischen Erfassung und zur Analyse interaktionaler Daten – wie etwa das Konzept von Gottman (1979) – anzuwenden, um einen differenzierten Einblick in jene subtilen Einflüsse im Interaktionsprozeß zwischen Eltern und Kind zu gewinnen. Die neueren Ergebnisse der Vater-Forschung, die bei der

Analyse triadischer Beziehungen gewonnen wurden, liefern zugleich die Argumentation gegen die Fortsetzung einer einseitig auf die Vater-Kind- (aber auch auf die Mutter-Kind) Interaktion ausgerichteten Forschung. Die Annahme früherer Forschungsarbeiten, daß das Kind erst im Stadium der sog. „Objektpermanenz", d. h. um den 7. Lebensmonat, Bindung an seine Eltern entwickeln könne, hat die Forschung davon abgehalten, die Entstehung von Bindungsverhalten unmittelbar nach der Geburt zu untersuchen. Nach Auffassung von Parke & Sawin (1980) ist die Frage neu zu definieren und es sollte dabei primär darum gehen, wie Eltern sich auf ihr Neugeborenes einstellen, und es sollte weiter nach der Rolle gefragt werden, welche das Kleinkind selbst in diesem Anpassungsprozeß spielt.

Mit Ausnahme der Arbeiten von Belsky (1980), Clarke-Stewart (1977, 1980) und von Lamb (1976, 1980) beruht der überwiegende Teil unserer Kenntnisse über die Vater-Kind-Beziehung auf Querschnittstudien und Laboruntersuchungen. Künftige Forschung müßte ihre Ergebnisse in Längsschnittstudien gewinnen, wenn etwas über die Entwicklung kindlichen Bindungsverhaltens, elterlicher Verhaltensmuster und über die Wechselwirkungen zwischen elterlichem und kindlichem Verhalten ausgesagt werden soll. Parallel dazu sollte die experimentelle Versuchsplanung in eine angemessene Relation zu der Komplexität der Interaktionsmuster in der Familie gebracht werden.

Der Hinweis vieler Forscher, daß neben großen Ähnlichkeiten im Verhalten von Müttern und Vätern auch Unterschiede – nicht redundanter Natur – nachweisbar sind, sollte uns künftig veranlassen, gezielter dieser Frage nachzugehen. Dabei sollten nicht nur die Art und die Qualität der Unterschiede, sondern vor allem die Faktoren, die sie bedingen, im Mittelpunkt unseres Interesses stehen. Ein solcher Forschungsansatz verspricht detailliert Auskunft über die Bedeutung von Vater und Mutter in ihrer reziproken und komplementären Rollenbeziehung zu geben, die für viele in diesem Buch aufgeworfene Fragen von grundsätzlicher Relevanz sein dürfte.

Die gegenwärtig in breiten Kreisen der Entwicklungspsychologie geführte Debatte über Kontinuität vs. Diskontinuität in der menschlichen Entwicklung wirft Fragen nach der Kontinuität elterlichen und kindlichen Rollenverhaltens auf. Die Frage nach der Stabilität elterlicher Verhaltensmuster beschäftigte Clarke-Stewart (1980) und Parke & Sawin (1980). Ohne hier näher auf diese Diskussion eingehen zu wollen, scheint vor allem bei der Untersuchung der Eltern-Kind-Interaktion die Ebene der Analyse ein entscheidender Faktor dafür zu sein, ob man aus dem jeweils untersuchten Interaktionsmuster mehr Kontinuität oder Diskontinuität erhält.

Es stehen – wie wir alle hoffen – interessante Jahre intensiver Erforschung der Eltern-Kind-Beziehung vor uns. Für die Autoren dieser Arbeit wird es eine besondere Genugtuung sein, in einigen Jahren auf Forschungsergebnisse eingehen zu können, die in der Bundesrepublik erarbeitet wurden.

II. Abschnitt

Konsequenzen der Ehescheidung für Eltern und Kinder

Einleitung

Die vom Statistischen Bundesamt in Wiesbaden veröffentlichten Zahlen zur Scheidungsstatistik verzeichneten bis 1976 einen ungebrochenen Aufwärtstrend. Mit der Einführung des neuen Scheidungsrechts kam es im Jahre 1977 zu einem Absinken, das 1978 mit 32 462 geschiedenen Ehen zu der niedrigsten Scheidungsrate seit 1950 führte. Das Emporschnellen der Statistik auf 79 450 im Jahre 1979 ließ keinen Zweifel daran, daß mit einer Trendwende nicht zu rechnen sei, und mit der neuesten Zahl von 96 222 geschiedenen Ehen im Jahre 1981 ist der Höchststand von 1976 (108 258) fast wieder erreicht.

In anderen Ländern lassen sich vergleichbare Trends aufzeigen, wobei die USA mit der höchsten Scheidungsrate der Welt (Hetherington, 1979) die Spitzenposition einnehmen. 5,3 Ehescheidungen hat es 1979 auf 1000 Einwohner in Amerika gegeben. Zum Vergleich: in der Bundesrepublik Deutschland waren es 1979 (1980) 13 (15,6) Scheidungen auf 10 000 Einwohner. Aufgrund der statistischen Angaben von Glick & Norton (1978) (zitiert nach Hetherington, 1979) wurde geschätzt, daß 40–50% aller in den siebziger Jahren in den USA geborenen Kinder einen Teil ihrer Kindheit mit nur einem Elternteil verbringen werden, wobei Ehescheidung die mit Abstand häufigste Ursache ist.

Angesichts des Ausmaßes und des gesamtgesellschaftlichen Charakters dieses Problems ist es nicht verwunderlich, daß in den USA seit den siebziger Jahren eine Vielzahl von Forschungsarbeiten auf diesem Gebiet durchgeführt und gleichzeitig nach Hilfestellungen für die betroffenen Familien gesucht wurde.

In der Bundesrepublik Deutschland gab es im April 1981 905 000 alleinerziehende Eltern mit über 1,3 Millionen minderjährigen Kindern. 546 000 dieser Eltern (mit 826 000 Kindern) sind geschieden bzw. leben getrennt (Statistisches Bundesamt, Wiesbaden). Vergegenwärtigt man sich, daß somit in über 10% aller Familien mit minderjährigen Kindern Vater oder Mutter fehlen, fällt es schwer, zu verstehen, warum in der Bundesrepublik Deutschland die wissenschaftliche und sozialpolitische Diskussion um die Ehescheidung und ihre Folgen nur sehr zögernd geführt wird. Mit Ausnahme der zum Teil heftig und manchmal auch polemisch geführten Diskussion um juristische und finanzielle Fragen wird, so scheint es, die Ehescheidung immer noch als privates, individuelles Problem betrachtet. Über die Schwierigkeiten und Sorgen alleinerziehender Eltern und über die Folgen einer Ehescheidung für die Kinder herrscht weitgehende Unklarheit, und Beratungs- und Hilfsangebote für die betroffenen Familien sind selten.

Parallel mit den steigenden Scheidungsziffern zeichnet sich jedoch ein Wandel in der gesellschaftlichen Beurteilung der Ehescheidung ab. Sie wird in der Regel nicht mehr als von der Norm abweichendes Fehlverhalten betrachtet, sondern zunehmend als eine andere Form des Familienlebens neben der traditionellen Kernfamilie toleriert.

In den folgenden Kapiteln soll versucht werden, die Konsequenzen, die durch eine Scheidung ausgelöst werden und die sich verändernden Familienbeziehungen, wie sie *alle* Familienmitglieder nach einer Scheidung betreffen, zu beschreiben. Dies ist kein ganz leichtes Unterfangen, denn die auf den ersten Blick so umfangreich erscheinende (amerikanische) Literatur ist in vielen Beziehungen noch mit den „Mängeln" eines relativ jungen Forschungsgebietes behaftet. Die erste, noch nicht abgeschlossene Generation von Untersuchungen hat zunächst ein Bewußtsein für die Komplexität der Problemstellung geschaffen und zu einer exakteren Formulierung von Fragestellungen geführt. Eine der wichtigsten Einsichten war wohl die, daß Ehescheidung kein einmaliges, traumatisches Ereignis ist, sondern daß es sich um eine Folge komplexer Ereignisse handelt, die von Eltern und Kindern eine Vielzahl von Anpassungsleistungen erfordert, also um einen Prozeß, der permanente Veränderungen mit sich bringt (vgl. Ahrons, 1980b; Pais & White, 1979; Salts, 1979). Bis heute liegen erst wenige Längsschnittstudien vor, die diesem Prozeßcharakter Rechnung tragen. Dennoch, das Spektrum der Fragestellungen, Hypothesen und auch der ersten Ergebnisse ist bereits so vielfältig, daß eine erste Bilanz sinnvoll erscheint. Diese Bilanz ist auch mit der Hoffnung verknüpft, zur Überwindung der relativen Vernachlässigung der Scheidungsproblematik in der Bundesrepublik Deutschland beizutragen.

Der Leser sollte bei der Beurteilung der vorgestellten Ergebnisse folgende Einschränkungen mitberücksichtigen:

– Die zitierten Untersuchungen sind von unterschiedlichster Qualität (auf die eingeschränkte Generalisierbarkeit von Ergebnissen wird im Text häufiger hingewiesen),
– die Stichprobengröße und der Charakter der Populationen variieren erheblich,

– Längsschnittstudien, die dem Prozeßcharakter der Scheidungssituation Rechnung tragen sind selten und
– systemorientierte, also die ganze Familie berücksichtigende Untersuchungen sind die Ausnahme, die auf Einzelpersonen (z. B. der alleinerziehende Vater) oder auf dyadischen Beziehungen (z. B. die alleinerziehende Mutter und ihr Kind) gründenden Arbeiten machen die Mehrzahl der vorhandenen Literatur aus.

Die „typische Ein-Eltern-Familie" gibt es nicht. Greenberg (1979) unterscheidet allein neun „Typen" nach Ursachen wie ledig, verwitwet, geschieden, getrennt lebend und alleinerziehend nach mehreren Ehen und Scheidungen, etc. An dieser formalen Aufgliederung wird bereits deutlich, daß es nicht ausreicht, die sogenannte unvollständige Familie lediglich unter dem *Strukturaspekt* (vgl. Bendkower & Oggenfuss, 1980) zu betrachten. Eine solch vereinfachende Sichtweise geht davon aus, daß die Unvollständigkeit der Familie mit einer Unvollständigkeit der sozialisatorischen Funktionen gleichzusetzen ist und vergleichbare Folgen resultieren, unabhängig von den Gründen für das Fehlen eines Elternteiles und den, die Situation begleitenden Faktoren. Untersuchungen, die den strukturellen Aspekt in den Vordergrund stellen, sind meistens durch eine Gegenüberstellung von vollständiger und unvollständiger Familie charakterisiert. Dieser Perspektive liegt im Falle von Scheidungsfamilien die Annahme zugrunde, daß ein hohes Konfliktniveau, die Trennung der Eltern und das daraus resultierende Fehlen eines Elternteiles schädigende Einflüsse auf die kindliche Entwicklung darstellen und im Gegensatz zur vollständigen Familie stehen, die durch Harmonie, also Konfliktarmut und eine ideale Erziehungssituation gekennzeichnet ist. Daß eine solche Gegenüberstellung wenig sinnvoll ist, leuchtet sofort ein, wenn man sich vergegenwärtigt, welch problembelastete Situationen auch für Kinder in vollständigen Familien entstehen können und daß eine Ehescheidung einen durchaus besseren Entwicklungsrahmen für ein Kind schaffen kann. Ein anhaltend hohes Konfliktniveau zwischen den Ehepartnern gilt für die kindliche Entwicklung als schädlicher als eine Elterntrennung, die zur Beendigung der Konflikte führt (Longfellow, 1979; Raschke & Raschke, 1979; Rutter, 1971). Hinzu kommt, daß ein hohes Maß an Vaterabwesenheit auch in vollständigen Familien festgestellt wurde (Blanchard & Biller, 1971) und andererseits in Untersuchungen mit nichtsorgeberechtigten Vätern beschrieben wird, daß nicht wenige Väter den Kontakt zu ihren Kindern nach der Scheidung qualitativ verbesserten und auch quantitativ mehr Zeit mit ihnen als vor der Scheidung verbrachten (Hess & Camara, 1979; Keshet & Rosenthal, 1978; Wallerstein & Kelly, 1980b).

Mit der Frage nach den Ursachen für die Unvollständigkeit der Familie wird der *normative Aspekt* (Bendkower & Oggenfuss, 1980) und damit die gesellschaftliche Wertung angesprochen, die die unvollständige Familie erfährt, je nachdem, ob es sich um einen geschiedenen, verwitweten oder ledigen Elternteil handelt. Die gesellschaftliche Wertung wirkt sich nicht nur auf die objektive Situation z. B. einer geschiedenen Mutter bei der Wohnungs- und Arbeitssuche aus, sondern bestimmt auch ihr subjektives Erleben, ihr Selbstkonzept und ihr Rollenbewußtsein. Die Gruppe der durch eine Ehescheidung zur alleinerziehenden Mutter gewordenen Frauen wird zwar jährlich größer, ein erfolgreiches Modell für die Bewältigung dieser schwierigen Aufgabe ist im gesellschaftlichen Bewußtsein aber kaum vorhanden, obwohl viele Frauen diese Aufgabe durchaus mit Erfolg meistern und es fast zu einer Norm geworden ist, daß die Kinder nach einer Scheidung bei der Mutter bleiben.

Zunehmend wächst auch die Zahl der Männer, die sich allen Normvorstellungen zum Trotz für die Aufgabe der Kinderbetreuung und Erziehung entscheiden und sich im Falle einer Ehescheidung um das Sorgerecht für ihre Kinder bemühen. Das öffentliche Image, das ihnen zufällt, schwankt zwischen den Extremen eines mißtrauisch betrachteten Außenseiters und dem einer idealisierten Vaterpersönlichkeit – beides Bilder, die den Vätern die Orientierung in der neuen Rolle nicht erleichtern.

Schlesinger (1980) benutzt zur Kennzeichnung der Außenseiterstellung von Familien mit nur einem Elternteil den Begriff „Arche-Noah-Syndrom", um damit auszudrücken, daß es in unserer paarorientierten Gesellschaft in der Familienpolitik, im religiösen Bereich und im allgemeinen öffentlichen Leben bisher versäumt wurde, „unvollständigen Familien" die gesellschaftliche Integration zu erleichtern. Schlesinger sieht in der ablehnenden gesellschaftlichen Einstellung auch die Ursache dafür, daß sich die meisten Studien mit den Problemen alleinerziehender Eltern bzw. ihrer Kinder beschäftigen. Es gibt kaum Untersuchungen, die die positiven Aspekte und auch die Meisterung einer solchen Situation belegen. So tragen nicht zuletzt auch Forschung und Wissenschaft zur Verhinderung eines erfolgreichen Modells für alleinerziehende Elternschaft bei.

Die weitgehende Tabuisierung der mit der Scheidung verbundenen Problematik resultiert aus einem offensichtlichen Widerspruch zwischen gesellschaftlicher Realität (einer hohen Scheidungsrate und damit einer ständig steigenden Zahl betroffener Familien) und der gesellschaftlichen und individuellen Akzeptierung dieser Realität. Die Diskussion wird auf eine juristische, finanzielle oder auch moralisch-wertende Ebene verlagert, die Betroffenen in ihrer Alltagsproblematik werden allein gelassen – es bleibt ihre Privatangelegenheit. Geschiedene Eltern-„teile" mit Kindern, aber auch nichtsorgeberechtigte Väter und Mütter werden in einen gesellschaftlich kaum definierten Zustand gedrängt, der auch im Sprachgebrauch zum Ausdruck kommt. Margaret Mead (1970) hat darauf hingewiesen, daß es in unserer Sprache keine neutralen Begriffe für die Benennung der familiären Beziehungen, die durch eine Scheidung entstehen, gibt. Begriffe, die sich in der Alltagssprache gebildet haben – und teilweise auch in wissenschaftlichen Veröffentlichungen verbreitet werden – sind häufig plakativ und in gewisser Weise auch wertend, wie z. B. „Scheidungswaisen" und „Restfamilie". Diese normativen Aspekte fließen in die interpersonellen Beziehungen einer Familie, die mit der Scheidungsproblematik umgehen muß, ein und beeinflussen die wechselseitige Interaktion von Eltern und Kindern (Bendkower & Oggenfuss, 1980; Hetherington, Cox & Cox, 1978).

Damit wird der *Beziehungsaspekt* (Bendkower & Oggenfuss, 1980) angesprochen, der neben den strukturellen und normativen Aspekten die größte Bedeutung in den Untersuchungen zur Scheidungsproblematik erlangt hat. In den folgenden Kapiteln wird die Analyse der Beziehungen im sich verändernden Familiensystem einen Schwerpunkt bilden – soweit das Defizit an Arbeiten, die am gesamten Familiensystem und am Prozeßcharakter der Problemstellung orientiert sind, dies zuläßt. Außerdem soll versucht werden, die Arbeiten, die sich mit Einzelfragen befassen, in diesen (noch sehr wenig definierten) Gesamtrahmen einzuordnen, auch um aufzuzeigen, daß die Gewinnung weiterführender Erkenntnisse nur dann möglich ist, wenn sie im Zusammenhang aller wichtigen Einflußfaktoren erfolgt. D. h. strukturelle Aspekte, normative Aspekte und Beziehungsaspekte bedingen und verändern einander, eine isolierte Betrachtungsweise ist wenig sinnvoll.

Im ersten Kapitel werden zunächst die wichtigsten Faktoren aufgezeigt, die die Situation alleinerziehender Eltern bestimmen und die Probleme charakterisiert, mit denen sie umgehen müssen. Im zweiten Kapitel soll verdeutlicht werden, daß sich das familiäre Beziehungsgeflecht nach einer Scheidung zwar qualitativ verändert, aber dennoch fortbesteht und daß der Charakter, den diese Beziehungen annehmen, entscheidenden Einfluß auf die Bewältigung der sich aus der Scheidung ergebenden Probleme haben. Im dritten Kapitel wird das Erleben des Kindes in den Mittelpunkt gestellt, nicht zuletzt, um zu verdeutlichen, daß wir größere Einsicht in die Perspektive des Kindes gewinnen müssen, um die Folgen einer Elterntrennung zu mildern und bei ihrer Bewältigung zu helfen. Im vierten Kapitel schließlich werden Initiativen, Beratungs- und Interventionsangebote vorgestellt, die den Familien im Prozeß ihrer Scheidungserfahrungen Unterstützung und Hilfe gewähren können.

Veränderungen in den Lebensbedingungen geschiedener Familien

Mit welcher Situation Kinder, Väter und Mütter nach einer Trennung bzw. Ehescheidung konfrontiert werden, wird durch das Zusammenspiel einer Vielzahl von Faktoren bestimmt, und für fast jede Familie entsteht eine andere Konstellation von Problemen, Schwierigkeiten aber auch positiven Aspekten. Trotz der individuellen Besonderheiten lassen sich jedoch Problemfelder identifizieren, die die Mehrzahl der alleinerziehenden Mütter und Väter mehr oder weniger stark betreffen. Die Frage nach den Faktoren, die die Situation geschiedener Eltern und ihrer Kinder bestimmen, hat ein breites Forschungsinteresse gefunden und zur Beschreibung einer Vielzahl einzelner Faktoren und Faktorengruppen geführt. Der im folgenden Kapitel unternommene Ordnungsversuch kann nicht verhindern, daß die einzelnen Einflußgrößen relativ isoliert nebeneinander stehen und ihre Interaktion unberücksichtigt bleibt. Längsschnittstudien, die dem Prozeßcharakter der familiären Umstrukturierungen nach einer Scheidung Rechnung tragen, sind selten, die statische Betrachtungsweise überwiegt bei weitem. Die wenigen Längsschnittuntersuchungen, die vorliegen (Hetherington, Cox & Cox, 1978; Kurdek, Blisk & Siesky, 1981; Wallerstein & Kelly, 1980a) lassen keinen Zweifel daran, daß auch bei der Betrachtung kürzerer Zeiträume Veränderung die Regel, Gleichbleibendes dagegen die Ausnahme ist. So kann z. B. die Verminderung finanzieller Mittel für eine geschiedene Mutter unmittelbar nach der Scheidung, verglichen mit anderen Problemen, eine erhebliche Belastung darstellen, nach wenigen Monaten bereits kann aber der Vorteil, eigenverantwortlich über die Mittel zu verfügen dieses Problem relativiert haben. D. h., die einzelnen Problembereiche verändern mit zunehmendem Abstand von der juristischen Scheidung mit großer Wahrscheinlichkeit ihren Charakter bzw. ihre Bedeutung.

Der Einfluß individueller Faktoren

Der Einfluß von Persönlichkeitsvariablen wurde bisher noch nicht systematisch untersucht, er gewinnt aber in neueren Untersuchungen, die nach Handlungs- und Anpassungsweisen „erfolgreicher" alleinerziehender Väter und Mütter und nach den Unterschieden zu den Eltern, die mehr Schwierigkeiten bei der Überwindung ihrer Probleme haben, fragen, zunehmend an Bedeutung.

Zu den Beispielen solcher Fragestellungen gehört die Arbeit von Beattie & Viney (1980) (vgl. auch Berman & Turk, 1981), in der sie die Frage untersuchen, wie alleinerziehende Mütter und Väter ihre Situation wahrnehmen und welche Einstellungen und Handlungsweisen mit ihrer Wahrnehmung verknüpft sind. Sie fanden zwei unterschiedliche Beziehungsmuster, die aufgrund der wenig repräsentativen Stichprobe allerdings nicht generalisiert werden können:

Eine aktive Anpassung an die kindbezogenen Aspekte alleinerziehender Elternschaft erreichten die Eltern, die in der Krise Positives entdecken konnten und insbesondere ihr gewachsenes Selbstwertgefühl, die Möglichkeiten unentdeckter Handlungspotentiale auszuprobieren und ihre Befriedigung über eine verbesserte Beziehung zu ihren Kindern betonten. Dabei erkannten diese Eltern, die Grenzen, die ihnen ihre neue Situation auferlegte, durchaus an, konnten Hilfe von anderen aber leicht akzeptieren. Eltern, die stärker die negativen Aspekte der Scheidung betonten, reagierten eher mit Rückzug in ängstliche Selbstbezogenheit. Sie gaben an, unter erheblichem emotionalen Streß zu stehen und klagten über Druck, den Personen außerhalb des engeren Familienkreises auf sie ausübten. Interessanterweise betonten gerade die Eltern dieser Gruppe, daß sie ihre neue Rolle als wenig konfliktreich erlebten, möglicherweise ein Ausdruck ihrer verminderten Bereitschaft, sich aktiv mit ihren Problemen auseinanderzusetzen.

Ein weiteres Beispiel stammt aus einer Untersuchung von Kurdek, Blisk & Siesky (1981), die nach Faktoren fragten, die langfristig mit der Überwindung der scheidungsbezogenen Probleme von Kindern und Jugendlichen korrelieren. Unerwarteterweise fanden sie eine negative Korrelation zwischen der Anpassung des Kindes und persönlicher Kompetenz der Eltern, beschrieben als leistungsorientiert, selbstkontrolliert, verantwortungsbewußt und zuverlässig. D. h. persönliche Kompetenz ist unabhängig, wenn nicht sogar das Gegenteil von elterlicher Kompetenz, definiert als die Fähigkeit, die Bedürfnisse des Kindes wahrzunehmen und adäquat darauf zu reagieren.

Chiriboga & Thurnher (1980) sind der Frage nachgegangen, wie sich die Abhängigkeit vom Partner und das Festhalten an traditionellen Geschlechtsnormen auf die Bewältigung der Zeit nach der Scheidung auswirkt. In ersten Hypothesen über die Auswirkungen des „Ehestils" sehen sie positive Konsequenzen z. B. darin, daß Ehepartner während der Ehe separaten Interessen nachgehen, also durchaus auch getrennte Wege der „Selbstverwirklichung" suchen. (Inwieweit ein solcher Ehestil die Scheidungsbereitschaft fördert oder auch mindert, wird nicht diskutiert.) Eine Erklärungsmöglichkeit liegt darin, daß solche Aktivitäten, die durch die Trennung vom Partner nicht beeinflußt werden, eine wichtige Quelle für das Empfinden von Kontinuität nach dem Einschnitt der Trennung darstellt.

Insgesamt wird ein Abweichen von der traditionellen Rollenteilung als positiv beschrieben – und zwar für beide Geschlechter (z. B. Chiriboga & Thurnher, 1980; Hetherington, Cox & Cox, 1978; Orthner & Lewis, 1979; Price-Bonham & Balswick, 1980). Die Begründung lautet ganz pragmatisch, daß die Übernahme traditioneller Verantwortungen aus dem Bereich des anderen Geschlechts die individuellen Kompetenzen erweitere. Dadurch stehe in Krisensituationen ein breiteres Spektrum an Handlungsmöglichkeiten zur Verfügung. Friedman (1980) z. B. beschreibt eine von starren Normen unabhängige Geschlechtsrollenidentität als wichtige Voraussetzung für die Gestaltung der Beziehung des sorgeberechtigten aber auch des nichtsorgeberechtigten Vaters zu seinem Kind. Männer, die nicht in der Lage sind, sich von Geschlechtsrollenstereotypen zu lösen, neigen dazu – so Friedman – sich nach der Scheidung von ihren Kindern zurückzuziehen, unter Umständen solange, bis die Kinder ihrer Meinung nach groß genug sind und nicht mehr ausschließlich die mütterliche Sorge brauchen. Tooley (1976) beobachtete bei alleinerziehenden Müttern, daß ihnen aufgrund ihrer Sozialisation und ihrer Ehegeschichte das früher als unweiblich empfundene und dem Mann überlassene, nun aber lebensnotwendige Maß an Aggressivität zur Durchsetzung eigener Interessen fehle.

Hetherington, Cox & Cox (1979 a) konnten bei beiden Partnern der Ehen, die vor der Scheidung eine strikte Rollenteilung eingehalten hatten, Klagen über einen „chaotischen Lebensstil" feststellen, der aus dem Bemühen resultierte, die früher vom Partner ausgeübten Funktionen in den Tagesablauf zu integrieren.

Als ebenfalls einflußreich erwiesen sich die Faktoren, die direkt mit der Scheidung bzw. Trennung verbunden waren, wie die Atmosphäre, in der die Trennung stattgefunden hatte (Hipgrave, im Druck; O'Brien,

1980) und von wem die Initiative zur Scheidung ausgegangen war (Beattie & Viney, 1980; Price-Bonham & Balswick, 1980; Weiss, 1976).

In der Studie von Beattie & Viney erlebten die alleinerziehenden Eltern, die mit der Trennungsentscheidung ihres Partners konfrontiert wurden, den Streß der Krise stärker als diejenigen, die die Trennung gewollt hatten. Die unfreiwillig Geschiedenen betrauerten den Verlust stärker und beschrieben auch größere Frustrationen. Die Gruppe der Eltern, die sich in gegenseitigem Einverständnis getrennt hatten, schienen am wenigsten unter dem Druck Außenstehender zu leiden.

Weiss dagegen konnte in seiner Untersuchungsgruppe keine Unterschiede finden: Unabhängig davon, ob die Initiative zur Scheidung vom Befragten oder vom Partner ausgegangen war, der emotionale Streß war gleich groß. Allerdings liegt die Vermutung nahe, daß es sich in diesem Fall um ein stichprobenspezifisches Ergebnis handelt, da die Befragten Teilnehmer einer therapeutisch orientierten Gruppe waren. Es handelte sich also um Menschen, von denen man annehmen kann, daß sie aufgrund eines besonderen Leidensdruckes in einer solchen Gruppe Hilfe suchten.

Durch die Scheidung entstehende Problembereiche

Die Beschreibung dieser Probleme nimmt den breitesten Raum in der Scheidungsliteratur ein. Folgende Bereiche lassen sich unterscheiden: Die finanzielle Situation, die berufliche Situation, die praktischen Probleme rund um die Haushaltsführung und die Kinderbetreuung, die Kontakte im sozialen Umfeld und die familienbezogenen Probleme, also die Interaktion mit den Kindern und dem früheren Partner.

Allen Problembereichen übergeordnet ist die Erfahrung alleinerziehender Eltern, sich im Gegensatz zu einer gesellschaftlichen Ordnung zu befinden, die von einer familiären Arbeitsteilung mit mehr oder minder starren Rollengrenzen ausgeht und statt dessen die Funktionen des familiären und ökonomischen Versorgers in einer Person zu vereinigen. Konflikte, die durch die Überschneidung beider Aufgabenbereiche sowie durch physische und psychische Überlastungen entstehen, scheinen fast zwangsläufige Folgen zu sein. Dabei darf nicht übersehen werden, daß alleinerziehende Eltern nicht zwangsläufig Probleme haben bzw. sie sind nicht von allen angesprochenen Problembereichen gleich stark betroffen oder aber sie sind trotz der auftretenden und zu bewältigenden Probleme mit ihrem neuen Lebensstil zufrieden (Hipgrave im Druck).

Zur finanziellen Situation und Berufstätigkeit

In der Literatur zur Situation geschiedener Familien, in der Regel bedeutet das zur Lage alleinerziehender Mütter, herrscht nahezu einmütig die Meinung, daß die finanzielle Belastung bzw. der ökonomische Abstieg und die damit verbundenen Änderungen des Lebensstils nach einer Scheidung, ein entscheidender, wenn nicht sogar der entscheidende Faktor für die Gesamtproblematik sei (Price-Bonham & Balswick, 1980). Kogelschatz, Adams & Tucker (1972) vertreten die Meinung, daß die häufig zitierten Charakteristika vaterloser Familien weniger mit dem Faktor „vaterlos" als vielmehr mit dem niedrigen sozio-ökonomischen Status der untersuchten Familien verknüpft sind. (Vgl. auch Colletta, 1979; Desimone-Luis, O'Mahoney & Hunt, 1979.)

Hetherington, Cox & Cox (1978) konnten trotz des reduzierten Einkommens der Familien in ihrer Studie keinen Zusammenhang zwischen empfundener ökonomischer Belastung und der Eltern-Kind-Interaktion oder dem Verhalten der Kinder im Kindergarten finden. Allerdings merken die Autoren selber kritisch an, daß die von ihnen untersuchten Familien ausschließlich aus der Mittelschicht stammen und auch nach der Scheidung über ein relativ sicheres Einkommen verfügten. Die ökonomische Belastung war also möglicherweise nicht groß genug, um meßbare Auswirkungen zu erreichen.

Die Aussagen zur finanziellen Belastung von alleinerziehenden Eltern bedürfen folglich der Differenzierung. Zweifellos kann ein Absinken des gewohnten Lebensstandards auch dann als erheblicher Streßfaktor empfunden werden, wenn keine echte finanzielle Not entsteht, und zwar besonders in der Übergangsphase, die eine Vielzahl von Anpassungsleistungen erfordert. Zwischen dem Streß, der durch Einschränkungen im Rahmen eines gesicherten Lebensstandards entsteht und einer durch Scheidung hervorgerufenen oder auch verstärkten finanziellen Krise, die an das Existenzminimum führt, bestehen aber mit Sicherheit qualitative Unterschiede in der Gesamtheit der Auswirkungen.

Bendkower & Oggenfuss machen in ihrer Untersuchung, in der der überwiegende Anteil der Familien mit alleinerziehenden Müttern den unteren sozialen Schichten zugeordnet wird, eine weitere kritische Anmerkung:

Es ist zu beachten, „daß durch die Ausblendung der Zeit-Perspektive und wegen ihrer Undifferenziertheit die Daten weder Aussagen über die Statuskonsistenz erlauben, noch über die ein- und mehrgenerationelle Mobilität der Familien. Deshalb können wir nicht schlüssig entscheiden, ob die familiäre Unvollständigkeit im allgemeinen und die Scheidung im speziellen Ursache oder Folge des niedrigen sozioökonomischen Status der Familie sei" (1980, S. 249).

Der positive Einfluß ökonomischer Stabilität, den Spanier & Lachman (1980) betonen, steht zwar außer Zweifel, daß die Verminderung der finanziellen Mittel von alleinerziehenden Müttern aber nicht generell negativ erlebt wird, kommt in der Arbeit von Kohen, Brown & Feldberg (1979) zum Ausdruck. Die befragten Frauen berichteten zwar, daß es häufig nicht einfach sei, mit der zur Verfügung stehenden Summe auszukommen, daß sie diese Verminderung aber nicht ungerne in Kauf nähmen, da ihnen die neu gewonnene Eigenverantwortlichkeit ermögliche, das Geld in ihrem Sinne einzuteilen und zu verwalten.

Von den Daten abgesehen, die die häufig sehr kleinen, in jeder Beziehung nicht repräsentativen Studien über alleinerziehende Väter nennen, gibt es kaum Informationen über die finanzielle Situation alleinerziehender Väter, es können also nur Vermutungen geäußert werden. Die besonderen Charakteristika, die die Studien über alleinerziehende Väter mit Sorgerecht beschreiben, wie z. B. ihr überdurchschnittlicher Bildungs- und Einkommensstand sprechen für die Annahme, daß sie in ihrer Gesamtheit weniger häufig mit echter finanzieller Not konfrontiert werden, als alleinerziehende Mütter. Für diese Tendenz sprechen auch die Arbeiten von Albrecht (1980) und Hipgrave (im Druck). Albrecht hat in einer Fragebogenuntersuchung Frauen und Männer nach ihren Erfahrungen im Zusammenhang mit der Scheidung befragt. Der Unterschied mit der höchsten Signifikanz ergab sich bei den Antworten auf Fragen zur finanziellen Situation: Männer beschrieben wesentlich geringere Einbußen als Frauen. Über die Situation alleinerziehender Väter in Großbritannien berichtete Hipgrave, daß ca. ein Drittel der mutterlosen Familien mit einem verringerten Einkommen leben muß, allerdings nur in wenigen Fällen durch den Verlust des Einkommens der Ehefrau. In erster Linie verminderte sich das Einkommen des Mannes, wohl durch Einschränkungen des beruflichen Engagements, das durch die Betreuung der Kinder notwendig wurde.

Hier deutet sich ein bemerkenswerter Gegensatz an, der wahrscheinlich zu Unterschieden im Erleben alleinerziehender Mütter und Väter führt. Für die geschiedene Mutter besteht häufig die Notwendigkeit, eine Berufstätigkeit aufzunehmen um finanzielle Einbußen auszugleichen oder um überhaupt mit ihren Kindern leben zu können. D. h. ihre Belastungen vergrößern sich auf Kosten der Zeit, die sie mit ihren Kindern verbringen kann, während die Väter zwar auch Einkommensbußen hinnehmen müssen, dafür aber Zeit für ihre Kinder gewinnen. Die Kehrseite dürfte für die

Väter bei den Abstrichen liegen, die sie an ihrer beruflichen Karriere vornehmen müssen, einem Faktor, der stark mit dem männlichen Selbstverständnis verbunden ist (Bartz & Witcher, 1978; Hipgrave, im Druck; Keshet & Rosenthal, 1978). Hipgrave gibt an, daß eine „signifikante Minorität" britischer alleinerziehender Väter die Berufstätigkeit der Kinder wegen ganz aufgibt. Diese Väter leiden besonders durch ihre Extremsituation: Einmal durch den Verlust eines sozialen Umfeldes, das vor der Scheidung zu den wichtigsten Lebensinhalten gehörte, zum anderen durch die Isolation im Haushalt, deren psychische Konsequenzen sie nicht vorhergesehen hatten.

Ob die zuvor geäußerten Annahmen richtig sind, bedarf der empirischen Untersuchung.

Wie stark auch die Berufstätigkeit alleinerziehender Eltern durch Geschlechtsrollenstereotypen bestimmt wird, zeigte eine Straßenbefragung von George & Wilding (1972, zitiert nach Hipgrave, im Druck). Während 86% aller Befragten fanden, daß alleinerziehende Mütter nicht berufstätig sein sollten, hielten umgekehrt 76% die Berufstätigkeit alleinerziehender Väter für wünschenswert – eine Auffassung, gegen die alleinerziehende Väter ankämpfen müssen, wenn sie für die Versorgung ihrer Kinder den Beruf ganz aufgeben wollen oder müssen und dafür Mittel aus der Sozialhilfe in Anspruch nehmen möchten. (Dies scheint in Großbritannien häufiger der Fall zu sein, während die alleinerziehenden Väter in USA und Kanada kaum finanzielle Probleme zu haben scheinen. Schlesinger, 1978)

Wie alleinerziehende Mütter ihre Berufstätigkeit erleben, hängt weitgehend von ihrer Qualifikation und dem finanziellen Druck ab, unter dem sie ausgeübt wird. Spielen persönliche Kriterien wie Interesse oder der Wunsch nach Selbstverwirklichung keine Rolle oder werden sie dem Aspekt des Geldverdienens oder mehr oder weniger kindgerechten Arbeitszeiten untergeordnet, wird die Berufstätigkeit in der Regel abgelehnt und ausschließlich als Belastung empfunden. Als Folge dieses Konfliktes wird ein Idealbild der vollständigen Familie genährt, das die Auseinandersetzung mit der aktuellen Situation erschwert (Bendkower & Oggenfuss, 1980).

Trotz der Überforderung, die die Mehrfachbelastung durch Beruf, Kinderbetreuung und Haushaltsführung mit sich bringen kann, wird die Berufstätigkeit in vielen Fällen von Frauen (Hetherington, Cox & Cox, 1979a; Kohen, Brown & Feldberg, 1979) und Männern (Hipgrave im Druck) positiv bewertet. Die Selbstbestätigung, die aus der Bewältigung beruflicher Aufgaben erwächst, kann die Isolation der Haushaltsroutine verhindern und damit Lethargie, Frustration und Aggression vorbeugen, und sie schafft wichtige soziale Kontakte. Wallerstein & Kelly (1980 a) berichten von den nichtberufstätigen Müttern in ihrer Studie, daß sowohl bei den Frauen, die sich aufgrund der emotionalen Belastung nicht in der Lage sahen einen Beruf auszuüben, wie auch bei denen, die aus finanziellen Gründen nicht arbeiten mußten, die Spannungen bis hin zur Panik wuchsen.

Raschke (1977) wertet die Berufstätigkeit ebenfalls positiv und führte weiter aus, daß Unterhaltszahlungen zwar häufig eine Notwendigkeit darstellen, daß sie aber in latenter Weise die Abhängigkeit vom ehemaligen Ehemann aufrechterhalten und daß diese Abhängigkeit die Anpassung an die neue Situation erschwert (vgl. auch Kohen, Brown & Feldberg, 1979).

Probleme der Haushaltsführung und Kinderbetreuung

Die Bewältigung der praktischen Probleme der Haushaltsführung wird in erster Linie in den Studien zur Situation alleinerziehender Väter diskutiert, da man allgemein davon ausgeht, daß Männer in diesen Tätigkeiten relativ ungeübt sind und umgekehrt, daß es sich um Aufgabestellungen handelt, die Frauen selbstverständlich meistern (Kohen, Brown & Feldberg, 1979). Übereinstimmend lautet das Fazit: Wie stark die Väter diese Probleme empfinden, hängt in der Übergangszeit weitgehend von den praktischen Erfahrungen während der Ehe ab – aber auch relativ unerfahrene Väter können diese Schwierigkeiten nach einer Periode der Anpassung meistern. Probleme der Kinderbetreuung werden ebenfalls stärker im Zusammenhang mit alleinerziehenden Vätern erwähnt (Bartz & Witcher, 1978; Hipgrave im Druck; Mendes, 1976; Keshet & Rosenthal, 1978; Orthner & Lewis, 1979; Schlesinger, 1978). Ob hier lediglich eine von Geschlechtsrollenstereotypen bestimmte Erwartungshaltung zum Ausdruck kommt oder ob Frauen wirklich weniger Probleme mit der Betreuung ihrer Kinder haben (z. B. durch Kontakte zu Frauen in einer vergleichbaren Situation) ist noch unklar. Fest steht dagegen, daß alleinerziehende Eltern auf Krippen, Kindergärten und Horte angewiesen sind. Obwohl der positive Einfluß einer Entlastung durch eine kompetente Haushaltshilfe häufig betont wird, ist die Erfahrung amerikanischer Väter, die zur Betreuung ihrer Kinder Haushälterinnen oder Kindermädchen engagiert hatten, negativ. Unzuverlässigkeit und ein nur geringes Interesse für die Kinder waren die häufigsten Beschwerdepunkte (Orthner & Lewis, 1979).

Schwerwiegender als organisatorische oder praktische Schwierigkeiten sind die Probleme, die aus der andauernden Überlastung durch ganztägige berufliche und familiäre Pflichten entstehen, und die durch die starke emotionale Belastung gerade im ersten Jahr nach der Trennung noch verstärkt werden. Der „chaotische Lebensstil" wie er von Hetherington, Cox & Cox (1978, 1979a) beschrieben wird, ist gekennzeichnet durch unregelmäßige Mahlzeiten, durch zuwenig Schlaf für die Mütter und unregelmäßige Zubettgehzeiten der Kinder, durch häufiges Zuspätkommen der Schulkinder, insgesamt also durch ein erhebliches Maß an Desorganisation, das spielerische Interaktionen, z. B. beim Baden oder Vorlesen vor dem Einschlafen, kaum zuläßt. Im Laufe von zwei Jahren tritt zwar eine Normalisierung ein, zunächst aber sind viele Frauen (in der genannten Untersuchung liegt das Sorgerecht bei den Müttern) von den anfallenden Aufgaben überwältigt. Zeit und Energie scheinen nicht einmal für die Bewältigung der täglichen Routine der Mehrfachbelastungen auszureichen, die in vollständigen Familien von zwei Erwachsenen getragen werden. Aktivitäten, die dem Vergnügen, der Freude oder eigenen Interessen dienen, scheinen für die alleinerziehende Mutter zunächst einmal in weite Ferne gerückt.

Wallerstein & Kelly (1980a) zeigen an einem Beispiel auf, wie sich solche Überlastungen auswirken und in die Familiendynamik nach der Scheidung einwirken können: Die betreffende Mutter sorgte sich während des ganzen Arbeitstages um ihre siebenjährige Tochter, zu Hause mit der nicht erledigten Hausarbeit und Unordnung konfrontiert, steigerte sich ihre Erregung so stark, daß sie ihre Tochter schlug. Die Folge waren ein schlechtes Gewissen, Entschuldigungen bei der Tochter und Nachgiebigkeit, wo die Tochter normalerweise ein Verbot erwartet hätte. Bei der Mutter verstärkten sich schließlich die Minderwertigkeitsgefühle so stark, daß sie nicht nur glaubte, als Ehefrau und Mutter unfähig zu sein, sondern auch als Mensch versagt zu haben.

Die Vielfältigkeit individueller Erfahrungen deutet sich in einem Untersuchungsergebnis von Berman & Turk (1981) an, die auf die positiven Empfindungen hinweisen, die durch die Bewältigung praktischer Probleme entstehen können. In der von ihnen untersuchten Gruppe brachten gerade die Personen, die von zahlreichen praktischen Problemen berichteten, auch eine relativ hohe Lebenszufriedenheit zum Ausdruck. Eine Erklärungsmöglichkeit liegt darin, daß die Bewältigung dieser häufig recht einfachen Probleme ein Gefühl der Kompetenz vermittelt, somit das Selbstvertrauen stärkt (Kohen, Brown & Feldberg, 1979) und letztlich auch auf die schwieriger zu bewältigenden interpersonellen Probleme positiv einwirkt. (Ein umgekehrter Zusammenhang zwischen Lebenszufriedenheit und der Fähigkeit zur Problembewältigung ist allerdings auch denkbar.)

Anhand der genannten Beispiele wird die Breite des Spektrums von Problemen und Problemausmaßen deutlich. Wollte man aus den vorliegenden Erkenntnissen so etwas wie ideale Rahmenbedingungen für alleinerziehende Eltern konstruieren, müßte unter Berücksichtung individueller Bedürfnisse eine Situation entstehen, in der eine finanzielle Absicherung es erlaubt, eine, die sozialen Kontakte und das Selbstwertgefühl stärkende, Berufstätigkeit auf eine Stundenzahl zu begrenzen, die weder Haushaltsführung noch Kinderbetreuung zu einem Problem werden läßt, so daß Eltern und Kinder genügend Zeit füreinander haben und zusätzlich noch hin und wieder die Möglichkeit einer Freizeitgestaltung besteht, die an Erwachsenenbedürfnissen orientiert ist.

Das Dilemma der Mehrfachbelastungen, das für Väter und Mütter gleichermaßen besteht, wird von Orthner, Brown & Ferguson (1976) als das Problem bezeichnet, die Rollenerwartungen und die Verantwortungen eines Erwachsenen mit den Rollenerwartungen und Verantwortungen von Eltern in Übereinstimmung zu bringen.

Ist es alleinerziehenden Eltern gelungen, ihren Tagesablauf effektiv zu organisieren, so ist diese Ordnung in vielen Fällen gefährdet, wenn ein Ereignis eintritt, das ein Abweichen von der Routine erfordert. Notfälle, wie zum Beispiel ein Krankheitsfall, eine unerwartete finanzielle Belastung oder auch kleinere organisatorische Probleme, wie der Ausfall von Schulstunden der Kinder, gefährden ein mühsam geschaffenes Gleichgewicht. Es scheint, als müßten alleinerziehende Eltern ihre Mittel und Energien immer hundertprozentig einsetzen. Tritt dann ein Notfall ein, stehen keine Reserven mehr zur Verfügung, die noch genutzt werden könnten (Hetherington, 1979).

Emotionale Probleme und soziale Beziehungen

Generell läßt sich sagen, daß die Scheidung sowohl für Frauen als auch für Männer, unabhängig davon, wer nach der Scheidung das Sorgerecht ausübt, mit Erschütterungen des Selbstkonzeptes, mit Identitätskrisen und Identitätsveränderungen verbunden sind, die von den Betroffenen häufig nicht vorhergesehen wurden und selbst dann eintreten, wenn die Scheidung gewünscht wurde (Weiss, 1976). Die überwiegende Mehrzahl der Frauen in der Studie von Hetherington, Cox & Cox (1978, 1979a) fühlte sich im ersten Jahr nach der Scheidung ängstlich, depressiv, wütend, zurückgewiesen und inkompetent. Die Mütter von Söhnen erlebten die negativen Emotionen in verstärktem Ausmaß. Die durch die Scheidung ausgelöste Identitätskrise scheint Frauen und zwar insbesondere solche, die lange verheiratet waren, stärker zu treffen als Männer. Für diese Annahme spricht auch die vergleichende Befragung von Albrecht (1980), in der Männer und Frauen den Streß der schwierigsten Perioden des Scheidungsprozesses (vor, während und unmittelbar nach der Trennung) ohne Unterschied gleich stark erlebten. Den Frauen fiel es aber schwerer, das Scheitern ihrer Ehe zu akzeptieren. In dieser Krise erlebten sich die Frauen auch als physisch unattraktiv und entwickelten bis dahin unbekannte Abhängigkeitsbedürfnisse (Hetherington, Cox & Cox, 1978, 1979a). Die Bewältigung dieser Krisen und der Probleme der Übergangszeit schafft aber schließlich ein neues Selbstkonzept und äußert sich auch in einem gewachsenen Selbstvertrauen nach außen hin. Die erlangte Unabhängigkeit führte nicht selten zu einer Ablehnung der traditionellen Frauenrolle und zu einer eher skeptischen Einstellung einer Wiederverheiratung gegenüber (Kohen, Brown & Feldberg, 1979).

Die wenigen Hinweise, die uns zur emotionalen Verfassung alleinerziehender Väter nach einer Scheidung vorliegen, sprechen dafür, daß sich ihre Identitätskrise eher auf die Akzeptierung „typisch weiblicher" Aufgaben bezieht. Umgekehrt lassen sich Aktivitäten, die als „typisch männlich" gelten (Freizeitgestaltung und soziales Leben) häufig nicht mit der Rolle des alleinerziehenden Vaters vereinbaren (Hipgrave, im Druck). Es kann aber wohl davon ausgegangen werden, daß bei Männern eine Tendenz besteht, emotionale Probleme weniger offen einzugestehen, da das Äußern von Gefühlen im allgemeinen als etwas „typisch weibliches" gilt. Dafür spricht zum einen die Angst geschiedener Väter, ihren Kindern keine „Mutterliebe" geben zu können, also die Angst vor Gefühlsdefiziten (Bartz & Witcher, 1978; Friedman, 1980; Keshet & Rosenthal, 1978), wie auch die Aussage von Hetherington, Cox & Cox (1978), daß sie durch „indirekte Belege" zu dem Schluß gekommen seien, daß die Auflösung der Ehe auch für die Männer eine schwere Krise darstelle, die Männer aber dazu neigten, ihre Abhängigkeitswünsche zu verneinen (vgl. auch Price-Bonham & Balswick, 1980).

Unabhängig vom Geschlecht waren auch die Minderwertigkeitsgefühle sowohl im Hinblick auf die Elternrolle, wie auch in bezug auf die Rolle als Ehepartner in einer zukünftigen Ehe gleich stark ausgeprägt. Beide Eltern hatten das Gefühl in ihrer gesamten sozialen, insbesondere aber in sexuellen Beziehungen „weniger gut zu funktionieren", während die Männer zusätzlich über Arbeitsstörungen klagten.

Charakteristisch für die emotionale Situation Geschiedener scheint im ersten Jahr nach der Scheidung ein starkes Schwanken zwischen Stimmungshochs (Gefühl der Freiheit und des Befreitseins) und Stimmungstiefs

(Depressionen und Ängste) zu sein, während im Verlauf des zweiten Jahres Depression, Angst und Apathie bei weitem überwiegen. Erst gegen Ende des zweiten Jahres konnte sich in der Untersuchung von Hetherington, Cox & Cox (1976, 1978, 1979a) eine ausgeglichenere Stimmungslage durchsetzen.

Die emotionale Verfassung bestimmt sehr stark den Umfang und den Charakter der Kontakte zu anderen Personen und umgekehrt wirken unterstützende Kontakte stabilisierend auf die emotionale Lage. Mit anderen Worten, ob Ängste und Krisen in den ersten Jahren nach der Scheidung überwunden werden können oder durch Gefühle der Einsamkeit und Isolation verstärkt werden, hängt in starkem Maße von der Verfügbarkeit guter sozialer Kontakte ab.

Die durch die Scheidung notwendig werdende Neuorganisation der familiären Beziehungen bedingt auch Veränderungen im sozialen Umfeld – der Charakter dieser Veränderungen hängt wiederum von einer Vielzahl von Faktoren ab: Von realen Gegebenheiten, wie z. B. einem Wohnsitzwechsel oder den eingeschränkten Freizeitmöglichkeiten alleinerziehender Eltern, dem Verlust der Kontakte, die vom ehemaligen Partner initiiert und aufrechterhalten wurden, den Einschränkungen familiärer Beziehungen (z. B. zu den Schwiegereltern) und schließlich der Erfahrung, Alleinstehender in einer Gesellschaft zu sein, in der soziale Aktivitäten überwiegend für Paare organisiert werden. Ein weiterer Faktor, der bisher erst wenig Beachtung gefunden hat, ist der Wunsch nach der Schaffung eines neuen Selbstkonzeptes. Zusammengenommen führen diese Faktoren nicht nur zu quantitativen Veränderungen der sozialen Kontakte, sondern die Bedeutung einzelner Personen oder Personengruppen vermindert sich oder nimmt zu bzw. sich neu entwickelnde Beziehungen treten in den Vordergrund. Die detailliertesten Beobachtungen stammen wiederum aus der Längsschnittstudie von Hetherington, Cox & Cox (1976, 1978, 1979a).

Besonders geschiedene Väter ohne Sorgerecht schienen den Verlust ihres familiären Bezugssystems (Gefühle des Entwurzeltseins) durch eine Vielzahl von Aktivitäten im ersten Jahr nach der Scheidung ausgleichen zu wollen. Dabei nahmen die Kontakte zum alten Freundeskreis ab, während Begegnungen, die sich zufällig in Bars, Restaurants, Clubs oder auf Partys ergaben, zunahmen. Sexuelle Beziehungen waren sowohl für die Männer wie auch für die Frauen ein entscheidender Faktor für die emotionale Lage und auch für das Selbstwertgefühl. In den ersten zwei Monaten nach der Scheidung waren die sexuellen Kontakte der geschiedenen Eltern geringer als die der verheirateten Vergleichsgruppe, sie stiegen dann im Laufe des ersten Jahres für die geschiedenen Männer über diesen Vergleichswert, sanken im zweiten Jahr aber wieder ab.

Übereinstimmend berichten alleinerziehende Mütter und Väter, daß die fast ständige Anwesenheit der Kinder, das Gebundensein an das Haus aber auch die Müdigkeit, die aus der ständigen Überforderung resultiert, sexuelle Kontakte sehr schwierig mache (Bartz & Witcher, 1978, Greenberg, 1979; Kohen, Brown & Feldberg, 1979; Orthner & Lewis, 1979).

Der positive Einfluß sexueller Beziehungen blieb allerdings nur dann erhalten, wenn sich aus diesen Begegnungen eine tiefe Beziehung entwickeln konnte. Den Männern und Frauen in der Studie von Hetherington, Cox & Cox (a.a.O.), denen es nach zwei Jahren nicht gelungen war, eine solche Bindung (die in der Regel zu einer zweiten Eheschließung führte) einzugehen, beklagten ihre intensiven Gefühle der Einsamkeit. Die zunächst, von den Männern stärker als von den Frauen, begrüßte sexuelle Freiheit verlor sehr schnell ihren Reiz, und häufige sexuelle Kontakte ohne gefühlsmäßige Bindung führten schon nach relativ kurzer Zeit bei Männern und Frauen zu Depressionen, Verzweiflung und geringer Selbstachtung.

Spanier & Lachman (1980) kommen zu einem vergleichbaren Ergebnis: Nur bei geschiedenen Eltern, deren Scheidung noch nicht lange zurücklag, konnte ein Zusammenhang zwischen der Häufigkeit von Verabredungen und einer positiven Bewertung ihrer Situation gefunden werden – bereits nach sechzehn Monaten spielte dieser Faktor keine Rolle mehr.

Die Qualität einer Beziehung, die in Übereinstimmung mit anderen Autoren (Berman & Turk, 1981; Greenberg, 1979; Hipgrave, im Druck) als der entscheidende Faktor für die Überwindung der Scheidungskrise angesehen wird, wird von Hetherington, Cox & Cox (a.a.O.) mit dem Begriff „intimate relationship" folgendermaßen charakterisiert: Sie umfaßt die Besorgnis um das Wohlergehen des anderen, die Bereitschaft für den anderen Opfer zu bringen, eine starke Bindung und den Wunsch, dem anderen nahe zu sein. Sexualität ist zwar häufig mit einer solchen Beziehung verknüpft, sie ist aber nicht notwendigerweise ein Bestandteil. Eine solche Charakterisierung bringt in sehr starkem Maße die Wünsche zum Ausdruck, die in der zuvor gescheiterten Ehe zumindest nicht auf Dauer erfüllt werden konnten. Ob sich der starke Wunsch nach einer solchen Beziehung abschwächt, wenn sich nach einer längeren Übergangsperiode ein neues Selbstkonzept und neues Selbstvertrauen entwickelt haben, ist ungewiß. Kohen, Brown & Feldberg (1979), die – teilweise schon länger geschiedene – Mütter nach den positiven und negativen Folgen ihrer Scheidung befragten, wurden am häufigsten die „Chance zur Eigenkontrolle", „emotionales Wachstum" oder „Autonomie" als Vorteile genannt.

Diese Erfahrungen schließen zwar den Wunsch nach einer tiefen Bindung keinesfalls aus, bringen aber doch erhebliche Skepsis gegenüber einer zu starken Abhängigkeit von einem Partner zum Ausdruck.

Die Kontakte zu Familienmitgliedern und Freunden verändern sich nach einer Scheidung ebenfalls. Besonders die nichtberufstätigen Mütter litten im ersten Jahr unter Einsamkeit und Isolation und fühlten sich nicht zuletzt deshalb in der Welt des Kindes eingeschlossen, weil der unterstützende Kontakt durch verheiratete Freunde bereits im Laufe der ersten beiden Monate abnahm. Während der zwei Jahre, die Hetherington und ihre Mitarbeiter die geschiedenen Familien beobachteten, nahmen die sozialen Kontakte der Mütter zwar zu, sie blieben aber geringer denen der verheirateten Frauen.

Spanier & Lachman (1980) meinen, daß die soziale Interaktion mit Verwandten (insbesondere mit den Eltern, die häufig mit der Scheidung nicht einverstanden waren) und Freunden keinen Einfluß auf das Gelingen der Anpassung an die Situation nach einer Scheidung ausübt. Sie befinden sich damit im Gegensatz zu den meisten anderen Arbeiten, denn in der Regel wird der positive Einfluß solch unterstützender Kontakte betont, und es ist auch wahrscheinlich, daß eine differenzierte Betrachtungsweise, die die qualitativen Veränderungen von Freundschafts- und Familienbeziehungen mit berücksichtigt, für positive Auswirkungen der Kontakte spricht.

Aus den Ausführungen von Orthner & Lewis (1979) wird z. B. deutlich, daß sich das soziale Umfeld alleinerziehender Väter entscheidend verändert. Die vor der Scheidung stark mit Freizeitaktivitäten verknüpften sozialen Kontakte wurden zugunsten der Beziehungen zu guten Freunden und zu Personen aus dem engeren Familienkreise, die sich helfend und unterstützend verhielten, aufgegeben. Besonders die Eltern wurden als wichtig für die emotionale Unterstützung und für die Hilfe bei der Kinderbetreuung angesehen, wobei die Väter ihre Unabhängigkeit in der Kindererziehung allerdings betonten (Mendes, 1976).

Greenberg (1979) führt aus, daß die alleinerziehenden Väter in ihrer Studie trotz der größeren sexuellen Freiheit, die ihnen die Gesellschaft im Vergleich zu alleinerziehenden Müttern zubilligt, stärker als die Frauen unter Einsamkeit litten. Frauen konnten, so Greenberg, die geringere Liberalität gegenüber weiblicher Sexualität erfolgreich durch die Freundschaften zu anderen Frauen ausgleichen. Dieses Freundschaftsnetz alleinerziehender Mütter wird von ihr als „höchst bedeutsame Quelle der Unterstützung" beschrieben, eine Quelle, die alleinerziehenden Vätern fehlt. Zum einen sind Väter in einer vergleichbaren Situation selten und zum anderen sind Freundschaften zu verheirateten Männern oder Männern ohne Kinder aufgrund der völlig verschiedenen Lebenssituation nur schwer aufrechtzuerhalten (Hipgrave, im Druck).

Der „Sonderstatus", den alleinerziehende Väter einnehmen, hat aber auch positive Seiten, die beispielsweise im gesellschaftlichen Ansehen, das diese Väter im Vergleich zu alleinerziehenden Müttern genießen, zum Ausdruck kommen. Zwar berichten sorgeberechtigte Väter auch über negative Reaktionen in ihrer Umgebung, die Berichte über positives Entgegenkommen überwiegen aber bei weitem (Orthner & Lewis, 1979). Alleinerziehende Väter genießen offensichtlich ein besonderes Image. Sie gelten, wenn sie das Sorgerecht einmal erlangt haben, als besonders kompetente Väter, und dieser Bonus ist möglicherweise auch von der Annahme mitgeprägt, daß ein solcher Vater wohl mit einer Frau verheiratet gewesen sein muß, die eine besonders schlechte Mutter war, da sie das Sorgerecht für die Kinder nicht bekommen hat. Mendes (1975, zitiert nach Orthner & Lewis, 1979) charakterisiert den Status sorgeberechtigter Väter als „social widower", um auszudrücken, daß diese Väter eine dem Witwer vergleichbare gesellschaftlich-normative Wertung erfahren, hinter der wohl auch die Auffassung verborgen ist, daß die Väter „schuldlos" in diese Lage geraten sind.

Bemerkenswert ist auch, daß Frauen, die alleinerziehende Väter kennenlernen, diese bewundern und unterstützen, während Männer bei alleinerziehenden Müttern eine eher skeptische Haltung einnehmen (Bartz & Witcher, 1978; Orthner, Brown & Ferguson, 1976). Daß die betroffenen Väter die Sympathiebeweise ihrer Umgebung nicht nur positiv aufnehmen, beschreibt Hipgrave (im Druck), denn häufig glauben sie, eine Mitleidshaltung oder Zweifel an ihrer Kompetenz hinter dieser Zuwendung herauszuspüren.

Wenn auch in den Arbeiten, in denen nach Unterschieden zwischen den Problemen alleinerziehender Mütter und Väter gefragt wird, fast einhellig das Fazit gezogen wird, daß diese Probleme größtenteils vergleichbar seien (Bartz & Witcher, 1978; Defrain & Eirick, 1981; Gersick, 1979; Keshet & Rosenthal, 1978; Orthner, Brown & Ferguson, 1976), so ist das für die Probleme, die sich aus den Konflikten der Mehrfachbelastungen ergeben, sicher weitgehend richtig. Unterschiede in den sozioökonomischen Rahmenbedingungen (Albrecht, 1980; Gersick, 1979; Hetherington, 1979) und in der gesellschaftlich-normativen Wertung rechtfertigen aber die Annahme, daß trotz aller Ähnlichkeiten qualitative Unterschiede bestehen. Eine genauere Klärung der Zusammenhänge kann erst die zukünftige Forschung erbringen.

Da die sorgeberechtigten Väter immer mehr zu einem Diskussionsmittelpunkt werden, sollen die wenigen Kenntnisse, die bis heute zu ihrer Person und zu ihrer Situation vorliegen, im folgenden Kapitel zusammengefaßt werden.

Väter mit Sorgerecht

Einleitung

Unter den alleinerziehenden Eltern in der Bundesrepublik Deutschland wächst die Zahl der alleinerziehenden Väter. Im Jahre 1981 waren, laut Statistischem Bundesamt in Wiesbaden, 141 000 der 905 000 alleinerziehende Eltern Väter, die 194 000 Kinder erzogen. (1971 waren es erst 69 000 Väter mit 113 000 Kindern gewesen, d. h. in weniger als zehn Jahren hat sich die Zahl der alleinerziehenden Väter mehr als verdoppelt). 86 000 dieser Väter übten das Sorgerecht für ihre Kinder nach ihrer Trennung oder Scheidung vom Ehepartner aus, die anderen waren verwitwet. Das sich verändernde Bewußtsein über die Rolle des Vaters in der Entwicklung seines Kindes (vgl. auch Abschnitt I dieses Buches) spricht dafür, daß sich die Zahl der Väter, die sich im Falle einer Scheidung um das Sorgerecht für ihre Kinder bemühen, erhöhen wird.

Orthner & Lewis (1979) haben eine erste juristische und sozialwissenschaftliche Bilanz zum väterlichen Sorgerecht in den USA gezogen. Obwohl gerade in der Rechtsprechung erhebliche Unterschiede zwischen der amerikanischen und deutschen Situation bestehen, treffen ihre Aussagen zumindest tendenziell auch für die Bundesrepublik Deutschland zu:

Die Abschaffung des Schuldprinzips und das Bemühen der Rechtsprechung, Entscheidungen über die elterliche Kompetenz von traditionellen Rollenmustern unabhängig zu machen, haben dazu geführt, daß
- der Vater nicht mehr die Unfähigkeit der Mutter nachweisen muß, um überhaupt eine Chance zu haben das Sorgerecht zu bekommen;
- Väter sich auch um das Sorgerecht bemühen, wenn ihre Kinder noch klein sind;
- Anwälte eher bereit sind, entsprechende Fälle zu übernehmen (wenn auch zahlreiche Väter über mangelnde Unterstützung durch ihre Anwälte klagen und nicht selten gegen den Rat ihrer Anwälte das Sorgerecht beantragt haben – Gersick, 1979; Bartz & Witcher, 1978); und
- Väter in ihrem Bemühen um das Sorgerecht zunehmend erfolgreich sind. Trotz dieser Entwicklung fühlen sich Väter häufig von den Gerichten diskriminiert, und die Annahme, daß ein unreflektiertes Leitbild von der

Mutter als der wichtigeren Bezugsperson im Leben eines Kindes noch immer die Rechtsprechung beeinflußt, ist sicher nicht unbegründet. Dieses Leitbild hat eine Kehrseite, die in der öffentlichen und auch in der wissenschaftlichen Diskussion kaum berücksichtigt wird: Die Mütter stehen unter einem ungeheuren sozialen Druck, der es ihnen sehr schwer macht, einen Verzicht auf das Sorgerecht mit ihrem Selbstverständnis und ihrem Bedürfnis nach sozialer Anerkennung zu vereinbaren. D. h. es wird ihnen selbst in den Fällen schwer gemacht, auf das Sorgerecht zu verzichten, in denen es sowohl für die Kinder als auch für sie selber besser wäre, wenn der Vater das Sorgerecht bekäme (Gersick, 1979). Erst eine Fortsetzung der kritischen Auseinandersetzung mit fragwürdig gewordenen Geschlechtsrollenstereotypen wird die Voraussetzung dafür schaffen können, daß Eltern zumindest unabhängig von gesellschaftlichen Zwängen nach der bestmöglichen Alternative für ihr Kind suchen können.

In den letzten Jahren sind die alleinerziehenden Väter im anglo-amerikanischen Raum zunehmend von der Wissenschaft entdeckt worden. Die Fragestellungen der Untersuchungen lauten in erster Linie „wer sind diese Väter" und „wie erleben sie ihre Situation" und „wie bewältigen sie ihre Aufgaben". Bei den Arbeiten handelt es sich zumeist weniger um streng wissenschaftliche Untersuchungen als vielmehr um Beschreibungen des Lebensstils alleinerziehender Väter. Die relativ kleine Zahl der in Frage kommenden Väter bedingt kleine Untersuchungsgruppen, die häufig sehr spezifische Stichprobenmerkmale aufweisen (z. B. Väter, die sich Organisationen wie „Parents without Partners" angeschlossen haben). Eine Verallgemeinerung der Befunde ist daher nur mit allergrößter Vorsicht möglich.

Eines fällt bei der Durchsicht der Literatur allerdings auf: Sorgeberechtigte Väter scheinen – zumindest in der amerikanischen Literatur – durchweg „erfolgreiche" Väter zu sein, die sich nach der Überwindung der Schwierigkeiten der Übergangsphase relativ problemlos an ihre neue Rolle anpassen. In britischen Untersuchungen ist die Darstellung sorgeberechtigter Väter weniger einheitlich, d. h. es werden auch schwerwiegende Probleme aufgezeigt (vgl. Hipgrave, im Druck). Die amerikanische Literatur steht damit in einem bemerkenswerten Gegensatz zur traditionellen Forschung über Ein-Eltern-Familien, in deren Mittelpunkt die alleinerziehende Mutter steht, und die Beschreibung pathogener Aspekte einen Schwerpunkt bildet.

Es gibt mehrere Möglichkeiten, diesen Gegensatz zu erklären. Zum einen wäre es möglich, daß tatsächlich nur die Väter das Sorgerecht erhalten, die besonders „gute" Väter sind. Weiterhin handelt es sich um neuere Studien, die bereits von dem Trend beeinflußt sein könnten, die Teilfamilie nicht als minderwertige Alternative zur vollständigen Familie zu betrachten und von daher positive Aspekte stärker betonen. Eine dritte Möglichkeit scheint in dem Bemühen zu liegen, den Nachweis zu erbringen, daß Väter die schwierige Situation genauso gut wie die Mütter bewältigen können. Die Autoren betonen die positiven Erfahrungen, tendieren aber möglicherweise dazu, die komplexen Schwierigkeiten unterzubewerten und in die Gefahr einer simplifizierenden Darstellung zu geraten. Ein vierter Faktor sollte nicht übersehen werden: Bezogen auf den Bevölkerungsquerschnitt wird in amerikanischen (im Gegensatz zu britischen) Untersuchungen immer wieder der überdurchschnittliche soziale Status, der hohe Ausbildungsstand und die damit verbundene gute berufliche Position der sorgeberechtigten Väter betont (Bartz & Witcher, 1978; Gersick, 1979; Keshet & Rosenthal, 1978; Orthner, Brown & Fergueson, 1976). Bartz & Witcher vermuten, daß gerade diese Faktoren einen starken Einfluß auf die richterlichen Entscheidungen ausübten.

Eine gesicherte ökonomische Position kann als ein entscheidender Faktor für die häufig beschriebene gute Anpassung alleinerziehender Väter betrachtet werden. Ein positiver Zusammenhang dieser Art wurde auch für alleinerziehende Mütter aufgezeigt (Price-Bonham & Balswick, 1980).

„Typisierung" der Väter und Motivation für die Ausübung des Sorgerechts

Orthner, Brown & Ferguson (1976) unterscheiden zwischen den Vätern, die das Sorgerecht durch Zuerkennung (adjudication) und solchen, die das Sorgerecht durch Zuweisung (allocation) erhielten. Mendes (1976, zitiert nach Lewis, 1978; Orthner & Lewis, 1979) unterscheidet ähnlich zwischen Vätern, die sich aktiv um das Sorgerecht bemüht hatten (seekers) und denen, die das Sorgerecht eher passiv akzeptierten (assenters). In beiden Arbeiten wird deutlich, daß sich die Väter, die sich aktiv um das Sorgerecht bemüht hatten, schneller und problemloser an ihre neue Rolle als alleinerziehende Väter anpassen konnten. (Eine ähnliche Tendenz zeigt sich auch in der vergleichenden Untersuchung geschiedener und verwitweter Väter von Gasser & Taylor (1976). Geschiedene Väter sagten öfter als verwitwete aus, daß sie gut zurechtkämen. Sie schienen wesentlich stärker bestrebt zu sein, ihre Situation positiv darzustellen.)

Die „aktiven" Väter gaben an, schon vor der Scheidung engagierte Väter gewesen zu sein, die aus der Interaktion mit ihren Kindern große Befriedigung gewinnen konnten. Während sich die Ehe verschlechterte, hatte sich die Bedeutung der Vater-Kind-Beziehung in der Regel noch verstärkt (Mendes, 1975, zitiert nach Orthner & Lewis, 1979).

O'Brien (1980) mißt dem Ausmaß der Aggressivität, die den Prozeß begleitet, in dessen Verlauf der Vater das Sorgerecht erlangt, entscheidende Bedeutung für die väterliche Wahrnehmung der neuen Rolle und die Entwicklung der familiären Beziehungen nach der Scheidung bei. Sie nimmt eine Dichotomisierung in „aggressiv" und „versöhnlich" bzw. „verhandelnd" (conciliatory bzw. negotiative) vor. So hatten z. B. die Kinder aus der Gruppe, in der es in einer aggressiven Atmosphäre zu einer Entscheidung gekommen war, weniger Kontakt zu ihren Müttern, als die Kinder, deren Eltern sich relativ gütlich einigen konnten.

Mendes (a.a.O.) fand keinerlei Anzeichen dafür, daß die Väter, die sich aktiv um das Sorgerecht bemühten, dies taten, weil sie ihre Frauen verletzen oder bestrafen wollten. Sie meint, daß ein solches Motiv von den, am Prozeß der Sorgerechtsentscheidungen teilhabenden Personen durchschaut und verhindert würde. Zu einer weniger optimistischen Einschätzung der Motive gelangt Gersick (1979) in einer der wenigen, zwischen sorge- und nichtsorgeberechtigten Vätern vergleichenden Studien. Die sorgeberechtigten Väter führten das Scheitern ihrer Ehe überwiegend auf das Verhältnis ihrer Frau zu einem anderen Mann zurück, während die nichtsorgeberechtigten Väter eher von beiderseitigem Versagen und von Unvereinbarkeit der persönlichen Einstellungen und Interessen sprachen. Gersick zieht das Fazit, daß je stärker sich ein Mann von seiner Frau ins Unrecht gesetzt, verletzt und betrogen fühle, desto wahrscheinlicher sei es, daß er das Sorgerecht anstrebe. Zorn und Rache seien ein häufiges Motiv. Einige Männer dieser Studie schienen nach Gersicks Auffassung Schwierigkeiten zu haben, den Wunsch, ihre Frau zu bestrafen, von ihren Gefühlen für die Kinder und von ihrem elterlichen Engagement zu trennen.

Bartz & Witcher (1979) befragten Väter mit Sorgerecht, welchen Rat sie Vätern geben würden, die sich um das Sorgerecht bemühen. Die häufigste Antwort lautete, daß die Väter ihre wirklichen Motive für dieses Bemühen prüfen sollten. Insbesondere warnten die Väter davor, die Kinder als Machtmittel gegenüber der ehemaligen Ehefrau benutzen zu wollen, da dies in keiner Weise das völlige Engagement, das die Kinder von einem alleinerziehenden Elternteil forderten, kompensieren könnte.

Anpassung an die Elternrolle

In Sorgerechtsverfahren steht häufig die Frage nach der Kompetenz eines Vaters für die Kindererziehung mit zur Debatte. Argumente, die ausdrücklich oder implizit die Diskussion bestimmen, beruhen in der Regel auf Erkenntnissen, die aus Untersuchungsergebnissen über die Elternrollen in Zwei-Eltern-Familien stammen. Dieses zur Norm erhobene Elternverhalten erlaubt aber keinerlei Aussagen darüber, wie Ein-Eltern-Familien funktionieren. Daher ist es auch unzulässig, Daten aus Erhebungen über Zwei-Eltern-Familien zur alleinigen Basis für die Annahme zu machen, daß Väter die Anpassungsleistungen, die die neue Rolle als alleinerziehender Vater erfordert, nicht in befriedigender Weise vollbringen könnten (vgl. Orthner & Lewis, 1979).

Eine Problematik im Mittelpunkt vieler Studien ist die Vereinbarung beruflicher und familiärer Verantwortlichkeiten – wobei nicht selten übersehen wird, daß alleinerziehende Mütter sehr häufig vor der gleichen Schwierigkeit stehen. Ein häufig beschriebener Weg zur Lösung dieses Konflikts alleinerziehender Väter ist eine Reduzierung des Arbeitsumfangs oder eine andere Gestaltung der Arbeitszeit. Insbesondere bei jüngeren Kindern änderten die Väter – laut Orthner & Lewis – bereitwillig ihre Arbeitsgewohnheiten und räumten den Kindern Priorität ein. Die von diesen Autoren referierten Studien widersprechen ihrer Meinung nach eindeutig der Auffassung, daß väterliches Sorgerecht bedeute, die Verantwortlichkeit der Mutter werde lediglich auf ein Mutter-Substitut übertragen. Die Autoren berichten genau das Gegenteil, nämlich eine große Bereitschaft der Väter zur Übernahme familiärer Verantwortung.

Diese positive Beurteilung der Situation des alleinerziehenden Vaters, schließt nicht aus, daß in der ersten Zeit nach der Scheidung erheblicher Streß entsteht. Folgende Faktoren wirken nach Mendes (in Orthner & Lewis, 1979) besonders belastend: Das Gefühl, keine andere Wahl zu haben, als die Kinder zu nehmen; ein abrupter, unvorbereiteter Wechsel zum alleinigen Sorgerecht; das Gefühl, die Ehe hätte nicht beendet werden sollen und die Sorge mit unzureichenden finanziellen, sozialen und emotionalen Ressourcen für die Rolle des alleinerziehenden Vaters ausgestattet zu sein.

Folgende Faktoren erleichtern nach Orthner & Lewis den Übergang zur alleinerziehenden Elternschaft: Erfahrung mit Kindern durch eine aktive Beteiligung an der Pflege und Erziehung, einiges Wissen über Kinder und ihre Entwicklung und die Teilnahme an der Haushaltsverantwortung während der Ehe. Unter folgenden psychischen Voraussetzungen wird die Anpassung als am wenigsten problematisch beschrieben: Wenn ein festes Selbstvertrauen in bezug auf die Bewältigung der neuen Aufgaben vorhanden ist; wenn nicht das Gefühl besteht, jedermann beweisen zu müssen, daß man die Aufgaben erfüllen kann und wenn sowohl die eigenen wie auch die emotionalen Bedürfnisse der Kinder befriedigt werden können.

Aufgrund des Fehlens an Längsschnittstudien zur Interaktion des sorgeberechtigten Vaters mit seinem Kind sind differenzierte Aussagen zu diesen Fragestellungen noch nicht möglich. So muß beispielsweise die Frage, ob alleinerziehende Väter mit ihren Töchtern vergleichbare oder qualitativ andere Probleme als alleinerziehende Mütter mit ihren Söhnen haben (vgl. S. 127ff., S. 133f.), noch offen bleiben (vgl. auch Santrock & Warshak, 1979). Orthner & Lewis (1979) kommen in ihrer Literaturübersicht zu dem Schluß, daß die sorgeberechtigten Väter von Töchtern keinen „unsichereren Eindruck" als die Väter von Söhnen machten. Sie fanden ein eher unbestimmtes Unbehagen der Väter, die für ihre Töchter ein „weibliches Modell" vermißten, wobei die meisten Väter nicht formulieren konnten, welche Eigenschaften ein solches Modell ihrer Meinung nach haben sollte.

Mit zunehmendem Alter der Mädchen scheinen Fragen der Sexualerziehung in den Mittelpunkt der Probleme zu rücken. Wie stark diese Problematik von den Vätern empfunden wird, scheint auch eine Altersfrage zu sein: den jüngeren Vätern fällt es wohl leichter, mit ihren Töchtern über sexuelle Fragen zu reden.

Folgerungen

Orthner & Lewis (1979) fassen zusammen:
- Die Väter, die schon während der Ehe regelmäßig mit ihren Kindern interagierten und nicht ausschließlich der Mutter die Versorgung, Betreuung und Erziehung der Kinder überlassen haben, können sich den Erfordernissen der Rolle eines alleinerziehenden Vaters relativ leicht anpassen. Auch Väter, die während der Ehe nur geringen Kontakt zu ihren Kindern hatten, entwickeln die erforderlichen Fähigkeiten mit der Zeit, allerdings erleben sie die Anpassung als weitaus schwieriger. Nicht überbewertet werden sollten Fähigkeiten wie Haushalten, Kochen, etc., sie können erlernt und nach einer Übergangszeit bewältigt werden.
- Ob die Entwicklung einer positiven Vater-Kind-Beziehung nach der Scheidung gelingt, hängt maßgeblich davon ab, wieviel Zeit der Vater seinen Kindern zu widmen bereit ist. Die Väter, die ihren Zeitplan zugunsten der Kinder ändern, fühlen sich in ihrer Vaterrolle meist kompetent, während die Väter, die ihre Karriere uneingeschränkt fortsetzen und dennoch gute Väter sein wollen, sehr schnell in Konflikte und in eine rasch wachsende Unzufriedenheit in bezug auf beide Ziele

120

geraten. Wenn auch immer wieder betont werde, – so Orthner & Lewis –, daß die Qualität der Eltern-Kind-Interaktion entscheidend sei, so ist es doch eine Tatsache, daß Kinder eine gewisse Quantität an Zeit erfordern, damit Qualität möglich wird.

– Ein weiteres Kriterium für elterliche Kompetenz ist das Vertrauen des Vaters in seine Fähigkeiten. Dazu gehört aber unbedingt eine realistische Einschätzung der zukünftigen Situation und ihrer Probleme.

Die Familiären Beziehungen nach der Scheidung

Hetherington, Cox & Cox (1978) haben zurecht darauf aufmerksam gemacht, daß Forschungsarbeiten zur Problematik von Ehescheidungen nur dann effektiv sein können, wenn sie die Familie auch nach der Scheidung, also nach der räumlichen Trennung, als „System" verstehen und untersuchen. Die in den vorhergehenden Kapiteln beschriebenen Streßfaktoren und die Art und Weise, in der Eltern mit diesen Problemen umgehen, bestimmen beispielsweise mit, wie die Kinder mit den Scheidungsfolgen fertig werden. Umgekehrt bestimmten die Reaktionen der Kinder und des ehemaligen Partners das Verhalten des anderen Elternteils. Nach wie vor besteht also ein interaktives Beziehungsnetz, und selbst dann, wenn Untersuchungsschwerpunkte auf einzelne Betroffene gelegt werden, dürfen die anderen Familienmitglieder nicht unberücksichtigt bleiben.

Die Beziehung der geschiedenen Ehepartner zueinander

Die Annahme, daß die juristische Scheidung einen Schlußstrich unter die Beziehung der beiden ehemaligen Ehepartner setzt, trifft in den weitaus meisten Fällen nicht zu. Die Scheidung kann zutreffender als tief einschneidendes Ereignis in der Geschichte ihrer Beziehung verstanden werden, durch das diese Beziehung zwar qualitativ verändert, in der Regel aber nicht gelöst wird. Die Problematik der emotionalen Bindung ist unabhängig von der juristischen Scheidung zu bewältigen, und fortgesetzte Kontakte sind, insbesondere wenn auch Kinder betroffen sind, eher die Regel als die Ausnahme.

Mit der anhaltend hohen Scheidungsrate und der damit in jedem Jahr größer werdenden Gruppe der Betroffenen ist eine neue Form der zwischenmenschlichen Beziehungen entstanden, die von der Forschung bisher weitgehend unberücksichtigt geblieben ist: die Beziehung ehemaliger

Ehepartner nach der Scheidung oder, stellt man die Situation des Kindes in den Mittelpunkt, die Beziehung geschiedener Eltern zueinander.

Goetting (1979) hat in einer Untersuchung die Frage aufgeworfen, ob sich gesellschaftliche Normen entwickelt haben, die den Charakter einer solchen Beziehung bestimmen oder ob es sich um einen undefinierten Zustand handelt, der für die Betroffenen ein hohes Maß an Unsicherheit mit sich bringt.

Da Kinder die Hauptquelle von Kontakten geschiedener Ehepaare sind, beschränkte sich Goetting in ihrer Fragebogenuntersuchung auf geschiedene Paare mit Kindern. (Wenn auch für geschiedene Paare ohne Kinder wesentlich weniger Anlaß zur Kontaktaufnahme besteht, heißt das nicht, daß ihre Beziehung nicht fortwirkt. Vgl. Weiss, 1976). Das Fazit ihrer Untersuchung lautet: Die Beziehung ist zwar nicht durch das völlige Fehlen einer Normstruktur gekennzeichnet, sie ist aber keineswegs in die allgemeinen Verhaltensmuster zwischenmenschlicher Beziehung integriert. Eine hohe Übereinstimmung der befragten Frauen und Männer über angemessenes Verhalten in bestimmten Situationen (interpretiert als „normative Integration") wurde bei den eher eindeutig mit „ja" oder „nein" zu beantwortenden Fragestellungen gefunden, wie z. B. ob der geschiedene Partner in Notfällen benachrichtigt werden sollte (ja) oder man die Probleme einer neuen Ehe mit ihm diskutieren könne (nein). Ein niedriger Konsens wurde erzielt, wenn eine differenzierte Beantwortung verlangt war, wie z. B. bei Fragen, die sich auf den Charakter des gegenseitigen Kontaktes und auf das Verhalten in der Öffentlichkeit bezogen. Auffallend war auch die geringe Übereinstimmung, die die Fragen erbrachten, die sich auf die Beziehungen zu den Kindern bezogen, wie beispielsweise nach dem Ausmaß des Einflusses beider Eltern auf die Erziehung ihrer Kinder oder der Beteiligung des nichtsorgeberechtigten Vaters an der Betreuung der Kinder.

Es zeigte sich, daß die Frauen eine größere soziale Distanz zum ehemaligen Partner bevorzugten. Eine Erklärungsmöglichkeit liegt darin, daß diese Untersuchung, in der ausschließlich die Mütter das Sorgerecht ausübten, ein häufig beschriebenes Problem widerspiegelt: Unabhängig davon, ob Väter oder Mütter das Sorgerecht besitzen, dem Kontakt des Kindes mit dem anderen Elternteil wird mit Angst und Mißtrauen entgegengesehen.

Auch Hetherington, Cox & Cox (1978) bestätigen in ihrer zwei Jahre dauernden Untersuchung die Bedeutung der Beziehung der geschiedenen Eltern. Neben der Sorge um die Kinder war es die Beziehung zum ehemaligen Partner, die die geschiedenen Mütter am stärksten beschäftigte. In 60% der untersuchten Fälle waren die Kontakte konfliktbelastet (finanzielle Fragen, Kindererziehung, intime Beziehungen zu anderen waren die Hauptstreitpunkte) und von Gefühlen der Bitterkeit, des Zorns, des Verlassenwordenseins und der Erinnerung an die schmerzhaften Erlebnisse geprägt – allerdings gekennzeichnet durch ein hohes Maß an Ambivalenz.

Hetherington und ihre Mitarbeiter fanden heraus, daß die Bindung der Partner, zumindest im ersten Jahr nach der Scheidung bestehen blieb und in einigen Fällen sogar zunahm. Die große Mehrheit der Mütter und über die Hälfte der Väter nannten ihren ehemaligen Ehepartner als erste Kontaktperson im Falle einer Krise. Sechs der untersuchten achtundvierzig Paare hatten auch nach der Scheidung sexuelle Kontakte.

Im Laufe von zwei Jahren nahmen sowohl die Konflikte als auch die Bindung an den früheren Partner ab, wobei die Gefühle des Zorns und der Ablehnung von den Frauen länger empfunden wurden. Neue Bindungen und Wiederverheiratungen waren zwar die stärksten Faktoren für ein Verblassen der Beziehungen, eine Wiederverheiratung des ehemaligen Partners führte in vielen Fällen aber auch zu einer Reaktivierung der Gefühle, wie sie unmittelbar nach der Trennung vorgeherrscht hatten. Depression, Zorn und Angst lebten insbesondere bei den Müttern wieder auf, auch wenn sie selber bereits wieder verheiratet waren. Die Wiedereröffnung der Konflikte über finanzielle Fragen oder Besuchsregelungen und auch die Verstärkung der Loyalitätsansprüche an das Kind waren in manchen Fällen die Folge.

Die individuell-psychodynamische Ebene solchen Verhaltens wird von Weiss (1976) beschrieben. Seiner Meinung nach, ist die Beendigung einer Ehe immer mit erheblichem emotionalen Streß verbunden, unabhängig davon, wie schlecht die Ehe und wie groß der Wunsch nach ihrer Auflösung gewesen war. Angstzustände, die panikartige Ausmaße annehmen können, seien mögliche Folgen. Auch in der Untersuchung von Hetherington, Cox & Cox (1978) waren weit über die Hälfte der befragten Eltern im streßreichen ersten Jahr nach der Scheidung der Meinung, daß die Trennung ein Fehler gewesen sei. Im zweiten Jahr äußerten weit weniger der Befragten diese Meinung.

Weiss zitiert Parkes, der 1972 das „separation distress syndrom" folgendermaßen beschrieben hat: Fortgesetztes Kreisen der Gedanken um die Erinnerung an den verlorenen Partner, den Zwang, Kontakte wieder aufzunehmen, Zorn, Schuldgefühle für die Verursachung des Verlustes, eine gesteigerte Aufmerksamkeit für alles, was auf eine Rückkehr der Person hindeuten könnte, Ruhelosigkeit, Angst und Panik. Gerade der Zwang zur Kontaktaufnahme, selbst wenn eine verstandesmäßige Entscheidung dagegen spricht und alle Gefühle der Zuneigung verloren gegangen zu sein scheinen, bestimmt nach Weiss häufig die Handlungsweise in der Zeit nach der Trennung. Dabei werden gerade die aggressiven Impulse für eine erneute Herstellung oder Aufrechterhaltung der Beziehung eingesetzt. Streit über finanzielle Regelungen oder über die Kinder kann zu einer regelrechten gegenseitigen Terrorisierung führen – der Kontakt bleibt aber bestehen.

Nach der Auffassung von Weiss prägt eine starke Ambivalenz solches Verhalten: Zum einen besteht der Wunsch nach einer (idealisierten) Wiedervereinigung und zum anderen ein intensiver Zorn auf den Partner, wobei beide Impulsrichtungen nicht gleichzeitig bewußt sind. Vielmehr wird eine zumeist unterdrückt, um dann plötzlich und unvermittelt aufzubrechen. Auf diese Weise entstehen dann für die Paare selbst häufig völlig unverständliche Reaktionen. So z. B., daß über die Anwälte ein erbitterter Kampf um Geld und Kinder ausgetragen wird, die beiden Partner aber wieder eine sexuelle Beziehung aufnehmen.

Die Beziehung des sorgeberechtigten Elternteils zum Kind

Die Aussagen zur Eltern-Kind-Beziehung konzentrieren sich überwiegend auf die Beziehung der sorgeberechtigten Mutter zu ihrem Kind. Die Vernachlässigung einer systemorientierten Betrachtungsweise der Familie auch nach der Scheidung führt nicht selten dazu, daß die Bedeutung des nichtsorgeberechtigten Vaters übersehen und er als eine, zunehmend an Bedeutung verlierende, Randfigur betrachtet wird. Es ist ein Verdienst von Hetherington, Cox & Cox (1976) sowie von Wallerstein & Kelly (1980b), die sich verändernden Vater-Kind-Beziehungen in ihren Untersuchungen berücksichtigt zu haben.

Über sorgeberechtigte Väter liegen bis heute keine Längsschnittuntersuchungen vor, die zuverlässige Aussagen über die Entwicklung der Beziehung zu ihren Kindern ermöglichen würden, ein Defizit, das möglicherweise in den nächsten Jahren überwunden wird, da den sorgeberechtigten Vätern zunehmend mehr Aufmerksamkeit geschenkt wird. In der gesamten Literatur findet sich keinerlei Hinweis auf die Situation nichtsorgeberechtigter Mütter. Da mit der Zahl der sorgeberechtigten Väter automatisch die Zahl der nichtsorgeberechtigten Mütter wächst, bleibt nur zu hoffen, daß ihre Probleme und ihre Beziehungen zu ihren Kindern in naher Zukunft eine angemessene Beachtung finden.

Die Interaktionsmuster zwischen sorgeberechtigten Müttern und ihren Kindern unterscheiden sich signifikant von denen in vollständigen Familien, wobei die Unterschiede im ersten Jahr nach der Scheidung am größten sind. Durch das Ausprobieren einer Vielzahl von Handlungsweisen versuchen sich die Familienmitglieder an die Veränderungen ihrer neuen Lebenssituation anzupassen. Mißerfolge lassen sich bis zur Erreichung eines neuen Gleichgewichtes nicht vermeiden. Als charakteristisch für das erste Jahr nennen Hetherington, Cox & Cox (1978, 1979a):

– Eine verschlechterte Kommunikation, d. h. an die Stelle von Erklärungen und vernunftbetonter Argumentation treten Anordnungen und Befehle,

– den Kindern wird weniger Handlungsspielraum für eigene Entscheidungen, d. h. eine ihren Entwicklungsstand angemessene Selbständigkeit, zugebilligt,

– Kontroll- und Disziplinierungsmaßnahmen sind durch ein hohes Maß an Inkonsistenz gekennzeichnet und

– es tritt auch eine Verschlechterung in der affektiven Beziehung ein, d. h. die physischen und psychischen Belastungen der Mutter bewirken eine emotionale Distanz zu den Kindern, durch die diese weniger Liebe, Wärme und Fürsorge erleben.

Der Gipfel der Belastungen in der Mutter-Kind-Interaktion wurde nach ungefähr einem Jahr erreicht, danach traten zunehmend Verbesserungen ein. Die Mütter hatten gelernt, sich den Problemsituationen anzupassen und angemessener zu reagieren, die Erziehungspraktiken verbesserten sich und wurden im Sinne der Mütter effektiver, Zuwendung und Fürsorge wurden konsistenter.

Die wenigen Forschungsergebnisse, die zur Beziehung zwischen dem alleinerziehenden Vater und seinem Kind vorliegen, lassen ähnliche Entwicklungen vermuten. Gerade die emotionale Beziehung zu den Kindern wird von den befragten Vätern häufig als problematisch beschrieben und als mit Unsicherheiten belastet erlebt. Aufgrund ihrer eigenen Sozialisation fällt es den Vätern oft schwer, ihren Kindern gegenüber offen Gefühle auszudrücken, sei es in Worten oder durch Körperkontakt (Bartz & Witcher, 1978; Friedman, 1980; Keshet & Rosenthal, 1978; Mendes, 1976).

Bartz & Witcher (1978) beschreiben bei sorgeberechtigten Vätern ähnliche Verhaltens- und Einstellungsänderungen, wie sie für sorgeberechtigte Mütter aufgezeigt wurden: Der zunächst eher autoritäre Erziehungsstil wird zunehmend entspannter und demokratischer, die Bedürfnisse der Kinder werden bewußter und der zunächst ungewohnte Austausch von Zärtlichkeiten und das Zeigen von Gefühlen wird selbstverständlicher.

Einer Untersuchung von Bloom, Asher & White (1978) zufolge haben geschiedene Erwachsene mehr somatische und psychische Probleme als verheiratete Erwachsene. Es kann also mit hoher Wahrscheinlichkeit davon ausgegangen werden, daß Kinder unmittelbar nach der Scheidung – unabhängig davon, ob sie von der Mutter oder vom Vater betreut werden – einen doppelten Liebesverlust erleiden: Zum einen durch die räumliche Trennung vom nichtsorgeberechtigten Elternteil, zum anderen durch die emotionale Verunsicherung des Elternteiles, mit dem das Kind zusammenlebt.

Wallerstein & Kelly (1980a) weisen darauf hin, daß das Alter des Kindes eine wichtige Einflußgröße für den Charakter der Mutter-Kind-Beziehung nach der Scheidung ist. Ihren Beobachtungen zufolge sind die jüngeren Kinder weniger stark vom emotionalen Rückzug der Mütter betroffen, zumindest ist ihre Betreuung und Versorgung konsistenter. Ungefähr ab einem Alter von acht Jahren wurden die Kinder in der Wallerstein & Kelly-Untersuchung häufiger vernachlässigt.

In Übereinstimmung mit Hetherington, Cox & Cox berichten auch Wallerstein & Kelly, daß die Disziplinierung der Kinder den alleinerziehenden Müttern große Sorge bereitete (vgl. auch Kurdek & Siesky, 1978). In den meisten Fällen war dies vor der Scheidung Aufgabe des Vaters gewesen, und die nunmehr alleinerziehenden Mütter hatten häufig das Gefühl, von ihren Kindern in dieser Rolle nicht anerkannt zu werden, wodurch die Zweifel an ihrer elterlichen Kompetenz wiederum verstärkt wurden.

Hinzu kam, daß die Mütter häufig aus Angst, die Zuneigung ihrer Kinder zu verlieren, nicht „nein" sagen konnten und die Kinder diese Schwäche sehr schnell erkannten und ausnutzten, insbesondere in Situationen, in denen sich die Mutter besonders hilflos und müde fühlte. Die Kinder riefen nach dem Vater, beschrieben ihn als großzügig und gut, d. h. sie drohten der Mutter mehr oder weniger subtil mit Liebesentzug bzw. sie versuchten, die Eltern gegeneinander auszuspielen.

Erst allmählich wurde die Angst der Mütter geringer, nahm ihre Sicherheit und Festigkeit zu.

Interessant ist die fast spiegelbildliche Veränderung des Verhaltens nichtsorgeberechtigter Väter (Hetherington, Cox & Cox, 1978). Während die Mütter unmittelbar nach der Scheidung durch restriktives Verhalten und Befehle (die von den Kindern weitgehend ignoriert wurden) Kontrolle und Disziplin herstellen wollten, waren die Väter zunächst bestrebt, die Kontakte mit ihren Kindern möglichst harmonisch und sorglos zu gestalten und verhielten sich extrem nachgiebig und duldsam. Im Laufe von zwei Jahren wurden die Väter zunehmend restriktiver, ihre negativen Sanktionen nahmen zu, während die Mütter zunehmend angemessener reagierten und ihre negativen Sanktionen abnahmen.

Geschlechtsspezifische Unterschiede

Eine zweite wichtige Einflußgröße in der Mutter-Kind-Beziehung nach der Scheidung ist das Geschlecht des Kindes. Das Mutter-Sohn-Verhältnis gilt als besonders problembelastet (Hetherington, Cox & Cox, 1978; Rutter, 1970, 1979; Santrock & Warshak, 1979; Wallerstein & Kelly, 1980a). Die Söhne schienen noch stärker als die Töchter von negativen Sanktionen ihrer Mütter betroffen zu sein, ihnen wurde häufiger die Erfüllung ihrer Wünsche verweigert und sie reagierten auch mit mehr Verhaltensauffälligkeiten. Insgesamt beschreiben Hetherington, Cox & Cox die Mutter-Sohn-Interaktion als besonders spannungsgeladen und schwierig. Wallerstein & Kelly (1980a) beobachteten, daß Mädchen vorsichtiger als Jungen behandelt und schon vor der Scheidung stärker vor elterlichem Streit geschützt wurden. (Eine Ausnahme bildeten die fünf- bis siebenjährigen Jungen, die so deutlich unter der Trennung vom Vater litten, daß die Mütter mit stärkerer Zuwendung als bei anderen Altersgruppen reagierten.)

Nach Abschluß ihrer Untersuchungen stellten sich Hetherington, Cox & Cox selbst die Frage, ob es richtig sei, die Verhaltensauffälligkeiten allein den emotionalen Störungen der Eltern und ihren mangelhaften erzieherischen Fähigkeiten zuzuschreiben. Insbesondere im Hinblick auf die problematische Mutter-Sohn-Beziehung wurden die gesammelten Daten zur Eltern-Kind-Interaktion noch einmal mit besonderer Berücksichtigung kindlichen Verhaltens durchgesehen. Als Resultat konnte festgestellt werden, daß die Kinder aus geschiedenen Ehen nicht nur mehr negatives Verhalten (oppositionell-aggressiv, fordernd, klagend, etc.) gegenüber ihren Müttern zeigten als die Kinder aus vollständigen Familien, sondern auch, daß dieses Verhalten bei Jungen besonders stark ausgeprägt war, und zwar weitaus stärker in der Interaktion mit der Mutter als in der Interaktion mit dem Vater. Auch im zweiten Jahr nach der Scheidung, als deutliche Entspannungen und konstruktive Anpassung von Müttern und Kindern verzeichnet werden konnten, blieben die Jungen schwieriger als die Mädchen.

Die Erklärungsansätze für diese Untersuchungsergebnisse sind noch unvollständig. So wird z. B. von Rutter (1970, 1979) ausgeführt, daß es in einer vollständigen Familie möglich ist, eine weniger positive Beziehung zu einem Elternteil durch eine besonders gute Beziehung zum anderen Elternteil auszugleichen. Dieser sogenannte „Puffer-Effekt" fällt in der Ein-Eltern-Familie weitgehend fort – sofern nicht andere Bezugspersonen eine solche Funktion übernehmen oder aber der Vater auch nach der Scheidung in der Lage ist, eine relativ konfliktfreie Beziehung zum Kind und der ehemaligen Partnerin aufrechtzuerhalten – und die Qualität der Beziehung zwischen dem Kind und dem sorgeberechtigten Elternteil gewinnt stärker an Bedeutung.

Man könnte nun spekulieren, daß die Mutter-Sohn-Beziehung generell problematischer ist, daß sie in vollständigen Familien durch die ausgleichende Wirkung des Vaters aber weniger auffällig wird. Tatsächlich konnten Hetherington, Cox & Cox (1978) bei einer Analyse der Daten ihrer Vergleichsgruppe vollständiger Familien eine solche Tendenz feststellen.

In diesen Zusammenhang passen die Untersuchungsergebnisse einer Langzeituntersuchung von Baumrind (1981) zur unterschiedlichen Sozialisation von Jungen und Mädchen. Sie konnte feststellen, daß bereits vierjährige Mädchen ein geringeres Aktivitätsniveau als gleichaltrige Jungen hatten und auch weniger indirekte, instrumentelle Aggression zeigten. Im Alter von vierzehn Jahren hatten sich diese geschlechtsspezifischen Unterschiede bei den Mädchen als Mangel an Selbstbehauptung manifestiert und die Mütter der untersuchten Jugendlichen neigten dazu, sich nicht nur ihren Männern, sondern auch ihren Söhnen körperlich und intellektuell unterzuordnen.

Bezogen auf die Situation alleinerziehender Mütter würde das bedeuten, daß die Söhne bereits in sehr jungem Alter nicht bereit sind, weibliche Autorität in gleichem Maße wie männliche Autorität zu akzeptieren bzw. daß es den Müttern schwerfällt, ihren Söhnen gegenüber als Autorität aufzutreten. Auf diesem Gebiet bestehen allerdings mehr offene Fragen als Antworten und die Einflüsse der aktuellen Krisensituation sowie die Protesthaltung der Kinder als Reaktion auf die Trennung der Eltern verstärken die Komplexheit der Einflüsse auf die Mutter-Kind-Beziehung.

Hetherington, Cox & Cox ziehen in ihrer Studie den Schluß, daß es geschiedene Mütter ihren Kindern zwar häufig nicht leicht machen, daß umgekehrt, die Mütter aber auch unter ihren Kindern zu leiden haben. Die Autoren greifen den Erklärungsansatz von Patterson (1976) auf, der die Auffassung vertritt, daß die Mutterrolle, insbesondere wenn „Problemkinder" zu betreuen sind, wenig befriedigend ist, da von der Mutter ein starkes Eingehen auf das Kind gefordert wird, die Reaktionen des Kindes aber nur wenig positive Verstärkung für die Mütter enthalten. Er beschreibt einen Teufelskreis in den Mütter mit aggressiven Kindern geraten, und Hetherington, Cox & Cox übertragen diese Dynamik auf die Interaktion in der geschiedenen Familie: Die durch die starken Belastungen verminderten erzieherischen Fähigkeiten der Mutter fördern aggressives Verhalten der Kinder (insbesondere der Jungen), wobei das Hauptziel dieser Aggression wiederum die Mutter ist. Diese reagiert mit verstärkten Zweifeln an ihren Fähigkeiten, mit Hilflosigkeit, Depression und Zorn, d. h. es besteht die Gefahr, daß die erzieherischen Qualitäten weiter vermindert werden.

Patterson (1976) macht auf die positiven Auswirkungen von Interventionsmaßnahmen aufmerksam, die die Verbesserung elterlicher Fähigkeiten zum Ziel haben. Wallerstein & Kelly (1980a) bestätigen dies durch die Erfahrungen mit dem von ihnen entwickelten Interventionsprogramm, in dem die Stärkung elterlicher Kompetenzen einen Schwerpunkt darstellte.

Die Bedeutung des elterlichen Erziehungsstils wurde von Santrock & Warshak (1979) untersucht, indem sie bei sorgeberechtigten Vätern und Müttern, deren Scheidung ca. drei Jahre zurücklag, drei unterschiedliche Erziehungsstile („authoritative", „authoritarian" und „laissez-faire") in bezug auf die Entwicklung kindlichen Sozialverhaltens verglichen.

Der von ihnen als „authoritative parenting" bezeichnete Erziehungsstil – gekennzeichnet durch Herzlichkeit und Wärme, das Einhalten klarer Regeln und Abmachungen und umfangreiche wechselseitige Kommunikation – stand sowohl bei Söhnen wie bei Töchtern in positivem Zusammenhang mit dem Selbstwertgefühl und der Reife des Sozialverhaltens der Kinder, unabhängig davon, ob der Vater oder die Mutter das Sorgerecht ausübten, während aggressives und forderndes Verhalten negativ korreliert waren. Die Frage nach der gegenseitigen Abhängigkeit von Erziehungsstil und positivem kindlichen Verhalten konnte diese Untersuchung allerdings nicht beantworten.

Das allgemeine Fazit, das Santrock & Warshak (1979) aus ihrer, zwischen sorgeberechtigten Vätern und Müttern vergleichenden Studie ziehen, lautet, daß Söhne, die bei ihren Vätern leben, besser angepaßt seien als Söhne sorgeberechtigter Mütter, während für Töchter die umgekehrte Aussage zuträfe.

Sollte dieses Ergebnis in weiteren, sorgfältig konzipierten Studien bestätigt werden, könnte es weitreichende Konsequenzen für Sorgerechtsentscheidungen haben. Kurdek, Blisk & Siesky (1981) konnten diese Unterscheidung bei Kindern und Jugendlichen vier bzw. sechs Jahre nach der Scheidung ihrer Eltern bereits nicht mehr treffen. Allerdings war die Zahl sorgeberechtigter Väter in ihrer Studie relativ klein.

Verständlicherweise werden nichtsorgeberechtigte Väter selten in den von Hetherington, Cox & Cox beschriebenen Teufelskreis hineingezogen. Die Kontakte zu ihren Kindern sind zeitlich begrenzt und finden häufig außerhalb der gespannten häuslichen Atmosphäre statt – und ihre erzieherische Autorität scheint von den Kindern eher akzeptiert zu werden.

Es ist daher nicht verwunderlich, daß die geschiedenen Familien die schwierige Übergangszeit nach der Scheidung am leichtesten und auch am schnellsten überwinden konnten, wenn beide Partner auch nach der Scheidung in Fragen der Kindererziehung und Disziplinierung übereinstimmten, das Konfliktniveau zwischen den Eltern niedrig war und die Väter auf entsprechenden Skalen hohe Werte für „emotionale Reife" erreichen konnten. In diesen Fällen war ein häufiger Vater-Kind-Kontakt mit positiver Mutter-Kind-Interaktion und einer besseren Anpassung des Kindes verknüpft.

Unterstützung durch Eltern, Geschwister, enge Freunde oder auch eine Haushaltshilfe zeigte ebenfalls positive Auswirkungen auf die Mutter-Kind-Beziehung. „Allerdings war keines der ‚support systems' so wirkungsvoll wie eine fortgesetzte, positive, gegenseitig unterstützend wirkende Beziehung zwischen den geschiedenen Eltern und eine anhaltende Vater-Kind-Beziehung" (Hetherington, Cox & Cox, 1978, S. 173).

Das Kind als Partnerersatz

Die Beziehung von Mutter und Kind bzw. von Vater und Kind in der Teilfamilie ist von einer stärkeren gegenseitigen Abhängigkeit als in der vollständigen Familie geprägt.

Die Kinder machen die Erfahrung, daß die Befriedigung ihrer physischen und emotionalen Bedürfnisse in stärkerem Maße als vor der Scheidung von einem Elternteil abhängig ist – eine Empfindung, die gerade nach dem Weggehen des Vaters oder der Mutter Zweifel an der Verläßlichkeit dieser Beziehung und Angst vor einem erneuten Verlassenwerden hervorrufen kann.

Auch für die Mutter (in den zitierten Untersuchungen sind die Mütter sorgeberechtigt) verändert sich die Bedeutung der Beziehung zum Kind. Bendkower & Oggenfuss (1980, S. 253) machen auf die Gefahr einer „gegenseitigen emotionalen Überforderung" aufmerksam, da in unserer Kultur der Fortbestand der Familie vor allem von der Zuneigung der Partner abhängt und diese Ideologie in der Teilfamilie erhalten bleibt. In dieser Aussage deutet sich eine Veränderung in der familiären Beziehungshierarchie an, die zumindest tendenziell die Eltern-Kind-Beziehung zur Partner-Beziehung werden läßt.

Die Dynamik der sich qualitativ verändernden emotionalen Beziehungen verdeutlicht Beal (1979) in einem systemorientierten Erklärungsansatz. Diesem Ansatz zufolge sind alle Familienbeziehungen durch eine emotionale Balance gekennzeichnet, in der zwei Hauptströmungen wirksam sind: Die für das einzelne Individuum wichtige emotionale Autonomie und die für die Familie charakteristische emotionale Verbundenheit und Abhängigkeit der Familienmitglieder. Durch die Krise der Familienbeziehung, die mit der Elterntrennung bzw. der Scheidung einen Höhepunkt erreicht, verändert sich diese Balance, unter anderem durch eine größere emotionale und auch physische Distanz zum Partner und eine stärkere Hinwendung zum Kind.

Die Konzentration auf das Kind („child focus") wird für die Eltern zu einer Möglichkeit, mit Streß und Ängsten umzugehen, und als Folge davon verändert sich die „Funktion" des Kindes im familiären Beziehungsgeflecht. An die Stelle der Bewältigung kindgerechter, d. h. entwicklungsbezogener Aufgaben tritt die Einbindung des Kindes in die Beziehungsproblematik der Erwachsenen, indem ihm Funktionen (z. B. als Tröster oder Ratgeber) der Konfliktbewältigung übertragen werden. Wie stark ein Kind einbezogen wird, hängt einmal vom Ausmaß der Ängste und Konflikte der Eltern ab, zum anderen aber auch von ihrer Reife und ihren Kapazitäten, mit diesen Ängsten umzugehen. Die kindgerechte Funktion im familiären System bleibt erhalten, wenn die Eltern in der Lage sind, ihre Konflikte von ihrer Beziehung zum Kind zu trennen – trotz der zunehmenden emotionalen Distanz zum Partner. Solche Eltern sind beispielsweise fähig, die Probleme mit ihren Kindern in angemessener Form zu besprechen und Lösungsmöglichkeiten (z. B. in Sorgerechtsfragen) zu erarbeiten, ohne daß die Konflikte in Gegenwart der Kinder ausgetragen werden oder eine Parteinahme von ihnen verlangt wird. Gelingt es den Eltern nicht, mit der räumlichen Distanz auch eine emotionale Distanz bzw. Trennung zu erreichen, und wird die Fortführung der Konflikte als Mittel zur Aufrechterhaltung der Beziehung eingesetzt, besteht die Gefahr, daß dem Kind die Funktion eines Streitobjektes übertragen wird oder daß es als Verbündeter zur offenen Ablehnung und Aggression gegen den Partner aufgefordert wird (Wallerstein & Kelly, 1977). Das Kind wird zu loyalem Verhalten verpflichtet und fühlt sich für das Wohlergehen des Elternteiles bei dem es lebt und von dem es abhängig ist, verantwortlich (Hess & Camara, 1979).

Wie tief das Kind in die Beziehungsproblematik verwickelt wird, hängt nach Beal zu einem großen Teil auch von den anderen Familienmitgliedern oder auch außerfamiliärer Unterstützung ab. Werden die Eltern z. B. auch von den Großeltern emotional isoliert und zusätzlich mit deren Ängsten konfrontiert, wächst die Gefahr, daß insbesondere ältere Kinder zum Verbündeten und Tröster ihrer hilflosen Eltern werden – eine Rollenumkehrung, die in der akuten Krise fast unvermeidlich zu sein scheint, aber problematisch wird, wenn sie sich in ausgeprägter Form über einen längeren Zeitraum hinweg zu einem festen Beziehungsmuster entwickelt.

Derdeyn (1977, 1980) setzt sich aufgrund der Erfahrungen aus seiner therapeutischen Praxis mit den Ursachen für das Verwischen der Generationsgrenzen auseinander. Er teilt die Auffassung, daß der Verlust des Partners bei alleinerziehenden Eltern eine Tendenz auslöst, die Kinder als Partner zu behandeln und zwar unabhängig von ihrem Alter. Ist das Kind bereits älter und hat es das Geschlecht des ehemaligen Partners, verstärkt sich die Tendenz zur Rollensubstitution.

Dies mag bei den Kindern zu einer über ihr Alter hinausgehenden Reife führen. Die von den Eltern initiierte und vom Kind übernommene Erwartung in die Erfüllung einer großen Verantwortung ist für die Kinder aber auch angstauslösend (Derdeyn, 1980).

Weiss (1979a) führt aus, daß die Reife der Kinder und Jugendlichen, die mit einem Elternteil aufwachsen, in einer früh entwickelten Fähigkeit, die Perspektive Erwachsener zu verstehen und einem Grad an Selbständigkeit zum Ausdruck kommt, der älteren Kindern entsprechen würde. Schon die Neudefinition der Haushaltsstruktur erfordert in der Regel die Übernahme von Verantwortungen für das durchgängige Funktionieren ganzer Haushaltsbereiche, die mit den gelegentlichen Handreichungen Gleichaltriger nicht verglichen werden können. Die Kinder übernehmen also auch ganz reale partnerschaftliche Verantwortungen und erwerben damit auch Rechte und eine Autorität, die die Rolle eines Vertrauten einschließt. Diese Reife ist nach den Beobachtungen von Weiss allerdings nicht durchgängig im gesamten Verhalten der Kinder festzustellen. Das Kind, das sich frühreif in die Probleme Erwachsener einzufühlen vermag, kann Gleichaltrigen gegenüber ein starkes Bedürfnis nach Zustimmung, Abhängigkeitswünsche oder Schüchternheit zeigen. Die Kinder selber gaben häufig an, daß sie sich zwar nicht isoliert fühlten, sich aber auch nicht als tief verwurzelt in der Kultur der Gleichaltrigen empfanden.

Unter dem Gesichtspunkt der sich verändernden Beziehungsqualität gewinnen die häufig beschriebenen Disziplinierungsprobleme von alleinerziehenden Müttern und ihren Söhnen (Hetherington, Cox & Cox, 1978, 1979a; McDermott, 1970; Tooley, 1976; Wallerstein & Kelly 1980a; u. a.) eine neue Bedeutung. Für Derdeyn (1977, 1980) ist die Tatsache, daß die Disziplinierung vor der Scheidung häufig in den väterlichen Aufgabenbereich fällt und die Mutter in dieser Rolle von den Kindern nicht akzeptiert wird, nur von sekundärer Bedeutung. Seiner Meinung nach wird der Konflikt durch die Tendenz der Mutter verstärkt oder sogar hervorgerufen, in dem Kind einen „gleichberechtigten" Partner bzw. Partnerersatz zu sehen. Dadurch wird der Hierarchieunterschied in der Interaktion von Mutter und Kind aufgehoben, zumindest aber unklarer. Derdeyn skizziert drei mögliche Hauptursachen für die Verhaltensauffälligkeiten von Söhnen alleinerziehender Mütter, die nicht selten von einem so hohen Maß an Aggressivität geprägt sind, daß ihnen die Mütter hilflos gegenüberstehen und die Konflikte im sozialen Umfeld und in der Schule ein unerträgliches Ausmaß annehmen („antisocial behavior"):

– Unabhängig vom Geschlecht des Kindes kann die Aggression Folge des Vaterverlustes sein. Die Gefühle der Verletzlichkeit und Hilflosigkeit werden durch eine heftige, ausagierte Verneinung der Trauer und Depression, die sich in antisozialem Verhalten äußert, abgewehrt.

– In der Mutter-Sohn-Beziehung wird der frühere Partnerkonflikt neu belebt. Die Mutter identifiziert den Jungen mit dem abwesenden Vater und überträgt die negativen Gefühle, die ursprünglich auf den Vater gerichtet waren, auf den Sohn. Der Sohn wird nicht zuletzt durch den Vergleich mit dem Vater (z. B. durch die Betonung der Ähnlichkeit in der äußeren Erscheinung oder im Verhalten) in die Rolle des abwesenden Vaters gedrängt und identifiziert sich allmählich mit dem antisozialen Image, das die Mutter von ihm bzw. vom Vater hat (McDermott, 1970).

– Mit der dritten Möglichkeit setzt sich auch Tooley (1976) ausführlich auseinander: Die mütterlichen Gefühle der Verzweiflung und Hilflosigkeit, die auch durch die Notwendigkeit der Übernahme männlicher Aufgabenbereiche mitbestimmt werden, lösen bei manchen Kindern ein starkes und damit angstauslösendes Gefühl der Unsicherheit aus, das sie durch kontraphobische Reaktionen abzuwehren versuchen, indem sie eine aggressive und auch die Mutter beherrschende Haltung einnehmen. Tooley führt aus, daß eine aggressive, gebieterische und herausfordernde Fassade aufgebaut wird, um dem Kind selber Sicherheit über seine Unverletzlichkeit zu vermitteln, andere schwach und damit ungefährlich erscheinen zu lassen und das verletzlich, hilflose und ängstliche Selbst vor jedem anderen verborgen zu halten. Verstärkt werden kann eine solche Haltung durch eine nicht selten beobachtete Tendenz der Mütter, Aufgaben des abwesenden Vaters auf ihre Kinder, speziell ihre Söhne zu übertragen (Hetherington, 1979; Tooley, 1976).

Gerade vor dem Hintergrund der sich verändernden Familienbeziehungen wird die häufig gemachte Aussage verständlich, daß Kinder die zeitlich begrenzte Krise der eigentlichen Scheidung innerhalb weniger Jahre ohne langfristige Störungen überstehen können (Hetherington, 1979; Kurdek, Blisk & Siesky, 1981; Longfellow, 1979; Rutter, 1971 u.a.m.). Vielmehr seien die Bedingungen, die *nach* einer Scheidung langfristig auf die kindliche Entwicklung einwirken, von ausschlaggebender Bedeutung. Ein anhaltend hohes Konfliktniveau zwischen den geschiedenen Eltern (Raschke & Raschke 1979; Rutter, 1971) oder ein emotionaler Rückzug der (sorgeberechtigten) Mutter (Wallerstein & Kelly, 1980a) sind Einzelaspekte dieser Bedingungen. Auf den sorgeberechtigten Elternteil mit seinen Kompetenzen und Defiziten konzentriert sich der weitaus größte Teil der Verantwortung für die Entwicklungsbedingungen des Kindes. Aus diesen Überlegungen heraus stellt sich die Frage, ob die Rolle des nichtsorgeberechtigten Elternteiles, in der Regel also die des Vaters, unter dem Gesichtspunkt der Entlastungs- und Ausgleichsmöglichkeiten für die sorgeberechtigte Mutter und damit letztlich zum Wohl des Kindes, nicht neu überdacht werden müßte.

Der nichtsorgeberechtigte Vater

Die geringe Beachtung, die die Rolle des Vaters in der Familie und in der Beziehung zu seinen Kindern bisher gefunden hat, spiegelt sich auch in einer Vernachlässigung der Probleme nichtsorgeberechtigter Väter wider. Dies gilt sowohl für die individuelle Persönlichkeit, die sich mit der Trennung von der Ehefrau, mit dem Verlust der Kinder und häufig auch mit dem Verlust der gewohnten häuslichen Umgebung auseinandersetzen und sich gleichzeitig ein neues Leben schaffen muß, wie auch für die Entwicklungen und Veränderungen in der Vater-Kind-Beziehung und die Bedeutung, der dieser Beziehung bei der Bewältigung der scheidungsbezogenen Erfahrungen des Kindes zukommt.

Lebensstil und Probleme nichtsorgeberechtigter Väter

Die Problembereiche, die eine Ehescheidung für den Vater mit sich bringt, lassen sich zunächst sehr ähnlich den Problemen der alleinerziehenden Mütter auflisten: Die praktischen Probleme (Haushalt, Beruf, Finanzen); die emotionale Auseinandersetzung mit Verlust und Trauer; die Veränderungen des Selbstkonzeptes und der Identität; die Gestaltung eines neuen sozialen Lebens und die Suche nach einer neuen Partnerbeziehung und schließlich die Beziehung zu den Kindern und damit eng verknüpft, die Interaktion mit der ehemaligen Ehefrau.

Bei einer genaueren Betrachtung wirken die Probleme der nichtsorgeberechtigten Väter häufig wie eine spiegelbildliche Umkehrung der Probleme alleinerziehender Mütter. Den „chaotischen Lebensstil" den Hetherington, Cox & Cox (1976, 1978) bei alleinerziehenden Müttern in der Übergangszeit durch die Überforderung durch familiäre und berufliche Pflichten beschreiben, konnten sie auch bei nichtsorgeberechtigten Vätern feststellen. Während die Mütter allerdings das Gefühl des Eingeschlossenseins in die Welt des Kindes beklagten, dominierten bei den Vätern die Gefühle ausgeschlossen und entwurzelt zu sein.

Zu der Empfindung, kein richtiges Zuhause mehr zu besitzen, trugen auch die Probleme bei der Organisation eines Haushaltes bei, mit denen insbesondere die Männer zu kämpfen hatten, in deren Ehe eine traditionelle Rollenteilung geherrscht hatte. Die Männer, die bereits vor der Ehe aktiv an der Haushaltsführung beteiligt gewesen waren, konnten sogar eine gewisse Befriedigung aus der eigenverantwortlichen Gestaltung dieses Lebensbereiches gewinnen.

Daß solche praktischen Probleme in die Qualität der Vater-Kind-Beziehung hineinwirken können, deuten Seagull & Seagull (1977) an. Eine unpersönliche Wohnung zum Beispiel oder die Unfähigkeit, den Kindern eine Mahlzeit zuzubereiten, zwingt die Väter dazu, die Besuche in erster Linie außerhalb des Wohnbereichs zu gestalten bzw. in Restaurants zu gehen, was gerade mit kleineren Kindern häufig als Streß erlebt wird.

Die geschiedenen Väter in der Studie von Hetherington, Cox & Cox (1976, 1978) verbrachten noch zwei Jahre nach der Scheidung mehr Zeit an ihrem Arbeitsplatz als die Väter der Vergleichsgruppe aus vollständigen Familien. Für diese Entwicklung waren zwar die aus der Scheidung entstandenen finanziellen Belastungen mitverantwortlich, die Väter gaben aber auch häufig an, Angst davor zu haben, in die leere Wohnung zurückzukehren und statt dessen ihre Arbeitszeit auszudehnen. Das Klischee von der wiedergewonnenen Freiheit der geschiedenen Väter scheint, wenn überhaupt, nur für kurze Zeit Gültigkeit zu besitzen. Im ersten Jahr beobachteten die Autoren zwar einen starken Anstieg sozialer Aktivitäten, eine Vielzahl neuer Initiativen zur Freizeitgestaltung und eine Zunahme sexueller Beziehungen, diese Aktivitäten und Kontakte nahmen aber bereits im zweiten Jahr wieder deutlich ab. Im Gegensatz zu den Müttern, die ihre soziale Isolation und ihren Mangel an Möglichkeiten zu sozialen Kontakten beklagten, erlebten die Männer ihre Teilnahme an solchen Aktivitäten häufig als Zwang und als unbefriedigend.

Vergleichbar den geschiedenen Müttern litten auch die Väter unter Ängsten und Depressionen verbunden mit der Empfindung, als Vater und Ehemann versagt zu haben und möglicherweise auch in einer zukünftigen Beziehung wieder zu scheitern.

Ebenso wie bei den Müttern beschreiben Hetherington, Cox & Cox auch bei den Vätern den Aufbau einer tiefen Beziehung zu einem neuen Partner als positive Wende in den schwierigen zwei Jahren nach der Scheidung –

wie auch das Gefühl, zu den Kindern eine gute Beziehung gewonnen bzw. erhalten zu haben.

Die Beziehung des nichtsorgeberechtigten Vaters zu seinem Kind

Unerwartete Veränderungen in der Beziehung der geschiedenen Väter zu ihren Kindern beobachteten Wallerstein & Kelly (1980b): 18 Monate nach der Scheidung hatte sich die Qualität von 50% der von ihnen untersuchten Vater-Kind-Beziehungen in ihr Gegenteil verkehrt, 25% hatten sich verbessert und 25% verschlechtert. Als ein Maßstab galt die Häufigkeit und die Regelmäßigkeit der Vater-Kind-Kontakte. Die Väter, die vor der Scheidung ein gutes Verhältnis zu ihren Kindern hatten, tendierten dazu ihre Kinder nur selten, unregelmäßig oder auch gar nicht zu sehen, während die Väter, die vor der Scheidung ein eher distanziert wirkendes Verhältnis zu ihren Kindern hatten, auch zur Überraschung von Müttern und Kindern, regelmäßige Kontakte pflegten.

Das Ausmaß dieser Veränderungen war alters- und geschlechtsabhängig:
– Die Vater-Sohn-Beziehungen veränderten sich mit doppelt so hoher Wahrscheinlichkeit wie die Vater-Tochter-Beziehungen, die Vater-Tochter-Beziehungen wiesen also eine größere Stabilität auf;
– eine Verbesserung der Beziehungen war bei Kindern wahrscheinlicher, die zum Zeitpunkt der Trennung jünger als acht Jahre waren, während die Verschlechterungen in der Gruppe der neun- bis zwölfjährigen am deutlichsten waren;
– bei Jugendlichen konnten keine geschlechtsabhängigen Veränderungen festgestellt werden.

Hetherington, Cox & Cox (1976) kommen in ihrer Studie zu dem Schluß, daß, obwohl sich einige Vater-Kind-Beziehungen verbesserten, die überwiegende Mehrzahl der Väter in den ersten zwei Jahren nach der Scheidung für ihre Kinder zunehmend weniger verfügbar werden, die Fürsorglichkeit abnimmt und eine emotionale Distanzierung eintritt. Unmittelbar nach der Scheidung verbrachten die Väter zwar noch eben so viel Zeit mit ihren Kindern wie die Väter der Kontrollgruppe vollständiger Familien (25% übertrafen diese sogar), in den folgenden Monaten nahm die Interaktion aber rapide ab.

Die Daten dieser Studien widersprechen der Annahme einer allgemeinen Kontinuität der Vater-Kind-Beziehungen, die nur von entwicklungsbedingten Veränderungen des Kindes abhängig sei. Wallerstein & Kelly folgern, daß in der Beziehung des nichtsorgeberechtigten Vaters zu seinem Kind Einflüsse wirksam werden, die während der Ehe nicht bestehen. Vielmehr handelt es sich um eine einzigartige Beziehung, für die es in der vollständigen Familie keine Entsprechung gibt. Die Veränderungen selbst und die Ursachen für die Veränderungen bedürfen noch der genaueren Untersuchung.

Mögliche Ursachen für die Veränderungen der Vater-Kind-Beziehungen

Eine besonders enge Vater-Kind-Beziehung hatte in der Ehe möglicherweise die Funktion eines Gegengewichtes zur Unzufriedenheit mit der ehelichen Beziehung (Wallerstein & Kelly, 1980b). Demzufolge würde die Vater-Kind-Beziehung nach der Auflösung der Ehe an Bedeutung verlieren. Umgekehrt gaben einige Väter in der Studie von Hetherington, Cox & Cox an, daß ihre Beziehung zum Kind während der Ehe unter dem hohen Konfliktniveau gelitten habe und daß sich ihre Beziehung außerhalb der Ehe verbessert habe und sie jetzt mehr Freude aus der Interaktion mit dem Kind gewinnen könnten.

Eine weitere Ursache mag in der Rollenunsicherheit der nichtsorgeberechtigten Väter liegen, die die Begegnung mit den Kindern zum Streß werden läßt. Die Väter sind verunsichert darüber, welche Verantwortungen sie den Kindern gegenüber nach der Scheidung noch tragen, oder sie müssen die Verhaltensmaßstäbe und Erziehungsmethoden der Mutter akzeptieren, obwohl sie möglicherweise ihren eigenen Auffassungen entgegengesetzt sind. Dies erwies sich gerade für die Väter als schwierig, für die Autorität und Disziplin wichtige Elemente ihrer Vaterrolle gewesen waren. Eine weitere Quelle der Unsicherheit sind die Bedürfnisse und die Versorgung der Kinder, wenn diese vor der Scheidung ausschließlich von der Mutter versorgt worden waren (Wallerstein & Kelly, 1980b; Seagull & Seagull, 1977).

Rollenunsicherheit mag auch teilweise die Ursache für die von Hetherington, Cox & Cox festgestellten Veränderungen im Interaktionsstil und letztlich für das häufige Scheitern des Aufbaus einer festen und als Teil des neuen Lebens empfundenen Vater-Kind-Beziehung sein: Unmittelbar nach der Scheidung waren die Väter – wie bereits erwähnt – bestrebt, die Kontakte zu ihren Kindern so sorglos und konfliktfrei wie möglich zu gestalten – sie verhielten sich ihren Kindern gegenüber extrem permissiv und standen damit in deutlichem Gegensatz zu den Müttern, die durch autoritäres Verhalten die Kontrolle über ihre Kinder zu gewinnen versuchten. Im Laufe von zwei Jahren kehrten sich diese Verhaltensmuster um. Während die Mütter negative Sanktionen zunehmend abbauten, wurden die Väter in ihrem Verhalten zunehmend restriktiver und ihre negativen Sanktionen nahmen zu.

Es scheint, als wäre es diesen Vätern nicht gelungen, die Empfindungen zu überwinden, daß diese, häufig aus dem normalen Alltag herausgelösten Begegnungen, etwas „künstliches" an sich haben (Dominic & Schlesinger, 1980) und sie in ihr Leben zu integrieren.

Von größter Bedeutung für das Gelingen oder Scheitern des Aufbaus einer Vater-Kind-Beziehung nach der Scheidung scheinen folgende psychische Faktoren zu sein:

Es werden die Konflikte der gescheiterten Ehe durch die Begegnung mit den Kindern, die in der Regel eine Begegnung mit der ehemaligen Ehefrau einschließt, aktualisiert, Depressionen, Schuldgefühle und die Verletzungen des Selbstwertgefühls werden neu belebt.

Die Entwicklung einer, von der Beziehung zur Ehefrau unabhängigen Beziehung zum Kind wird dadurch möglicherweise verhindert. Außerdem besteht die Gefahr, daß der Vater aus Angst, (auch) von den Kindern zurückgewiesen zu werden, in ein Konkurrenzverhältnis zur Mutter um die Gunst der Kinder eintritt (Dominic & Schlesinger, 1980; Hetherington, Cox & Cox, 1976; Wallerstein & Kelly, 1980b).

Als besonders gefährdet haben sich überraschenderweise die Vater-Kind-Beziehungen erwiesen, die sich vor der Scheidung durch eine besonders enge emotionale Bindung auszeichneten. Diese Väter erlebten den Verlust ihrer Kinder besonders intensiv und gaben an, den wöchentlichen Trennungsschmerz nicht ertragen zu können und es daher vorzuziehen, die Kinder nur in größeren Zeitabständen oder auch gar nicht zu sehen oder aber sie distanzierten sich emotional von ihren Kindern, um so weniger verletzlich zu sein, d. h. die Trennung als weniger schmerzhaft zu erleben (Hetherington, Cox & Cox, 1976). Wie gerade diese Kinder unter dem Rückzug ihrer Väter leiden, ist leicht vorstellbar.

Positive Einflußfaktoren auf die Vater-Kind-Beziehung nach der Scheidung

Die Einsicht, daß eine stabile Vater-Kind-Beziehung einen positiven Einfluß auf die Neuorganisation des familiären Systems nach der Scheidung hat, wird zunehmend stärker anerkannt.

Hess & Camara (1979) z. B. fassen zusammen, daß die familiären Beziehungen nach der Scheidung die Entwicklung des Kindes nachhaltiger beeinflussen als die Scheidung selbst und daß die Beziehung des Kindes zu seinem nichtsorgeberechtigten Vater ebenso wichtig für sein Wohlergehen ist, wie die Beziehung zur Mutter (vgl. auch Lowenstein & Koopman, 1978; Jacobsen, 1978a). Auch Hetherington, Cox & Cox (1976, 1978) konnten diese Erkenntnis empirisch belegen, indem sie feststellten, daß in den Familien, in denen es gelang, nach der Scheidung eine stabile Vater-Kind-Beziehung aufrechtzuerhalten, die familiären Funktionen wesentlich geringer beeinträchtigt wurden und bereits nach einem Jahr ein neues Gleichgewicht in den Beziehungen hergestellt werden konnte. Allerdings erwies sich für einen solch positiven Zusammenhang eine sich ergänzende Mutter-Kind- und Vater-Kind-Interaktion als wichtig, da die Mutter den Vater-Kind-Kontakten einerseits unterstützend gegenüber stehen und zwischen den Auffassungen der Eltern über Erziehungspraktiken weitgehend Übereinstimmung herrschen mußte.

Vergleichbare Bedingungen wurden auch von Wallerstein & Kelly (1980b) herausgearbeitet: Eine positive Einstellung der Mütter zu den Kontakten; keine intensive Feindschaft zwischen den Eltern; eine leidenschaftliche, deutlich zum Ausdruck gebrachte Sehnsucht des Kindes nach seinem Vater; die Sorge des Vaters um das Kind; positive Verstärkung väterlichen Verhaltens durch das Kind; ein psychisch stabiler aber unter seiner Einsamkeit leidender Vater. Positiv wirkten ebenfalls ein hoher Bildungsstand und eine gesicherte ökonomische Position des Vaters.

Über die altersabhängigen Bedürfnisse der Kinder, die in dieser Form der Vater-Kind-Beziehung verwirklicht werden sollten, ist zum gegenwärtigen Zeitpunkt nur wenig bekannt. Die deutliche Sehnsucht eines Kindes im Vorschulalter nach seinem Vater, wie Wallerstein & Kelly sie beschreiben oder die möglicherweise durch eine größere Unregelmäßigkeit charakterisierten Bedürfnisse Jugendlicher (Kurdek, Blisk & Siesky, 1981) lassen erkennen, daß es allgemeingültige Regeln für die Gestaltung der Vater-Kind-Beziehung nicht gibt.

Keshet & Rosenthal (1978) haben sich mit den Erfahrungen von Vätern beschäftigt, die, obwohl sie das Sorgerecht nicht ausübten, engagierte Väter blieben und in der Beziehung zu ihren Kindern ein wichtiges Element für ihre eigene Stabilität und Persönlichkeitsentwicklung sahen.

Interessanterweise identifizierten die Autoren in der schwierigen Periode unmittelbar nach der Trennung zum Teil ähnliche Motive für das väterliche Engagement, wie sie auch bei den Vätern gefunden wurden, die sich von ihren Kindern zurückzogen: Schuldgefühle gegenüber den Kindern; die Angst, von den Kindern abgelehnt zu werden und diese Beziehung zu verlieren; die Empfindung, mit dem Verlust der Familie einen Teil des Selbstverständnisses zu verlieren und die Angst, entwurzelt zu werden.

Trotz ihres Wunsches nach einem Fortbestehen der Beziehungen zum Kind hatten auch diese Väter Zweifel an ihrer Kompetenz, gerade in bezug auf die Fürsorge, Versorgung und die Bedürfnisse der Kinder. Diese

Ängste wichen allerdings sehr schnell einem Gefühl der Sicherheit und Befriedigung, wenn sie den Kontakt fortsetzten. Diese Väter hatten sich – zum Teil mit erheblichen Konflikten – mit den Müttern über die Erziehung der Kinder nach der Scheidung auseinandergesetzt und waren bereit, Berufsleben und Freizeitgestaltung an den Bedürfnissen der Kinder und den Plänen der Mütter mit zu orientieren und flexibel zu gestalten.

Erwiesen sich die erarbeiteten Lösungen als praktikabel und stabil, bedeuteten sie für beide Eltern Erleichterung und Entspannung, und insbesondere die sorgeberechtigten Mütter schätzten den Freiraum, den ein solches Arrangement für ihr persönliches Leben mit sich brachte. Der Wunsch eines Partners nach Änderungen führte allerdings in der Regel wieder zu Konflikten, die es zu überwinden galt.

Keshet & Rosenthal (1978) umreißen folgenden Prozeß, in dem sich die Rolle des nichtsorgeberechtigten aber engagierten Vaters gestaltet:
– Die Unveränderlichkeit des ehelichen Scheiterns muß akzeptiert werden,
– damit wächst allmählich die Unabhängigkeit vom Partner und die Beziehung zum Kind gewinnt eine eigene Qualität.
– Elemente des neuen Lebens und Lebensbereiches nach der Scheidung werden in die Kindererziehung miteinbezogen.
– Die Erfahrung der eigenen Kompetenz wird von der Zustimmung der eigenen Ehefrau unabhängig.
– Das Verhalten wird zunehmend an den kindlichen Bedürfnissen orientiert, d. h. der Vater entwickelt Fähigkeiten, die ihm teilweise in der traditionellen Sozialisation nicht vermittelt wurden.
– Die Probleme der Betreuung und Versorgung treten in den Hintergrund, die Qualität der Vater-Kind-Beziehung gewinnt an Bedeutung.
Keshet & Rosenthal kommen zu dem Schluß, daß es nicht selten ist, daß der Vater erst nach der Scheidung seine elterliche Identität gewinnt.

Die am konsequentesten formulierten Vorstellungen von den familiären Beziehungen nach einer Scheidung stammen von Ahrons (1979, 1981). Sie plädiert für eine „binukleare Familienstruktur", die aus dem Prozeß, in dem Mann und Frau ihre Rollen als Ehepartner beenden und ihre Rollen als Eltern neu definieren, entsteht. Statt der Auflösung der Familie entsteht ihrer Meinung nach durch die Scheidung die Notwendigkeit, die ehelichen Strukturen und Verhaltensregeln zu lösen bzw. zu verändern, die Bedürfnisse der Kinder, die durch eine Scheidung ja nicht verändert werden, sollten aber zum Mittelpunkt einer qualitativ neuen Elternbeziehung werden.

Die Betonung der pathologischen Auswirkungen einer Ehescheidung bzw. der mit einer Scheidung verbundenen emotionalen Belastungen hat nach Ahrons dazu geführt, die Komponenten einer Ehebeziehung, die auch nach einer Scheidung noch Gültigkeit haben zu vernachlässigen. Das Bewußtsein, auch nach der Scheidung Eltern zu sein und dadurch signifikante Verluste minimieren zu können, könnte allen Beteiligten die Anpassung an die Familienstruktur nach der Scheidung erleichtern.

Abschließende Bemerkungen

Viele Leser mag die Diskontinuität der Vater-Kind-Beziehung nach der Scheidung im positiven wie im negativen Sinne überrascht haben. Einige erste Erklärungsmöglichkeiten für diese Veränderungen wurden diskutiert, definitive Aussagen aber können nur von zukünftigen Forschungsarbeiten erwartet werden.

Vieles spricht aber dafür, daß das positive Potential einer fortgesetzten Vater-Kind-Beziehung nach einer Scheidung für die Entwicklung des Kindes bisher zu wenig berücksichtigt wurde. Die Überwindung alter Forschungsansätze, die Verhaltensauffälligkeiten auf die Vaterabwesenheit oder pathogene Aspekte alleinerziehender Elternschaft zurückzuführen versuchten, ist begrüßenswert und berechtigt. Sie sollte aber nicht in das andere Extrem, nämlich die Unterschätzung des Beitrags des abwesenden Elternteiles, umschlagen. In Abschnitt I dieses Buches wurden die qualitativ unterschiedlichen Beiträge, die Mütter und Väter in der Entwicklung ihres Kindes leisten, herausgearbeitet und es bleibt zu fragen, wie diese Beiträge auch nach einer Elterntrennung im Interesse des Kindes genutzt werden können. Zum einen würde dadurch ermöglicht, das breitere Spektrum an Eigenschaften, Fähigkeiten, Verhaltensweisen und Modellfunktionen, das beide Eltern bieten, zumindest teilweise zu erhalten, zum anderen könnte auch die ausgleichende Wirkung, die Vater oder Mutter ausüben können, wenn Probleme in der Beziehung des Kindes zum sorgeberechtigten Elternteil auftreten, einen positiven Einfluß ausüben.

Eine solch idealtypische Lösung wie Ahrons (1979, 1981) sie mit ihrem Modell der „binuklearen Familien" vorschlägt, läßt sich nicht in allen Fällen erreichen, und mit Sicherheit gibt es Extremfälle, in denen die Beendigung einer Eltern-Kind-Beziehung und die Übertragung seiner Funktionen auf den verbleibenden Elternteil und andere Bezugspersonen die einzig mögliche Lösung ist. In den meisten Fällen aber sind beide Eltern nach wie vor bemüht, ihrem Kind eine bestmögliche Entwicklung zu garantieren, d. h. sie bleiben Eltern, auch wenn sie aufgehört haben, Ehepartner zu sein.

Viele Eltern werden für eine an den Interessen des Kindes orientierte Gestaltung ihrer Beziehung nach der Scheidung Hilfe brauchen, um ihre eigenen Probleme von den Bedürfnissen ihrer Kinder trennen zu können. Diese Hilfe kann heute durch den Mangel an entsprechenden Beratungs- und Interventionsangeboten leider nur unzureichend geleistet werden.

Ehescheidung und die Konsequenzen für das Kind

Kinderpsychiater bzw. Therapeuten, aber auch Ärzte, die den sogenannten „Scheidungskindern" in ihrer praktischen Arbeit begegneten, waren die ersten, die auf die Verhaltensauffälligkeiten, in erster Linie aber auch auf die Leiden dieser Kinder aufmerksam machten. Es ist ihr Verdienst, mit eindrucksvollen Falldarstellungen, Symptombeschreibungen, Erklärungsansätzen und Therapievorschlägen das Bewußtsein einer breiteren Öffentlichkeit im Interesse dieser Kinder sensibilisiert zu haben.

Einige der bekanntesten Autoren sind: McDermott (1970), der die offene, vorrangig aber die von ihm besonders häufig beobachtete verdeckte Depression mit ihren verschiedenen Symptomformen (Müdigkeit, Langeweile bzw. Desinteresse, Weglaufen, unspezifische Angstzustände, Verletzungen provozierendes Verhalten, etc.) beschreibt. Gardner (1976) macht auf die Abwehrmechanismen, die die Kinder zur Bewältigung ihrer Erfahrungen einsetzen (wie z. B. Verneinung in Wort und Handlung, Verleugnung in der Phantasie) aber auch auf Schuldgefühle, tiefe Trauer und eine Vielzahl anderer Symptome aufmerksam.

Die aggressiven Impulse gegen den sorgeberechtigten Elternteil werden neben vielen anderen Symptomen von Despert (1964) beschrieben, während Westman (1972) auch betont, daß eine Ehescheidung nicht in jedem Fall negative Auswirkungen auf ein Kind haben muß.

Nicht selten sind diese Arbeiten mit Kapiteln versehen, die Eltern und Kindern Ratschläge bzw. Hilfestellung geben möchten (Despert, 1964; Gardner, 1976, 1977; Salk, 1978, um nur einige zu nennen).

Im deutschen Sprachraum erschien bereits 1948 das noch heute vielzitierte Werk von Haffter, das erst kürzlich (1979) eine Neuauflage erlebte.

Nach wie vor kommen aus der klinischen Praxis wichtige Beiträge, insbesondere zur therapeutischen Intervention und zu familiendynamischen Zusammenhängen (z. B. Derdeyn, 1980; Tooley, 1976).

Es wurde schon sehr bald deutlich, daß die Reaktionen der Kinder eine sehr große Variationsbreite entsprechend ihres Alters, ihres Entwicklungsstandes, sowie einer Vielzahl individueller und situationsbedingter Faktoren aufweisen und daß eine differenzierte Kenntnis dieser Reaktionsweisen Voraussetzung für eine wirkungsvolle Hilfe ist.

Altersspezifische Reaktionen

Wallerstein & Kelly (1975, 1976, 1977, 1979, 1980a; Kelly & Wallerstein, 1976, 1977) haben die Frage nach den altersspezifischen Reaktionen aufgegriffen und in einem umfangreichen Forschungsprojekt mit 60 Familien und 132 Kindern die Tradition der klinischen Ansätze zugleich fortgesetzt und überwunden.

Überwunden wurde die Beschränktheit klinischer Populationen, indem nur Familien in die Studie aufgenommen wurden, deren Mitglieder noch nie eine psychiatrische oder psychologische Behandlung oder Beratung erfahren hatten – sogenannte „normale" Mittelschichtfamilien. Durch die Konzipierung des Projektes als Längsschnittstudie über fünf Jahre (mit Erhebungen kurz nach der Scheidung, einem Jahr und fünf Jahre nach der Scheidung) wurde auch die zeitliche Beschränktheit, die den Aussagewert vieler klinischer Studien schmälert, überwunden.

Die Tradition klinischer Ansätze wurde fortgesetzt, indem die Autoren ein sechswöchiges, präventiv orientiertes und kindzentriertes Interventionsprogramm für die teilnehmenden Familien als Basis für ihre Informations- und Datengewinnung entwarfen, wodurch gleichzeitig wichtige Einsichten in ein altersgerecht strukturiertes Interventionsangebot gewonnen wurden. In einem späteren Kapitel werden einige Aspekte des Interventionskonzeptes von Wallerstein & Kelly vorgestellt werden.

Der Versuch, beiden beschriebenen Strömungen Rechnung zu tragen, spiegelt sich auch in der Darstellungsweise von Wallerstein & Kelly wider und bedingt gleichzeitig die Vorteile und die Beschränkungen ihres Werkes. Die ungeheure Fülle und Vielfältigkeit des gesammelten Materials beschreibt ein Spektrum kindlicher Verhaltensweisen, das so breit ist, daß es sich einer Quantifizierung – auch innerhalb der abgegrenzten Altersstufen – weitgehend zu widersetzen scheint.

Wallerstein & Kelly versuchen denn auch folgerichtig, die qualitativen Unterschiede kindlicher Reaktionsweisen deskriptiv herauszuarbeiten. Sie unterstützen ihre Darstellungen mit einer Vielzahl von Fallbeispielen und vermeiden eine vereinfachende Generalisierung ihrer Befunde.

Nachteile dieser Darstellungsweise sind, daß die Datenbasis, die ihre Befunde stützt und die qualitativen Unterscheidungen rechtfertigt, auch im methodischen Anhang kaum enthüllt wird und auch die Erfassungsweise und Codierung der Daten nur eine ansatzweise Darstellung erfährt.

Longfellow (1979) hat das Fehlen einer theoretischen Perspektive, die als Rahmenwerk für die Integration und Interpretation der Daten dienen könnte, kritisiert und gleichzeitig versucht, von einem sozial-kognitiven Ansatz aus, einen solchen Beitrag zu leisten.

Im folgenden werden – ausgewählt aus der Fülle des Materials von Wallerstein & Kelly – die wichtigsten altersabhängigen Unterscheidungen in knapper Form umrissen und gleichzeitig die Interpretationen von Longfellow, die sich in erster Linie an den Arbeiten von Selman (vgl. Selman, 1980) und Selman & Byrne (1974) orientieren, vorgestellt. Ihre grundlegende theoretische Annahme ist die, daß Kinder in Abhängigkeit von ihrem kognitiven Entwicklungsstand ihre Erfahrungswelt aktiv gestalten und daß ihre kognitive Auseinandersetzung mit der physischen und sozialen Welt zunehmend komplexer, integrierter, abstrakter und gleichzeitig immer weniger ich-zentriert wird.

Die qualitativ unterscheidbaren Ebenen ihres Interpretationsrahmens sind, in bezug auf das Verständnis interpersoneller Beziehungen, folgendermaßen charakterisiert (vgl. Longfellow, 1979, S. 301):

Entwicklungsebene 0: ungefähr bis zum 6. Lebensjahr
„Egocentric" – das Kind ist noch nicht oder nur unzureichend in der Lage, die eigene Wahrnehmung von der anderen zu unterscheiden.

Entwicklungsebene 1: frühes Schulalter
„Subjective" – das Kind versteht, daß andere Personen subjektive Perspektiven haben, die von seiner unabhängig sind.

Entwicklungsebene 2: mittleres Schulalter
„Self-Reflective" – das Kind kann reflektiv seine eigene Situation aus der Perspektive anderer wahrnehmen.

Entwicklungsebene 3: späteres Schulalter bis ungefähr zum 18. Lebensjahr
„Third Person" – der Jugendliche kann gleichzeitig die eigenen und die Perspektiven anderer in ihrer Beziehung zueinander berücksichtigen.

Entwicklungsebene 4: Späteres Jugend- und Erwachsenenalter
Die unterschiedlichsten Perspektiven qualitativ verschiedener Ebenen (selbst, andere, gesellschaftlich, etc.) können koordiniert werden.

Diese Entwicklungsebenen entsprechen nicht völlig der Alterseinteilung von Wallerstein & Kelly, die für die Kinder im vorschulischen Alter eine stärkere Differenzierung gewählt haben. Die ersten Anmerkungen von Longfellow zu den Untersuchungsergebnissen von Wallerstein & Kelly folgen daher erst im Anschluß an die Altersgruppe von 5 bis 6 Jahren.

Kinder im Alter von 2½ und 3½ Jahren

Diese jüngste Altersgruppe reagierte mit deutlich beobachtbaren Verhaltensänderungen, wie z. B. auffälliger Regression in der Sauberkeitserziehung, verstärkter Irritiertheit, Weinen, allgemeinen Angstzuständen, akuten Trennungsängsten, verstärkter Masturbation, gesteigerter Aggressivität und Trotzverhalten. Diese Symptome traten dann am auffälligsten auf, wenn den Kindern für das Fortgehen des Vaters keine ausreichenden Erklärungen gegeben wurden.

Kinder dieser Altersstufe verfügen nur über wenige Mechanismen und Fähigkeiten, mit Streßsituationen umzugehen. Nach einem Jahr waren, von wenigen Fällen abgesehen, die gesteigerte Aggressivität und die Ängste nicht mehr wahrnehmbar, wohl aber ein allgemeines Verlangen nach physischem Kontakt, das z. B. auch in einer zu schnellen Hinwendung zu Fremden zum Ausdruck kam. Die entscheidende Variable für das Verschwinden von Verhaltensstörungen war die „Qualität" der Betreuung, und zwar unabhängig davon, ob sie von der Mutter oder einer anderen Person übernommen wurde.

Die Kinder dieser Altersstufe, die fortgesetzte Störungen zeigten, stammten aus Familien, in denen die Konflikte auch nach der Scheidung anhielten oder die Mütter durch ihr Verletztsein, ihre Demütigung und ihren Zorn so in Anspruch genommen waren, daß sie den Bedürfnissen ihrer Kinder nicht gerecht werden konnten.

Kinder im Alter von 3½ bis 5 Jahren

Die vorherrschenden Symptome in dieser Altersgruppe – als Reaktion auf die Trennung der Eltern – waren neben erhöhter Irritiertheit und verstärktem Weinen vor allem Aggression und Angst vor Aggression.

Kinder dieser Entwicklungsstufe reagierten in hohem Maße verstört auf den Verlust des Vaters. Ihr Vertrauen in die Zuverlässigkeit menschlicher Beziehungen schien erschüttert. Sie zeigten großes Bemühen, die Veränderungen in den Beziehungen zu ihren Eltern zu erfassen und zu verstehen und gaben ihrem Verlangen nach dem Vater deutlich Ausdruck. In ihren Spielaktivitäten stellten Kinder dieses Alters ihre Einsamkeit und Trauer sowie ihr überwältigendes Gefühl von Hilflosigkeit dar. In ihren verbalen Äußerungen waren Selbstanschuldigungen für das Weggehen des Vaters und die Suche nach Erklärungen häufig. So glaubte zum Beispiel ein Mädchen, in ihrem lauten Spiele eine Erklärung für das Verlassenwerden durch den Vater gefunden zu haben.

Nach einem Jahr zeigten die meisten der untersuchten Kinder sogar eine verstärkte Ausprägung der Symptome: Zunehmende Gehemmtheit in Spiel, Phantasie und Verhalten, vermindertes Selbstwertgefühl, wachsende Traurigkeit und Bedürftigkeit sowie verstärkt spezifisch neurotische Symptome.

Kinder im Alter von 5 bis 6 Jahren

Die Symptome, die Kinder dieser Altersstufe zeigten, ähnelten denen der drei- bis vierjährigen: Erhöhte Ängstlichkeit und Aggression, verstärktes Weinen und Trennungsängste. Im Unterschied zu den jüngeren Kindern wiesen die fünf- bis sechsjährigen ein recht ausgeprägtes Verstehen der mit der Scheidung verbundenen Änderungen auf. Die Kinder waren zudem in der Lage, ihre Gefühle der Trauer und die Wünsche nach einer Rückkehr des Vaters und einer Wiederherstellung der Familieneinheit zu artikulieren.

Die Erzieher der Kinder, die auch nach einem Jahr noch deutliche Auffälligkeiten zeigten, berichteten von Verhaltensänderungen, die sowohl das kognitive als auch das soziale Lernen beeinträchtigten. Bemerkenswert für diese Altersstufe ist weiterhin, daß hier zum ersten Mal sehr unterschiedliche Reaktionsmuster beobachtet wurden: Zum einen traten Verhaltensänderungen auf, wie z. B. Unruhe, mangelnde Konzentration, Versagensängste, ausgeprägtes Tagträumen, schlechte Beziehungen zu den Mitschülern und häufige Versuche, durch Anklammern körperlichen Kontakt zum Erzieher zu bekommen. Zum anderen war für diese Altersgruppe charakteristisch, daß es Kinder gab, die in keiner Weise von den Ereignissen der Scheidung beeinträchtigt zu werden schienen (Kelly & Wallerstein, 1977; Wallerstein & Kelly, 1975, 1977, 1980a).

Longfellow (1979) faßt für ihre ersten interpretierenden Anmerkungen die Altersgruppe der 3½- bis 6jährigen Kinder zusammen: Entscheidend für die Reaktionsweisen der Kinder im vorschulischen Alter ist ihr ich-zentriertes Weltbild. Ihr „Verstehen" interpersoneller Beziehungen erfolgt aufgrund äußerer, beobachtbarer Geschehnisse, und zwei, voneinander unabhängige Ereignisse werden nicht selten in eine kausale Beziehung gebracht. So wird auch die Scheidung nach äußeren Geschehnissen beurteilt und aufgrund der ich-zentrierten Sichtweise wird die eigene Person zum Mittelpunkt eines Erklärungsversuches gemacht (Selbstanschuldigungen). Die Trennung der Eltern wird als Trennung des Vaters oder der Mutter von der eigenen Person erlebt. Die eigenen Gefühle sind noch nicht klar gegen die Empfindungen anderer abgegrenzt und „Familie" wird noch sehr konkret als das Zusammenleben unter einem

Dach verstanden. Eine Vorstellung kontinuierlicher Familienbeziehungen unter anderen Bedingungen ist noch nicht vorstellbar. Erst die älteren Kinder dieser Gruppe beginnen, die Veränderungen zu verstehen und ihre Gefühle zu artikulieren.

Kinder im Alter von 7 bis 8 Jahren

Die Reaktionen von Kindern im Alter zwischen 7 und 8 Jahren ließen sich klarer von denen der 5- bis 6jährigen abgrenzen, und sie spiegelten deutlich die entwicklungsabhängigen Unterschiede in den affektiven und kognitiven Strukturen wider. Das eindrucksvollste Symptom dieser Altersstufe war die anhaltende Traurigkeit als erste Reaktion auf die Trennung. Während Kinder im vorschulischen Alter ein großes Maß an Verleugnung in ihren Phantasien und in ihrem Spiel zum Ausdruck brachten, waren sich 7- bis 8jährige Kinder ihres Kummers voll bewußt und konnten nur schwer Erleichterung finden. Die Mehrheit dieser Kinder erlebte die Auflösung der Familie als Bedrohung ihrer gesamten Existenz. Während Kinder im vorschulischen Alter häufig in sich selbst die auslösenden Faktoren für das Fortgehen des Vaters suchten, war das Gefühl der Verantwortung für die Scheidung der Eltern bei den 7- bis 8jährigen nicht dominant. Die Wünsche nach einer Wiedervereinigung der Familie waren jedoch weit verbreitet.

Nach einem Jahr hatte sich die Intensität des Schmerzes der ersten Phase nach der Scheidung gelegt und war einer traurigen, eher resignativen Einstellung gewichen. Die Trennung der Eltern war aber nicht länger der alles beherrschende Mittelpunkt der kindlichen Sorgen und Nöte.

Elterliche Trennung in diesem Entwicklungsstadium setzte bei Kindern ein breites Spektrum an Reaktionen frei. Viele Kinder waren noch nach einem Jahr mit der Aufgabe beschäftigt, die scheidungsbedingten Veränderungen in ihr Leben zu integrieren (Kelly & Wallerstein, 1976, 1977; Wallerstein & Kelly, 1977, 1980a).

Kinder dieser Altersgruppe – so Longfellow (1979) – beginnen zu verstehen, daß innere, nicht beobachtbare Motive hinter beobachtbaren Handlungen stehen können, die Konsequenzen personeller Interaktionen werden aber noch als absolut angesehen, und die Qualität der Beziehung der Eltern zueinander ist noch eng mit der eigenen Elternbeziehung verknüpft. Die Kinder sind noch nicht in der Lage, zu erfassen, daß die Entscheidung zur Trennung von beiden Eltern getroffen wurde. Vielmehr glauben sie, daß der Vater aus Gründen, die ihn verärgert haben, nicht mehr in der Familie leben wolle und deshalb gegangen sei oder daß die Mutter nicht mehr wolle, daß der Vater in der Familie lebe und ihn deshalb zum Gehen veranlaßt habe (oder umgekehrt). Aus dieser Einschätzung heraus fürchtet das Kind, ebenso fortgeschickt zu werden, wenn es den Zorn der Mutter erregt (Bedrohung seiner Existenz).

Dem ich-zentrierten Weltbild ist die Einsicht gefolgt, daß andere Personen subjektive Perspektiven haben, die unabhängig von der eigenen sind und eigene Gefühlszustände werden bewußt erlebt (anhaltende Traurigkeit).

Der Ausdruck aggressiver Impulse gegen die Eltern, der vielleicht zur Erleichterung der Kinder beitragen könnte, fällt den sieben- bis achtjährigen schwer, denn es gelingt ihnen noch nicht, zwei widerstrebende Gefühle (wie Zorn und Liebe) in bezug auf eine Person in Einklang zu bringen.

Kinder im Alter von 9 bis 12 Jahren

Aufgrund ihres Alters und ihrer größeren Reife waren Kinder dieser Altersstufe eher als jüngere Kinder in der Lage, ihre Konflikte zu erkennen und mit ihnen umzugehen. Wallerstein & Kelly beschreiben anschaulich, mit welch erstaunlicher Nüchternheit diese Kinder im Erstinterview ihre Wahrnehmung der Familiensituation darstellten und in welch scharfem Kontrast dies zu der häufig diffus wirkenden Traurigkeit der jüngeren Kinder stand.

Die 9- bis 12jährigen zeigten häufig aktive geistige und körperliche Anstrengungen, ihr aus den Fugen geratenes Leben wieder zu ordnen und mit ihren Gefühlen der Verlassenheit, Ablehnung und Hilflosigkeit fertig zu werden und versuchten auch, nach außen hin mutiger und gelassener zu erscheinen, als es ihrer Gefühlswelt entsprach. Der Kummer und die Ängste dieser Kinder wurden nicht nur unmittelbar durch das Ereignis der Scheidung bestimmt. Vielmehr ermöglichte ihnen ihre Fähigkeit, Gegenwart, Vergangenheit und Zukunft bereits recht gut einzuschätzen, die Konsequenzen einer Scheidung für die ganze Familie abzuwägen. Dies weckte aber andererseits Ängste vor den Ungewißheiten der Zukunft.

Typisch für diese Altersstufe waren auch Schamgefühle, die sich zum einen auf das elterliche Verhalten bezogen (und die dazu führten, daß die Kinder die Scheidung vor ihrer Umwelt zu verbergen versuchen), zum anderen aber auch auf die empfundene Ablehnung durch den Vater und die damit oft verbundene Beeinträchtigung des Selbstwertgefühls (Kelly & Wallerstein, 1977; Wallerstein & Kelly, 1977, 1980a).

Das herausragende Empfinden, das die Gruppe gegen die erhöhte Aggressivität und Irritiertheit der jüngsten Kinder und die Traurigkeit der sieben- bis achtjährigen abgrenzte, war ihr bewußter und intensiver Zorn, der klar strukturiert und objektbezogen war und sich zudem sehr direkt äußerte. In der ersten Phase nach der Scheidung sahen Kinder dieser Entwicklungsstufe nicht die geringste Rechtfertigung für die Trennung der Eltern, selbst wenn sie Zeugen gewalttätiger Auseinandersetzungen geworden waren.

Ein weiteres Charakteristikum für Kinder dieses Alters war die Erschütterung ihres Selbstwertgefühls. Denn gerade in diesem Entwicklungsabschnitt ist die Wahrnehmung der eigenen Identität eng mit der Familie und der physischen Anwesenheit beider Elternteile verknüpft. Die Eltern sind für die Betreuung und Versorgung, als externe Kontrollinstanz und als Identifikationsmuster noch von ausschlaggebender Bedeutung.

Eindrucksvoll ist ebenfalls, daß sich Kinder darüber beklagten, lediglich machtlose Randfiguren im Scheidungsprozeß zu sein. Dieses Gefühl der Einsamkeit wurde durch das Sichzurückziehen der Eltern in der akuten Konfliktsituation noch verstärkt. Ein weiteres, wichtiges Moment verstärkte das Empfinden der Verlassenheit, nämlich die von beiden Eltern häufig gestellte Forderung an die Kinder, im Ehekonflikt Stellung zu beziehen. Dadurch wurde es den Kindern schwer gemacht, bei einem Elternteil Trost zu suchen. Sie erlebten sich als alleingelassen in der Mitte der elterlichen Auseinandersetzungen. Ein Jahr später zeigte sich bei etwa der Hälfte der Kinder ein weitgehendes Verschwinden der Symptome – bis auf die Gefühle der Feindseligkeit, die im Scheidungsprozeß entstanden waren. Die anderen Kinder zeigten auch nach einem Jahr noch konfliktreiche und depressive Verhaltensmuster, und bei einigen Kindern verstärkten sich die Symptome der Depression, eines niedrigen Selbstwertgefühls und der Schwierigkeiten in der Schule.

Dem Interpretationsrahmen von Longfellow (1979) zufolge, haben die Kinder dieser Altersstufe die kognitive Fähigkeit entwickelt, sich selbst zu sehen, wie andere sie sehen könnten und sind ebenso in der Lage, sich vorzustellen, wie ihre Familie – mit den Konflikten und Auseinandersetzungen – von anderen wahrgenommen wird (Schamgefühle). Sie wissen bereits, daß inneres Fühlen und äußeres Handeln nicht identisch sein müssen und versuchen, durch den Aufbau einer äußeren Fassade möglichst unauffällig und „normal" zu erscheinen.

Obwohl sie negative Gefühle inzwischen eingestehen und auch äußern können, bereitet die Integration noch Schwierigkeiten. Empfindungen des Hin- und Hergerissenseins und Loyalitätskonflikte sind eine Folge, die, wenn Eltern die Stellungnahme ihres Kindes fordern, noch verstärkt werden.

Noch immer wird die Trennung von Vater oder Mutter als existenzielle

Bedrohung erlebt, und der emotionale Rückzug der Eltern aufgrund ihrer eigenen Probleme wird von den Kindern sehr deutlich wahrgenommen, denn neben der materiell-versorgenden wird ihnen die emotionale Basis ihrer Elternbeziehung immer bewußter.

Kinder und Jugendliche im Alter von 13 bis 18 Jahren

Die Gruppe der älteren Kinder reagierte unmittelbar nach der Scheidung mit einer Heftigkeit, die Wallerstein & Kelly überraschte. Zorn und Trauer, Schmerz und Scham verbanden sich mit den Gefühlen verlassen und betrogen worden zu sein. Bei den Jugendlichen dominierte die Empfindung, daß ihre Zeit erwachsen zu werden abrupt verkürzt worden sei. Einige reagierten positiv auf die erhöhten Anforderungen, die sie wie eine Herausforderung bewältigten, während andere den teilweisen Verlust ihres familiären Rückhaltes als sehr schmerzhaft erlebten und in ihrer Entwicklung zu stagnieren schienen.

Nach der Überwindung des ersten Schocks waren die Jugendlichen aber in der Lage, die Ursachen für die Scheidung realistisch einzuschätzen und die Problematik der elterlichen Beziehung sowie die Unvereinbarkeit ihrer Positionen in Betracht zu ziehen. Zur Lösung ökonomischer und anderer praktischer Fragen leisteten viele von ihnen konstruktive Beiträge und reagierten einfühlsam und unterstützend auf den Kummer ihrer Eltern. Loyalitätskonflikte hielten nicht sehr lange an, sie führten aber nicht selten zur Distanzierung von beiden Eltern.

Hilfe und Rat wurden häufig auch außerhalb der Familie, z. B. bei Freunden und Lehrern gesucht, wie überhaupt Aktivitäten außerhalb der häuslichen Umgebung als wichtige Möglichkeit, Konflikten aus dem Weg zu gehen und Erleichterung zu finden, häufig genutzt wurden. Allerdings beobachteten Wallerstein & Kelly auch, daß Jugendliche sich zu abrupt und auch in destruktiver Weise lösten, Kontakte mit den Eltern mieden und die Auseinandersetzung mit der Gegenwart vernachlässigten, indem sie sich fast ausschließlich mit zukünftigen Plänen und Zielen auseinandersetzten. Insgesamt schienen die ältesten Kinder aber die am wenigsten betroffene Gruppe zu sein (Wallerstein & Kelly, 1980a).

Longfellow (1979) fügt erklärend hinzu, daß die Fähigkeit zur bewußten Reflexion es den älteren Kindern und Jugendlichen ermöglicht, die Eltern als voneinander unabhängige individuelle Persönlichkeiten zu sehen, die unterschiedliche Interessen und Bedürfnisse haben und gleichzeitig ihre eigene Beziehung zu den Eltern von deren Beziehung zueinander zu trennen.

150

Ein zunehmend differenzierter werdendes Verständnis der Beziehungs-problematik veranlaßt sie gleichzeitig, über ihre eigene Zukunft als Ehe-partner und die Fähigkeit, aufgrund von Gemeinsamkeiten eine Beziehung aufrechtzuerhalten, nachzudenken.

Folgerungen und weiterführende Diskussion

Zwei wichtige Erkenntnisse lassen sich aus den Befunden von Wallerstein und Kelly ableiten:
- Ehescheidung führt bei den betroffenen Kindern nicht, wie dies häufig behauptet wird, automatisch zu massiven Verhaltensstörungen wie Schulversagen, jugendliche Delinquenz oder Verwirrung über die Ge-schlechtsrollenidentität (Lamb, 1977d) und
- die mit einer Scheidung verbundenen Erfahrungen haben bei den Kin-dern der verschiedenen Altersstufen qualitativ unterschiedliche Auswir-kungen. Es ist nicht zutreffend, lediglich von einem mehr oder weniger intensiven Trauma zu sprechen (Hetherington, 1980).

Dennoch unterstützen die Ergebnisse und Interpretationen von Waller-stein & Kelly und von Longfellow die häufig formulierte These, daß jüngere Kinder stärker auf eine Scheidung reagieren als ältere – zumindest zeigten sie länger anhaltende Beeinträchtigungen. In der Arbeit von Wal-lerstein & Kelly zeigte die Follow-up-Untersuchung nach einem Jahr, daß sich bei 44% der Kinder im vorschulischen Alter, bei 23% der sieben- bis achtjährigen, bei 24% der neun- bis zehnjährigen aber nur bei wenigen Jugendlichen die Probleme im Vergleich zum ersten Untersuchungstermin verstärkt hatten. Dem sozial-kognitiven Ansatz nach reflektieren die Un-terschiede dieser Daten die entwicklungsabhängigen Einschränkungen der jüngeren Kinder, die Scheidung und ihre Folgen zu verstehen.

Eine empirische Validierung der These vom Zusammenhang zwischen kognitiven Fähigkeiten und einer gelungenen Anpassung an die Folgen einer Ehescheidung stammt von Kurdek, Blisk & Siesky (1981).

Ihr Ziel war es, Faktoren zu identifizieren, die langfristig mit einer gelungenen Anpassung der Kinder korrelieren. Ihre Stichprobe umfaßte 58 Kinder im Alter von acht bis siebzehn Jahren (36 Kinder waren über 13 Jahre alt), deren Eltern geschieden waren und seit vier Jahren getrennt lebten. Eine Follow-up-Untersuchung wurde zwei Jahre nach der ersten Untersuchung durchgeführt.

Der sozial-kognitive Aspekt (von Kurdek und seinen Mitarbeitern „Ver-stehen" – understandig – genannt) wurde durch Variablen definiert wie
- Verstehen der elterlichen Perspektive

- Verstehen des reziproken Charakters von Beziehungen
- Fähigkeit, die Rolle der eigenen Person angemessen zu beurteilen und
- Aufrechterhaltung der Beziehung zu beiden Eltern und zu Gleichaltrigen.

Da es sich überwiegend um ältere Kinder handelte, fanden die Autoren erwartungsgemäß kaum Probleme, die sich auf das „Verstehen" der Scheidung und ihre Folgen bezogen. Selbstanschuldigungen waren selten und auch die Hoffnung auf eine Aussöhnung der Eltern war nicht dominant. Einige Kinder sahen in der Scheidung zwar einen Auslöser für eine psychische und emotionale Entfremdung von ihren Eltern, die meisten beschrieben die Scheidung aber in neutraler Weise und sahen sie sehr konkret als das Ende der Ehe ihrer Eltern. Für eine Beeinträchtigung der Beziehungen zu Gleichaltrigen gab es keine Anzeichen.

Für eine Abhängigkeit der Einschätzung von der kognitiven Entwicklung spricht den Autoren zufolge auch, daß die weitaus meisten Kinder und Jugendlichen noch nicht in der Lage waren, den reziproken Charakter und die problembelastete Dynamik der Beziehung ihrer Eltern in allen Aspekten angemessen zu beurteilen – eine Fähigkeit, von der Kurdek und seine Mitarbeiter in Übereinstimmung mit Selman (1980) annehmen, daß sie sich erst im Erwachsenenalter entwickelt.

Da die rationale Anerkennung der Scheidung, das Verstehen ihrer Gründe und ihrer Folgen nicht mit einer emotionalen Akzeptierung der Elterntrennung einhergehen muß, untersuchten Kurdek, Blisk & Siesky (1981) auch affektive Aspekte kindlichen Erlebens, von ihnen als „Empfinden" (feeling) bezeichnet.

Zwischen „Verstehen" und „Empfinden" wurde keine Korrelation gefunden, d. h. die von einem gewissen Alter ab relativ problemlose kognitive Bewältigung der Elterntrennung fand im emotionalen Bereich keine Entsprechung.

Die negativsten Gefühle nannten die Kinder im Zusammenhang mit der ersten Nachricht von der bevorstehenden Scheidung, danach folgten die Reaktionen auf den Verlust des nichtsorgeberechtigten Elternteils und auf die sich verändernden familiären Beziehungen. Emotional neutrale Äußerungen waren die „positivsten", die Kurdek und sein Team erhielten, eine altersabhängige Differenzierung war nicht möglich.

Zwei Jahre später (also bereits sechs Jahre nach der Scheidung) erbrachte eine erneute Befragung eine hohe Stabilität im Bereich „Verstehen" und eine leicht positive Tendenz der Werte für „Empfinden". Mit diesem Ergebnis befinden sich Kurdek, Blisk & Siesky in Übereinstimmung mit Wallerstein & Kelly (1980a), die auch in der letzten Phase ihres Projektes (fünf Jahre nach der Scheidung) eine grundsätzliche Ablehnung der Kinder registrierten.

Hier scheint sich ein Gegensatz zu einer früheren Arbeit von Kurdek & Siesky (1980), in der die Befragungsergebnisse von 132 Kindern zwischen fünf und neunzehn Jahren zusammengefaßt sind, anzudeuten. Eines der Ergebnisse lautet: „... sie (die befragten Kinder und Jugendlichen) betrachteten die Scheidung ihrer Eltern als eine wünschenswerte Alternative zu einem konfliktreichen Zusammenleben" (S. 374). (Vgl. auch Rosen, 1977)

Mehrere Erklärungsmöglichkeiten bieten sich an:
- Die Elterntrennungen lagen in den letztgenannten Untersuchungen bereits länger zurück, ein neues Gleichgewicht war auch im emotionalen Bereich entstanden;
- das Konfliktniveau vor der Scheidung war im Durchschnitt besonders hoch gewesen oder aber
- die Bejahung dieses Fragebogenitems ist eher eine Rationalisierung als Ausdruck einer echten Empfindung – eine Interpretation, die aufgrund der Unterscheidung von „Verstehen" und „Empfinden" in der neueren Arbeit von Kurdek, Blisk & Siesky (1981) nicht abwegig scheint.

Kurdek, Blisk & Siesky (1981) bestätigen mit ihrer Untersuchung wichtige Aspekte, die bei der Beurteilung der Erfahrungen und Reaktionen von Kindern auf die Scheidung ihrer Eltern in möglichst differenzierter Weise zu berücksichtigen sind:
- Es muß zwischen den unmittelbaren Reaktionen auf die Scheidung und dem Verlust eines Elternteiles und der langfristigen Anpassung an die neue familiäre Situation unterschieden werden.
- Das Alter eines Kindes kann lediglich als Indikator für seinen Entwicklungsstand betrachtet werden. Mit von ausschlaggebender Bedeutung ist seine Fähigkeit, interpersonelle Beziehungen kognitiv richtig zu erfassen, also zu verstehen.
(Aus dieser Einsicht ergeben sich z. B. wichtige Folgerungen für eine kindzentrierte Intervention).
- Es ist dringend erforderlich, daß zukünftige empirische Forschung über die häufig praktizierte Bevorzugung des kognitiven Bereichs kindlicher Entwicklung hinausgeht. Gerade emotionale Aspekte sind bei der Bewältigung von Krisen für das individuelle Erleben bestimmend und – wie Kurdek und seine Mitarbeiter zeigen konnten – auch noch dann wirksam, wenn eine kognitive Bewältigung erreicht wurde.
- Die Reaktion eines Kindes auf die Scheidung seiner Eltern ist immer multifaktoriell bestimmt. Selbst die Berücksichtigung relativ komplexer

Zusammenhänge wie die Abhängigkeit der Reaktionsformen vom sozial-kognitiven Verständnis bleibt bruchstückhaft.

Geschlechtsspezifische Reaktionen

In den Kapiteln zur Veränderung der familiären Beziehungen nach der Scheidung wurden die Unterschiede in der Interaktion der Eltern mit ihren Töchtern und Söhnen, insbesondere aufgrund der Ergebnisse der Längsschnittstudie von Hetherington, Cox & Cox (1978, 1979a) diskutiert, und verschiedene Erklärungsmöglichkeiten wurden vorgestellt.

In einer weiteren Arbeit (1979b) fassen dieselben Autoren kindliche Verhaltensänderungen als Reaktionen auf die Scheidung ihrer Eltern zusammen und weisen wiederum auf geschlechtsspezifische Unterschiede hin.

Entsprechend der Verschlechterung des Interaktionsstils geschiedener Familien zeigten die betroffenen Kinder mehr Verhaltensauffälligkeiten als die Kinder der Vergleichsgruppe vollständiger Familien. So war ihr Spiel unzusammenhängender, auf nur wenige Themen beschränkt, weniger kognitiv, und das im Spiel zum Ausdruck kommende Sozialverhalten (z. B. im Rollenspiel) entsprach dem jüngerer Altersstufen.

Im zweiten Jahr nach der Scheidung nahmen die Unterschiede zwischen den Mädchen aus geschiedenen Familien und den Kindern aus vollständigen Familien ab und waren bis gegen Ende des zweiten Jahres nicht mehr wahrnehmbar. Die Auffälligkeiten der Jungen dagegen setzten sich fort, wenn auch in etwas abgeschwächter Form.

Für die affektiven Aspekte des Spiels gilt eine vergleichbare Aussage: Das Spiel der Jungen wirkte anhaltend unglücklicher, ängstlicher und auch aggressiver als das der Mädchen. Insgesamt waren die Verhaltensauffälligkeiten der Jungen stärker und länger anhaltend als die der Mädchen. (Vgl. auch Rutter, 1979)

Im Sozialverhalten mit Spiel- und Schulkameraden aber auch in der Interaktion mit Lehrern konnten Hetherington, Cox & Cox (1979b) einen ähnlichen Entwicklungsverlauf der Verhaltensauffälligkeiten feststellen. Es muß aber dennoch betont werden, daß am Ende des zweiten Jahres nach der Scheidung auch im Verhalten der Jungen signifikante Verbesserungen festzustellen waren, Unterschiede zu den Kindern aus vollständigen Familien blieben aber bestehen.

In den eingangs erwähnten Kapiteln wurde die wechselseitige Beziehung zwischen den Reaktionsweisen der Jungen und den Reaktionen der Eltern auf das Verhalten der Jungen bereits dargestellt. Sowohl für die vollständige als auch für die geschiedene Familie gilt, daß Jungen schon in sehr frühem Alter weniger fügsam und fordernder als Mädchen sind, ein Verhalten, das sich nach der Elterntrennung verstärkt (Hetherington, Cox & Cox, 1978; Hetherington, 1979), insbesondere, wenn Disziplinierungsmaßnahmen vor der Scheidung vom Vater getragen wurden und der Interaktionsstil der Teilfamilie sich qualitativ stark verschlechtert.

Insgesamt betrachtet, werden über die Rolle des Sohnes in der Familie und speziell in der Familie unter Streß mehr Vermutungen als konkrete Aussagen veröffentlicht, wobei lediglich sicher ist, daß es sich um komplexe Zusammenhänge gesellschaftlicher und intrafamiliärer Art handelt. Hetherington (1979) plädiert mit einer interessanten Überlegung für die These, daß die Scheidung für Jungen von vorneherein streßreicher ist als für Mädchen und die heftigeren Reaktionen der Jungen darauf zurückzuführen sein könnten. Die Analyse der Daten ihrer Längsschnittstudie, die sie mit M. und R. Cox durchgeführt hatte, zeigte deutlich, daß sich Ehepaare mit Söhnen zögernder zu einer Scheidung entschlossen, als Ehepaare mit Töchtern und demzufolge länger mit ihrer Ehe unzufrieden waren. Eine Ursache für diese Tendenz mag darin liegen, daß die Rolle des Vaters in der Erziehung des Sohnes als wichtiger erachtet wird und daß die Mütter größere Bedenken haben, ihre Söhne allein zu erziehen. So ließe sich auch erklären, daß die Mütter von Söhnen ihre Situation nach der Scheidung streßreicher erleben als die Mütter von Töchtern (Hetherington, Cox & Cox, 1978).

Es liegt nahe anzunehmen, daß durch ein Hinauszögern der Scheidung, die Jungen stärkeren und längeren Belastungen durch elterliche Konflikte ausgesetzt sind und so bereits die Zeit vor der Scheidung für Jungen eine größere Belastung als für Mädchen darstellt.

Nach der Scheidung bekommen die Söhne weniger Zuwendung als die Töchter, nicht nur von ihren Müttern, sondern auch von Lehrern und Spielkameraden (Hetherington, 1979; Wallerstein & Kelly, 1980a). Das mag zum einen eine Folge davon sein, daß das ausagierende Verhalten der Jungen eher negative Sanktionen als positive Zuwendung auslöst, es ist aber auch wahrscheinlich, daß die Verweigerung emotionaler Zuwendung in der Erziehung von Jungen, die in dem bereits klassisch gewordenen Satz „Ein Junge weint doch nicht!" zum Ausdruck kommt, dafür verantwortlich ist, daß Jungen auch in der extremen Streßsituation der Elterntrennung weniger Trost als Mädchen erfahren.

Wichtig anzumerken bleibt noch, daß sowohl Wallerstein & Kelly (1980a) wie auch Kurdek, Blisk & Siesky (1981) nach fünf bzw. nach vier und sechs Jahren keine geschlechtsspezifischen Unterschiede in den Reaktionen der Jungen und Mädchen feststellen konnten. Dieser Befund spricht dafür, daß Jungen zwar eine längere Zeit brauchen, um ein neues Gleichgewicht nach der Elterntrennung zu finden, daß die Unterschiede zwischen den Reaktionen der Mädchen und der Jungen im Laufe der Zeit aber aufgehoben werden – ein weiterer Beleg für die dringende Notwendigkeit von Längsschnittstudien.

Der Einfluß individueller Charakteristika

Noch weitgehend ungeklärt ist die Frage, wie konstitutionelle Faktoren, die in der Literatur relativ global als „Temperament" beschrieben werden, die kindliche Reaktion auf die Scheidung der Eltern beeinflussen. Chess, Thomas & Birch (1968) und Rutter (1979) haben allgemein festgestellt, daß sogenannte „schwierige" Kinder verletzlicher und weniger anpassungsfähig auf Streßsituationen reagierten als Kinder, die als unkompliziert galten. Rutter hat darauf aufmerksam gemacht, daß das erhöhte Risiko der „schwierigen" Kinder teilweise auf die Interaktion mit den Eltern zurückzuführen ist, da diese Kinder, gerade in Zeiten der Disharmonie und der Belastungen, leichter zum Auslöser und zum Ziel negativer Sanktionen werden und zusätzlich nur schwer damit umgehen können.

Hetherington, Cox & Cox (1978) merken an, daß die Kinder, die am heftigsten auf die Scheidung ihrer Eltern reagiert hatten, als schwierige Säuglinge und Kleinkinder beschrieben wurden, mit häufigem Weinen, schlechten Eß- und Schlafgewohnheiten, Verdauungsstörungen und einer allgemeinen Langsamkeit in der Anpassung an neue Stimuli. Da es sich um retrospektive Befragungen der Eltern zu den ersten Lebensjahren ihrer Kinder handelt, besitzen die Angaben allerdings nur einen beschränkten Aussagewert. Ungeklärt ist auch, ob es sich wirklich um Temperamentsunterschiede, um pathologische Störungen oder um die Folgen negativer Umwelteinflüsse handelte (Hetherington, 1979).

Kurdek, Blisk & Siesky (1981) kommen aufgrund der Abhängigkeit der Reaktionsweisen vom individuellen Entwicklungsstand zu der Überzeugung, daß die scheidungsbezogenen Probleme der Kinder nicht isoliert betrachtet werden dürfen. Vielmehr gelte es, die individuelle Anpassungsfähigkeit in ihrer Gesamtheit zu berücksichtigen. Bis heute gäbe es keine Studie, die scheidungsbezogene Probleme und allgemeinere Verhaltenscharakteristika in ihrer Beziehung zueinander untersucht.

An einem Beispiel läßt sich die Wahrscheinlichkeit solcher Zusammenhänge verdeutlichen. Wallerstein & Kelly (1980a) und auch Beal (1979) geben an, daß sich die Kinder (von einem gewissen Alter an) um Trost und Hilfe zu finden an Freunde, Geschwister, Lehrer, Großeltern, Nachbarn und die Eltern guter Freunde wandten. Es war den Autoren aber aufgefallen, daß den Kindern diese Kontaktaufnahme nicht leicht fiel und ein solches Verhalten möglicherweise mit einer generellen Bereitschaft um Hilfe zu bitten, zusammenhängt.

Daraus folgt, daß Kinder, denen es leichter fällt, um Hilfe nachzusuchen, wahrscheinlich eine Vielzahl solcher Hilfsmöglichkeiten entdecken können, während andere Kinder alleine bleiben und aufgrund ihrer Zurückgezogenheit vielleicht auch alleine gelassen werden (Kurdek, 1981).

Diese Vermutung bedürfte einer empirischen Untersuchung, sie zeigt aber an, wie vielfältig die Beziehung zwischen individuellen Merkmalen und der Art und dem Verlauf des Anpassungsprozesses mit Sicherheit ist.

Anregungen für eine „integrative Perspektive"

Ehescheidung wurde in den vorhergehenden Kapiteln als komplexer kultureller, sozialer, legaler und psychologischer Prozeß beschrieben. Konsequenterweise müssen auch die scheidungsbezogenen Erfahrungen von Kindern als Produkt interdependenter psychologischer, familiärer, sozialer und kultureller Zusammenhänge verstanden werden.

Obwohl in vielen Arbeiten die multifaktorielle Beeinflussung scheidungsbezogener Erfahrungen angesprochen wird, hat Kurdek (1981) als erster einen Versuch unternommen, der Komplexität der Zusammenhänge durch eine „integrative Perspektive" Rechnung zu tragen. Er bedient sich dazu der hierarchisch geordneten Ebenen individueller und gesellschaftlicher Existenz, die Bronfenbrenner (1979) für seine „Ökologie menschlicher Entwicklung" entworfen hat.

Wir halten diese Darstellung für besonders erwähnenswert, weil sie mehrere wichtige Funktionen erfüllen kann:
– Sie verdeutlicht die Komplexität der zu berücksichtigenden Zusammenhänge, indem sie über deren globale Akzeptierung hinausgeht und in sehr anschaulicher Weise zu deren Konkretisierung beiträgt;
– sie kann als Ordnungssystem für vorhandene Daten und Erkenntnisse genutzt werden;
– sie kann zur Lokalisierung von Forschungsdefiziten und gleichzeitig zur
– Ableitung von Richtlinien für zukünftige Forschungsarbeiten dienen.
Das Rahmenwerk umfaßt die Interaktion von vier Kernbereichen – dem

Individuum mit seinen spezifischen Charakteristika und drei Kontexten, in denen sich das Individuum entwickelt – die sich, bezogen auf die Scheidungsproblematik, folgendermaßen umreißen lassen:

1. Das *Makrosystem*, das die aktuellen Normen, Wertvorstellungen und Einstellungen zum Familienleben umfaßt.
2. Das *Exosystem*, mit dem die Stabilität der Situation nach der Scheidung und die soziale Unterstützung, die alleinerziehenden Müttern und Vätern zur Reduzierung ihrer Belastungen zur Verfügung steht, bezeichnet wird.
3. Das *Mikrosystem* charakterisiert die Qualität der Familieninteraktionen, mit denen das Kind vor und nach der Scheidung leben muß.
4. Das *ontogenetische System* beschreibt die individuellen psychischen Kompetenzen, die dem Kind zur Verfügung stehen, um mit den Erfahrungen umzugehen.

Kurdek warnt selbst davor, anzunehmen, daß beim heutigen Stand der Forschung eine klare und definitive Integration der Daten möglich wäre, die Komplexität der einzelnen Ebenen sowie die Beschränktheit der uns zur Verfügung stehenden Datenbasis erlauben seiner Meinung nach nur einen vorläufigen Ordnungsversuch. Zudem wird eine Ebene der Konzeption Bronfenbrenners völlig ausgeklammert: Zum *Mesosystem*, das sich auf die Relationen zwischen zwei oder mehreren Settings, an denen sich das entwickelnde Individuum aktiv beteiligt, bezieht, liegt zu den scheidungsbezogenen Erfahrungen von Kindern noch keine Literatur vor.

Im folgenden sollen die einzelnen Ebenen mit einigen beispielhaften Literaturangaben skizzenhaft vorgestellt werden. (Interessierte Leser seien auf den Originalartikel verwiesen, der eine Vielzahl von Literaturverweisen enthält):

Das Makrosystem: Gesellschaftliche Einstellungen zur Familie

Das Makrosystem ist der umfassendste Bereich mit kulturellen Wertvorstellungen, Normen und Einstellungen, die direkt oder indirekt darauf einwirken, wie ein Kind die Scheidung seiner Eltern wahrnimmt und wie es von ihr betroffen wird. Individuelle Entwicklung muß im Zusammenhang sozialer und kultureller Veränderungen gesehen werden.

Von größter Bedeutung sind im hier diskutierten Zusammenhang die folgenden Bereiche, die in den letzten Jahrzehnten von starken Veränderungen geprägt waren:

– Form und Funktion von Ehe und Familie

Neben der traditionellen Form der Ehe haben alternative Formen, wie eheähnliche Lebensgemeinschaften, Wohngemeinschaften, bewußt und freiwillig alleinerziehende Mütter, an Bedeutung gewonnen. Auch die Funktion der Ehe hat sich verändert. Von ihren Aufgaben der ökonomischen, sozialen und psychologischen Schutzgemeinschaft sind in erster Linie die psychologischen Funktionen übrig geblieben und das Überschreiten der Schwelle psychischen Unwohlseins bei zumindest einem Partner scheint ein häufiger Faktor für die Auflösung einer Ehe zu sein.

– Veränderungen der Elternrollen
Mit der Infragestellung einer starren Rollenteilung verbindet sich tendenziell eine Angleichung der elterlichen Rollen. Besonders stark wirkten die Veränderungen auf die Rolle der Frau. Ihre zunehmende Gleichberechtigung auch in qualifizierten Berufen hat zu einer Verminderung der ökonomischen Abhängigkeit vom Mann geführt. Es besteht eine positive Korrelation zwischen der zunehmenden ökonomischen Unabhängigkeit der Frau und dem Steigen der Scheidungsrate aber auch zu einer erfolgreichen Bewältigung der Situation nach der Scheidung (Brown & Manela, 1978).

– Die Rechtsstellung des Kindes
Die Privatsphäre der Eltern-Kind-Beziehung steht nach wie vor unter starkem gesetzgeberischem Schutz, doch das psychische Wohlergehen des Kindes hat zunehmend Eingang in die Gesetzgebung gefunden. So wurde z. B. im Familienrecht der Bundesrepublik Deutschland der Begriff der „elterlichen Gewalt" durch den Begriff der „elterlichen Sorge" ersetzt und im amerikanischen Gerichtswesen verschiedene Formen des „Anwalts des Kindes" realisiert.

Mit diesen und einer Vielzahl anderer Veränderungen haben sich Einstellungsänderungen ergeben, die es erlauben, die Ehescheidung als gesellschaftlich akzeptierte Alternative zu einer unglücklichen Ehe zu betrachten. Sie ist nicht mehr lang anhaltendes Trauma, sondern konstruktive Veränderung, d. h. eine nicht-pathologische Alternative zur traditionellen Kernfamilie.

Dennoch, gesellschaftliche Einstellungsänderungen entwickeln sich in unterschiedlichen Bevölkerungsgruppen unterschiedlich schnell und nachhaltig. Auch heute noch kann Scheidung zu einem Stigma für die Betroffenen werden (Chiriboga & Cutler, 1977), entsprechen die Geschlechtsrollenkonzepte noch häufig alten Stereotypen und leiden Kinder in den Scheidungsverfahren.

Das Exosystem: Umweltstabilität und soziale Unterstützung

Erfaßt werden sollen die Faktoren, die auf das Setting einwirken, in dem das Kind mit seiner Familie lebt. Bezogen auf die Scheidung handelt es sich um Umweltveränderungen, die aus dem Scheidungsprozeß resultieren und die offizielle und informelle Unterstützung, die der Teilfamilie zur Verfügung steht.

Wallerstein & Kelly (1980a) haben z. B. die Hypothese aufgestellt, daß die Belastungen, die die betroffenen Kinder erleben auch aus dem Empfinden entstehen, keinerlei Einfluß auf die gravierenden Veränderungen in ihrer Umwelt, wie Wohnungswechsel, schulische Veränderungen, den Verlust von Freunden, etc. zu haben.

Die Einschätzung von Umwelteinflüssen bedarf der Erweiterung:

– Das Ausmaß der Veränderungen im sozialen Umfeld müßte untersucht werden, z. B. wie unterscheiden sich die Auswirkungen kumulativ wirkender kleinerer Veränderungen von denen tiefgreifender Veränderungen?

– Die Veränderungen müßten nach positiven und negativen Einflüssen untersucht werden.

– Die kindliche Wahrnehmung von Umweltveränderungen müßte erfaßt werden. Es hat sich gezeigt, daß die Wahrnehmungen der Erwachsenen nicht notwendigerweise mit denen der Kinder übereinstimmen (Kurdek & Siesky, 1980; Wallerstein & Kelly, 1980a).

Eine praktische Konsequenz einer solchen Untersuchung von Umwelteinflüssen wäre die Gewinnung von Informationen für die Spezifizierung von unterstützenden Maßnahmen. (Kurdek vertritt die Meinung, daß die Berichte über die Effizienz solcher Maßnahmen häufig von dem Bemühen gefärbt sind, weitere Förderung zu erhalten.)

Weitere Maßnahmen auf dem Exo-Level sind:

– Juristische Beratungsdienste,

– Sorgerechtsverfahren, die die Interessen und Rechte der Kinder besser wahren als bisher,

– Beratung nach der juristischen Scheidung,

– Aus- und Weiterbildungsberatung,

– finanzielle Beratungen und angemessene Unterhaltszahlungen,

– Erweiterungen der Möglichkeiten der Kinderbetreuung.

Das Mikrosystem: Die Wirkung intrafamiliärer Beziehungen auf das Kind

Der Charakter der familiären Beziehungen nach einer Scheidung wurde in einem eigenen Kapitel bereits ausführlich diskutiert und bedarf an dieser Stelle keiner Wiederholung.

Interessant ist aber eine von Kurdek (1981) vorgenommene Auflistung einzelner Faktoren, die nach Ansicht der Autoren der jeweiligen Arbeiten die kognitive, soziale und emotionale Anpassung der Kinder positiv beeinflussen:

– Eine Sicherstellung ausreichender finanzieller Ressourcen (Desimone-Luis, O'Mahoney & Hunt, 1979; Wallerstein & Kelly, 1980a),
– ein niedriges Niveau elterlicher Konflikte vor und nach der Scheidung (Berg & Kelly, 1979; Jacobsen, 1978b; Lowenstein & Koopman, 1978; Rosen, 1979; Wallerstein & Kelly, 1980a),
– ein hohes Maß an Übereinstimmung auch zwischen den geschiedenen Eltern in bezug auf Erziehungsmethoden und Disziplinierungsmaßnahmen (Hetherington, Cox & Cox, 1978),
– ein „autoritativer" Erziehungsstil (vgl. S. 129) des sorgeberechtigten Elternteils (Santrock & Warshak, 1979),
– eine ausgeglichene und unterstützend wirkende Beziehung zwischen den ehemaligen Ehepartnern,
– regelmäßige Kontakte des nichtsorgeberechtigten Elternteils zum Kind (Hess & Camara, 1979; Hetherington, Cox & Cox, 1976, 1978; Jacobsen, 1978a; Rosen, 1979; Wallerstein & Kelly, 1980a, b),
– ein emotionales Familienklima, das die Diskussion der mit der Scheidung verbundenen Probleme erlaubt und fördert (Jacobsen, 1978b, c).

Diese Liste erhebt keinen Anspruch auf Vollständigkeit, sie spiegelt aber deutlich das Forschungsbemühen wider, einzelne Einflußfaktoren zu identifizieren, wohl nicht zuletzt, um auf diese Weise Ansatzpunkte für erfolgreiche Beratungs- und Interventionsangebote zu finden. Hinzuzufügen wären noch solche Faktoren, die über die Erwachsenen auf die Kinder wirken, wie z. B. ein nichttraditionelles Geschlechtsrollenkonzept oder der Einfluß unterstützender Maßnahmen (vgl. dazu Kurdek, 1981, S. 860).

So aufschlußreich und zweifellos hilfreich das Wissen um diese Einzelfaktoren auch sein mag, über ihr Zusammenwirken und ihre Abhängigkeit untereinander ist nur wenig bekannt.

Nur geringe Beachtung hat bisher auch die aktive Rolle des Kindes bei den Veränderungen im familiären System gefunden. Wie beeinflußt z. B. sein Verhalten die Beziehung der Eltern nach der Scheidung zueinander?

Erst die Untersuchung solch interaktiver und reziproker Prozesse wird definitive Aussagen möglich machen.

Das ontogenetische System: Individuelle Faktoren zur Streßbewältigung

Die Abhängigkeit kindlicher Reaktionsweisen von individuellen Variablen wurde im ersten Teil dieses Kapitels ausführlich dargestellt und das Alter bzw. der kognitive Entwicklungsstand eines Kindes, sein Geschlecht und seine allgemeine Anpassungsfähigkeit im Zusammenhang des Reaktionsspektrums kritisch diskutiert.

Folgende Anmerkungen sollen die Diskussion ergänzen: Die Einnahme einer entwicklungsabhängigen Perspektive unterstützt die Warnung von Kurdek (1981) und Kurdek & Siesky (1980) keinesfalls die Perspektive Erwachsener zum Maßstab der Beurteilung kindlicher Erfahrungen zu machen. Es ist auffallend, daß, obwohl im Zusammenhang mit der Scheidungsproblematik sehr viel von den betroffenen Kindern die Rede ist, nur in wenigen Untersuchungen die Kinder im Mittelpunkt stehen, also der eigentliche „Untersuchungsgegenstand" sind. Die Arbeiten von Wallerstein & Kelly (1975, 1976, 1977, 1979, 1980a), Kelly & Wallerstein (1976, 1977), Kurdek (1981), Kurdek, Blisk & Siesky (1981), Kurdek & Siesky (1980) sowie von Hetherington, Cox & Cox (1978, 1979a, 1979b) in deren Arbeit die Kinder „gleichberechtigt" mit den Erwachsenen behandelt wurden, sind die dominanten Ausnahmen. Nicht selten werden die Probleme der Kinder über die Probleme der Erwachsenen definiert, bei der Abhängigkeit der Kinder von Erwachsenen ein sicherlich gerechtfertigtes und begründbares Vorgehen. Es sollte in Zukunft aber genauer zwischen Kinder- und Elternaussagen unterschieden werden, denn die Einschätzung der Situation der Kinder durch die Kinder selbst und ihre Eltern muß nicht kongruent sein (Kurdek, 1981; Kurdek & Siesky, 1980). Am offensichtlichsten wird die Problematik, wenn man sich vergegenwärtigt, daß die Eltern selbst mit ihren Problemen umgehen müssen und in diesem Zusammenhang möglicherweise die Probleme ihrer Kinder übersehen, also unterschätzen oder aber ihre eigenen Schwierigkeiten auf die Kinder projizieren, deren Probleme also überschätzen (Berg & Kelly, 1979; Wallerstein & Kelly, 1980a).

Wenn wir lernen wollen, wie Kinder die Scheidung erleben, wie wir ihnen helfen und ihre Interessen besser als bisher wahren können und nicht zuletzt, wie die wechselseitigen Abhängigkeiten in der Eltern-Kind-Beziehung vor und nach der Scheidung wirken, brauchen wir die Perspektive des Kindes.

Abschließende Bemerkungen

Kurdek (1981, S. 863) führt zu seinem Vorschlag einer „integrativen Perspektive" abschließend aus: Als konzeptionelle Abstraktionen können die einzelnen Systemebenen für sich allein nicht erklären, wie es zu positiven, zu keinen oder zu negativen Veränderungen kommt. Zu diesem Zweck müßte die Interaktion zwischen den Ebenen analysiert werden – die Möglichkeiten der Interaktion sind jedoch unvorstellbar zahlreich und können nur in einer langfristigen, interdisziplinären Zusammenarbeit nach und nach erarbeitet werden.

Diejenigen Längsschnittstudien, die vorliegen, machen bereits deutlich, daß die Beziehungen zwischen den einzelnen Systemebenen nicht statisch sind. Solche, die unmittelbar nach der Scheidung bestehen, existieren möglicherweise zu einem späteren Zeitpunkt nicht mehr, z. B. weil sich das Kind weiterentwickelt und durch seine Kompetenzerweiterung eine andere Sichtweise gewonnen hat oder weil das Selbstvertrauen, das die Mutter gewonnen hat, positiv in der Interaktion mit ihrem Kind wirkt oder weil sich der Gesamtzusammenhang, in dem sich Eltern und Kinder entwickeln, veränderte.

Es ist daher zweifelhaft, ob einer Systemebene die größte Wichtigkeit zugeordnet werden kann. Vielleicht sollte man stärker auf die kompensatorischen Beziehungen zwischen den einzelnen Ebenen achten und versuchen, ihre Wirkung zu unterstützen.

Die auf den letzten Seiten immer wieder betonte Komplexität der gesamten Problemstellung führt hoffentlich weder bei Wissenschaftlern noch bei den Menschen, die in ihrer täglichen Arbeit um das Wohl des Kindes bemüht sind, noch bei den betroffenen Eltern zu einer resignativen Einstellung. Es wäre leicht, die ganze Debatte um die Auswirkungen der Scheidung auf die Kinder zu vermeiden, indem man die Einmaligkeit jeder individuellen Situation und Erfahrung betont. Obwohl ein solcher Standpunkt nicht einmal unberechtigt wäre, sollte nicht vergessen werden, daß sehr erfolgreiche Bemühungen in den letzten Jahren einen großen Erkenntniszuwachs gebracht und zu Dokumentationen von Zusammenhängen und Beziehungsmustern geführt haben, die noch vor relativ kurzer Zeit unbekannt waren. Und die Vielschichtigkeit hat auch eine positive Seite: Es gibt mit Sicherheit viele Möglichkeiten für eine erfolgreiche Bewältigung der mit der Scheidung verbundenen Probleme – für Kinder und für Eltern.

Hilfen für Eltern und Kinder vor, während und nach der Scheidung

Einleitung

In den vorhergehenden Kapiteln, in denen die Komplexität der Scheidungserfahrungen für Eltern und Kinder beschrieben wurde, wurde an vielen Stellen deutlich, daß die Verfügbarkeit eines Beratungs- und Hilfsangebotes wesentliche Beiträge zur Überwindung der familiären Krisen leisten könnte. Die Erforschung der gesamten Scheidungsproblematik dient ja letztendlich dem Ziel, die Probleme und Schwierigkeiten der Betroffenen zu erkennen und Hilfsmöglichkeiten daraus abzuleiten, sei es, um den Eltern in ihrer Beziehungsproblematik zu helfen, sei es um den Eltern zu helfen, ihren Kindern besser helfen zu können oder sei es, um den Kindern direkt zu helfen.

Im folgenden werden einige Hilfsangebote für Eltern und Kinder vorgestellt, die unterschiedlichsten Charakter haben. Die Aufgliederung der Angebote in vor, während und nach der Scheidung soll noch einmal den Prozeßcharakter der Scheidungserfahrungen reflektieren, in erster Linie aber deutlich machen, daß den Betroffenen in jeder Phase der Scheidung geholfen werden kann: Vor der Scheidung, um den Scheidungsentschluß zu überprüfen und möglicherweise zu revidieren aber auch im Hinblick auf eine realistische Einschätzung der Scheidungsfolgen, während der Scheidung durch Kriseninterventionen und der Vorbereitung auf die Situation nach der Scheidung und nach der Scheidung bei der Reorganisation der familiären Beziehungen auf einer neuen Ebene. Unsere Absicht liegt weniger darin, konkrete Vorschläge zu unterbreiten, als vielmehr zu verdeutlichen, wie breit das Spektrum für Hilfsmöglichkeiten ist und vielleicht die eine oder andere Anregung für weitere Initiativen in der Bundesrepublik Deutschland zu geben.

Beratung vor und während der Scheidung

„The Divorce Experience"

In Minnesota (Domestic Relations Staff of the Family Court of Minneapolis) wird Eltern und Kindern ein vorstrukturiertes Programm („The Divorce Experience") in der Phase der Entscheidungsfindung vor der Scheidung angeboten. Dieses Programm soll den Eltern helfen, sich mit allen Aspekten, die mit einer Scheidung verbunden sind, auseinanderzusetzen. Das

164

Programm ist auf drei Sitzungen begrenzt, hält aber auch ein weiteres Beratungsangebot für solche Teilnehmer bereit, die individuelle Hilfe benötigen. Die ersten beiden Sitzungen beschäftigen sich mit der Erfahrung des Verlustes und den juristischen Aspekten einer Scheidung. Zu jedem dieser Themen berichten Betroffene von ihren eigenen Erfahrungen, denn häufig fällt es den Teilnehmern leichter, sich mit diesen Personen zu identifizieren, als mit den möglicherweise theoretisch anmutenden Ausführungen von Fachleuten. Ein Mitglied des Gerichts (i.d.R. ein Richter) beschreibt das Scheidungsverfahren und legt die Auffassung des Gerichts zu Sorgerechts- und Besuchsrechtsfragen dar. In einer dritten Sitzung wird die Erfahrung einer Scheidung aus der Sicht des Kindes dargestellt. Dabei wird vom Entwicklungsstand des Kindes ausgegangen, um den Eltern zu helfen, ihr Kind besser zu verstehen und sich auf mögliche Verhaltensänderungen vorzubereiten. Für die Kinder werden Gruppen organisiert, die auf ihre altersspezifischen Bedürfnisse eingehen (für die 6- bis 8-, 9- bis 12-, 13- bis 16jährigen) und einen Besuch des Gerichtssaales einschließen (Fine, 1980).

„Divorce Mediator" – *Vermittler in Scheidungskonflikten*

Ein weiterer Versuch, die mit einer Scheidung verbundenen negativen Erfahrungen für alle Beteiligten zu mildern, besteht in der Einschaltung eines speziell ausgebildeten Sozialarbeiters, der als Vermittler in Scheidungskonflikten auftritt. Bei dem Vermittlungsversuch handelt es sich nicht um eine therapeutische Beratung, sondern um das Bemühen, eine Lösung der praktischen Probleme (z. B. Fragen der Vermögensregelung, der Kinderbetreuung usw.) zu finden. Es soll die Möglichkeit geschaffen werden, durch für alle Seiten befriedigende Lösungen, die negativen Empfindungen zu überwinden und Perspektiven für eine Neudefinition der zukünftigen Familienbeziehungen und Lebensbereiche zu entwickeln. Es werden also Lösungen außerhalb des Gerichtssaales angestrebt, mit denen sich alle Beteiligten identifizieren können. Da die Wichtigkeit der Qualität der Familienbeziehungen nach der Scheidung für die kindliche Entwicklung bekannt ist, ist dieser Aspekt nicht zu unterschätzen.

Der Ansatz wendet sich gegen die Entscheidungsübertragung auf Anwälte, die in erster Linie durch Konfliktstrategien ihrem Klienten zu größtmöglichen Vorteilen verhelfen wollen, ohne die Auswirkungen auf die anderen Familienmitglieder zu berücksichtigen. Ein Anwachsen der Destruktivität in den sich auflösenden Familienbeziehungen wird dadurch fast unvermeidlich. Gerade das Gefühl, von den Entscheidungsprozessen ausgeschlossen zu sein und mit von Anwälten und Richtern getroffenen Entscheidungen leben zu müssen, erweckt häufig in beiden Partnern das Empfinden, der Verlierer in der Auseinandersetzung zu sein. Dies trifft insbesondere in Fragen der Vermögensregelung zu: Der Ehemann glaubt, zu zu hohen Zahlungen „verurteilt" worden zu sein, während die Frau meint, zu wenig Unterstützung zu erhalten.

Haynes (1978) vergleicht das Konzept des Vermittlers in Scheidungskonflikten mit dem des Vermittlers in Arbeits- und Tarifkonflikten, also eines unparteiischen Dritten, der zunächst mit jeder Seite spricht, die Punkte, über die bereits Einigkeit erzielt wurde, schriftlich fixiert und aus der weiteren Diskussion heraushält. Nächster Schritt ist die Identifizierung der sogenannten „symbolischen Streitfragen", deren Lösung keine Seite wirklich erwartet, hinter denen sich aber häufig die konkreten zu lösenden Problemstellungen verbergen, über die dann Verhandlungen geführt und schließlich Kompromißregelungen erarbeitet werden können. Vergleichbar dem Vermittler in Arbeitskonflikten sollte auch der Vermittler in Scheidungskonflikten aus öffentlichen Geldern finanziert und als soziale Dienstleistung zur Verfügung gestellt werden.

Der Vermittlungsprozeß sieht in seinen Hauptaspekten folgendermaßen aus:

– Der Vermittler trifft sich zunächst nacheinander mit beiden Partnern, um ihre Vorstellungen zu einer zukünftigen finanziellen Regelung zu erfahren, wobei auch die Möglichkeiten eines eigenen Einkommens der Ehefrau (oder des Ehemannes) erörtert werden. Jeder Partner wird aufgefordert, eine Liste über die Ausgaben des vergangenen Jahres und darauf basierend, eine Planung für das kommende Jahr zu erstellen. Ziel ist es, die zukünftigen Bedürfnisse realistisch zu definieren und dem realen Einkommen anzupassen.
– Nächster Schritt ist eine Bestandsaufnahme der Güter im gemeinsamen Haushalt und die Ermittlung solcher Gegenstände, die für einen Partner von besonderer Bedeutung sind.
– Gleichzeitig nimmt der Vermittler die emotional bestimmten Problemstellungen zur Kenntnis (z. B. „Ich möchte nicht, daß mein Mann die Kinder so oft besucht, weil er einen schlechten Einfluß auf sie hat") und versucht, den Partnern zu helfen, mit ihren Emotionen umzugehen und auch konkrete Lösungsmöglichkeiten zu erarbeiten.
(Hier beginnt die Grenze zwischen Sozialarbeit und therapeutischer Intervention zu verwischen. Das kann auch dann der Fall sein, wenn

Ehepartner den Vermittlungsprozeß endlos ausdehnen, um den letzten Schritt der Scheidung nicht vollziehen zu müssen oder wenn zunächst emotionale Probleme bearbeitet werden müssen, die einem Paar die Auflösung einer destruktiven Beziehung bis dahin unmöglich gemacht haben. Es ist für den Vermittler aber wichtig, zwischen Vermittlung und echten therapeutischen Maßnahmen zu unterscheiden und im Bedarfsfall einen Therapeuten einzuschalten.)

– Nach der Ermittlung der Datenbasis können die Grenzen für eine Einigung abgesteckt werden und die Punkte gemeinsamen Einverständnisses sowie die der größten Diskrepanz identifiziert werden. Diese Streitfragen werden dann der erarbeiteten Zahlenbasis und offiziellen statistischen Daten über Lebenshaltungskosten, etc. gegenübergestellt. Zu diesem Zeitpunkt erkennen die meisten Paare, wie sich ihre wirtschaftliche Situation verändern, d. h. verschlechtern wird. Durch eine Auseinandersetzung mit den konkreten Daten wird aber eine Beschuldigung des anderen vermieden und für eine realistische Betrachtungsweise gesorgt. Die Bereinigung der finanziellen Situation führt auch zu einer zunehmenden Vertrauensbasis und schafft eine gute Ausgangsposition für die Bearbeitung der anderen Fragestellungen (wie z. B. Sorgerechtsregelung) und die Auseinandersetzung mit emotionalen Problemen. Gleichzeitig wird das Risiko vermindert, daß die Kinder als Mittel zum Zweck im elterlichen Konflikt mißbraucht werden. Ein weiterer Effekt der finanziellen Einigung ist eine gewisse Garantie für die langfristige Aufrechterhaltung der Unterhaltszahlungen, da der betroffene Partner die festgesetzte Summe als fair und nicht als von außen vorgeschrieben wahrnimmt. Die finanzielle Regelung braucht keinen statischen Charakter zu haben. So können z. B. Unterhaltszahlungen zunächst so hoch angesetzt werden, daß dem unterhaltsberechtigten Partner eine Ausbildung ermöglicht wird. Mit zunehmender finanzieller Unabhängigkeit verringern sich dann die Zahlungen.

– Ist die Vereinbarung zur beiderseitigen Zufriedenheit ausgearbeitet, wird sie in einem rechtlich verbindlichen Schriftsatz fixiert.

Die Arbeit des Vermittlers ist zukunftsorientiert, d. h. er hilft im Moment der Trennung bei der Lösung der alten Beziehungen aber gleichzeitig bei der Entwicklung neuer familiärer Beziehungen unter den Bedingungen der Nachscheidungssituation (Coogler, 1978; Haynes, 1978).

Beratungsstelle am Familiengericht

Der Forderung nach einer Beratungsstelle am Gericht für Familien im Scheidungsprozeß liegt der gleiche Grundgedanke wie dem Konzept des „Divorce Mediator" zugrunde: Die Belastung der familiären Beziehungen nach der Scheidung durch Unzufriedenheit und Aggressionen soll insbesondere zum Schutze des Kindes vermieden werden. Der Beratungsdienst am Gericht tritt nicht als Berater einer einzelnen Partei sondern als Berater der ganzen Familie auf. Die Verfechter dieses Modells begründen ihren Vorschlag folgendermaßen:

– Gerade die Periode unmittelbar nach der Trennung wird von den betroffenen Familien als besonders streßreich erlebt. Insbesondere klagen die Eltern über das Fehlen emotionaler Unterstützung, praktischer Ratschläge und Anleitungen.

– Die praktische Arbeit mit Eltern im Scheidungsprozeß hat gezeigt, daß die Eltern in dieser Zeit so sehr von ihren eigenen Problemen in Anspruch genommen sind, daß sie ihren Kindern, die jetzt ebenfalls besondere Zuwendung bräuchten, weniger zur Verfügung stehen.

– Es ist unrealistisch anzunehmen, daß die Eltern mit ihren Gefühlen der Frustration, des Ärgers und der Schuld umgehen können, ohne daß eine Übertragung auf die Kinder erfolgt.

– Gerade in einer Krise sind die Betroffenen für Hilfestellungen besonders empfänglich.

– Nur wenige Betroffene haben die Möglichkeit außerhalb des Gerichts Kontakte zu Hilfsstellen aufzunehmen. Eine Verbindung von Familiengericht und Beratungsstelle würde also mehr Menschen als bisher in den Genuß einer professionellen Beratung kommen lassen.

– Der Berater könnte allen Familienmitgliedern überparteilich und damit auch vermittelnd dienen und in der Nachscheidungssituation bei der Realisierung der getroffenen Vereinbarungen zur Verfügung stehen.

Das *„Family Court System"* in Toledo, Ohio, USA, ist wohl das bekannteste Beispiel für die erfolgreiche Arbeit einer solchen Institution. Diese Beratungsstelle an einem Familiengericht mit insgesamt über 90 Mitarbeitern (darunter Psychologen, Psychiater, Eheberater, Sozialarbeiter und medizinisches Personal), ist zu einer zentralen Anlaufstelle für ratsuchende Familien geworden. Betreut werden auch Ratsuchende, die nicht in gerichtliche Auseinandersetzung verwickelt sind.

Alle Ehepaare, die eine Scheidung eingereicht haben, werden eingeladen (die Teilnahme erfolgt also auf freiwilliger Basis), den kostenlosen Beratungsdienst in Anspruch zu nehmen. Mit der Beratung verbunden ist eine möglichst vollständige Erfassung der Familiensituation, die auch im Falle einer gerichtlichen Entscheidung als wichtige Grundlage dient. Die Arbeit der Beratungsstelle umfaßt Konfliktlösungsversuche und – wenn die Versöhnung der Familie nicht erreicht werden kann – die Erarbeitung finanzieller Regelungen und die Lösung der Sorgerechts- und Besuchsrechtsproblematik. Das Bedürfnis betroffener Familien nach Hilfe zeigt sich nicht zuletzt in der Dauer der Beratungen, die kürzer als 30 Tage sein können, in nicht seltenen Fällen aber länger als ein Jahr und sogar länger als zwei Jahre andauern können. D. h. neben der aktuellen Beratung und Krisenintervention verfolgt diese Institution auch langfristige therapeutische Ziele.

In Toledo werden durchschnittlich 40% aller eingereichten Scheidungen zurückgezogen (im nationalen Durchschnitt sind es ca. 30%). Der Erfolg dieser Institution hat zur Errichtung ähnlicher Beratungsstellen in fast allen größeren Städten der USA geführt (Foster, 1966; Rosen, 1978).

„Das Stuttgarter Modell"

Im teamorientierten Ansatz zur Konfliktsteuerung des „Stuttgarter Modells" wird die Familie als System mit komplexer Struktur und verschiedenen Beziehungsebenen (z. B. psychische Beziehungen, ökonomischen Beziehungen, Rechtsbeziehungen, Außenbeziehungen) gesehen. Treten Konflikte oder Veränderungen auf einer Ebene auf, so hat dies Auswirkungen auf die anderen Ebenen, die häufig nicht vorhergesehen werden. Das gleiche gilt für Konfliktlösungsversuche: isolierte Maßnahmen (z. B. Therapie- und Beratungsversuche auf der psychischen oder Anwaltsstrategien auf der rechtlichen Ebene) werden dem komplexen Systemcharakter nicht gerecht, führen zu unreflektierten Veränderungen und bleiben wirkungslos bzw. führen sogar zu einer Verschärfung der Konflikte. Die traditionell isolierten Ebenen sollen im „Stuttgarter Modell" in einer Teamberatung zusammengeführt werden. Die Zusammensetzung des Teams (ein Familientherapeut, ein Arzt als Psychotherapeut, eine Sozialpädagogin, drei Sozialarbeiterinnen, ein Steuerberater, ein Rentenberater, zwei Rechtsberater, ein Theologe und eine Diplom-Psychologin) spiegelt dieses Bemühen wider. Erst die überlegte Zusammenstellung dieser unterschiedlichen Hilfsangebote ergibt eine leistungsfähige Konfliktsteuerung, die in folgenden Phasen verläuft:

– Kontaktaufnahme und Vorbereitung
  Dabei geht es um die Abklärung der Motivation, der Erwartungen und

Ziele des Ratsuchenden aber auch um seine psychische Verfassung und die Bereitschaft zur Veränderung. Die realen wirtschaftlichen, sozialen und rechtlichen Bedingungen werden mit dem Ziel angesprochen, ein erstes Verständnis für die Mehrdimensionalität des Problems zu wecken.

– Klärung des Familienkonfliktes und Entscheidungsfindung über die Art des weiteren Vorgehens (ca. 3–6 Wochen)

Dem Ratsuchenden und seiner Familie werden zwei Teamkonferenzen und die Hilfe einzelner Mitarbeiter angeboten. In der ersten Teamkonferenz soll – nach der Vorinformation durch den Mitarbieter, der den ersten Kontakt mit dem Klienten hatte – ein Gesamturteil über die Familiensituation gebildet werden, um danach zu klären, welche weitere Gestaltung des Beratungsvorganges empfohlen wird. Falls eine Krisenintervention nötig scheint, wird diese vorbereitet. Bis zur zweiten Teamkonferenz stehen dem Klienten Gesprächsgruppen, Kurztherapien oder Einzelberatungen zur Verfügung, die das Ziel haben, den Klienten zu stabilisieren und ein konstruktives Konfliktverhalten zu ermöglichen. In der zweiten Teamkonferenz werden mit allen Beteiligten die einzelnen Alternativen zur Konfliktlösung mit ihren Vor- und Nachteilen erörtert und die Hilfsangebote der einzelnen Mitarbeiter vorgestellt.

– Konfliktbearbeitung und Konfliktlösung (ca. 4–10 Wochen)

Die Vorschläge der zweiten Teamkonferenz werden durchgeführt. In einer Abschlußkonferenz wird nach einer dauerhaften Konfliktlösung gesucht, die von allen Konfliktbeteiligten getragen wird. Dabei werden auch bereits bestellte Anwälte, Gutachter und Jugendamtsmitarbeiter hinzugezogen. Aufgabe des Teams ist es insbesondere deutlich zu machen, daß die anzustrebende Lösung ein Zusammenstimmen von psychosozialen, pädagogischen, wirtschaftlichen und rechtlichen Aspekten enthalten sollte. Zu diesem Zweck werden auch die Belastungen der einzelnen Lösungsalternativen für die Beteiligten, insbesondere für die Kinder, aufgezeigt.

– Nachbearbeitung und Stabilisierung

Diese Phase wird nur bei einem Scheitern von einvernehmlichen Lösungen erforderlich. Das gelernte konstruktive Konfliktverhalten soll auch auf gerichtlicher Ebene aufrechterhalten werden, destruktives Taktieren soll soweit wie möglich ausgeschaltet werden. Gleichzeitig wird Kindern und Eltern der Familie Hilfestellung bei der emotionalen Verarbeitung der familiären Veränderungen angeboten. Gerade in dieser Phase hat der Kontakt zu den Anwälten der Elternteile besondere

Bedeutung für die Gestaltung des Prozeßstils und die Ermöglichung einer Verständigung zwischen den Eltern, die den Kindern zugute kommt.

Neben dem Familientherapeuten kommt dem Juristen im Team eine Schlüsselposition in der Konfliktlösung zu. Das Stuttgarter Modell will der derzeit vorherrschenden Praxis einer vollkommen individualistisch ausgerichteten Handlungsstrategie entgegenwirken. Der Jurist fungiert als Abfragestation zur Aufklärung und Informationsvermittlung und hat vor allem die Aufgabe, die häufig übersteigerten Erwartungen des Ratsuchenden in die Effizienz juristischer Maßnahmen abzubauen. Eine seiner Hauptaufgaben ist es, offizielle Stellungnahmen so abzufassen, daß die interdisziplinär erarbeiteten Stellungnahmen auch von Richtern nachvollzogen und akzeptiert werden können (Rabaa, Seibert & Stange, 1981).

„Anwalt des Kindes"

Das Konzept einer eigenen Interessenvertretung des Kindes wurde in dem Projekt „Michigan's Friends of the Court" verwirklicht.

1977 arbeiteten 67 „Friends of the Court" in 83 Counties des US-Staates Michigan. Der etwas irreführende Name (man würde wohl eher einen Titel wie „Friends of the Children" erwarten) soll zum Ausdruck bringen, daß es sich um „freundliche" Interventionen handelt, die das Gericht beratend auf rechtlich relevante Umstände aufmerksam macht, die seiner Aufmerksamkeit entgangen sind oder auf eine mögliche Gefahr von Fehlentscheidungen hinweist. Übergeordnetes Ziel ist aber, die Rechte des Kindes zu schützen und seine Interessen zu vertreten, insbesondere in Scheidungsfällen. Im Gesetz ist festgelegt, daß der „Friend of the Court" (an großen Gerichten der Vorgesetzte einer Abteilung) durch den Gouverneur des Staates aufgrund von richterlichen Empfehlungen ernannt wird und lediglich im Falle des Vorliegens besonderer Gründe seines Amtes enthoben werden kann (eine Regelung, die die Institution vor politischer Einflußnahme schützen soll). Die Rechte und Pflichten sind ebenfalls in den Gesetzen des Staates festgelegt und umfassen folgende Punkte:
- Das Aussprechen einer Empfehlung an das Gericht bezüglich Sorgerechts-, Besuchrechts- und Unterhaltungsregelungen nach einer sorgfältigen Untersuchung der Fälle, in denen minderjährige Kinder betroffen sind.
- Die fortgesetzte Beobachtung aller Kinder, deren Sorgerecht und Unterstützung durch das Gericht festgelegt wird.

- Die Initiierung und Durchführung von Verfahren zur Durchsetzung von Sorgerechts-, Besuchsrechts- und Unterhaltsanordnungen.
- Die Vermittlung in Familienkonflikten durch einen Anwalt im Auftrage des Gerichts.
- Die Antragstellung auf Erhöhung der Unterhaltszahlungen, wenn sich die Zahlungen als unzureichend erwiesen haben.
- Der Aufbau eines Beratungsdienstes am Familiengericht, der während des gesamten Scheidungsprozesses zur Verfügung steht.

In der praktischen Arbeit der einzelnen Institutionen an den verschiedenen Gerichten haben sich unterschiedliche Schwerpunkte herauskristallisiert, wie z. B. die Erarbeitung von Sorgerechtsempfehlungen, Vermittlungstätigkeit oder die Sicherstellung von Unterhaltszahlungen (Benedek, Del Campo & Benedek, 1977; Foster, 1966).

Kombination von Beratung (außergerichtliche Konfliktlösung) und Erstellung einer Sorgerechtsempfehlung

Das „Denver Modell"

Ein komplexer Ansatz wurde im Colorado Children's Diagnostic Center in Denver, USA, entwickelt, um Sorgerechtsempfehlungen in solchen Fällen zu erarbeiten, die vom Gericht als besonders kompliziert überwiesen wurden. Grundlage der Gutachtertätigkeit sind gesetzlich festgelegte Forderungen nach der Berücksichtigung folgender Faktoren: Die Wünsche der Eltern, die Wünsche der Kinder, die Interaktionen und Beziehungen innerhalb der Familie und zu anderen wichtigen Personen, Entwicklungsstand und Verhalten des Kindes zu Hause und in der Schule und die körperliche und geistige Gesundheit aller Beteiligten.

In der Anfangszeit wurden alle Richter im Wirkungsbereich des Centers ausführlich über dessen Arbeitsweise informiert. Das Center übernimmt nur Fälle, die vom Gericht überwiesen werden. Anträge von Anwälten oder Privatpersonen werden abgelehnt, um die neutrale Position des Centers nicht in Frage zu stellen. Gleichzeitig mit der Überweisung durch das Gericht erhält das Center alle relevanten Informationen, d. h. auch von Sozialarbeitern gesammelte Fakten zur Familien- und Konfliktgeschichte, Berichte über die Schulsituation der Kinder, Berichte über Hausbesuche u. a. m. Das Center arbeitet mit einem teamorientierten Ansatz, d. h. Fachleute verschiedener Disziplinen (wie klinische Psychologen, Psychiater, Sozialarbeiter und Kinderärzte) erarbeiten eine Empfehlung, die vom gesamten Team getragen wird. Vorteile dieses Ansatzes sind:

– die Möglichkeit wirklich umfassender Untersuchungen von Eltern und Kindern
– die Gewährleistung größtmöglicher Objektivität und
– die Entlastung des einzelnen Mitarbeiters in der Verantwortung der weitreichenden Konsequenzen einer Sorgerechtsempfehlung.

Kinder und Erwachsene werden jeweils von verschiedenen Mitarbeitern untersucht, da die Auffassung vertreten wird, daß es einfacher sei, die Bedürfnisse eines Kindes zu beurteilen, ohne z. B. um eine depressive Reaktion der Mutter oder des Vaters auf den Verlust des Sorgerechts zu wissen. Die Eltern dagegen werden vom gleichen Untersucher beurteilt, um eine Allianzbildung zwischen dem Untersucher und „seinem" Klienten zu vermeiden. Zusätzlich wird mit allen anderen für das Kind wichtigen Erwachsenen gesprochen, um mögliche Alternativen für eine optimale Betreuung des Kindes nicht zu übersehen. Die Untersuchungen erstrecken sich über eine Woche und dauern insgesamt ca. 20 Stunden.

Ein zentraler Schwerpunkt ist die Einschätzung der elterlichen Fähigkeiten, die Einstellung des Vaters und der Mutter zu dem Kind, ihre Wahrnehmung und ihr Verstehen des Kindes. Faktoren wie Empathie, emotionale Verfügbarkeit, Kapazität für angemessene Interaktionen und Aufbau und Aufrechterhaltung der affektiven Bindung werden durch Interviews und Beobachtungen der Eltern-Kind-Interaktion untersucht. Zur Untersuchung der Kinder werden umfassende pediatrische, psychiatrische und psychologische Verfahren eingesetzt, wobei die Beobachtung der Eltern-Kind-Interaktionen ebenfalls einen wichtigen Aspekt darstellen. Die Autoren betonen, daß die Arbeit mit den Eltern nicht lediglich als Ergänzung zur Untersuchung der Kinder verstanden werden darf, sondern beide Untersuchungsschwerpunkte gleichberechtigt nebeneinander stehen.

Die Kontakte zwischen dem Team und den Eltern erlauben einen gewissen Spielraum für eine Interaktion, die über einen reinen Untersuchungscharakter hinaus geht, da den Eltern auch die Möglichkeit gegeben wird, ihren Emotionen Ausdruck zu verleihen. Allerdings soll in den Eltern nicht die Erwartungshaltung einer therapeutischen Situation geweckt werden.

Ein wichtiger Aspekt dieses Ansatzes ist eine Sitzung, in der den Ehepartnern unabhängig voneinander die Entscheidung für eine Sorgerechtsempfehlung mitgeteilt wird („interpretive phase"). Insbesondere dem Elternteil, für den die Empfehlung negativ ausfällt, soll das Erkennen der kindlichen Bedürfnisse ermöglicht werden. Auf diese Weise soll ihm bei der Bearbeitung des Trennungsprozesses Hilfestellung gegeben werden, um zu vermeiden, daß die Erfahrung der Kränkung und Zurückweisung die Familienkonstellation nach der Scheidung und die Beziehung zum Kind negativ beeinflußt (Jackson, Warner, Hornbein et al. 1980; Warner & Elliott, 1979).[1]

Ein vergleichbarer Standpunkt wird, unabhängig vom „Denver Modell", in der Auffassung der „vielgerichteten Parteilichkeit" vertreten. Die Autoren (Cotroneo & Krasner, 1979) lehnen eine Begutachtung, die sich automatisch zum Anwalt des Kindes macht, ab. Sie halten die Ausschließlichkeit des Kindeswohles als Zentrum aller Überlegungen nicht für statthaft. Der individuellen Begutachtung („Anwalts-Modell") stellen sie die „vielgerichtete Parteilichkeit" gegenüber und befürworten gleichzeitig eine sich ergänzende Zusammenarbeit der beiden Systeme Familie und Rechtsprechung. Obwohl sich die Autoren in erster Linie auf Empfehlungen für Sorgerechtsentscheidungen konzentrieren, betonen sie mit ihrer Vorstellung die Notwendigkeit einer außergerichtlichen Konfliktlösung für die Gestaltung der Familienkonstellation nach der Scheidung, die sich als äußerst wichtig für die gesunde Entwicklung des Kindes erwiesen hat.

Von der Fallorientierten Therapie zum „Family Center"

Mit Empfehlungen für Sorgerechts- und Besuchsregelungen befaßt sich auch die Abteilung „Legal Psychiatry" der University of California in Los Angeles, die eng mit dem Superior Court of California zusammenarbeitet. Als sehr fruchtbar für die Förderung des gegenseitigen Verständnisses zweier Berufsgruppen, die nur sehr wenig gemeinsam haben, hat sich in diesem Projekt ein regelmäßiger Erfahrungsaustausch von Richtern und Mitarbeitern dieser Abteilung (Psychologen, Psychiater, Sozialarbeiter u. a.) erwiesen.

Die Arbeit dieser Institution unterscheidet sich von bereits beschriebenen Projekten nicht so sehr in der Art des Untersuchungsprozesses (alle betroffenen Personen werden beteiligt, ein Schwerpunkt ist die Eltern-Kind-Interaktion, die Untersuchung nimmt teilweise therapeutischen Charakter an), sondern darin, daß auch Aufträge von Anwälten (die Anwälte beider Parteien müssen ihr Einverständnis erklären) und Privatpersonen akzeptiert werden. Dem Kontakt mit den Anwälten wird sogar besondere Bedeutung beigemessen, denn in jedem Falle (auch wenn das Gericht als

---

[1] Während der Arbeit an diesem Buch erreichte uns ein Schreiben von Dr. Jackson, in dem uns mitteilt, daß das Colorado Children's Diagnostic Center aufgrund von Mittelkürzungen geschlossen werden mußte und der beschriebene multidisziplinäre Ansatz zur Erarbeitung von Sorgerechtsempfehlungen nicht mehr praktiziert wird.

Auftraggeber auftritt) wird die erarbeitete Entscheidung mit den Anwälten beider Parteien diskutiert. Dieser Grundsatz hat sich oft als schwer durchsetzbar erwiesen, da die Anwälte häufig gar nicht daran interessiert sind oder lediglich die Absicht verfolgen, neues Material für den „Sieg" ihres Klienten zu sammeln. Gerade dieser Konfliktstrategie soll – zum Wohle des Kindes – vermittelnd und außerhalb des Gerichtssaales entgegengewirkt werden.

Eine zweite, von der ersten unabhängige, Abteilung dieses Projektes ist die sogenannte „Post-Divorce-Clinic", eine therapeutisch orientierte Beratungsstelle für Eltern, die aufgrund ihrer individuellen Konfliktsituation nicht in der Lage sind, ihre Beziehungen nach der Scheidung – von denen das Kind in starker Weise betroffen ist – konstruktiv zu gestalten. Das übergeordnete Ziel ist also das Wohlergehen des Kindes, d. h. durch die therapeutische Arbeit mit den Eltern soll vermieden werden, daß das Kind als Mittel zum Zweck im elterlichen Konflikt mißbraucht wird und statt dessen eine positive Beziehung zu beiden Eltern möglich gemacht werden.

Neuere Bestrebungen der eben beschriebenen Institution verlassen die einzelfallorientierte Therapie und streben ein multidisziplinär orientiertes „Family Center" an, das allen beteiligten Familienmitgliedern während des gesamten Scheidungsprozesses Hilfestellungen für eine möglichst untraumatische Anpassung bietet und darüber hinaus auch präventiv und forschend tätig wird. Vier Schwerpunkte sind konzipiert:

- Beratungsdienste vor der Eheschließung, Orientierungshilfen im Frühstadium der Trennung bzw. Scheidung, pädagogische Arbeit an Schulen und anderen Institutionen,
- Erstellung von Sorgerechts- und Besuchsrechtsempfehlungen, Untersuchungen bei Adoptionen und Fällen von Kindesmißhandlung,
- Eheberatung, Familientherapie und Nachscheidungstherapie,
- Interdisziplinäre Zusammenarbeit mit und Ausbildung von Anwälten, da der Rolle des Anwaltes entscheidende Bedeutung für den Charakter des familiären Konfliktes zukommt und die heutige Ausbildung der Anwälte keinerlei Kenntnisse über die Dynamik im Umgang mit Familienkrisen vermittelt (Suarez, Weston & Hartstein, 1978).

Hilfe nach der Scheidung

Die traditionellen therapeutischen Ansätze

Die klassische Therapeut-Klient-Beziehung der verschiedenen psychotherapeutischen Ansätze war häufig die einzige Hilfsmöglichkeit für betroffene Eltern und Kinder bevor versucht wurde, dem komplexen Charakter der Scheidungssituation durch multidisziplinäre Ansätze und spezielle Forschungsstrategien gerecht zu werden.

Die therapeutische Intervention wird naturgemäß erst in der Nachscheidungssituation in Anspruch genommen, wenn z. B. ein Kind durch Verhaltensauffälligkeiten demonstriert, daß es die die Scheidung begleitenden Erfahrungen nicht zu integrieren vermag.

Zahlreiche Therapeuten haben von ihren jeweiligen theoretischen und praktischen Standpunkten aus (z. B. gemeinsame Therapie der geschiedenen Partner, Gruppentherapie für Paare, Familientherapie, Therapie mit Kindern ohne oder mit Einbeziehung der Eltern) die therapeutische Problematik der Scheidungsfamilien beschrieben und sich – neben den Veröffentlichungen für das Fachpublikum – auch mit praktischen Ratschlägen an betroffene Familien gewandt, die sich häufig vergeblich um Hilfe in ihrer Krisensituation bemühten. Da eine differenzierte Darstellung der Ansätze den Rahmen dieses Kapitels sprengen würde, seien ohne Anspruch auf Vollständigkeit, einige der bekanntesten Autoren erwähnt: Despert, 1962; Derdeyn, 1977; Gardner, 1977; Gardner, 1976; Goldman & Coane, 1977; Hozman & Froiland, 1976; Lempp, 1978.

Intervention als Mittel zur Gewinnung von Forschungsdaten

Da die Arbeiten von Wallerstein & Kelly entscheidende Beiträge zu einem kindzentrierten Verständnis des Scheidungsprozesses geliefert haben und aus ihrer Arbeit wichtige Erkenntnisse für die therapeutische Intervention mit Kindern gewonnen wurden, soll ihr kombinierter Ansatz von Forschung und Intervention etwas ausführlicher dargestellt werden.

Das „California Children of Divorce Project" ging aus einem Divorce Counseling Service (im Community Health Center) hervor. Da die Autoren zu der Überzeugung gelangten, daß sie die gewünschten Daten über Wahrnehmung, Gefühle, Ängste und Fantasien von Kindern und Eltern nicht lediglich durch Beobachtungen und Fragebögen erheben können, entschlossen sie sich, betroffenen Familien ein kurzes Interventionsprogramm anzubieten, um im beratenden Kontakt die gewünschten Informationen zu sammeln. Ziele des Forschungsprojektes waren:

1. Verstehen der Erfahrungen, die Kinder im Laufe des Scheidungsprozesses machen und Erkenntnisse über die Zusammenhänge zwischen dem Charakter dieser Erfahrungen und Faktoren wie Alter, Geschlecht, Konfliktniveau in der Ehe der Eltern, soziales Umfeld, etc.
2. Beobachtung der langfristigen Auswirkung dieser Erfahrungen auf die Kinder, um mögliche Prädiktoren für positive oder negative Folgen einer Elterntrennung zu erarbeiten und damit effektive Richtlinien für Eltern und Berater zu erstellen.
3. Erkenntnisse über die Veränderungen der Eltern-Kind-Beziehungen zum Zeitpunkt der Scheidung und in den nachfolgenden Jahren (insbesondere zwischen Kind und nichtsorgeberechtigtem Elternteil).
4. Antwort auf die Frage nach den Auswirkungen der Erfahrungen der Erwachsenen auf die Kinder.

Folgende Überlegungen standen am Beginn des Projektes:

– Scheidung stellt eine zeitlich begrenzte Krise dar, in der die Handlungs- und Anpassungsfähigkeit der Erwachsenen sowie der Kinder beeinträchtigt ist.
– Die elterlichen Kapazitäten für die Betreuung ihrer Kinder sind in dieser Zeit vermindert.
– Kinder und Jugendliche können von der Möglichkeit mit einem außenstehenden, psychologisch geschulten Erwachsenen zu sprechen, profitieren.
– Das gleiche gilt für Erwachsene.
– Beratung in einem zeitlich begrenzten psychotherapeutischen Modell ist die Methode der Wahl.
– Der Zeitraum unmittelbar nach der Trennung ist aus folgenden Gründen für eine Intervention geeignet: Durch die Krise entstehen Kapazitäten für (potentiell positive) Veränderungen; es besteht die Notwendigkeit grundsätzlicher Entscheidungen zur Gestaltung der zukünftigen Eltern-Kind-Beziehungen und es besteht in der Regel eine große Motivation für Verbesserungen.

Teilgenommen haben 60 Familien mit 136 Kindern, die überwiegend aus der Mittelschicht stammten. Das Programm stand allen interessierten Familien offen, lediglich solche, in denen bereits vor der Scheidung psychische Probleme manifest geworden waren, wurden vom Programm ausgeschlossen. Aufmerksam geworden waren die teilnehmenden Familien durch Zeitungsveröffentlichungen, Freunde, kirchliche Institutionen oder durch ihre Anwälte. Von vorne herein stand fest, daß das Programm kindzentriert, präventiv, programmorientiert, zeitlich begrenzt und freiwillig war. Der Kontakt zu jedem Familienmitglied fand in Einzelsitzungen statt, Informationen über die Kinder wurden auch in den Schulen gesammelt. Ziel der Datensammlung war ein möglichst umfassendes Bild jedes einzelnen Familienangehörigen sowie der Familie als Gesamtheit. Jeder Elternteil wurde 1x wöchentlich, sechs Wochen lang interviewt (jeweils 1–1½ Std.). Mit jedem Kind fanden 3–4 Sitzungen (jeweils 50 Min.) nach den ersten beiden Elterninterviews statt. In der Regel wurden alle Familienmitglieder von einem Untersucher betreut. Einschließlich der Informationssammlung in der Schule wurden jeder Familie ca. 30 Std. gewidmet.

Eine Follow-up-Studie wurde sowohl nach einem Jahr wie auch nach fünf Jahren durchgeführt.

Die Fragen waren vorformuliert, wurden aber nicht in Form von Fragebögen vorgelegt.

Die inhaltliche und praktische Konzeption: In der ersten Phase der Beratung dienen zwei bis drei lose vorstrukturierte Sitzungen mit den Eltern der Erarbeitung des Grundwissens zur Familiensituation, wobei das gründliche Verständnis der familiären Beziehungen als entscheidend für die Einschätzung der Auswirkungen der Scheidung auf das Kind angesehen wird. Folgende Schwerpunkte werden behandelt:

– Erarbeitung einer Bestandsaufnahme der Ehezeit (einschließlich der Zeit des Kennenlernens und der Zeit vor der Eheschließung) sowie der positiven und negativen Aspekte und Einschätzung des Stils des Familienlebens und der Interaktion.
– Erarbeitung der spezifischen Details des Scheidungsentschlusses: Welche Ereignisse sind diesem Ereignis unmittelbar vorausgegangen? War der Entschluß für den Partner und die Kinder vorhersehbar? Unter welchen Bedingungen hat die Trennung nach dem Scheidungsentschluß stattgefunden?
– Einschätzung der Qualität der Familienbeziehungen, insbesondere der Eltern-Kind-Beziehung während der Ehe. Beantwortet werden soll die Frage: Was verliert das Kind durch die Scheidung?
– Einschätzung der Situation des Kindes: Seine Rolle im Konflikt, seine Reaktionen auf die Konflikte. Wie sehen die Eltern ihr Kind? Wie hat sich das Kind verändert? Wie sehen die momentanen Eltern-Kind-Beziehungen aus? Wie entwickeln sich die Beziehungen zum nichtsor-

geberechtigten Elternteil? Wie werden die zukünftigen Eltern-Kind-Beziehungen eingeschätzt?

– Beurteilung des sozialen und ökonomischen Status, der beruflichen Situation und der Zukunftsplanung.
– Spezifische individuelle Informationen.

Von der ersten Sitzung an werden die Erwachsenen in ihrer Elternrolle angesprochen und der Schwerpunkt auf das Wohlergehen des Kindes gelegt. Die Verbindung zwischen Verhaltensänderungen und den Streßfaktoren im Zusammenhang mit der Scheidung wird hergestellt. Zum Zeitpunkt des dritten Elterninterviews liegen vielschichtige Untersuchungsdaten des Kindes und ein Bericht zu seiner Schulsituation vor. Insgesamt ergibt sich ein Set ineinandergreifender Aussagen über die elterlichen psychischen Reaktionen auf die Scheidung, über ihre Motivation und ihre Kapazität für die zukünftige Elternrolle. Kombiniert mit vergleichbaren Informationen zur Situation des Kindes und anderer wichtiger Bezugspersonen im Umfeld des Kindes entsteht ein *Beratungsplan* als Basis für die *Beratungsstrategie*. Der Beratungsplan wird zum einen von den Bedürfnissen der Eltern nach Rat und Hilfe in bestimmten Fragen bestimmt, stärker aber noch von den Bedürfnissen des Kindes, wie sie von den Mitarbeitern erkannt wurden. Übergeordnetes Ziel ist eine Verbesserung bzw. eine positive Gestaltung der Beziehungen des Kindes zu beiden Elternteilen. Obwohl die Intervention in erster Linie kindzentriert ist, können sich verschiedene Schwerpunkte ergeben: Die Intervention kann also kindzentriert, elternzentriert oder beziehungszentriert sein.

Häufige Problemstellungen der *kindzentrierten* Intervention sind:

– Aufarbeitung der Versäumnisse der Eltern, ihren Kindern (insbesondere Kindern im Vorschulalter) eine ausreichende Erklärung für die Trennung zu geben, verbunden mit einer Bearbeitung der entstandenen Symptome (z. B. Regressionen, Angstzustände). Die Auseinandersetzung mit den Symptomen erfolgt in erster Linie durch eine Anleitung der Eltern für ein angemessenes Umgehen mit ihren Kindern.
– Die Unterstützung bei der Aufrechterhaltung des Kontaktes des Kindes zum nichtsorgeberechtigten Elternteil. Diese Maßnahme wird bestimmt durch das häufig beobachtete große Verlangen der Kinder nach ihren Vätern (um vom Regelfall auszugehen) und den positiven Auswirkungen eines fortgesetzten Kontaktes.
– Das Verständlichmachen des kindlichen Verhaltens als altersabhängige Reaktion auf den Streß der Scheidungssituation, um Eltern den

Eindruck einer individuellen Verhaltensstörung zu nehmen und eine angemessene Reaktion ihrerseits zu ermöglichen.

Insgesamt sind die kindzentrierten Interventionen häufig pädagogische Einflußnahmen auf die Eltern. Damit wird gleichzeitig eine Rückwirkung auf das elterliche Kompetenzgefühl und Selbstvertrauen erreicht.

Der Ansatz der *beziehungszentrierten* Intervention erwies sich dann als geeignet, wenn die Defizite weniger im Wissen um kindliche Reaktionsweisen als vielmehr in den Fähigkeiten mit diesen Reaktionen umzugehen, lagen. Die Verstrickung in eigene Konflikte und das nach der Scheidung verminderte Selbstwertgefühl macht es den Eltern häufig unmöglich, in einer spannungsreichen Eltern-Kind-Beziehung adäquat zu reagieren. Häufige Problemstellungen sind:

– Die ehelichen Konflikte, aus denen sich die Partner mühsam gelöst haben, finden nicht selten in einer Übertragung auf die Beziehung zwischen Kind und alleinerziehendem Elternteil ihre Fortsetzung. In solchen Fällen ist die Interventionsstrategie durch eine Kombination pädagogischer und psychotherapeutischer Maßnahmen charakterisiert, die auf eine Verbesserung der elterlichen Fähigkeiten, sowie auf die Dynamik der Beziehung und die internen Konflikte ausgerichtet ist.

– Väter stellen die Kontakte zu ihren Kindern ein oder nehmen sie nur unzuverlässig wahr, aus Motiven, die in einem „Rachebedürfnis" gegenüber der Ehefrau liegen, den Gefühlen der eigenen Minderwertigkeit entspringen (so gingen zum Beispiel einige Männer, die von ihren Ehefrauen abgelehnt wurden, davon aus, daß sie auch bei ihren Kindern unerwünscht seien) oder aus der Vermeidung des mit jedem Besuchstermin wiederkehrenden Trennungsschmerzes resultieren. In solchen Fällen muß zum einen die Trennung der Ehekonflikte von den Beziehungen zu den Kindern erreicht werden, zum anderen muß den Vätern ihre Wichtigkeit für die Entwicklung ihrer Kinder deutlich gemacht werden.

– Ein weiteres Interventionsziel war die Beendigung einer – häufig unbewußten – Benutzung des Kindes als Mittel zur Fortsetzung des ehelichen Konfliktes.

– Manchmal wurden auch Hilfestellungen in konkreten Fragen der Versorgung des Kindes geleistet, z. B. bei einer Erkrankung des sorgeberechtigten Elternteiles.

Der Schwerpunkt der *elternzentrierten Intervention* liegt auf Hilfestellungen bei der Anpassung an die neue Rolle als alleinerziehender Elternteil. Die Eltern sind in der Regel emotional nicht auf den Streß, die Entscheidungzwänge und die vielfältigen Veränderungen, die die Trennung mit sich bringt, vorbereitet. Eine Angst, die fast alle alleinerziehenden Eltern gemeinsam haben, ist die, ihren Kindern nicht gerecht zu werden und in ihrer Autorität nicht anerkannt zu werden. Insgesamt hat sich gerade die Arbeit mit den Eltern als sehr fruchtbar erwiesen, da viele hoch motiviert sind, die „zweite Chance" für sich und ihre Kinder zu nutzen. Im folgenden soll die Konzeption einer Kurzintervention mit Kindern konkretisiert werden.

Kurzintervention mit Kindern: Hauptziel ist es, den Kindern die affektive und kognitive Integration der Folgen der Familienauflösung und Umstrukturierung zu ermöglichen und psychopathologische Reaktionen zu vermeiden. Grundlage der Intervention bildet ein scheidungsspezifisches diagnostisches Profil, das aufgrund folgender Informationen erarbeitet wird:

1. Einschätzung des *allgemeinen Entwicklungsstandes*, wobei in erster Linie nicht psychopathologische Reaktionen, wie sie in vielen psychodiagnostischen Verfahren betont werden, im Vordergrund stehen, sondern die Empfindlichkeiten, Verletzlichkeiten aber auch die Stärken eines Kindes erfaßt werden sollen. Als Grundlage dafür dienen Elterninterviews, Informationen aus der Schule und direkte Beobachtungen des Kindes. Diese Daten liefern die Basis für die Entscheidung, ob das Kind die altersgemäßen Entwicklungsschritte erreicht hat. Die Auswirkungen der situationsbedingten Streßfaktoren können dann beurteilt werden.

2. *Scheidungsspezifische* Einschätzung der individuellen Reaktionen auf die Erfahrung der Elterntrennung.
   Folgende Fragestellungen sind zu beantworten:
   - Verständnis der elterlichen Trennung: Haben die Eltern dem Kind ihre Trennung in ausreichender Weise erklärt oder wurde es durch die Ereignisse in kognitive und affektive Verwirrung gestürzt?
   - Affektive Reaktionen: In welchem Ausmaß werden Schmerz und Ängste bewußt erlebt? Befindet sich das Kind in einem Loyalitätskonflikt? Ist eine Zunahme aggressiven Verhaltens zu beobachten? Gibt es Anzeichen für depressive Reaktionen?
   - Abwehrmechanismen und -strategien: Reichen die dem Kind zur Verfügung stehenden Abwehrfunktionen auch unter den verstärkten Streßbedingungen aus?
   - Ausmaß und Intensität der kindlichen Reaktionen auf die Scheidung.
   - Erfassung neuer Verhaltensweisen, insbesondere neuer Symptome (z. B. somatische Symptome, delinquentes Verhalten, etc.).

3. Einschätzung der dem Kind zur Verfügung stehenden *Rückhaltesysteme* („support systems", wie Eltern-Kind-Beziehung, Geschwister, weitere Familienmitglieder, Schule, Freunde, außerfamiliäre Aktivitäten).

Größte Bedeutung wird der Frage beigemessen, welche Unterstützung das Kind in der Eltern-Kind-Beziehung (auch zum nichtsorgeberechtigten Elternteil) findet, wobei eine sehr enge Beziehung durchaus destruktive und hemmende Züge haben kann, nämlich dann, wenn die Beziehung auf Kosten des Kindes Stützungsfunktion für den Erwachsenen hat. Gerade in Fällen, in denen ein Mangel an außer- oder innerfamiliärer Unterstützung festgestellt werden konnte, erwies sich die Intervention als besonders bedeutsam. Das scheidungsspezifische diagnostische Profil wird von der Interaktion der individuellen Entwicklungs- und Persönlichkeitsmerkmale und der scheidungsbedingten Streßfaktoren bestimmt. Wichtig ist außerdem, in welchem Ausmaß diese spezifische Konfiguration das Potential für eine erfolgreiche Anpassung oder eine psychopathologische Entwicklung enthält. Auf dieser Basis wird die Entscheidung für eine *Interventionsstrategie* gefällt.

Interventionsstrategien: Zunächst ist die Frage zu entscheiden, mit wem die Intervention stattfinden soll. Zwei *Interventionsmodelle* wurden entwikkelt:

– Intervention für Kinder, die zu jung sind oder aus anderen Gründen nicht in der Lage sind, dem Therapeuten einen Zugang zu ihren Empfindungen oder Konflikten zu ermöglichen. Nach Sitzungen, die der Exploration und Klärung dienen, liegt der Schwerpunkt auf intensiver Elternarbeit.
– Intervention für Kinder, die alt genug und in der Lage sind eine Krisenintervention zu nutzen.

Ziele sind in jedem Fall:

– Reduzierung des Leidensdruckes, der in Ängsten, Depressionen, Zorn und Sehnsüchten nach einer „heilen Familie" zum Ausdruck kommt.
– Reduzierung der kognitiven Verwirrung.
– Vergrößerung der psychischen Distanz zwischen der Scheidungssituation und dem Kind, insbesondere wenn das Kind direkt in die ehelichen Konflikte miteinbezogen wird.
– Hilfe bei der Lösung spezifischer Problemstellungen.

Intervention mit Kindern im Vorschulalter: Die komplexen Zusammenhänge eines Scheidungsprozesses sind für ein junges Kind extrem schwierig zu verstehen und zu integrieren. Sie benötigen daher über einen längeren Zeitraum wiederholte Erklärungen. Die Eltern sind im täglichen Umgang mit ihren Kindern am ehesten in der Lage, eine Verbindung zwischen Verhaltensauffälligkeiten und den Scheidungsereignissen herzustellen. (Beobachtungen im Spielzimmer lassen solche Auffälligkeiten häufig nicht deutlich werden.) Nach mindestens zwei Sitzungen mit dem Kind, sollte der Schwerpunkt daher auf der Anleitung der Eltern liegen, um sie in die Lage zu versetzen, mit Hilfe eines maßgeschneiderten Konzeptes, das an den Bedürfnissen des Kindes und der spezifischen Familiensituation ausgerichtet ist, ihren Kindern bei der Bewältigung der Krisensituation zu helfen. Folgende Möglichkeiten bieten sich an:

– Anleitung der Eltern in speziellen Kommunikationstechniken, um zu erreichen, daß sie scheidungsbedingte Veränderungen und Ereignisse über einen längeren Zeitraum immer dann mit dem Kind diskutieren, wenn sich ein bedeutungsvoller Zusammenhang ergibt.

– Die Darstellung der kindlichen Symptome als vorübergehende, altersentsprechende Reaktionsweisen, um den Eltern ein angemessenes Umgehen mit diesen Verhaltensveränderungen zu ermöglichen.

– Das Aufzeigen elterlichen Verhaltens, das für das Kind besonders streßauslösend ist, wie z. B. ein unzuverlässiges Umgehen mit Besuchsvereinbarungen oder instabiles Fürsorgeverhalten.

Interventionsstrategien im frühen Schulalter: Die Kinder dieser Altersgruppe haben sich als besonders verletzlich durch die elterliche Trennung und noch weitgehend ohne die Fähigkeit zur aktiven Bewältigung ihres Schmerzes erwiesen. Eine direkte Diskussion ihrer Empfindungen ist in der Regel nicht angezeigt, da die Gefahr besteht, daß ihr Schmerz und ihr Kummer dadurch ins fast Unerträgliche gesteigert wird. Für diese Altersgruppe wurde der sogenannte „Scheidungsmonolog" entwickelt, der den Kindern gleichzeitig die Möglichkeit einer affektiven Auseinandersetzung und die nötige psychische Distanz bieten soll. (Beispielsweise berichtet der Therapeut: „Ich habe mit einem anderen achtjährigen Jungen, dessen Eltern sich getrennt haben, gesprochen, und der hat mir erzählt . . .")

Die Beziehung zum Therapeuten vermittelt dem Kind zum einen das Gefühl verstanden zu werden, zum anderen aber auch die Erfahrung, daß auch andere Kinder von diesen schmerzlichen Empfindungen und Verwirrungen betroffen sind, ohne daß der Kontakt zum Therapeuten als bedrohlich empfunden wird.

Die Interventionsziele für die Arbeit mit den Eltern sind mit denen für die Eltern der Kinder im vorschulischen Alter vergleichbar. Obwohl die direkte Arbeit mit den Kindern dieser Altersgruppe häufig sehr befriedigend verläuft, hat sich auch die Arbeit mit den Eltern als sehr effektiv erwiesen. Ein stabiler und häufiger Kontakt mit dem nichtsorgeberechtigten Vater hat sich für diese Kinder als besonders wichtig erwiesen und spielt daher bei der Neudefinition der Familienbeziehungen eine bedeutsame Rolle.

Interventionsstrategien im späteren Schulalter und in der Voradoleszenz: Die Kinder dieser Altersgruppe sind in der Lage, ihre Konflikte realistisch zu erkennen und zu formulieren und sind außerdem stark motiviert, sich mit ihnen auseinanderzusetzen. Häufig wendeten sie sich von sich aus an den Therapeuten. Der Therapeut nimmt häufig die Rolle eines Anwaltes und Vermittlers zwischen Kind und Eltern ein, um Loyalitätskonflikte zu beenden und eine zunehmende Entfremdung in einer spannungsreichen Situation zu vermeiden (Kelly & Wallerstein, 1976, 1977; Wallerstein & Kelly, 1975, 1976, 1977, 1979, 1980a, 1980b).

„Warren Village"

Ein wohl einmaliges Projekt zur Unterstützung alleinerziehender Eltern ist „Warren Village" in Denver, Colorado, USA. Es wurde 1974 für alleinerziehende Eltern mit niedrigem Einkommen eingerichtet und als umfassendes Hilfsprogramm für die Übergangszeit nach einer Krisensituation konzipiert. Es handelt sich um eine Anlage mit 96 Appartements für alleinerziehende Eltern (Eltern, die durch Tod oder Scheidung ihren Partner verloren haben und ledige Mütter) und ihre Kinder. Finanziert wird das Projekt durch Gelder von Kirchen, der Stadt Denver und des Staates Colorado sowie durch Spenden. Familien, die der Hilfe von „Warren Village" nicht mehr bedürfen, ziehen aus und machen neuen Familien Platz. Die durchschnittliche Aufenthaltsdauer einer Familie beträgt 11–13 Monate.

Folgenden Bedürfnissen will „Warren Village" gerecht werden:
– Wohnung
Gerade das Grundbedürfnis nach einer erschwinglichen Unterkunft, in der auch Kinder willkommen sind, ist für alleinerziehende Eltern mit begrenzten finanziellen Mitteln oft ein fast unlösbares Problem. „Warren Village" bietet diese Wohnung in verkehrsgünstiger Lage zum Arbeitsplatz, zu Schulen und Einkaufsmöglichkeiten und nicht zuletzt ein erstes Gefühl physischer Sicherheit.
– Kinderbetreuung
Alleinerziehende Eltern brauchen in der Regel Hilfe bei der Kinderbetreuung um ihren Beruf ausüben zu können bzw. um durch eine Ausbil-

dung die zukünftige finanzielle Basis ihrer Familie sichern zu können. „Warren Village" kann individuell verschiedenen Bedürfnissen (z. B. die Betreuung von Kleinkindern, von Schulkindern nach dem Unterricht, von kranken oder behinderten Kindern) angemessen gerecht werden, ohne daß für die Eltern zusätzliche finanzielle Belastung entsteht.

– Beratung

„Warren Village" bietet umfassende Informationen über den Arbeitsmarkt und Ausbildungsmöglichkeiten aber auch Hilfe im Umgang mit Behörden. Weitere Beratungsfelder sind Anleitungen zu ökonomischer und rationeller Haushaltsführung sowie Hilfe in Fragen der Kindererziehung.

Ein weiterer Schwerpunkt ist die psychologische Beratung, die den Eltern den Umgang mit ihren Emotionen und Ängsten erleichtern und die Erlangung einer realistischen Zukunftsperspektive ermöglichen soll.

– Soziale Unterstützung und eine familienähnliche Umgebung

„Warren Village" hat auch die Funktion eines starken „support systems", in dem die soziale Stigmatisierung aufgehoben ist und der Erfahrungsaustausch mit Eltern, die in der gleichen Situation leben, ein „Wir-Gefühl" an die Stelle von Isolation und auch Scham treten läßt.

Community Support Group

Ein Konzept ohne ehrgeizige therapeutische Zielsetzung ist ein von Studenten der Pennsylvania State University entwickeltes Programm für Kinder, die sich mit der Trennung ihrer Eltern auseinandersetzen müssen. Angeboten werden Gruppen (zunächst für 10- bis 12jährige) die in erster Linie präventiven Charakter haben und als Orientierungshilfe im emotionalen Anpassungsprozeß aber auch bei der Anpassung an externe Faktoren wie Berufstätigkeit der Mutter, Umzug, etc. konzipiert sind. Durch die Gruppen soll ein „support system" gerade in der Zeit angeboten werden, in der die Kinder viel Aufmerksamkeit für ihre Probleme brauchen, die Eltern aber sehr stark mit ihren eigenen Problemen belastet sind.

Folgende Ziele sollen erreicht werden:

– Hilfe bei einer realistischen Einschätzung der Situation des Kindes während und nach der Scheidung,

– Hilfe beim Erwerb von Problemlösungsfähigkeiten im Zusammenhang mit der Scheidungserfahrung (z. B. wie man mit einem Freund oder Lehrer darüber spricht),

- Unterstützung des kindlichen Selbstbewußtseins durch Gleichaltrige und den Gruppenleiter.

Das Programm ist auf sechs wöchentliche Treffen begrenzt. Am Anfang stehen Spiele zum „Aufwärmen", und die Frage der Vertraulichkeit des in der Gruppe Besprochenen wird geklärt. In den folgenden Sitzungen stehen Gespräche über vorgeführte Filme und gemeinsam gelesene Bücher im Mittelpunkt, bis die Kinder in der Lage sind, spontan und frei über ihre eigene Situation zu reden.

Eine Evaluierung des Programms wurde durch Gespräche mit den Kindern und ihren Eltern vorgenommen. Übergeordnetes Ziel dieses „Pilotprojektes" ist die Entwicklung einer Strategie sowohl für ein gemeindenahes Angebot für betroffene Kinder als auch für Ausbildungsrichtlinien für Mitarbeiter, die solche Gruppen leiten möchten (Guerney & Jordon, 1979).

III. Abschnitt

Die Regelung des elterlichen Sorgerechts nach der Scheidung

Einleitung

Die Regelung des Rechts der elterlichen Sorge – bekannt geworden durch Probleme bei der Regelung der Scheidungsfolgen – umfaßt weit mehr als den Fragenkomplex, wie im Anschluß an eine Scheidung die Verteilung der Aufgaben der Eltern bezüglich ihrer Kinder vorgenommen werden soll. Tatsächlich befaßt sich diese Thematik insgesamt mit den Eingriffsvoraussetzungen des Staates in die Familie und die Ausgestaltung der Beziehungen der Familienmitglieder.

Das „Gesetz zur Neuregelung des Rechts der elterlichen Sorge" in der Bundesrepublik Deutschland – kurz „Sorgerechtsgesetz" genannt – ist eine konkrete Neugestaltung dieser Eingriffsvoraussetzungen und berührt somit wesentlich das Verhältnis von Staat, Eltern und Kindern. Zugleich spiegelt es Veränderungen in der gesellschaftlichen Auffassung der Rollen von Vater, Mutter und Kindern wider, die hier rechtsverbindlich Niederschlag gefunden haben. Wie die Entstehungsgeschichte des Gesetzes zeigt (vgl. Jans & Happe, 1980) – wurden diese zum Teil sehr kontrovers diskutiert. Gerade zwei Jahre in Kraft (seit dem 1. Januar 1980) ist es hinsichtlich einiger Bestimmungen eher noch vermehrt umstritten. Insbesondere die Neuformulierung des § 1671 BGB, die zwingend die Zuteilung des Sorgerechts an nur einen Elternteil vorschreibt, hat vor allem bei Betroffenen zu heftigem Widerspruch geführt, aber auch unter Fachleuten Diskussionen ausgelöst. Diese Bestimmung ist inzwischen Gegenstand eines noch beim Bundesverfassungsgericht anhängigen Verfahrens.

Tatsache ist, daß der Gesetzgeber hier eine Position eingenommen hat, die auf der Skala der denkbaren Möglichkeiten ein Extrem bildet und damit eine Polarisierung der Meinungen gefördert hat, denn die bis zum 1. 1. 1980 geltende Fassung des BGB sah eine derartige Ausschließlichkeit bei der Zuteilung des Sorgerechts nicht vor.

Tatsache ist aber auch, daß sich in allen Industriestaaten, östliche eingeschlossen, eine Entwicklung abzeichnet, die auf bedeutende Veränderungen im Familienbild hinweist und dessen traditionelle Struktur in Frage stellt. Die eigentlichen Wurzeln für die Meinungsvielfalt und divergierenden Beurteilungen, wie sie in der kontroversen Behandlung der Frage der Regelung des elterlichen Sorgerechts deutlich werden, sind zu einem großen Teil in diesen Veränderungen zu suchen.

Hier ergeben sich Probleme und Möglichkeiten, auf die die Gesellschaft im allgemeinen und insbesondere Gesetzgebung, Rechtsprechung, private wie öffentliche Einrichtungen, Humanwissenschaften und der einzelne noch wenig oder gar nicht vorbereitet sind.

In diesem letzten Abschnitt des Buches wollen wir versuchen, eine Verbindung zu knüpfen mit der Vielzahl der wissenschaftlichen Befunde, über die in den ersten Abschnitten berichtet wurde, und der konkreten Entscheidungssituation und ihres Umfeldes, die zur jeweiligen Ausgestaltung des elterlichen Sorgerechts führt. Wir werden prinzipielle Möglichkeiten auf diesem Gebiet erörtern und untersuchen, welche gegenwärtig auch international gesehen praktiziert werden und kurz Begründungsmuster diskutieren, die zur Rechtfertigung von Sorgerechtsentscheidungen herangezogen wurden und werden. Dann berichten wir über praktische Erfahrungen, die mit neuen Formen der Sorgerechtsverteilung gesammelt wurden, einschließlich schon vorliegender Ergebnisse aus wissenschaftlichen Untersuchungen.

In einem weiteren Schritt werden Problemfelder skizziert, die bei Sorgerechtsentscheidungen eine Rolle spielen. Daran schließen sich einige grundsätzliche Erörterungen an, mit denen notwendige Voraussetzungen für Verbesserungen näher gekennzeichnet werden können. Hieraus versuchen wir dann Ansatzpunkte für weiter notwendige Schritte und Veränderungen zu bestimmen.

Formen von Sorgerechtsregelungen

Schematische Einteilung von Sorgerechtsregelungen

Es gibt vier Hauptformen von Sorgerechtsregelungen:
1. Die Mutter erhält das alleinige Sorgerecht.
2. Der Vater erhält das alleinige Sorgerecht.
3. Beide Eltern erhalten gemeinsam das Sorgerecht.
4. Keiner der beiden Eltern erhält das Sorgerecht, sondern ein Dritter.

Auch wenn von dieser Möglichkeit nur selten Gebrauch gemacht wird, kann es doch schwerwiegende oder auch selbstverständliche Gründe geben, sie zu praktizieren: Beide Eltern bieten keine Gewähr dafür, daß ein Kind bei ihnen ohne Schaden zu nehmen aufwachsen kann; beide Eltern stehen dem Kind aus den verschiedensten Gründen (Krankheit, Abwesenheit, Tod) nicht zur Verfügung.
Zu diesen Hauptformen existieren die verschiedensten Unterformen:

1.1.   Die Mutter erhält das Sorgerecht, der Vater ein beschränktes Umgangsrecht.

2.1.   Der Vater erhält das Sorgerecht, die Mutter ein beschränktes Umgangsrecht.

3.1.   Beide Eltern teilen sich das Sorgerecht in jeder Hinsicht, wobei

3.1.1. wichtige Entscheidungen die Zustimmung des anderen Elternteils voraus setzen,

3.1.2. die Eltern ein wechselseitiges Kontrollrecht über alle oder bestimmte Entscheidungen haben.

3.2.   Beide Eltern teilen sich das Sorgerecht

3.2.1. in bestimmten Belangen (z. B. Personensorge, Vermögenssorge, gesetzliche Vertretung),

3.2.2. für bestimmte Zeiträume bzw. Orte,

3.2.2.1. streng alternativ (der andere Elternteil ist dann jeweils ausgeschlossen),

3.2.2.2. praktisch alternativ (ein Elternteil ist der überwiegend für das Kind sorgende Teil, der andere wird nach Wunsch und Bedarf eingeschaltet),

3.2.3. bezüglich einzelner Kinder.

4.1.   Beide Eltern erhalten ein hinsichtlich verschiedener Belange limitiertes Sorgerecht.

Selbst in diese relativ differenzierte Aufgliederung lassen sich aber noch längst nicht alle praktizierten Formen eindeutig einordnen. Die Gruppe derjenigen Eltern z. B., die zwar juristisch eine Regelung nach Art der Gruppen 1 und 2 getroffen haben, kann von ihrer tatsächlichen Praxis her verschiedenen Unterformen der Gruppe 3 zuzurechnen sein.

Individuelle Bedürfnisse und Notwendigkeiten oder auch Weisheit, Toleranz bis hin zur schlichten Gleichgültigkeit gestalten ein vielfältiges Bild verwirklichter Sorgerechtsregelungen.

Sorgerechtsregelungen im In- und Ausland

Wir können hier nicht auf die Ergebnisse der anthropologischen, ethnologischen und kulturvergleichenden Forschung eingehen, auch wenn sie die kulturell-gesellschaftlichen Abhängigkeiten bei der Gestaltung des elterlichen Sorgerechts noch stärker erhellen könnten und hierdurch ein deutlicherer Aufschluß über die bestimmenden Faktoren möglich würde. Auch ein Blick auf die Entwicklung in einigen Industrieländern kann bereits die Vielschichtigkeit der Zusammenhänge erkennen lassen, wie umgekehrt auf

Trends aufmerksam machen, die sogar über unterschiedliche Wirtschaftsordnungen der einzelnen Länder hinweg bestehen.

Dybowski (1981) stellte für Polen eine wachsende Zahl von Scheidungen fest. Regelungen des Sorgerechts, die in Polen immer durch ein Gericht erfolgen, verweisen auf eine Zunahme der Übertragung eines gemeinsamen elterlichen Sorgerechts (1965: 5%, 1979: 19% aller Fälle). Es ist auch eine Aufteilung der Personensorge nach verschiedenen Aspekten möglich (Henrich, 1981).

Trost (1979, 1981) hat sich eingehend mit der Situation in Schweden befaßt. Er schätzt, daß sich 10–15% der sich scheiden lassenden Eltern um ein gemeinsames elterliches Sorgerecht bemühen; bei den sich trennenden, zuvor also nicht verheirateten Paaren nimmt er einen entsprechenden Anteil von 5–10% der Fälle an. Er erklärt diesen Unterschied damit, daß nach einer Ehescheidung die Frage der Sorgerechtsregelung gerichtlich geklärt werden muß – die Mutter erhält in der überwiegenden Zahl der Fälle dann das Sorgerecht (Trost, 1979 S. 6) – während bei einer Trennung die Eltern unter sich ausmachen, wer für die Kinder sorgt. Da in Schweden inzwischen ungefähr 20% aller Paare unverheiratet zusammenleben, was im Gegensatz zu früher somit kaum noch als abweichendes Verhalten eingestuft werden kann, muß der Umgang mit Sorgerechtsfragen vor allem vor diesem Hintergrund gesehen werden. Solange diese neue Lebensform in bezug auf die Kinder keine nennenswerten Probleme hervorbrachte, bestand auch kein Verlangen nach rechtlichen Regelungen. Die Schweden überließen es weitestgehend den Eltern selbst, welche praktische Lösung sie wählten. Es gibt zwar auch den legalen Begriff des gemeinsamen Sorgerechts (gemensam vårdnad), aber ohne nähere inhaltliche Bestimmung. Die Diskussion um das gemeinsame elterliche Sorgerecht ergab sich in Schweden nicht aus praktischen Problemen, sondern vor allem unter dem Aspekt der Gleichberechtigung, so daß die Ausgangslage hier eine ganz andere war, als in den USA, wo sich geschiedene Eltern durch die bestehenden Gesetze in der Wahrnehmung einer gemeinsamen elterlichen Sorge behindert sahen.

Trost (1981, S. 23) meint, daß unter den schwedischen Bedingungen sich vielfältige Formen der Sorgerechtsregelung ausgebildet haben. Sobald ein Elternteil für sein Kind tätig werden wolle, könne er dies; es würden da keine rechtlichen Hindernisse bestehen. Diese pragmatische Offenheit erübrige detaillierte formale Regelungen und inhaltliche Bestimmungsversuche. Als weiteres Indiz für eine pragmatische Orientierung dürfte die relativ geringe Zahl von 3–4% der Fälle zu werten sein, in denen eine Entscheidung über das elterliche Sorgerecht durch das Gericht herbeizuführen versucht wird. Daß von einer formalen Bestätigung eines gemeinsamen elterlichen Sorgerechts wenig Gebrauch gemacht wird, führt Trost überdies auf den geringen Bekanntheitsgrad dieser Möglichkeit zurück. Weiterhin begünstigen steuerliche Gründe häufig andere formale Lösungen.

Für England liegen uns keine repräsentativen Daten vor. Eine Untersuchung von 39 Scheidungsfällen ergab, daß in 5 Fällen (= 12,8%) ein gemeinsames Sorgerecht zugesprochen wurde (Eekelaar & Clive, 1977; nach Fineberg, 1979, S. 434).

Prentice (1979) ermittelte an 26 000 Scheidungsfällen in Kanada im Jahre 1975 einen relativen Anteil von 86,3% der Fälle, in denen der Mutter das Sorgerecht erteilt wurde; in 13,7% der Fälle erhielt es der Vater. Ein gemeinsames elterliches Sorgerecht („garde conjointe") sei nach den gesetzlichen Bestimmungen zwar möglich, werde aber kaum in der Rechtsprechung angewendet.

Für die USA ergibt sich ein leicht abweichendes Bild. Watson (1979) errechnete eine Zunahme der Scheidungshäufigkeit um 127% während der letzten 16 Jahre. Die allgemein geteilte Meinung sei, daß der Mutter das Sorgerecht vor allem für jüngere Kinder zugesprochen werden sollte. Der Vater erhalte nur in seltenen Fällen das Sorgerecht. Safilios-Rothschild (1981) weist darauf hin, daß die Verhältnisse in den einzelnen Bundesstaaten der USA unterschiedlich sind. Für Kalifornien kommen Dixon und Weitzman (1980, S. 305) zu einem Verhältnis von 85–90% Sorgerecht für die Mutter und 6–10% für den Vater. Etwa 90% der Eltern einigen sich vor einer Gerichtsentscheidung über die Sorgerechtsverteilung; 10% der Fälle bleiben also „streitig" (Freed & Foster, 1974; nach Alexander, 1980, S. 224). Gemeinsames elterliches Sorgerecht („joint/shared custody") ist in einigen Bundesstaaten (z. B. Kalifornien) möglich, wird aber im allgemeinen selten in der Rechtsprechung angewendet.

Henrich (1981) berichtet von Italien und Frankreich, daß die Eltern das Sorgerecht für die Kinder weiterhin gemeinsam ausüben, wobei das Gericht nähere Regelungen der Mitentscheidungs- bzw. Kontrollrechte festlegt.

Repräsentative Daten über die Sorgerechtsverteilung in der Bundesrepublik Deutschland liegen nicht vor. Jedoch lassen Einzeluntersuchungen (etwa Simitis et al., 1979) den Schluß zu, daß auch hier in etwa 90% der Fälle die Mutter das Sorgerecht erhält, der Vater in zirka 5% der Fälle.[1]

---

[1] Im Landes-Kinderbericht der Landesregierung von Nordrhein-Westfalen (Minister für Arbeit, Gesundheit und Soziales des Landes Nordrhein-Westfalen, 1980, S. 61) wird ein Anteil von 12,4% alleinerziehender Väter und entsprechend ein Anteil von 87,6% alleiner-

Etwa 90% der Eltern einigen sich vor dem Scheidungstermin über die Sorgerechtsübernahme; ungefähr 10% der Fälle müssen durch Richterspruch entschieden werden. Wegen der besonderen Rechtsstellung des Landes Berlin war es möglich, daß dort in einem Fall – abweichend von den in der Bundesrepublik Deutschland geltenden Bestimmungen – ein gemeinsames Sorgerecht für beide Eltern durch ein Gericht gestattet wurde (Beschluß des Kammergerichts Berlin, 18. Zivilsenat, vom 25. 5. 1980). Die Möglichkeit einer legalen Ausübung eines gemeinsamen elterlichen Sorgerechts besteht derzeit in der Bundesrepublik Deutschland nicht. Die Rechtmäßigkeit der zugrunde liegenden Bestimmung in § 1671 (4) des BGB wurde jedoch schon mehrfach in Frage gestellt (z. B. Vorlagebeschluß des Familiengerichts Königstein im Taunus vom 12. 1. 1980).

Diese kurze Übersicht über die nationale und internationale Lage in bezug auf die Sorgerechtsregelung macht deutlich, wie verschiedenartig die Verhältnisse zum Teil liegen in Abhängigkeit von z. B. der überwiegenden religiösen Orientierung eines Landes, der Liberalität bezüglich unterschiedlicher Lebensformen oder der rechtlichen Situation. Sie läßt aber auch allgemeine Trends erkennen, die länderübergreifend sind und nicht ohne Einfluß auch auf die nationalen Entwicklung in der Sorgerechtsfrage bleiben werden wie die wachsende Scheidungshäufigkeit, veränderte Auffassungen bezüglich Ehe und Familie und die Akzeptanz neuer Lebensformen.

Begründungsmuster für Sorgerechtsregelungen

Wenn wir im folgenden die häufiger vorkommenden Begründungsmuster für Sorgerechtsentscheidungen idealtypisch skizzieren, muß berücksichtigt werden, daß sie kaum in dieser „reinen" Form auftreten. Selbst da, wo sie im Einzelfall ziemlich deutlich sind, kann nicht ausgeschlossen werden, daß sie für tatsächlich entscheidungsrelevante Umstände bloß vorgeschoben sind. Es ist einleuchtend, daß je allgemeiner ein Begründungsmuster gehalten ist (z. B. „zum Wohle des Kindes"), desto stärker dieser Umstand in Betracht gezogen werden muß.

Darüber hinaus läßt es schon der unterschiedliche Allgemeinheitsgrad der einzelnen Muster zu, daß sie auch zur wechselseitigen oder nachgestellten Rechtfertigung für andere eingesetzt werden.

ziehender Mütter genannt, mit einem Anstieg um 0,9 Prozentpunkte bei den Vätern seit 1973. Bei diesen Zahlenangaben ist zu berücksichtigen, daß alleinerziehende Eltern nicht in jedem Falle auch Inhaber des Sorgerechts sind.

Religiöse bzw. naturrechtliche Begründungsmuster

Im England des frühen 19. Jahrhunderts äußerten einige Richter in ihren schriftlichen Begründungen die Meinung, daß Gott den Vater dazu ausersehen habe, der natürliche Schützer und Erzieher seiner Kinder zu sein und damit dem Vater regulär das Sorgerecht über die Kinder zuzusprechen sei (Weiss, 1979c, S. 325). Von diesem Begründungsmuster ist anzunehmen, daß es explizit oder implizit auch in säkularisierter Form (vgl. unten) bei Sorgerechtsregelungen mitschwingt (Simitis et al., 1979, S. 289f.).

Patriarchalische Begründungsmuster

Patriarchalisch strukturierte Gesellschaften haben mit unterschiedlichen Rechtfertigungen die reguläre Übertragung des Sorgerechts auf den Vater zu begründen versucht (sofern eine ausdrückliche Begründung überhaupt erforderlich schien). So wurde gesagt, die Organisation des sozialen Lebens verlange es, daß der Vater verantwortlich für die Unterstützung der Kinder sei; er verstände auch die Mechanismen der Gesellschaft besser als die Mutter, was eine Unterstellung der Kinder unter den Vater erfordere (Weiss, a.a.O.). Elemente solchen Denkens fanden sich bis 1957 auch im BGB, als der „Stichentscheid des Vaters in Familienangelegenheiten" höchstrichterlich als nicht vereinbar mit dem Gleichheitsgrundsatz der Verfassung („keine Diskrimination einer Person aufgrund ihres Geschlechts" nach Art. 3 (2) GG) aufgehoben wurde.

In den USA war ebenfalls die Bevorzugung des Vaters in der Sorgerechtsentscheidung bis Mitte des 19. Jahrhunderts üblich. Sie wurde jedoch nicht als Ausfluß eines absoluten Rechts des Vaters über seine Kinder angesehen, sondern eher pragmatisch begründet: Der Vater könne besser als die Mutter für seine Kinder sorgen, ihnen Schutz bieten und sie in die Gesellschaft integrieren, während Frauen selbst noch des Schutzes durch den Mann bedürften (Weiss, 1979c, S. 326).

Naive Begründungsmuster

Diese Begründungsmuster folgen zumeist der Annahme, die Mutter sei die geeignetere Person, der das Sorgerecht über die Kinder zugesprochen werden müsse, weil sie allein – insbesondere bei kleinen, noch zarten Kindern – die erforderliche Liebe und Fürsorglichkeit erbringen könne und in dieser Funktion durch keinen anderen zu ersetzen sei. Diese

Auffassung (im Amerikanischen „tender years doctrine" genannt) wird heute maßgeblich in vielen Staaten bei der Sorgerechtsentscheidung verwendet.

Wir charakterisieren dieses Begründungsmuster nicht deshalb als naiv, weil wir es für einfältig oder gar unsinnig halten; diese Klassifikation wird vielmehr zur Abgrenzung gegenüber der nachfolgenden Gruppe von Begründungsmustern gewählt, die sich zum Teil auf entwickelte Theorien stützen und insofern mit dem Anspruch auf Wissenschaftlichkeit auftreten – über die ausreichende Begründetheit dieser Muster soll damit zunächst noch gar nichts gesagt sein. Es ist sogar anzunehmen, daß ein Begründungsmuster naiver Art seine gute Berechtigung in einer Zeit gehabt hat (bzw. noch hat), in der der Vater überwiegend mit dem Erwerb des Lebensunterhalts und damit meist außerhalb der Familie beschäftigt war und für die Kinderaufzucht wenig oder gar nicht zur Verfügung stand. Kenniston (1977, S. 11–17; nach Weiss, 1979c, S. 326) bringt dazu eine noch weiterführende Überlegung: Das Bild von der Aufgabe der Familie in der Gesellschaft hat sich gewandelt. Die Familie wird nicht mehr so sehr als Ort angesehen, der die Kinder auf die Teilnahme am gesellschaftlichen Geschehen vorbereitet. Sie wird mehr und mehr als ein Platz betrachtet, an dem die Kinder aufgezogen und gegenüber einer unpersönlichen Außenwelt geschützt werden.

Zu ergänzen ist, daß dieses (wie alle Begründungsmuster) die Wirkung sich selbst erfüllender Prophezeiungen haben können: Lange und regelmäßig genug verkündet, verändern sie auch das Selbstverständnis der Angesprochenen. Väter glauben, ihren kleinen Kindern gegenüber hilflos zu sein und verhalten sich schließlich tatsächlich hilflos; von Müttern wird erwartet, daß sie spezielle Kompetenzen bei der Kinder-Aufzucht haben, und sie eignen sich diese tatsächlich an. Werden solche Prozesse durch die gesellschaftlichen Bedingungen unterstützt, erfahren solche Begründungsmuster ihre praktische Rechtfertigung. Sie werden zu allgemein anerkannten „Regeln des gesunden Menschenverstands" (Simitis et al., 1979, S. 291).

Ein anderes Begründungsmuster, das ebenfalls dieser Gruppe zuzurechnen ist, hebt vor allem die Bedeutung der biologischen Elternschaft hervor und sieht die leiblichen Eltern, insbesondere die Mutter, als stärker den Kindern verbunden und höher motiviert an, die Aufzucht der Kinder zu leisten.

Wissenschaftliche Begründungsmuster

Diese Begründungsmuster stützen sich ausdrücklich auf wissenschaftliche Erkenntnisse, wobei damit – wie zuvor schon angedeutet – noch nichts über die Güte dieser Theorien wie die Begründetheit ihrer Annahmen gesagt ist. Gerade das Beispiel der mittlerweilen nicht mehr unumstrittenen psychoanalytisch und/oder bindungstheoretisch fundierten Begründungsversuche (vgl. Abschnitt I) zeigt die Bedürftigkeit hinsichtlich ihrer Absicherung und Generalisierbarkeit. Wir führen beide Theorien hier nur noch einmal der Vollständigkeit halber an, ohne sie weiter zu erläutern.

Zu erwähnen sind in dieser Gruppe auch bislang vereinzelte Versuche, bei der Regelung des Sorgerechts verstärkt die tatsächlichen Familienbeziehungen zu erforschen und dabei nicht a priori von einer gegebenen Verteilung der Rollen und Funktionen in der Familie auszugehen, sondern diese erst aus der detaillierten Analyse zu bestimmen. Es ist klar, daß ein solcher Ansatz zunächst offen ist für jedwede Art der Sorgerechtsregelung. Eine bestimmte Empfehlung kann hier nur aufgrund einer näheren Analyse der Familienbeziehung ausgesprochen werden.

Kindorientierte Begründungsmuster

Die Argumentation „zum Wohle des Kindes" („in the best interests of the child")

Dieses Begründungsmuster setzt sich von den bisherigen ab, indem es vor allem auf das Kind verweist und seine bis dahin zu wenig beachteten Interessen hervorhebt. Im einzelnen werden die Interessen des Kindes jedoch durchaus unterschiedlich gesehen, wenn etwa in dem einen Falle vorwiegend das leibliche Wohl und die ökonomische Sicherheit betont werden, in dem anderen das psychische Wohlergehen in die Begründung einzubeziehen versucht wird.

In diesem Begründungsmuster finden sich zum Teil schon genannte Muster wieder. Teils werden aber auch Erweiterungen oder Einschränkungen gemacht. So orientieren sich manche an allgemein menschenrechtlichen Erwägungen, wenn sie hervorheben, daß ein Kind als Träger eigener Persönlichkeitsrechte und zu schützende Persönlichkeit zu betrachten sei. Andere betonen denselben Aspekt mehr indirekt in juristisch-prozessualen Überlegungen, indem sie auf die relative Rechtlosigkeit der Kinder im Vergleich zu den Erwachsenen im Sorgerechtsverfahren hinweisen. Noch andere argumentieren soziologisch und verweisen auf veränderte soziale

Gegebenheiten (Gleichberechtigung der Geschlechter, Berufstätigkeit auch der Frau bzw. Mutter, vermehrte Freizeit für beide Eltern, erhöhte Mobilität in der Gesellschaft hinsichtlich Wohnort und Beruf, neue Kommunikationsmöglichkeiten, größere Liberalität gegenüber individuell angestrebten Lebensformen), die neue Entscheidungsspielräume eröffnen, so daß dem Wohl eines Kindes auf veränderte Weise Rechnung getragen werden kann. Hier wird eine neue Artikulationsbreite für die Interessen des Kindes angedeutet, von der erwartet wird, daß sie auch in der Sorgerechtsentscheidung Berücksichtigung findet. Kennzeichnendes Merkmal für Begründungsmuster dieser Gruppe ist die Betonung der Interessen des Kindes in erster Linie in Abhebung von den Interessen der anderen am Sorgerechtsverfahren Beteiligten, insbesondere auch denen der Eltern. Zugleich gehen sie davon aus, daß die Interessen des Kindes relativ klar bestimmt werden können.

Die Argumentation für „die am wenigsten schädliche Alternative für das Kind"

Ausdrücklich bekannt wurden diese Überlegungen durch die Arbeit von Goldstein, Freud & Solnit (1973). Diese Autoren wenden sich gegen eine euphemistische Orientierung, wie sie ihrer Ansicht nach in dem Bestreben zum Ausdruck kommt, „zum Wohle des Kindes" entscheiden zu wollen. Für sie kann es eine solche „beste Lösung" gar nicht geben, da die Umstände einer Scheidung in jedem Falle mit Nachteilen oder Schäden für das Kind verbunden sind. Es könne eigentlich nur noch darum gehen, wie diese Schäden und Nachteile möglichst gering gehalten werden können. Dieses Ziel ließe sich allein dadurch erreichen, daß derjenige Elternteil, der die psychologische Elternschaft habe, ausschließlich das Sorgerecht für die Kinder erhalte und dies ein für alle Mal. Zum Schutze dieser Beziehung solle überdies der sorgeberechtigte Elternteil allein über die Kontakte des Kindes zum nichtsorgeberechtigten Elternteil entscheiden können.

Beide Begründungsmuster heben die Bedeutung der psychologischen gegenüber der biologischen Elternschaft hervor; als entscheidend wird angesehen, wo sich das Kind akzeptiert und geborgen fühlt.

Begründungsmuster, die sich auf Schuld und Versagen berufen

Begründungsmuster, die auf die Schuld der Elternteile abgestellt sind, entwickelten sich vor allem da, wo vor einem Richterspruch die Verteilung der Schuld am Zusammenbruch der Ehe ermittelt werden mußte. War der

„relative Schuldanteil" einmal festgestellt, ergab sich zugleich mit ziemlicher Konsequenz, daß der schuldig(er)e Elternteil zugleich moralisch disqualifiziert für die Übernahme des Sorgerechts war. Die Logik dieses Begründungsmusters unterstellt, daß derjenige, der letztendlich als schuldig für das Zerbrechen der Ehe angesehen wird, zugleich den Beweis dafür erbracht hat, daß ihm „an den Kindern nichts liege" und mithin eine Übertragung des Sorgerechts auf ihn nicht in Frage kommt. Zugleich biete sein Verhalten, daß er in der Vergangenheit gezeigt habe, keine ausreichende Gewähr dafür, daß die Kinder nicht auch in Zukunft ein „schlechtes Vorbild" erhalten. Darüber hinaus würde eine Sorgerechtsvergabe an ihn sogar noch eine Belohnung seines schuldhaften Verhaltens darstellen.

Mit der Beseitigung des Schuldprinzips und der Einführung des Zerrüttungsprinzips tritt dieses Begründungsmuster in seiner Bedeutung heute etwas zurück. Als gänzlich suspendiert kann es jedoch nicht angesehen werden, da „ehebrecherisches Verhalten" daraufhin abgewogen werden muß, inwieweit es schädliche Auswirkungen für ein Kind erwarten läßt. Zudem ist kaum zu erwarten, daß eine Rechtsprechung, die sich über viele Jahre hinweg am Schuldprinzip zu orientieren hatte, diesen Aspekt gewissermaßen von heute auf morgen völlig außer acht läßt.

Begründungsmuster, die sich auf Gerechtigkeit berufen

Diese Begründungsmuster sind einigen der vorgenannten Muster inhärent. Der Gedanke, einen gerechten Interessenausgleich zu sichern, schwingt in der Überlegung mit, daß die Interessen des Kindes stärker Beachtung finden und im Sorgerechtsverfahren angemessen berücksichtigt werden sollen. Gleichfalls ist er in der Absicht auszumachen, den „nichtschuldigen" Elternteil nicht noch dadurch in einen Nachteil zu setzen, daß ihm zusätzlich zu anderen Nachteilen auch noch das Sorgerecht für die Kinder vorenthalten wird.

Die Übertragung des Sorgerechts wird hier als Kompensationsmöglichkeit für anderweitig erlittene Schäden angesehen. Unterstellt wird dabei, daß dieses Vorgehen auch für das Kind die beste Lösung darstellt.

Wir haben bis hierher Begründungsmuster für Sorgerechtsregelungen beschrieben, die in der Diskussion wie bei der Begründung faktischer Entscheidungen vorgebracht werden. Neben diesen expliziten Begründungen muß natürlich noch die Entscheidungspraxis selbst mit all den in sie einfließenden Überlegungen und Motiven berücksichtigt werden, die Begründungsmuster eigener Art hervorbringt.

Die Untersuchung der Entscheidungspraxis bei Sorgerechtsverfahren wurde inzwischen von verschiedenen Forschern vorgenommen (in der Bundesrepublik Deutschland vor allem die Arbeit von Simitis et al., 1979; in den USA z. B. Woody, 1977; in Kanada Prentice, 1979). Diese Studien haben ergeben, daß eine ganze Reihe von Faktoren zusätzlich einbezogen werden müssen, wenn man sich ein zutreffendes Bild von den Umständen machen möchte, die ein Sorgerechtsverfahren tatsächlich bestimmen.

Alter, Geschlecht, Schichtzugehörigkeit, Wohnort, persönliches und professionelles Selbstverständnis sind Variablen, deren Einfluß auf die Sorgerechtsentscheidung als nachgewiesen gelten kann. Diese Feststellung bezieht sich dabei nicht nur auf die Eltern und Kinder, sondern auch auf Richter, Gutachter und andere Beteiligte. Selbst die scheinbar so nebensächliche Tatsache, wer von den Eltern ein Scheidungsverfahren bei Gericht einleitet, blieb für die konkrete Sorgerechtsregelung nicht unerheblich (Prentice, 1979, S. 357). Genauso wird die Arbeitsbelastung eines Familienrichters von Einfluß sein können, je nachdem, ob er sich mehr um die Umstände des Einzelfalls kümmern kann, oder bei mehr pauschalen Begründungsmustern Zuflucht nehmen muß.

Die Untersuchung von Sorgerechtsregelungen – Forschungsergebnisse

Ein Großteil der Literatur, der in den ersten beiden Abschnitten dieses Buches vorgestellt und untersucht wurde, ist auch als Beitrag zur Frage der Möglichkeiten und Grenzen verschiedener Sorgerechtsregelungen zu sehen. Ein empirischer Vergleich von Sorgerechtsregelungen wurde unseres Wissens jedoch noch nicht unternommen. Die meisten Ergebnisse, die zur Praxis einzelner Sorgerechtsformen vorliegen, sind somit indirekter Art. Sie können aus den Ergebnissen der Scheidungsforschung erschlossen werden. Dies soll hier aber nicht geschehen, um Wiederholungen zu vermeiden. Statt dessen wollen wir den noch relativ unerforschten Komplex „Gemeinsames elterliches Sorgerecht" behandeln, und zwar aus der Sicht bereits gesammelter Erfahrungen mit praktizierten Versuchen gemeinsamer Sorgerechtsausübung (Vgl. auch Fineberg, 1979; Nehls & Morgenbesser, 1980).

Zuvor soll noch auf einige Ergebnisse der Scheidungsforschung, wie sie speziell für das Thema „Gemeinsames Sorgerecht" von Bedeutung sein können, hingewiesen werden. Es sind gerade die ausführlichen und längere Zeiträume umfassenden Untersuchungen der Scheidungsauswirkungen wie die von Wallerstein & Kelly (1980a) oder Hetherington, Cox & Cox

(1978), die interessante Beiträge zu der Frage enthalten, ob ein gemeinsames elterliches Sorgerecht zumindest als mögliche Alternative zu bestehenden Formen von Sorgerechtsregelungen in Betracht zu ziehen ist. Daß sie auch für andere Sorgerechtsformen wichtige Aussagen liefern, braucht nicht extra betont zu werden.

Wallerstein & Kelly (1980a) fanden die Befürchtung nicht bestätigt, daß sich eine eher extensive Wahrnehmung des Umgangsrechts durch den nichtsorgeberechtigten Elternteil schädlich auf die Kinder auswirke. Die üblichen meist unausgewogenen Besuchsregelungen ließen dagegen die Kinder häufig unbefriedigt. Wallerstein (mündliche Mitteilung nach Weiss, 1979) vermutet sogar einen Zusammenhang zwischen Depressionen gerade bei jüngeren Kindern nach der Trennung der Eltern und seltenen Besuchen beim nichtsorgeberechtigten Elternteil. Hetherington, Cox & Cox (1978) ermittelten einen positiven Zusammenhang zwischen der Häufigkeit des Kontaktes zum (nichtsorgeberechtigten) Vater und der allgemeinen Anpassung der Kinder sowie einer allgemein besseren Funktion der Mutter. Sie gehen sogar so weit zu sagen, daß keine andere unterstützende Beziehung für die Mutter bei der Erziehung der Kinder besser war, als die durch den Vater, wenn sie Wechselseitigkeit einschloß und einen häufigen Kontakt des Vaters auch mit den Kindern umfaßte. Rosen (1977) befragte 92 Kinder und fand heraus, daß 60% von ihnen häufigen und leichten Kontakt mit beiden Elternteilen haben wollten, unabhängig davon, ob es sich dabei um den Vater oder die Mutter handelte.

Solche Ergebnisse, so Hetherington, Cox & Cox, legen nahe, daß zumindest bei Vorliegen bestimmter Voraussetzungen der Kontakt der Kinder zu beiden Eltern geschützt und ihnen zu beiden ein Zugang ermöglicht werden sollte (vgl. auch Benedek & Benedek, 1977: Besuchsrecht als Recht des Kindes).

Wie schon die Beschreibung der Vielfalt möglicher Formen *gemeinsamen* Sorgerechts erwarten ließ, ist eine systematische vergleichende Forschung auf diesem Gebiet sehr schwierig, weil einer Vielzahl unterschiedlicher Faktoren Rechnung getragen werden muß und die Zahl der Untersuchungspersonen für einzelne Fallgruppen noch gering ist. Da nach der deutschen Gesetzgebung ein gemeinsames Sorgerecht nicht möglich ist, ist dieses auch noch kein Thema für empirische Untersuchungen gewesen. Gleichwohl bleibt unbefriedigend, daß nicht auch schon bestehende Sorgerechtsregelungen – insbesondere da, wo die Eltern Versuche unternommen haben, im Alltag und unabhängig von der juristischen Regelung die Kinder gemeinsam zu erziehen – wissenschaftlich erforscht worden sind. Man ist hier offensichtlich der Maxime gefolgt, daß was nicht sein darf, auch nicht sein kann.

Die nahezu einzige Informationsquelle stellen heute somit Untersuchungen dar, die in erster Linie aus den USA stammen. Diese sind entweder Fallstudien, oder Spezialstudien an kleinen Gruppen oder bloß Sammlungen persönlicher Eindrücke in Form von Berichten. Verallgemeinerbare Schlußfolgerungen sind daher nur eingeschränkt möglich. Gleichwohl sind diese Untersuchungen interessant, weil sie zum einen zeigen, daß es überhaupt praktikable Möglichkeiten der gemeinsamen Sorgerechtsausübung gibt, und weil sie zum anderen auch die Probleme deutlich machen, die zu bewältigen sind bzw. die speziellen Voraussetzungen abklären helfen können, unter denen solche Arrangements funktionieren. Gelegentlich wird eingewendet, daß diese neuartigen Versuche unter einem gewissen Zwang zum Erfolg stehen können; dieser Einwand kann aber durch die Vermutung abgeschwächt werden, daß sie auch einem negativen Erwartungsdruck standzuhalten haben.

Die wohl bekanntesten Ergebnisse zu diesem Gebiet stammen von Roman & Haddad (1978a). In den von ihnen befragten Familien ergab sich als Gesamttendenz, daß auch nach einer Scheidung der Eltern ein gemeinsames Sorgerecht praktiziert werden konnte und gut funktionierte. Ob die Beziehung zwischen den Eltern eine sehr distanzierte oder eine engfreundschaftliche war, stellte sich dabei als keine entscheidende Frage heraus. Wichtig schien dagegen, daß sich die Eltern bezüglich der Kinder weitgehend einig waren und in Fällen unlösbar scheinender Differenzen Kompromiß- und Verhandlungsbereitschaft zeigten. Dies läßt sich auch als Fähigkeit verstehen, in Fragen, die die Kinder betreffen, von der eigenen Person abstrahieren und eine Perspektive mit dem Blick auf die Interessen des Kindes einnehmen zu können. Als eine wichtige Voraussetzung wird überdies angesehen, daß beide Eltern diese Lösung gemeinsam wünschten (vgl. auch Roman & Haddad, 1978b).

Ahrons (1980a) interviewte 41 geschiedene Paare, denen durch das Gericht ein gemeinsames Sorgerecht zugesprochen worden war. 86% der Eltern waren mit der getroffenen Entscheidung, die zuvor informell von ihnen vorbereitet und dem Gericht als angestrebte Lösung unterbreitet worden war, in der Praxis zufrieden. Ein wichtiges Ergebnis dieser Untersuchung ist, daß gemeinsames Sorgerecht nicht gleichzusetzen ist mit gleichen bzw. gleichverteilten Rechten. Die tatsächliche Aufteilung folgte eher einem Kontinuum, an dessen einem Ende sich die Eltern in sehr unterschiedlichem Ausmaß engagierten und zum Teil auch weiter voneinander entfernt lebten, während am anderen Ende eine annähernd gleiche

Verteilung der Aufgaben und der Zeit mit den Kindern auf beide Eltern erfolgte. Genauso variierte die Flexibilität, mit der Fragen der praktischen Sorge für die Kinder behandelt und Entscheidungsregeln angewendet wurden, von lockerer Handhabung bis hin zu strikten, kaum abwandelbaren Vereinbarungen. Welchen Einfluß das Alter der Kinder hat und wie sich individuelle Charakteristika der Familienmitglieder auswirken, ließ sich noch nicht eindeutig feststellen. Eine spezielle Rolle könnte zudem der Umstand gespielt haben, daß die Eltern der untersuchten Gruppe über ein mehr als durchschnittliches Einkommen verfügten, da zu bedenken ist, daß sich ein gemeinsames Sorgerecht eventuell schon aus Kostengründen verbietet (zwei Kinder-Zimmer, mehr Spielzeug, Kleidung usw.) und von Familien mit geringem Einkommen diese Alternative gar nicht ins Auge gefaßt werden kann. Nicht bestätigt fand Ahrons die Vermutung von Goldstein, Freud & Solnit (1973), geschiedene Paare seien nicht in der Lage, eine konfliktfreie oder auch nur hinreichend konfliktarme Beziehung zu entwickeln und zu leben. Bei ihr ergab sich, daß sich die Eltern sehr wohl legal wie emotional trennen und zugleich beziehungsfähig bleiben konnten, sowohl hinsichtlich der Elternschaft, als auch in anderer Hinsicht. Sexuelle Kontakte zwischen den geschiedenen Partnern waren dabei aber eher die Ausnahme (bei 5 der 41 Paare).

Ahrons bemängelt, daß offensichtlich auch in der Forschung die Annahme gilt, geschiedene Ehepartner würden sich in jeder Hinsicht getrennt haben, und wünscht eine eingehende Untersuchung der Beziehungsentwicklung zwischen geschiedenen Ehepartnern.

Ihre Beobachtungen lassen Ahrons zu dem Schluß kommen, daß ein gemeinsames Sorgerecht als verwirklichbare Alternative zu anderen Regelungen anzusehen ist und vermehrt die möglichen Stärken solcher Beziehungen beachtet werden sollten anstelle ihrer bislang überwiegend gesehenen Schwächen.

Abarbanel (1979) führte eine Reihe interessanter Fallstudien mit Eltern durch, die gemeinsam das Sorgerecht ausüben. Die Kinder schienen sich an die neuen Verhältnisse angepaßt zu haben und zeigten keine ernsten Verhaltensprobleme. Sie reagierten angemessen auf die Trennung der Eltern und zeigten ihren Ärger wie Trauer oder Erregtheit. Nach anfänglichen Leistungsminderungen erreichten ihre Schulleistungen wieder normales bis überdurchschnittliches Niveau. Die Kinder bekundeten, daß sie nun „zwei Zuhause" hätten. Jüngere Kinder hatten den Wunsch, daß sich ihre Eltern wieder versöhnten, wußten aber, daß dies kaum geschehen würde. Anders als Scheidungskinder, die nur bei einem Elternteil leben, hatten sie nicht das Gefühl, den anderen Elternteil verloren zu haben; sie vermißten ihn jedoch. Die Kinder sahen beide Eltern realistisch, d. h. sie nahmen sie nicht innerhalb eines Freund-Feind-Schemas wahr, was häufig bei anderen Sorgerechtsregelungen zu beobachten sei.

Abarbanel kommt aufgrund ihrer Ergebnisse zu einer Reihe von Voraussetzungen, die für ein gutes Gelingen eines gemeinsam ausgeübten Sorgerechts erfüllt sein sollten. Die betroffenen Kinder sollten noch relativ jung sein (Präadoleszenz). Für ältere Kinder rufen ständige Wechsel eher Schwierigkeiten hervor. Die häuslichen Bedingungen der beiden Elternhäuser sollten nicht zu sehr voneinander abweichen und Meinungsunterschiede zwischen den Eltern zugegeben statt vertuscht werden. Kontinuität sollte innerhalb der beiden Haushalte bestehen. Sie ist aber nicht so wichtig zwischen den Haushalten. Eine besondere Rolle spielt für die Kinder die Vorhersagbarkeit. Sie brauchen vorausschaubare Regelungen und Planung bei gleichzeitiger Flexibilität in Ausnahmesituationen (Ferien, Krankheit). Übereinstimmung sollte zwischen den Eltern hinsichtlich der Erziehungspraxis und der Erziehungsprioritäten bestehen. Dagegen spielen unterschiedlicher Lebensstil und Persönlichkeit der Elternteile keine bedeutende Rolle. Auch die Aufgabenverteilung für die Kinder kann bei beiden Eltern durchaus abweichend voneinander erfolgen. Wichtig war, daß beide Eltern zu ihren Kindern stehen, sich wechselseitig unterstützen, flexibel in der Übernahme von Verantwortung sind und sich an vereinbarte Regeln halten.

Abarbanel nennt auch einige Probleme, die sich ergeben können. Der Übergang von einem gemeinsamen zu getrennten Haushalten und verteilter Sorge mußte von jedem Elternteil erst einmal verarbeitet werden (z. B. ein Verlust an Kontrolle), insbesondere, wenn schon zuvor ein Ungleichgewicht bestand. Das Alter der Kinder, der Altersabstand zwischen ihnen wie die Gesamtzahl der Kinder überhaupt werden als weitere mögliche Problemquelle genannt. „Problem-Kinder" können ebenfalls Schwierigkeiten mit häufigen Wechseln haben. Komplikationen traten auch da auf, wo die Eltern weit auseiander wohnten. Unklar ist noch, wie die Kinder auf einen neuen Partner eines Elternteils und eventuell dessen Kinder reagieren. Langzeitprognosen sind ihrer Auffassung nach gegenwärtig noch nicht möglich.

Watson (1979) sammelte Daten in einem Interview (unter anderem) mit Eltern, die durchschnittlich 3,6 Jahre gemeinsames Sorgerecht praktizierten. Sie interessierte besonders, welche Veränderungen im Anschluß an die Scheidung auftraten und welche Werte und Verhaltensweisen aus der Zeit der Ehe bestehen blieben.

Bei den untersuchten Eltern zeigte sich, daß sie auch schon während der

Ehe ein hohes Maß an Kindorientiertheit aufwiesen und weitgehend Übereinstimmung in Erziehungsfragen bestand. In allen Fällen war dieses Thema kein Scheidungsgrund. Ebenfalls war auch schon in der Zeit der Ehe versucht worden, sich von geschlechtsrollentypischen Verhaltensweisen untereinander und gegenüber den Kindern zu lösen.

Die Eltern waren sich darin einig, daß das gemeinsame Sorgerecht für sie die beste Lösung sei und sie auf diese Weise beide am wenigsten in bezug auf die Kinder verlieren würden. Beide Eltern fühlten sich ihren Kindern außerdem stark verbunden und verpflichtet.

Die praktizierten Sorgerechtsregelungen variierten von halbwöchentlichen bis zu halbjährlichen Wechseln. Für die Kinder war es wichtig, daß die vereinbarten Regelungen konsistent durchgehalten wurden und für sie erkennbar war, was auf sie zukommt. Sie entwickelten bei beiden Eltern Freundschaften zu anderen Kindern, so daß aus diesem Grund räumliche Nähe der Eltern nicht so nötig scheint. Jedoch ist sie da erforderlich, wo wöchentliche Wechsel vorgenommen werden, da hier die Eltern so nahe zusammenleben müssen, daß für die Kinder kein Schulwechsel nötig wird. Tatsächlich lebten die meisten Eltern innerhalb geringer Entfernung (weniger als 19 Meilen) voneinander, auch wenn sie selbst diese Frage als von sekundärer Bedeutung einschätzten.

Am wenigsten wichtig hinsichtlich des Ausmaßes an Übereinstimmung zwischen den Elternhäusern erwiesen sich die Wertvorstellungen der Eltern: Diese hatten ihren Lebensstil und die verwirklichten Werte zum Teil deutlich nach der Trennung geändert.

Die Eltern hatten mit den Kindern schon vor der Scheidung über die bevorstehende Trennung geredet. Derartige Gespräche waren aus der Sicht der Eltern ab einem Alter von 6 bis 8 Jahren in altersentsprechender Weise möglich. Die Kinder wurden auch bezüglich ihrer Präferenzen für einen Elternteil befragt; letztlich wollten sich aber die Erwachsenen die endgültige Entscheidung vorbehalten.

Die Kinder machten deutlich, daß sie die gleiche Zeit bei beiden Eltern verbringen und sich nicht für einen Elternteil entscheiden müssen wollten. Sie befürchteten, daß eine Entscheidung von dritter Seite dazu führen könnte, daß „mit ihnen herumgespielt wird" und wollten an der Entscheidung mit beteiligt sein. Ebenso äußerten sie den Wunsch, daß sich die Eltern wieder aussöhnen sollten.

Alle Eltern kamen zu dem Schluß, daß das Sorgerecht idealerweise gemeinsam getragen werden sollte.

Versuchen wir eine Zusammenfassung dieser Ergebnisse, so ergibt sich teils Übereinstimmung, teils bestehen auch Widersprüche, insbesondere was die Ähnlichkeit der beiden Haushalte, die Notwendigkeit einer räumlichen Nähe und die Konsistenz der Wertvorstellungen betrifft. Einige der Befunde stellen bis heute allgemein geteilte Ansichten in Frage, z. B. daß eine emotionale Nähe der Eltern untereinander eine notwendige Voraussetzung für die Ausübung des gemeinsamen Sorgerechts ist oder daß Kindern der Wechsel zwischen zwei relativ unterschiedlichen Haushalten nicht zugemutet werden kann. Weitere Untersuchungen werden hier Aufschluß liefern müssen. Ein Schwerpunkt der Forschung wird vor allem auf die Ermittlung der unterschiedlichen individuellen und Rahmen-Bedingungen zu legen sein, die notwendig für die Praxis gemeinsamen Sorgerechts erfüllt sein müssen.

Problemfelder bei der Sorgerechtsregelung

Nach der Darstellung einiger der Erfahrungen, die mit Sorgerechtsregelungen gesammelt worden sind, wollen wir nun Problemfelder der Sorgerechtsregelung genauer beschreiben und analysieren. Schon aus Raumgründen werden wir dabei hier nicht ins einzelne gehen können. Mehr noch ist aber die Entwicklung so im Fluß, daß eine erschöpfende Darstellung derzeit gar nicht geleistet werden kann. Wir werden deshalb die schon bekannten Schwierigkeiten beschreiben und unser Augenmerk im folgenden schwerpunktmäßig gerade auch auf solche Fragen richten, die bislang vergleichsweise wenig in der Diskussion Beachtung gefunden haben.

Elternrecht und Elternpflicht

In der Verfassung des Deutschen Reiches (Weimarer Verfassung von 1919) waren die Elternpflichten den Elternrechten vorangestellt. Im Grundgesetz wurde diese Reihenfolge umgestellt; die Rechte rangierten hier vor den Pflichten. Auch bei der Diskussion des Sorgerechtsgesetzes war die Reihenfolge – und eine darin unterstellte Rangfolge – Gegenstand von Auseinandersetzungen. Eine eingehendere Betrachtung der Argumente läßt erkennen, daß vorwiegend über Elternpflichten gesprochen wurde, während von Elternrechten – vor allem in inhaltlich bestimmter Form – eher selten die Rede war. Dieser Umstand ist Anlaß für die folgende nähere Betrachtung des Verhältnisses von Elternrechten und -pflichten.

Das Elternrecht ist ein Grundrecht (Art. 6, Abs. 2 des GG), jedoch ist es kein Herrschaftsrecht, das den Eltern gegenüber den Kindern garantiert wird, wie es die alte Formulierung von der „elterlichen Gewalt" noch nahegelegt hat. Vielmehr grenzt dieser Grundgesetz-Artikel die Rechte und Pflichten der Eltern gegenüber Einflußnahmen des Staates ab. Den Eltern wird hier das Recht garantiert, vorrangig vor dem Staat Sorge- und Erziehungspflichten den Kindern gegenüber wahrnehmen zu können. Gleichzeitig ist gesagt, daß das Elternrecht ein „Pflichtrecht" ist (Jans & Happe, 1980, S. 13 ff.). Eltern können also vereinfacht ausgedrückt nicht mit Berufung auf Artikel 6 (2) des Grundgesetzes Rechte gegen ihre Kinder, sondern nur gegen den Staat zur Geltung zu bringen versuchen. Genausowenig erhält der Staat Rechte gegenüber den Kindern, wenn er aufgrund seiner „Wächterfunktion" mit Berufung auf diesen Grundgesetz-Artikel tätig wird, sei es, weil die Eltern ihren Pflichten nicht nachkommen, oder nach der Neufassung des § 1666 BGB („Gefährdung des Kindeswohls") nicht nachkommen können. Auch er übernimmt in diesen Fällen nur Pflichten anstelle der Eltern. Diese Auffassung der Elternrechte als Pflichtrechte läßt unserer Ansicht nach zu wenig berücksichtigt, daß in konkreten Sorgerechtsentscheidungen durchaus Motive zum Tragen kommen, die die überwiegende Charakterisierung der Elternrechte als Pflichten in Frage stellen. Eine solche Auffassung greift zu kurz, wenn erklärt werden soll, weshalb es – wenn es bloß um die Aufteilung von Pflichten ginge – hier zu zum Teil erbitterten Auseinandersetzungen kommen kann.

Es ist klar, daß die Sorgerechtsregelung nicht ausschließlich psychologisch-erzieherische Momente umfaßt – derjenige Elternteil, der das Sorgerecht erhält und finanziell schlechter gestellt ist, als der andere, kann in der Regel eine finanzielle Unterstützung durch diesen beanspruchen. Da über die Verwendung solcher Mittel keine Rechenschaft abgelegt werden muß, sind sie auch nicht selten Gegenstand von Unterstellungen und Verdächtigungen. Insofern können „sachfremde" Motive eine Sorgerechtsentscheidung beeinflussen.

Es ist hier aber ein anderer Punkt wichtig. Auch wenn man einmal davon absieht, daß unmittelbar geldliche Interessen eine Rolle spielen können, bleibt dieses Motiv selbst dann noch mit im Spiel, wenn etwa viele Väter argumentieren: Warum soll man für die Unterstützung der Kinder ein Leben lang zahlen, wenn man keinerlei oder nur sehr beschränkte Rechte hat, an der Erziehung seiner Kinder mitzuwirken? und sich der Zahlungspflicht zu entziehen versuchen. Safilios-Rothschild (1981) berichtet hierzu eine interessante Einzelheit: Väter, die am Sorgerecht beteiligt wurden, erwiesen sich auch als zuverlässiger in ihren Unterhaltszahlungen. Dies läßt erkennen, daß Elternpflichten keinesfalls als reine Pflichten, sondern durchaus auch als Rechte reklamiert werden.

In früheren Zeiten oder auch in anderen Gesellschaften galten Kinder weithin als eine Altersversicherung, und die Arbeitskraft des Kindes wurde als eine natürliche Quelle zur Erweiterung der Familienressourcen angesehen. Diese Überlegungen treten heute in Ländern, in denen staatlicherseits Regelungen für die Alterssicherung der Bürger getroffen werden, aus dem Bereich vordergründiger Erwägungen zurück. Als gegenstandslos können sie jedoch nicht angesehen werden, wie die Probleme der Rentenversicherung bei abnehmender Kinderzahl bereits deutlich werden lassen.

Gleichfalls sollten diese Überlegungen nicht auf den ökonomischen Aspekt beschränkt werden. Die Probleme der alten Menschen in unserer Gesellschaft, für die in der Kernfamilie als Regelfall der Familie nur noch selten Platz ist und die deshalb zu häufig ein isoliertes Dasein in Alten- und Pflegeheimen zu führen gezwungen sind, verweisen auf die psychologisch-emotionale Dimension bei der Beschreibung der Elternrechte, und zwar nicht erst für die Zeit des Alters, sondern auch schon für die Gegenwart. Das heißt, im Grunde ist die Frage nach den Motiven und Bedürfnissen der Erwachsenen zu stellen, die sie veranlassen, Kinder aufzuziehen. Diese Frage wurde im Zusammenhang mit Sorgerechtsregelungen bislang kaum diskutiert (vgl. Prentice, 1979, S. 361) – und wo doch, dann fast immer nur im Hinblick auf möglicherweise negativ zu beurteilende Motivlagen, ctwa, wenn befürchtet wurde, daß ein Elternteil seine Kinder zur Selbstbestätigung oder zur Kompensation des Partnerverlusts mißbrauchen könnte (Musetto, 1981, S. 53).

Die Betrachtung möglicher positiver Motivlagen läßt ein breites Spektrum erkennen. Es reicht von dem Bedürfnis, seine biologischen Anlagen zu verwirklichen, über den Wunsch nach Nähe, Offenheit, Kontakt und Austausch mit Kindern, nach einer Möglichkeit, die eigene Erfahrung weitergeben und Werte tradieren zu können, bis hin zu Motiven, die im Kind den Sinn des eigenen Lebens sehen. Alle diese Motive werden bei der einschränkenden Betrachtung der Elternrechte als Pflichtrechte weitgehend ausgeblendet. Sie machen zugleich verständlich, daß Eltern Verlustängste angesichts der Möglichkeit erleben, durch eine für sie ungünstige Sorgerechtsregelung den Kontakt zu ihren Kindern eingeschränkt oder ganz unterbunden zu erhalten.

Aus dieser Sicht wäre es daher auch nicht unbegründet, einen Teil seines Rechts auf Selbstverwirklichung und freie Persönlichkeitsentfaltung gefährdet zu sehen (im Sinne des Art. 2 des Grundgesetzes), wenn eine restriktive Sorgerechtsregelung mit stark eingeschränktem Umgangsrecht für einen Elternteil getroffen wird. Dies wird verstärkt sogar anzunehmen sein, wenn beide Eltern willens und in der Lage sind, gemeinsam für ihre Kinder zu sorgen, dies jedoch legal nicht tun können.

Diese Überlegung soll noch in einer anderen Hinsicht weitergeführt werden. Es muß nämlich grundsätzlich gefragt werden, ob dem Wohle des Kindes im vollen Umfang Rechnung getragen wird, wenn ein Elternteil in der Verwirklichung seines Elternrechts (im weitergehenden Sinn) Beschränkungen unterworfen ist, da kaum angenommen werden kann, daß solche Beschränkungen nicht in irgendeiner Weise negativ auf Kinder zurückwirken, sei es, daß der betreffende Elternteil seine Einbußen gelegentlich des Umgangsrechts überzukompensieren versucht, sei es umgekehrt, daß er sich noch stärker vom Kind zurückzieht.

Elternrecht und Kindesrecht

In den USA gewinnt eine Bewegung an Gewicht, die sich besonders der Rechte der Kinder anzunehmen und sie zu diesem Zweck näher zu bestimmen versucht (vgl. Baumrind, 1978, für einen ersten Überblick). Es ist wahrscheinlich kein Zufall, daß diese Thematik größere Aufmerksamkeit gerade zu einer Zeit erfährt, in der das Wohl des Kindes auch im Scheidungsverfahren verstärkt in den Mittelpunkt von Diskussionen gerückt ist. Auch die neuen Bestimmungen des Sorgerechtsgesetzes in der Bundesrepublik bringen deutlicher zum Ausdruck, daß das Kind als Träger von Persönlichkeitsrechten gesehen wird und vor allem als zu schützende Persönlichkeit in die neuen Regelungen Eingang fand. So, wie zunächst die Stellung der Frau in der Familie gestärkt wurde, wird nun die Position des Kindes gesetzlich zu verbessern versucht.

Die Hervorhebung des Wohles des Kindes deutet einen Nachholbedarf an – darauf wird weiter unten zurückzukommen sein – der insgesamt eine gesellschaftliche Entwicklung hin auf Gleichberechtigung reflektiert und gleichzeitig die geringe Beachtung des Kindes verdeutlicht, die es im gesamtgesellschaftlichen Leben bislang erfahren hat.

Nicht unbedenklich erscheinen jedoch bei diesem Versuch Bemühungen, die die Rechte des Kindes denen der Erwachsenen gleich- bzw. sogar entgegenzusetzen versuchen. Derartige Bestrebungen laufen in Gefahr, das Reziprozitätssystem der Eltern-Kind-Beziehung (Baumrind, 1978) zu übersehen und das Moment der Entwicklung zu wenig beachten. Baumrind meint, daß die Forderung, Kinder sollen dieselben Rechte wie Erwachsene besitzen, folgenden vier Überzeugungen bzw. Annahmen widerspricht, die wissenschaftlich als abgesichert gelten können:
1. Kinder durchlaufen einen Entwicklungsprozeß, der durch qualitative Veränderungen gekennzeichnet ist, denen auch der soziale Status eines Kindes korrespondieren soll.

2. Kinder besitzen nicht im selben Maße wie Erwachsene die Fähigkeit, ein unabhängiges Leben zu führen und bedürfen deshalb jeweils eines speziellen Schutzes.
3. Die Selbstbestimmung der Erwachsenen ist das Ergebnis von Reifung, keine Gabe, die von Sorgeberechtigten gewährt wird.
4. Angemessene Praxis erwachsener Autorität in frühen Jahren steht in einem positiven Zusammenhang mit späterer Selbständigkeit.

Werden diese Aussagen auf die Frage nach dem Verhältnis und der Abgrenzung der Eltern- und Kinderrechte angewendet, so wird deutlich, daß eine statische Vergleichung von Eltern- und Kinderrechten gerade dem Wohl des Kindes abträglich werden kann, weil sie dessen entwicklungsabhängige Bedürfnisse zu wenig berücksichtigt. Eltern- und Kinderrechte dürfen nicht als fixe Entitäten angesehen werden; sie ergeben sich vielmehr aus der Entwicklungsdynamik der Kinder (und konsequenterweise muß hinzugefügt werden, auch der Eltern). In dem Versuch, den Kindern gleiche Rechte wie Erwachsenen einzuräumen (z. B. freie Wahl des Aufenthaltsortes) und damit den Gleichheitsgrundsatz zu stärken, könnte das Gebot der Gerechtigkeit Schaden nehmen, sowohl was das Kind, als auch was die Eltern angeht. Ein Beispiel soll dies erläutern: Kinder haben z. B. ein gewisses Recht auf altersgemäß eingeschränkte Verantwortlichkeit. Gibt man ihnen Rechte vergleichbar denen von Erwachsenen, dann hätte dies zur Konsequenz, daß auf die Eltern bzw. Erwachsenen allgemein – bei gleichbleibender Verantwortlichkeit der Kinder – mehr Pflichten zukommen, oder bei zunehmender Verantwortlichkeit der Kinder, diesen letztendlich Rechte beschnitten würden. Dieser Zusammenhang muß auch im Falle von Sorgerechtsregelungen beachtet werden, wenn die Rechte des Kindes stärker bei der Entscheidungsfindung berücksichtigt werden sollen.

Zur Bestimmung des „Wohls des Kindes"

Der Begriff „Wohl des Kindes" ist ein unbestimmter Rechtsbegriff. Er versetzt den Richter bei Sorgerechtsregelungen in nicht unbeträchtliche Schwierigkeiten, da er im Einzelfall darüber zu entscheiden hat, welche Kriterien erfüllt sein müssen und welche Evidenz die ihm bekannten Tatsachen haben, so daß die von ihm getroffene Entscheidung tatsächlich dem Wohle des Kindes am besten entspricht. Der amerikanische Richter Botein aus New York hat gesagt, daß einem Richter keine Entscheidung mehr Kopfzerbrechen bereitet, als die in einem Sorgerechtsverfahren (nach Slovenko, 1981, S. 181). Eine grundsätzliche Schwierigkeit liegt schon darin begründet, daß die Scheidung der Eltern als solche dem Wohle des Kindes entgegengesetzt sein kann und wahrscheinlich auch in vielen Fällen ist (Slovenko, 1981, S. 169). Doch selbst, wenn man darin einig ist, daß im Grunde nur die „Wahl der am wenigsten schädlichen Alternative" im Sinne von Goldstein, Freud & Solnit (1973) ansteht, bleibt das Problem, diese Wahl zu treffen. Der Wechsel der Perspektive läßt die Frage nach den Kriterien unberührt. Der Wunsch nach verbindlichen Richtlinien, an denen sich der Richter bei seiner Entscheidung orientieren kann, ist daher nur zu verständlich, zumal die Anwendung eher pauschaler Begründungsmuster (wie sie etwa die „tender years doctrine" darstellt), inzwischen nicht mehr widerspruchslos hingenommen wird.

Die Zahl der Versuche, solche Kriterien zusammenzustellen, geht – wenn man die internationale Literatur, Empfehlungen von Verbänden und die Gesetzgebung mit einbezieht – inzwischen in die Dutzende (National Conference Of Commissioners On Uniform State Laws „Uniform marriage and divorce act", 1970; „The American Orthopsychiatric Association's Statements", 1967 (nach Slovenko, 1981, S. 172); „The Child Custody Act of Michigan", 1970 (nach Slovenko, 1981, S. 177); Vorschlag der American Bar Association, 1973; Goldstein, Freud & Solnit, 1973; Musetto, 1981; Steinberg, 1981; Woody, 1977). Sie reichen von allgemeinen Richtlinien, die umfassend das Wohl des Kindes, seine Bindungen an die Elternteile und Geschwister (wie etwa in § 1671 (2) BGB) berücksichtigt wissen wollen, über persönliche Empfehlungen, empirisch ermittelte Dimensionen bis hin zu detaillierten Auflistungen einzeln zu überprüfender Umstände wie „Welcher Elternteil kennt die Schuhgröße des Kindes?" oder „Welcher Elternteil hat mit dem Kind über die bevorstehende Scheidung gesprochen?" (Musetto, 1981). Sie beschränken sich auf wenig grobe Dimensionen, etwa das leibliche und seelische Wohl des Kindes, oder erfassen zahlreiche Verhaltensweisen von Eltern und Kindern im alltäglichen Leben. Manche blicken nur auf das engste Umfeld des Kindes; andere greifen nicht nur über den unmittelbaren Lebensbereich hinaus, sie versuchen zudem Daten aus der Vergangenheit und Prognosen über die zukünftige Entwicklung einzubeziehen.

Über den Wert solcher Kriterienkataloge gehen die Meinungen auseinander (Benedek & Benedek, 1972; Slovenko; 1981). Die eher allgemein gehaltenen Kriterien erlauben eine umfassende und uneingeschränkte Würdigung der Umstände des Einzelfalls, vorausgesetzt, in der Praxis wird von dieser Möglichkeit auch Gebrauch gemacht und die Ermittlung der relevanten Tatsachen ist auch unter praktischen Bedingungen durchführbar (Arbeitsbelastung der Richter, Kostenfaktor bei der Erstellung von

Gutachten; vgl. Simitis et al., 1979). Gleichzeitig sind solche Kriterien jedoch interpretationsbedürftig und anfällig für Einseitigkeiten, subjektive Auswahl der Gesichtspunkte, unklare Gewichtung der Einzelaussagen und offen gegenüber personspezifischen Vorurteilen. Untersuchungen, die die Entscheidungspraxis zum Gegenstand hatten (Simitis et al., 1979; Woody, 1977), haben diese Schwierigkeiten auch empirisch bestätigt. Die Größe „Wohl des Kindes" fand sich regelmäßig eingeschränkt auf bestimmte Aspekte, deren häufigste der äußerliche Versorgungsaspekt des Kindes, die psychosozialen Merkmale der Bezugsperson und deren ökonomische Situation waren. Das psychische Befinden der Kindes rangierte bei Simitis et al. (1979, S. 280f.) in der Rangfolge von 14 Themen erst an 9. Stelle. Dies macht nur zu deutlich, daß zwischen dem Anspruch, der sich mit der Generalklausel „Wohl des Kindes" verbindet, und der Einlösung dieses Anspruchs eine bemerkenswerte Kluft befindet.

Die eher umfangreichen Kriterienkataloge versprechen dagegen weniger Einseitigkeit bei der Auswahl der wesentlichen Aspekte und vermehrte Objektivität bei der Erfassung der Einzelumstände. Sie haben jedoch auch spezifische Nachteile und teilen Probleme der allgemeineren Richtlinien. Sie können nicht nur sehr umfangreich werden, sondern hinsichtlich ihrer Auswahl auch einer spezifischen Selektivität erliegen, je nachdem, welche theoretischen Vorstellungen die Auswahl motivieren. Mehr noch müssen auch hier Beurteilungen der Einzelaussagen bezüglich ihrer Glaubwürdigkeit und Gewichtungen der Bedeutung für eine Gesamtaussage vorgenommen werden, ein Prozeß, der bislang eher intuitiv geleitet verläuft und damit ebenfalls subjektiven Einflüssen offen steht. Eine bloß aufsummierende Vorgehensweise reicht nicht aus, da etwa zwei für sich genommen eher negativ einzuschätzende Verhaltensweisen (z. B. große Strenge des Vaters einerseits, große Nachsichtigkeit der Mutter andererseits) im Zusammenwirken durchaus noch eine positive Einschätzung erfahren können, für sich genommen aber vielleicht zu Bedenken Anlaß geben. Zu genaue Bestimmungsversuche laufen überdies Gefahr, Vollständigkeit vorzutäuschen, wo die individuelle Situation noch die Berücksichtigung besonderer Umstände verlangt (z. B. wenn ein Kind behindert ist), die aufgrund ihrer Besonderheit ausgelassen worden sind. Sie begünstigen eine Beurteilung „vom Schreibtisch aus" und vernachlässigen die Bedeutung des „Augenscheins", wiewohl auch durch allgemeine Richtlinien in der Praxis nicht sichergestellt werden kann, daß der „Augenschein" zur Geltung kommt. Familienrichter erleben die Anhörung eines Kindes häufig als problematisch (Ostermeyer, 1979). Für Hausbesuche bleibt meist keine Zeit. Ein weiteres Problem besteht darin, daß detaillierte Listen den augenblicklichen Zustand gegenüber dem Entwicklungsverlauf betonen, wenn nicht ausdrücklich die Erhebung von Prozessen eingeschlossen ist, was wiederum einen erhöhten Aufwand impliziert.

Insgesamt ist zu fragen, an welchen Wertmaßstäben sich die Standards zur Bestimmung des Wohles des Kindes ihrerseits orientieren sollen. Safilios-Rothschild (1981) meinte scherzhaft, daß dann, wenn die Anforderungen, die an geschiedene Eltern gestellt werden, von allen Eltern erfüllt werden müßten, vielleicht nur 5% der Eltern das Recht auf elterliche Sorge zugesprochen bekommen dürften. Sie warnt damit vor Konzeptionen einer „guten Elternschaft", die nur als idealistisch bezeichnet werden können und sich nicht mehr auf die reale Situation aller Familien und insbesondere der Scheidungsfamilien beziehen, die gerade vor erheblichen Problemen stehen.

Wir wollen die Überlegungen zur Bestimmung des Wohles des Kindes noch auf einer grundsätzlichen Ebene fortführen. Tatsache ist, daß das Kind als Partei im Sorgerechtsprozeß nicht in Erscheinung tritt, also vereinfacht gesagt auch kein Antragsrecht hat und Willenserklärungen des Kindes keine absolute Richtschnur darstellen (hier werden meist mehr oder weniger klar begründete Altersgrenzen, z. B. 12 oder 14 Jahre, angesetzt, ab denen eine Berücksichtigung ausdrücklich empfohlen wird). Es gibt plausible Gründe, die ein solches Vorgehen rechtfertigen, etwa daß ein Kind noch nicht beurteilen könne, welcher Elternteil objektiv besser geeignet sei, für es zu sorgen, oder daß ein Kind durch einen Elternteil beeinflußt sein könnte. Zu klären ist aber, ob in dem Bestreben, dem Wohle des Kindes möglichst nahe zu kommen, gerade an dem Interesse des Kindes vorbeigegangen wird. Im vorherigen Punkt wurde auf die Reziprozität von Elternrecht und Kinderrecht und der diesen Rechten korrespondierenden Pflichten und Verantwortungen hingewiesen. Es könnte nämlich nun auch der Fall eintreten, daß durch eine zu starke Übernahme der Interessensvertretung des Kindes durch Erwachsene auch der altersgemäße Verantwortungsspielraum des Kindes zu sehr eingeschränkt wird und man dabei übersieht, daß ein Kind lebenspraktische Interessen hat und diese auch tatsächlich verfolgt und dies tun wird in Übereinstimmung mit oder auch trotz irgendwelcher im Sinne seines Wohls getroffener Regelungen. Zu definitive Bestimmungsversuche des Wohles des Kindes können eine dem Alter angemessene Verantwortung auch so beschneiden, daß der legitime Entwicklungsspielraum begrenzt wird, mit dem Ergebnis, daß das Kind in einer Kinderrolle festgehalten wird, die zwar einem Bild der Erwachsenen vom Kind gerecht wird, nicht mehr aber dem Kind selbst.

Zur Rolle der Experten in Sorgerechtsverfahren

Wenn hier von Experten geredet wird, so meinen wir damit alle, die im Sorgerechtsverfahren in spezieller Funktion tätig werden, sei es hinsichtlich abgegrenzter Aufgabengebiete, sei es bei der Behandlung der gesamten Sorgerechtsregelung, also die Familienrichter, die Anwälte der Eltern, Jugendamtsvertreter, Sozialarbeiter, begutachtende Psychologen und Ärzte oder Familienberater und Therapeuten. Aus dem weiteren Umfeld müßten auch Steuer- und Rentenberater, Lehrkräfte, Kindergärtnerinnen, Heimleiter usw. unter diesem Aspekt mit einbezogen werden.

Wir werden uns hier auf einige wenige dieser beteiligten Expertengruppen eingrenzen müssen, zum einen, weil Aussagen über den tatsächlichen wie potentiellen Beitrag dieser Gruppen bei der Klärung der Sorgerechtszuteilung noch wenig und unterschiedlich breites Wissen vorliegt, zum anderen, weil die Versuche zu einer praktischen Zusammenarbeit überhaupt erst in den Anfängen stecken und Erfahrungen auf diesem Gebiet noch gesammelt werden müssen. Der Einsatz von Expertenteams bei Scheidungs- und Sorgerechtsproblemen ist auch in den USA, die als ein Vorreiter auf diesem Gebiet gelten, noch Neuland (Benedek, Delcampo & Benedek, 1977: Michigan's Friend of the Court; Warner & Elliott, 1979).

Noch weniger läßt sich aus der Bundesrepublik über vergleichbare Versuche berichten. Einen gewissen Bekanntheitsgrad haben hier das „Bielefelder Modell" (Prestien, 1979, S. 9–13; Zurwieden, 1981, S. 55–67) und das „Stuttgarter Modell" (Rabaa, Seibert & Stange 1981, S. 103–109) gewonnen, wobei das „Bielefelder Modell" vor allem die Zusammenarbeit zwischen Richter und Eltern einerseits, Richtern und Experten andererseits betont, das „Stuttgarter Modell" ausdrücklich mit einer Gruppe von Spezialisten eine Familie während der Scheidung betreut und eine richterliche Entscheidung vorbereiten hilft. Eine Evaluation dieser Ansätze liegt bislang noch nicht vor.

Probleme des Familienrichters

Dem Richter obliegt die schwierige Aufgabe, dem Wohl des Kindes im konkreten Falle Rechnung zu tragen und diesem unbestimmten Rechtsbegriff hinreichend genau zur Geltung zu verhelfen. Er muß die Tatsachen ermitteln, darüber befinden, ob ausreichend viele Informationen vorliegen, die bekannten Sachverhalte beurteilen und dabei sogar die prognostische Valenz der Aussagen und Beobachtungen einschätzen. Von ihm wird erwartet, daß er sich in die seelischen Prozesse der Eltern und Kinder einfühlen und gutachterliche Stellungnahmen hierzu verwerten kann. In der Beurteilung der Motive und Fähigkeiten der Eltern sollte er ein Persönlichkeitspsychologe mit fundierten diagnostischen Fähigkeiten sein, in der Anhörung der Kinder ein einfühlsamer und verstehender Kinderpsychologe. Bei der Abwägung von Alternativen in der Sorgerechtsaufteilung sollte er über familien- und entwicklungspsychologische sowie psychotherapeutisch-klinische Erfahrungen verfügen und spezielle Kenntnisse auf dem Gebiet der Scheidungsforschung besitzen.

In hohem Maße liegt es an ihm, wie stark die Interessen des Kindes im Sorgerechtsprozeß Eingang finden. Er muß quasi anwaltschaftliche Funktion für das Kind übernehmen, Schaden und Nachteile von ihm fernhalten.

Bei allem wird von berufswegen von ihm verlangt, daß er unparteiisch entscheidet, die rechtlichen Erfordernisse beachtet, persönliche Erfahrungen und Werte zurückstellt, selbstkritisch seine Kompetenzen einschätzt und nicht alltagspsychologische Maximen in die Beurteilung einfließen läßt, sondern in seinem Urteil auch den anerkannten Stand der Wissenschaft berücksichtigt, ohne sich jedoch dabei einseitig Theorien zu verpflichten.

Empfehlungen, die über seinen unmittelbaren Kompetenzbereich hinausreichen, darf er kaum mit genügendem Nachdruck aussprechen. Und es fehlen ihm weitgehend die Mittel, seine Entscheidung zum Besten des Kindes auch im Anschluß an das Urteil praktisch zur Durchsetzung zu verhelfen. Der eine oder andere Familienrichter wird sich sogar gelegentlich fragen, ob er mit seiner Entscheidung nicht sogar selbst erst problematische Tatsachen schafft.

Es nimmt daher nicht wunder, wenn sich Familienrichter verlassen und überfordert fühlen oder auf simplifizierende Begründungsmuster zurückgreifen und einer kritischen Selbstreflexion ihres Tuns gegenüber eher abgeneigt sind (Simitis et al., 1979, S. 315 ff.). Es wird kaum bezweifelt werden, daß der Richter hier häufig vor einer Aufgabe steht, die ihn an die Grenzen seiner Möglichkeiten verweist und damit auch persönliche Unzufriedenheit entstehen läßt, wird er hier doch mit Problemen konfrontiert, die er – oder sogar er allein – gar nicht lösen kann (Vgl. auch Zenz, 1978).

Bei der ganzen Diskussion um verbesserte Möglichkeiten der Entscheidungsfindung im Sorgerechtsverfahren wird leicht übersehen, daß der Richter mit seiner Entscheidung nicht zum eigentlichen Adressaten gemacht werden kann. Eine Sichtweise, die in einer optimierten richterlichen Entscheidung die Lösung aller Scheidungsprobleme erwartet, vergißt nicht nur die Komplexität der Zusammenhänge, sondern auch Aufgaben und Funktion aller anderen in einem solchen Verfahren Eingeschlossenen.

Wenn hier nicht überzogene Erwartungen entstehen sollen, wird eine Besinnung auf die Möglichkeiten nötig, die der praktizierende Richter tatsächlich hat und zumutbarerweise haben sollte. Verstärktes Augenmerk ist dabei auf das Vorfeld des eigentlichen Prozesses der Entscheidungsfindung zu richten. Hier werden gegenwärtig Möglichkeiten noch bei weitem zu wenig genutzt mit der Folge, daß eine Entscheidung vor allem mit rechtlichen Mitteln zu erreichen versucht wird. Die negativen Auswirkungen, die eine solche Verrechtlichung des Scheidungsvorgangs mit sich bringt, sind bekannt: Zuspitzung der Argumentation der Anwälte, Verletzungen, Kränkungen und Mißtrauen zwischen den ehemaligen Partnern, Beharren auf vermeintlichen oder tatsächlichen Rechten, Verhärtung der Fronten und Abbau der Kompromißbereitschaft, Individualisierung der Sichtweise und – last not least – Mißachtung der Kinder und ihrer Bedürfnisse (Rabaa, Seibert & Stange, 1981, S. 110f.).

Probleme der Parteianwälte

Der Anwalt eines Elternteils ist zunächst dessen Interessenvertreter bei Gericht. Trotz seiner parteibezogenen Aufgabe, für seinen Mandanten die günstigste Regelung zu erreichen, steht er im Sorgerechtsverfahren in mancher Hinsicht in einer ähnlich schwierigen Lage wie der Richter, da auch an ihn ein Konflikt herangetragen wird, in dem er entscheiden muß, was im Ergebnis für seinen Klienten nicht nur einen kurzfristigen juristischen Erfolg darstellt, sondern insgesamt dessen nicht bloß juristisch faßbaren Interessen am meisten nützt. Auch er muß abwägen, inwieweit eine Regelung, die für seine Partei zunächst günstig erscheint, aber vielleicht das Wohl des Kindes tangiert, sich nicht letztlich wesentlich nachteiliger auf den Vater oder die Mutter auswirkt, die er vertritt. Und zum Teil liegt es auch bei ihm, ob er seinem Mandanten eine Lösung klar machen kann, die für diesen die bessere darstellt.

Steinberg (1981) kommt für sich (als rechtlichen Beistand in Sorgerechtsfällen) zu dem Schluß, daß ein Mandant in der Regel zufriedener ist, wenn er spürt, daß sein Anwalt nicht bloß als Werkzeug fungiert, und er sich insgesamt aufgehoben fühlt in der Vertretung seiner wohlverstandenen Interessen. Dazu gehört auch, daß der Rechtsanwalt dem Klienten solche Schwierigkeiten deutlich macht, die dieser nicht sieht oder auch nicht sehen will.

In seiner Funktion als Anwalt einer Partei ist der Rechtsvertreter des Elternteils – nach dem Gesagten – zumindest indirekt auch als Interessenvertreter des Kindes angesprochen. In diesem Sinne tätig zu werden wird ihm besonders dann schwierig gemacht, wenn beide Parteien durch ihr Verhalten und Vorgehen demonstrieren, daß ihre Kinder letztlich als „Verhandlungsgegenstände" behandelt werden.

Umgekehrt kann das Vorgehen der Parteianwälte entscheidend mitbestimmen, ob einvernehmliche Regelungen zwischen den Eltern bezüglich des Sorgerechts möglich werden, oder „streitig" verhandelt wird, was zwar vorerst zur Beendigung des Prozesses, aber selten zur Lösung der Konflikte führt. Der traditionelle Partei-Begriff scheint für Familiengerichtsverfahren in dieser Hinsicht fraglich. Andererseits kann selbst der Anwalt einer Partei nur so weit gehen, wie es die Bereitschaft seines Klienten zum Kompromiß und zur Veränderung zuläßt. Der schon zitierte amerikanische Anwalt Steinberg bemüht noch vor Übernahme eines Mandats einen Kinderspezialisten, der zunächst prüfen soll, ob der Elternteil auch offen für die Interessen des Kindes und in dieser Hinsicht kompromißbereit ist. Erst wenn diese Bereitschaft festgestellt wurde, ist er bereit, den Fall zu übernehmen. Aber auch während des gesamten Verfahrens steht er in engem Kontakt mit diesem Experten, um sein eigenes Vorgehen zu überprüfen und einer bloß juristischen Sicht vorzubeugen.

Auch dieses Beispiel zeigt, daß bereits im Vorfeld der Entscheidung die Weichen für eine Entwicklung gestellt werden können, die für alle Beteiligten vorteilhaft ist. Voraussetzung ist aber, daß auch der Anwalt um die Zusammenhänge weiß und nichtjuristische Lösungsmöglichkeiten in Erwägung ziehen kann.

Probleme der begutachtenden Sachverständigen

Gutachter werden in Sorgerechtsverfahren noch selten und in der Regel dann herangezogen, um die Qualität bereits erbrachter Gutachten zu überprüfen (entweder als Parteigutachter oder als (Ober-)Gutachter des Gerichts), oder aber in Fällen, in denen eine Entscheidung nicht möglich scheint bzw. besondere Umstände (z. B. ein krankes oder behindertes Kind) vorliegen. Schwierigkeiten, die der Richter hat, werden somit an den Sachverständigen zur Erledigung weitergereicht; sie befinden sich partiell in übereinstimmender Lage, so daß das für den Richter Gesagte zum Teil auch für den Sachverständigen gilt. Sie stehen vor demselben Problem, wenn sie Aussagen zum Vorhandensein und zur Qualität von Bindungen zwischen Eltern und Kindern oder zur Erziehungsfähigkeit der Eltern machen sollen.

Als Experten angesprochen, sehen sie sich jedoch hohen Erwartungen ausgesetzt. Die Praxis zeigt, daß sie diesen Erwartungen sehr unterschiedlich gerecht werden. Die Spannweite der erstellten Gutachten reicht von kurzen, allgemein gehaltenen Aussagen über dezidierte Empfehlungen an das Gericht bis hin zum umfangreichen Einsatz eines diagnostischen Instrumentariums und Bericht detaillierter Befunde. Eine wissenschaftliche Untersuchung der Gutachtenpraxis steht noch aus, ist aber dringend notwendig, da der Wunsch, Experten am Sorgerechtsverfahren zu beteiligen, immer öfter geäußert wird (Deutsches Familienrechtsforum, 1981, S. 132), in der Öffentlichkeit die Tätigkeit von Sachverständigen in erster Linie von den Betroffenen kritisch hinterfragt wird (Grosskopff, 1981). Bislang haben sich in der deutschen fachwissenschaftlichen Literatur nur wenige zur Gutachterfrage und zur psychologischen Beurteilung in Sorgerechtsverfahren geäußert oder Vorschläge unterbreitet (etwa Arntzen, 1980; Lempp, 1972, 1978; Klar, 1973; von Studnitz, Wegener & Wachowitz, 1978, für den psychologischen Bereich; Luther, 1962; Wallmeyer, o. A., aus juristischer Sicht).

Kennzeichnend ist, daß von den Ergebnissen ausländischer Forschungen auf dem Gebiet der Scheidung und des Sorgerechts (vgl. die ersten beiden Abschnitte dieses Buches) bislang wenig rezipiert worden ist und eher allgemeine Begründungsmuster Verwendung finden und zum Teil zu rechtfertigen versucht werden.

Probleme bei der internen Gutachtertätigkeit erwachsen vor allem aus einem Mangel an objektiven Verfahren zur vergleichenden Beurteilung von Erziehungszielen und -praktiken der Eltern, zur Ermittlung der Eltern-Kind- bzw. Geschwister-Bindung und zur (auch prognostisch) validen Abschätzung der Auswirkungen konkreter Erziehungsmaßnahmen auf die Entwicklung eines Kindes. Gleichermaßen fehlen repräsentative Daten über das allgemeine Erziehungsverhalten von Eltern, auf das man sich zu Vergleichszwecken berufen könnte. Erste Schritte hin auf solche Verfahren werden heute in den USA gemacht (etwa McDermott, Tseng, Char et al., 1978). Der Wert eines Gutachtens beruht heute in erster Linie noch auf eher subjektiv zu nennenden Qualitätsmerkmalen, die Ausdruck der Informiertheit, Sorgfalt, des Einfühlungsvermögens und der Erfahrung des Sachverständigen sind.

Simitis et al. (1979, S. 67 f.) konnten bei einer Analyse der von ihnen untersuchten Sorgerechtsverfahren (n = 85) nur in zwei Fällen (= 3%) feststellen, daß Gutachten vorgelegt worden waren, bescheinigten aber beiden, daß sie „durch Qualität und Ausführlichkeit für den Richter eine optimale und von Interessenkollisionen unberührte Erkenntnisquelle" darstellten. Um vor solchen Interessenkollisionen bewahrt zu bleiben (besonders, wenn ein Sachverständiger als Parteigutachter angesprochen wird), empfiehlt Derdeyn (1975), daß Sachverständige in erster Linie für das Gericht tätig werden sollten.

Eine große Schwierigkeit stellt die bislang mangelnde Zusammenarbeit zwischen psychologischen, pädiatrischen und jugendpsychiatrischen Sachverständigen einerseits, und Richtern und Anwälten andererseits dar. Dies beginnt bei der Formulierung von Gutachtenaufträgen, in denen die Gutachter teils spezielle Fragen vom Gericht vorgelegt bekommen, deren Beantwortung vom Richter frei gewürdigt werden kann, teils ist ihr Auftrag so allgemein gehalten, daß die Antwort eine Entscheidung des Richters fast präjudiziert, geht weiter über Verständnisschwierigkeiten hinsichtlich der psychologischen und juristischen Auslegung des Auftrags, unterschiedliche Herangehensweisen bei der Deutung von Sachverhalten und Vorgängen bis hin zu einer Praxis der Zusammenarbeit, die sich weitgehend auf den Austausch schriftlichen Materials beschränkt. Die persönliche Anwesenheit und Befragung des Gutachters im Sorgerechtsverfahren ist bislang die äußerst seltene Ausnahme.

Weitere Reibungspunkte ergeben sich daraus, daß die Tätigkeit eines Richters entscheidungsorientiert ist, die psychologische Tätigkeit sich vor allem Prozessen und Entwicklungen widmet.

Von juristischer Seite (Familiengerichtstag 1979, Arbeitskreis II 4) wurde versucht, einige Kriterien zu formulieren, die Sachverständige bei der Erstellung eines Gutachtens berücksichtigen sollen. Sie verdienen mehr Aufmerksamkeit und eine eingehendere Ausarbeitung. Auch sie sind im Grunde genommen ein Indiz dafür, daß es um die Zusammenarbeit und das wechselseitige Verständnis in Fachfragen noch nicht zum besten bestellt ist.

Die wenigen bisher bekannten Versuche zu einer breiteren und mehr auf Austausch ausgerichteten Arbeit (vgl. die zuvor genannten Modelle in der Bundesrepublik Deutschland; Steinberg, 1981) geben zu positiven Erwartungen Anlaß. Sie beruhen zumeist auf privaten Initiativen. Bemühungen in größerem Rahmen und mit staatlicher Unterstützung stehen bislang noch aus.

Über Erfolge und Vorgehensweise bei der Zusammenarbeit von Experten und Richtern in einem amerikanischen Projekt berichten Warner & Elliott (1979).

Voraussetzungen und Ansatzpunkte für Verbesserungen von Sorgerechtsregelungen

Die Charakterisierung einzelner Problemfelder hat erkennen lassen, daß die Sorgerechtsentscheidung im Schnittpunkt vielfältiger Interessen und Bedingungen liegt. Eine angemessene Vorgehensweise bei der Lösung der Probleme und bei der Entwicklung von Verbesserungsvorschlägen setzt daher voraus, daß man sich von einer isolierten Betrachtungsweise aus der Sicht der einzelnen Betroffenen löst und sich mit einer systematischen Analyse des Gesamtbereichs beschäftigt.

Ein erster Schritt besteht in der Wahl einer verbesserten Methodik, wobei hier nicht nur die wissenschaftliche Methodologie, sondern auch die Wahrnehmungs- und Beurteilungsweise aller am Sorgerechtsverfahren Beteiligten angesprochen sein soll. Es liegt nahe, zum Verständnis der Prozesse verstärkt von systemanalytischen Ansätzen (Bronfenbrenner, 1974; Hartup & Lempers, 1973; Parke, 1979; Schaffer, 1977) Gebrauch zu machen. Solange nämlich nur einfache Abhängigkeitsbeziehungen zu verstehen versucht werden bzw. Erklärungen nach diesem Muster erfolgen, wird eine Untersuchung der tatsächlich in einer Familie stattfindenden Vorgänge nur wenig Aufschluß über die Bedeutung der einzelnen Familienmitglieder bringen. Die zum Teil hartnäckigen Vorurteile über die Rolle des Vaters und seine Bedeutung für die Kinder sind nicht zuletzt auch durch zu vereinfachende Analysetechniken in der Wissenschaft so langlebig geblieben.

Schon die internen Familienprozesse erfordern zu ihrer brauchbaren Analyse in einer ersten Annäherung triadische, tetradische, allgemein multiple Interpretationen der ausgeübten Wirkungen, da die mittelbaren Wirkungen eines Elternteils auf sein Kind von kaum geringerer Wichtigkeit sind als die direkten. Auch daß ein Kind über seine Eltern auf sich selbst zurückwirkt, läßt sich in diesen Ansätzen eher begreifen und Verständnis für bestimmte Verhaltensweisen des Kindes entwickeln. Erst eine Berücksichtigung dieser vernetzten Familienbeziehungen wird eine befriedigende Ursachenzuschreibung ermöglichen und Wirkzusammenhänge aufzeigen, die gezieltes Eingreifen begründen können.

Eine systemanalytische Betrachtung der Annahme, mit der Scheidung werde auch die Familie aufgelöst, enthüllt schnell die Fehlerhaftigkeit dieser Vorstellung. Tatsächlich stellt eine Scheidung zunächst meist nichts anderes dar, als einen äußerlich-formalen und punktuellen Akt, der an der Struktur der Familie wenig ändert. Rabaa, Seibert & Stange (1981, S. 103 f.) demonstrieren dies an vier Analyseebenen, die sie an die Familie anlegen, einer psychologischen, einer ökonomischen, einer rechtlichen und einer, die sie „Außenbeziehungen" nennen. Nur auf dieser letzten Ebene ergeben sich durch eine Scheidung vielleicht unmittelbare und deutliche Änderungen, wenn die Eltern neue Wohnorte wählen und dabei auch in ein neues soziales Umfeld (Nachbarn, eventueller Arbeitsplatzwechsel, usw.) kommen.

Auf allen anderen Ebenen bleiben die verschiedensten Arten von Beziehungen bestehen – oft noch über Jahre hinweg und mit verschiedenster Intensität – und einige der Veränderungen werden erst langfristig bedeutsam. Eine Ehescheidung ist zunächst alles andere als eine „Familienscheidung". Die Familie bleibt, wenn auch unter anderen Bedingungen, bestehen. Alle Familienmitglieder verbindet ein gemeinsamer Schatz an Erfahrungen und sozialen Kontakten. Die vormaligen Ehepartner und die Kinder haben Empfindungen und Gefühle füreinander, wobei es aus systematischer Sicht vorerst unerheblich ist, ob diese positiver oder negativer Qualität sind, und sie hegen nach wie vor die unterschiedlichsten Erwartungen aneinander.

Die Eltern bleiben auch die Eltern ihrer Kinder, selbst wenn in der Praxis in der Regel ein Elternteil Einschränkungen im Umgang mit den Kindern hinnehmen muß. Keine Art der Sorgerechtsregelung hebt die Beziehung zwischen den Familienmitgliedern mit einem Mal auf.

Selbst am gemeinsamen Besitz werden weiterbestehende Bindungen deutlich, und auch auf der rechtlichen Ebene kommt es nicht zu einer völligen Aufhebung jeglicher Beziehung. Die Scheidung beendet nicht nur alte Beziehungen; durch sie wird auch ein neues Netz wechselseitiger Rechte und Pflichten (z. B. über Unterhaltszahlungen) definiert.

Ein zweiter Schritt besteht darin, der Prozeßeigenschaft und der Entwicklung des Systems Familie verstärkte Aufmerksamkeit zuzuwenden. Eine Reihe von Mißverständnissen und Schwierigkeiten ergibt sich daraus, daß Ehe- und Scheidungszeit wie zwei nebeneinander bestehende Zustände aufgefaßt werden. Diese Betrachtungsweise wird aber der Realität der Familie nur in grob vereinfachender Weise gerecht.

Aus den momentanen Bedingungen in der Scheidungssituation lassen sich nur bedingt Folgerungen ziehen. Nicht nur, daß Prozesse aus der Vergangenheit fortwirken; die Nachscheidungszeit führt bei allen Beteiligten zu Veränderungen und Entwicklungen. Dies gilt für die Persönlichkeit und die Lebensgestaltung, die Fähigkeiten und Unfähigkeiten jedes einzelnen, wie für die Beziehungen der Familienmitglieder untereinander. Und diese Veränderungen brauchen Zeit, und sie haben eine unterschiedliche Dauer.

Für die unmittelbar um die Scheidung herum liegende Zeit kann davon ausgegangen werden, daß sie noch von einer speziellen Dynamik gekennzeichnet ist, die Eigenheiten hervorbringt, die bei allen Beteiligten nur bedingt zur Grundlage von Prognosen über Entwicklungen gemacht werden können. Bestimmte solcher Entwicklungen sind deshalb möglicherweise überhaupt nicht vorhersagbar. Der Prozeßcharakter des Systems Familie macht es einerseits nötig, neben den kurzfristigen auch die langfristigen Auswirkungen ins Kalkül zu ziehen; andererseits ist gleichzeitig – wie eben gesagt – die Vorhersagbarkeit eher eingeschränkt. Die Beurteilung der stattfindenden Vorgänge muß daher selbst mit und über die Zeit hinweg erfolgen. Jegliche statische Zuschreibung, jeglicher Versuch einer totalen oder glatten Lösung kann somit selbst schon Tatsachen schaffen, die einengen, statt Möglichkeiten zu eröffnen oder Fixierungen aufzulösen. Die Beurteilung eines sich entwickelnden Systems erfordert es, auch Inkonsistenzen aushalten zu können.

Ein dritter Schritt heißt, verstärkt die Eigenschaft des Systems Familie zu berücksichtigen, selbst Teilsystem anderer Systeme zu sein.

Die Beurteilung der Familienverhältnisse muß daher auf die Bedingungen eingehen, die auf dieses System einwirken, und sie muß auf die Rückwirkungen achten, die von dem System Familie auf die es umfassenden Systeme ausgehen.

Bei der Bestimmung der Faktoren, die im Rahmen einer Sorgerechtsregelung zu beachten sind, werden daher keine Idealvorstellungen einer Familie zugrunde gelegt werden dürfen. Die Maßstäbe, die an die Scheidungsfamilie bzw. die Elternteile gelegt werden, können keine strengeren sein als die, die jede andere Familie in ihrem Alltag zu erfüllen hat. Es kann andererseits auch keine für alle gleichermaßen verbindliche Beurteilungskriterien geben, da jede Familie unter ganz speziellen Bedingungen lebt. Bestimmte Formen der Sorgerechtsregelung sind vielleicht ungeeignet für eine Familie und deren Verhältnisse, nicht aber für eine andere. Es wäre daher wünschenswert, einen möglichst breiten Spielraum bei der Sorgerechtsentscheidung zu haben, damit man der einzelnen Familie in ihrer Besonderheit gerecht werden kann.

In einer anderen Hinsicht kommt die Teilsystemeigenschaft der Familie zum Tragen, wenn bedacht wird, daß die Sorgerechtsentscheidung, soll sie ihre Richtigkeit erweisen, durch eine Reihe von flankierenden Maßnahmen zu unterstützen ist. Die Entscheidung als solche, mag sie so gewissenhaft und fundiert erfolgt sein wie möglich, bietet noch keine Gewähr dafür, daß sie ihr Ziel in der Praxis auch erreicht, wenn nicht gleichzeitig geeignete Rahmenbedingungen dafür geboten werden und die Scheidungsfamilie nicht ihrem Schicksal weitgehend allein überlassen wird. Damit ist ein weites Gebiet angesprochen. Von den relevanten Umständen können hier nur beispielhaft einige ausgewählt werden:

– Welches Verständnis von Scheidung herrscht in einer Gesellschaft? Wird Scheidung überwiegend als Scheitern verstanden? Mit welcher Einstellung wird in einer Gesellschaft Geschiedenen allgemein begegnet und insbesondere, mit welcher, wenn sie Kinder haben? Die Urteile und Vorurteile, die hier wirksam sind, haben Einfluß auf die Möglichkeiten der einzelnen Familie. Sorgerechtsregelungen, die vom traditionellen Muster abweichen, werden eher Schwierigkeiten haben, als solche die zumindest als allgemein geduldet, wenn nicht gar akzeptiert, anzusehen sind.

– Welche Aufmerksamkeit erhält die „Problemfamilie" oder die „scheidungsverdächtige" Familie vor der Scheidung? Und welche während und nach der Scheidung? Werden die hier zutage tretenden Schwierigkeiten als Ausnahme und Extremsituation verstanden?
Die geringe Aufmerksamkeit, die die Familie vor einer Trennung erfährt und die hohe Beachtung, die ihr während und nun zunehmend auch nach der Scheidung zuteil wird (gerade auch was die Entscheidung über die Eignung der Elternteile für die Übernahme des Sorgerechts angeht), stehen in einem deutlichen Widerspruch. Jede Scheidung macht indirekt aufmerksam auf Probleme, die im Vorfeld der Scheidung liegen – und bewirkt zugleich eine Wahrnehmungsabwehr. Die Überlegung ist nicht ganz von der Hand zu weisen, daß mit dem Anliegen, es bei der Sorgerechtsentscheidung besonders gut machen zu wollen, indirekt gutgemacht werden soll, was zuvor versäumt wurde. Derdeyn (1975, S. 793) äußert die Vermutung, daß das hohe Interesse am Wohl des Kindes im Scheidungsverfahren auch Ausdruck von Schuldgefühlen der Gesellschaft sein könnte.

– Der Familie ist aufgetragen, die in ihr auftretenden Konflikte grundsätzlich selbst zu lösen (Jans & Happe, 1980, S. 55). Dies ergibt sich zwar aus der „Autonomie der Familie"; gleichzeitig wird dabei aber unterstellt, daß alle Schwierigkeiten in der Familie auch Schwierigkeiten der Familie und nur ihr allein sind, mit dem unrealistischen Anspruch im Gefolge, sie ließen sich auch auf der Ebene der Familie lösen. Nur weil sich Probleme im System Familie manifestieren (z. B. Auswirkungen der Arbeitslosigkeit), kann noch nicht erwartet werden, daß hier auch alle Lösungsmöglichkeiten zu finden sind. Verstärkt gelten diese Überlegungen für die

Scheidungsfamilie und für die Beurteilung der individuellen Möglichkeiten der Elternteile, das Sorgerecht für ihre Kinder wahrzunehmen.

Es ist heute wenig Verläßliches bekannt über die Probleme, die die durchschnittliche Familie zu bewältigen hat und tatsächlich auch bewältigt, bevor es zu einer Scheidung und Trennung der Eltern kommt. Die relativ geringe Beachtung, die in der Diskussion der Rangfolge von Elternrecht und Elternpflicht den Elternrechten zuteil wurden, könnte auch als Indiz dafür zu werten sein, daß Elternschaft der allgemeinen Auffassung und Erfahrung nach eher als Last denn als Lust erlebt wird.

– Die Rolle, die Kinder bislang im Sorgerechtsverfahren haben, ist weitgehend die von „Objekten", über die entschieden wird (Simitis et al., 1979, S. 271). Vorschläge, den Kindern einen eigenen Anwalt im Sorgerechtsverfahren zur Seite zu stellen (Benedek, DelCampo & Benedek, 1977), der seine Interessen vertritt, sind der Intention nach richtig, da sie die praktisch rechtlose Stellung des Kindes abbauen helfen. Sie dürfen aber nicht darüber hinwegtäuschen, daß nach dem Scheidungsverfahren (und eventuellen Folgeverfahren) das Kind wieder sich selbst überlassen ist. Dem Anspruch dieser Idee würde erst dann voll zur Geltung verholfen werden, wenn ein „Anwalt des Kindes" eine Einrichtung würde, die nicht bloß in Sorgerechtsverfahren in Erscheinung tritt.

Abgesehen davon, daß mit dem „Anwaltsmodell" nur eine weitere Partei im Sorgerechtsverfahren auftritt, die nicht per se weniger streitige Auseinandersetzungen und konstruktives Vorgehen verspricht, bleibt aber noch ein weiteres Bedenken. Der Anwalt für das Kind ist ein Erwachsener, der auf die Weise der Erwachsenen Rechte des Kindes zur Geltung zu bringen versucht. Er muß die Übersetzung der vermuteten, erschlossenen, erfahrenen oder bekannten Interessen des Kindes vom „Kinder-Niveau" auf das „Erwachsenen-Niveau" leisten. Damit enthebt er im Grunde genommen die beteiligten Erwachsenen von der Aufgabe, diese Übersetzung selbst vorzunehmen. Weder die Eltern, noch der Richter, noch die anderen Anwälte brauchen sich „auf das Niveau des Kindes" zu begeben, um es in seiner Persönlichkeit und mit seinen Bedürfnissen wahrzunehmen. Dieses Modell setzt somit eine Aufteilung der Welt in die für Erwachsene und die für Kinder fort. Es trägt nicht dazu bei, daß Erwachsene Kinder kindgemäß wahrnehmen und beteiligen. Dies gibt umso mehr zu Bedenken Anlaß, als gerade in den „streitigen" Fällen die Elternteile die Interessen ihrer Kinder leichter aus dem Auge verlieren.

Grundsätzlich birgt es aber die Chance, daß bei wohlverstandener Wahrnehmung des Auftrags, Anwalt für das Kind zu sein, ein entsprechend geschulter und fähiger Vertreter des Kindes für alle Beteiligten ein Modell sein und ihnen die Augen für die Belange des Kindes öffnen kann.

– Katkin, Bullington & Levine (1974) haben in ihrer kritischen Untersuchung der Arbeit von Goldstein, Freud & Solnit (1973) auf die Verantwortung der Sozialwissenschaftler hingewiesen, die sie haben, wenn sie mit ihren Kenntnissen – und wie in diesem Falle mit ihrem ganzen wissenschaftlichen Renommee – Einfluß auf die Sozialpolitik zu nehmen versuchen. Die Kritik von Katkin, Bullington & Levine wird hier erwähnt, weil sie sich erstens ausdrücklich auf eine wissenschaftliche Veröffentlichung mit Vorschlägen zur Neuregelung des Sorgerechts bezieht und zweitens, weil sie – wie die kritisierte Arbeit – dem System Wissenschaft zuzuordnen ist, das das System Familie umgibt, und beispielhaft die Interdependenz dieser Systeme beleuchtet. Drittens weisen wir auf sie hin, weil sie erhellt, daß eine Ansicht zwar wissenschaftlich begründet und für bestimmte Ausschnitte der Wirklichkeit zutreffend sein kann, aber kaum hinsichtlich ihrer Veröffentlichung zu verantworten ist, wenn sie wie diese die Beschränktheit ihres Ausgangsmaterials nicht erwähnt und damit die Generalisierbarkeit der Befunde und Empfehlungen nicht einschränkt, sowie die spezielle theoretische Auffassung, die dem Vorgehen und der Interpretation zugrunde liegt, nicht als eine von mehreren vertretbaren Lehrmeinungen kennzeichnet und darüber hinaus nicht einmal schon bekannte Einwände gegen diese Lehrmeinung, geschweige denn sonstige abweichende Forschungsergebnisse selbstkritisch einbezieht. Es ist schwer einzuschätzen, welchen Einfluß die Untersuchung von Goldstein, Freud & Solnit tatsächlich auf Sorgerechtsentscheidungen gehabt hat. Daß sie ohne Einfluß geblieben ist, ist schon wegen ihrer großen Publizität nicht anzunehmen (Vgl. auch Stack, 1976).

Nach diesen, eine systemanalytische Herangehensweise erläuternden, Vorbemerkungen, die zugleich den Hintergrund für die weiteren Überlegungen klarlegen sollten, werden abschließend Ansatzpunkte beschrieben, die erstens im wissenschaftlichen Bereich bestehen, verbesserte Möglichkeiten für die Praxis zu entwickeln, und zweitens solche, die schon in der heutigen Situation selbst für eine verbesserte Praxis der Sorgerechtsregelung genutzt werden können.

Vom methodologischen Standpunkt aus gesehen trägt vor allem der Einsatz mehrdimensionaler Verfahren und von Longitudinalstudien sowie die Verwendung multiple Zusammenhänge erfassender Analysestrukturen dazu bei, daß man sich dem Systemcharakter der Familie adäquat annähert.

Weiter müssen die mit der bisherigen, eher alltagssprachlich orientierten Begrifflichkeit verbundenen Annahmen überprüft werden.

Die analytischen Begriffe bedürfen darüber hinaus selbst noch der Verfeinerung und Präzisierung. Dies betrifft vor allem solche Dimensionen wie „Bindung", „Kontinuität" und nicht zuletzt die Größe „Wohl des Kindes" selbst. So gut diese Begriffe im Alltag erklären und verständlich machen können, so wenig sind sie geeignet, bei der Erarbeitung eines wissenschaftlich begründeten Vergleichs Aufschluß zu geben (etwa bei der Frage, bezüglich welchen Elternteils ein Kind eine stärkere Bindung hat).

Von großer Bedeutung – und bislang weitgehend ungelöst – ist die Frage, welche Dimensionen oder Parameter das „Wohl des Kindes" hinreichend genau zu erfassen gestatten, welche entwicklungsrelevanten Größen hier einzubeziehen sind und welche für diese Frage redundant sind.

Es gibt eine ganze Reihe von Verfahren, mit denen zwischen der Persönlichkeit verschiedener Individuen differenziert werden kann, jedoch kaum solche, die z. B. Erziehungsziele und -praktiken von Eltern auf ihre Schädlichkeit für das Wohl des Kindes hin zu prüfen gestatten und im nächsten Schritt ein objektiviertes Abwägen zwischen beiden Elternteilen ermöglichen.

Zu Untersuchungen des Bindungsverhaltens von Kindern ist bereits im ersten Abschnitt Verschiedenes gesagt worden. Hier liegen auch schon Operationalisierungsvorschläge für diese Variable und konkrete Ergebnisse aus Untersuchungen vor.

Ein anderer Bereich, der bislang nicht als erforscht gelten kann, ist der Vergleich schon praktizierter Sorgerechtsregelungen (Gemeinsames elterliches Sorgerecht in der alltäglichen Familie, in der „scheidungsverdächtigen" Familie, in der Vorscheidungs-Familie, in der zwar nicht formell, aber praktisch geschieden lebenden Familie und in der Nachscheidungs-Familie mit ihren je spezifischen Sorgerechtsregelungen). Genauso fehlt die empirische Erforschung verschiedener Eheformen (vgl. die Typologien von Roussel, 1980), die z. B. geeignete Formen der Beziehung zwischen den Eltern für einzelne Formen der Sorgerechtsregelungen selektieren helfen könnten. Erst nach einer Durchsicht der Ergebnisse solcher Forschungen wären letztendlich wissenschaftlich begründete Aussagen über Vor- und Nachteile einzelner Sorgerechtsregelungen möglich und Bedingungen könnten als erforscht gelten, unter denen die einzelnen Regelungen im Sinne des Wohles des Kindes funktionieren.

Aus diesen eher vorbereitenden Arbeiten sind zugleich wichtige Beiträge für eine verbesserte Gutachtenmethodik und -praxis zu erwarten, die eine heuristische Vorgehensweise absichern helfen.

Spezielle Vorhaben könnten die wissenschaftliche Begleitung von Modellen zur Scheidungsberatung, -prophylaxe und -nachbetreuung umfassen, was gleichzeitig ein Ansatzpunkt für verstärkte interdisziplinäre Arbeit wäre.

Solche gewiß sehr umfangreichen und nicht schnell zu erbringenden wissenschaftlichen Beiträge zu einer verbesserten Praxis der Sorgerechtsregelung dürfen den Praktiker nicht dazu veranlassen, erst einmal zu resignieren. Dies hieße, die Möglichkeiten zu übersehen, die schon in der heutigen Situation gegeben sind. Dazu muß nicht einmal eine veränderte Rechtssituation abgewartet werden, die die Alternative eines gemeinsamen elterlichen Sorgerechts auch als legale Form der Sorgerechtsregelung (wieder) zuläßt.

Aus eher grundsätzlichen Erwägungen heraus wäre aber ein gemeinsames elterliches Sorgerecht zunächst zu begrüßen. Eltern könnten der Praxis wie der Form nach in rechtlich einwandfreier Weise gemeinsam für die Kinder sorgen. Es ist eine besondere Ironie, daß sogar der Bundesminister der Justiz (1979, S. 5) dazu auffordert, eine neue gesetzliche Regelung praktisch zu unterlaufen, als „ob diese . . . nicht ergangen wäre", wenn die Eltern dies für sich wünschen.

Das Sorgerechtsverfahren könnte von dem Druck entlastet werden, in jedem Falle alternativ entscheiden zu müssen, wobei nicht übersehen wird, daß eine zusätzliche Möglichkeit der Sorgerechtsregelung auch neue Entscheidungsprobleme gerade für den Richter mit sich bringt (insbesondere hinsichtlich solcher Fragen, wie ob Eltern auch gegen deren Willen ein gemeinsames Sorgerecht übertragen werden können soll). Für eine legale Möglichkeit dieser Sorgerechtsform spricht weiterhin, daß denjenigen Eltern geholfen werden könnte, die gegenwärtig durch ein tatsächlich gemeinsam praktiziertes Sorgerecht bereits gezeigt haben, daß es – zumindest in geeigneten Fällen – möglich ist, die aber auch durch die bestehenden Bestimmungen immer wieder in Schwierigkeiten geraten, da der umgangsberechtigte Elternteil nicht als der gesetzliche Vertreter des Kindes wirksam werden kann, was sich sowohl im Alltag (z. B. hat er kein Recht auf Auskunft über Schulleistungen u. ä.), besonders aber in Notfällen (etwa Einwilligung in eine medizinische Behandlung) zeigt.

Schließlich würde es ein legales gemeinsames elterliches Sorgerecht auch zulassen, daß Erfahrungen mit dieser Regelung gesammelt werden. Der Einwand, daß dies auf Kosten der Kinder gehen könnte, läßt unberücksichtigt, daß zum einen auch die gegenwärtige Regelung für manche Kinder wie

Eltern eine Härte bedeutet, mehr noch aber, daß keine Regelung mit der Garantie verknüpft werden kann, daß sie nicht auch Fehlentwicklungen zuläßt. Die mehr pragmatische Vorgehensweise in Schweden (Trost, 1981), die z. B. entdecken ließ, daß sich in der Praxis häufig nach einer gewissen Zeit von selbst bestimmte Schwerpunkte hinsichtlich der tatsächlichen Übernahme der Sorge ausbilden, sollte im Auge behalten werden, ohne damit einer unkritischen Nachahmung das Wort zu reden. Es könnte nämlich durchaus sein, daß sich die gemeinsame Sorge als eine Zwischenlösung herausstellt, die für eine bestimmte Zeit, hier dann aber mit vielleicht optimalen Bedingungen für alle Familienmitglieder, in Anspruch genommen wird.

Schon die wenigen bislang vorliegenden empirischen Untersuchungen geben zu der Warnung Anlaß, in der Möglichkeit eines gemeinsamen elterlichen Sorgerechts ein Allheilmittel zu sehen, das immer dann angewendet werden sollte, wenn sich Eltern bezüglich des Sorgerechts nicht entscheiden können und als unbedenklich für jede Familie empfohlen werden kann. Wahrscheinlich müssen doch spezielle Voraussetzungen erfüllt sein sowie geeignete Bedingungen vorliegen, damit ein gemeinsames Sorgerecht auch tatsächlich zum Wohle des Kindes zum Tragen kommt.

Für eine Großzahl der Ehepartner mit Kindern, die sich scheiden lassen, wird eine veränderte Handhabung der jetzigen Regelung schon heute Verbesserungen mit sich bringen können, wobei unter „veränderter Handhabung" zu verstehen ist, daß weniger mit pauschalen Begründungsmustern eine Entscheidung herbeizuführen versucht wird, und mehr und unvoreingenommen gegenüber dem Geschlecht des Elternteils die Umstände des Einzelfalls in die Beurteilung einbezogen werden. Dies schließt ein, daß die Beteiligten relevante Umstände sowohl kennen als auch praktisch erfassen und überprüfen können.

Eine besondere Bedeutung ist auch dem Aufbau interdisziplinärer Beratungsteams beizumessen, für die bei unterschiedlicher Organisationsform eine ganze Reihe von Arbeitsfeldern bestehen, die sich zum Teil unmittelbar aus den spezifischen Erfordernissen des Scheidungsprozesses (im systemanalytischen, nicht im juristischen Sinne) herleiten lassen.

Erste Kontakte zwischen einem solchen Team und den Eltern und Kindern sollten bereits dann zustande kommen können, wenn die Absicht zu einer Trennung manifest wird. Hier kann sowohl noch prophylaktisch gearbeitet werden, als auch bereits eine erste konstruktive Hilfe für die spätere Entwicklung hin zu einer Scheidung geleistet werden.

Es dürfte eine Reihe von Fällen geben – Zahlenangaben lassen sich hier nicht machen, aber die Aussagen einzelner Eltern bestätigen dies – in denen bei einer frühzeitigen Hilfe die Eltern eine Scheidungsabsicht wieder aufgeben und eine weitere Beratung eingeholt wird. Hier ist es erst die Eigengesetzlichkeit der sich im Vorfeld der angestrebten Scheidung verschärfenden Konflikte, die die Trennung als einzige mögliche Alternative übrig läßt. Mangelnde Hilfe und Beratung wird dann zu einer Mitursache der Scheidung und einer nachher notwendig werdenden Sorgerechtsregelung.

Aber auch in anderen Fällen, in denen eine Scheidung unausweichlich scheint, bieten sich nicht geringe Chancen bei der Bewältigung der anstehenden Probleme und bei der Herbeiführung einer Entscheidung in der Sorgerechtsfrage. Möglichkeiten bestehen zum einen bei der Entflechtung der Konfliktfelder zwischen den Eltern (Aufteilung des gemeinsamen Besitzes, finanzielle Regelungen für die Zukunft, Vorklärung der Frage, wer die Sorge für die Kinder übernehmen soll), zum anderen auch bei der gezielten Vorbereitung der richterlichen Entscheidung bezüglich des Sorgerechts.

Indem ein solches Team gemeinsam mit den Eltern die Konflikte und Divergenzen bearbeitet, werden nicht nur die Eltern aus einer Isolation gelöst, in der zumeist konstruktive Vorgehensweisen zum Erliegen kommen. Es können auch schon Teillösungen erarbeitet und Entwicklungen (wieder) in Gang gesetzt werden, die eine einvernehmliche Scheidung der Eltern möglich machen. Nicht unerheblich ist, daß auch die Experten dabei nicht in Isolation zu verharren brauchen, sondern die Möglichkeit zur Überwindung von Fachgrenzen und zur Erweiterung des Problemhorizonts besteht.

Diese Vorarbeiten können den juristischen Prozeß zugleich von Konflikten entlasten, zumindest aber die Struktur und Dynamik des Familienprozesses für eine Beurteilung erhellen. Ein optimales Ziel wäre erreicht, wenn die richterliche Entscheidung zu einem Teil – vielleicht sogar zu einem konsolidierenden Abschluß – einer Phase der Beziehung zwischen den Eltern und den Eltern und den Kindern werden kann, statt ein dem Familienprozeß nur aufgesetzter äußerlicher Akt zu verbleiben, durch den nicht nur die eigentlichen Probleme unberührt bleiben, sondern im ungünstigsten Falle sogar weitere geschaffen werden.

Eine große Chance in solchem Vorgehen liegt nicht zuletzt darin, daß Kinder eine ihnen gemäße Beteiligung erfahren und von Anfang an in die Bearbeitung der Familienprobleme und die Erarbeitung von Lösungen einbezogen werden, statt Randfiguren des Scheidungsprozesses zu bleiben und dennoch im Kern Betroffene zu sein.

Die gegenwärtige Situation ist auch deshalb so problematisch, weil sie die Verantwortlichkeit der einzelnen Beteiligten unklar läßt und jeder sie von sich weg- und einem anderen zuschieben kann. In einem Beratungsteam, das mit der Familie, den Anwälten und dem Richter arbeitet, könnte nicht nur die Verteilung der Verantwortung deutlicher gemacht werden. Sie könnte in der Tat auch verteilt werden und so den einzelnen von einer übergroßen Verantwortung entlasten, so daß letztlich jeder anerkennen kann, daß er bei der Bearbeitung der Scheidungsprobleme und der Vorbereitung von Entscheidungen in persönlich mitgestaltender Weise an einem Ausschnitt eines gesellschaftlichen Prozesses teilnimmt, von dessen langfristigen Auswirkungen wir heute noch wenig ahnen, aber alle betroffen sein werden.

Es gibt schon heute Möglichkeiten, ihn weniger schmerzhaft und für alle Beteiligten konstruktiv zu gestalten.

Literaturverzeichnis

Abarbanel, A.: Shared Parenting after Separation and Divorce: A Study of Joint Custody. American Journal of Orthopsychiatry 49 (1979), 320–329.

Abelin, E. L.: The Role of the Father in the Separation-Individuation Process. In: McDevitt, J. B. & Settlage, C. F. (Eds.): Separation – Individuation. New York: International University Press 1971, 229–252.

Abelin, E. L.: Some Further Observations and Comments on the Earliest Role of the Father. International Journal of Psycho-Analysis 56 (1975), 293–302.

Adorno, T. W., Frenkel-Brunswick, E., Levingson, D. J. et al.: The Authoritarian Personality. New York 1950.

Ahrons, C. R.: The Binuclear Family. Two Households, One Family. Alternative Lifestyles 2 (1979), 499–515.

Ahrons, C. R.: Joint Custody Arrangements in the Postdivorce Family. Journal of Divorce 3 (1980), 189–205 (a).

Ahrons, C. R. Redefining the Divorced Family: A Conceptual Framework. Social Work 25 (1980), 437–441 (b).

Ahrons, C. R.: The Continuing Coparental Relationship Between Divorced Spouses. American Journal of Orthopsychiatry 5 (1981), 415–428.

Ainsworth, M. D.: Patterns of Attachment Behavior Shown by the Infant in Interaction with His Mother. Merrill-Palmer Quarterly 10 (1964), 51–58.

Ainsworth, M. D.: Infancy in Uganda: Infant Care and the Growth of Attachment. Baltimore: 1967.

Ainsworth, M.D.: Object Relations, Dependency and Attachment: A Theoretical Review of the Infant-Mother Relationship. Child Development 40 (1969), 969–1025.

Ainsworth, M. D.: Attachment and Dependency: A Comparison. In: Gewirtz, J. L. (Ed.): Attachment and Dependency. Washington, D. C.: Winston 1972, 97–137.

Ainsworth, M. D.: The Development of Infant-Mother Attachment. In: Caldwell, B. M. & Ricciuti, H. N. (Eds.): Review of Child Development Research III. Chicago: University of Chicago Press 1973, 1–94.

Ainsworth, M. D. & Bell, S. M.: Some Contemporary Patterns of Mother-Infant Interaction in the Feeding Situation. In: Ambrose, A. (Ed.): Stimulation in Early Infancy. New York: Academic Press 1969, 133–170.

Ainsworth, M. D. & Wittig, B. A.: Attachment and Exploratory Behavior of One-Year-Olds in a Strange Situation. In: Foss, B. (Ed.): Determinants of Infant Behavior, Vol. IV. London: Methuen 1969, 111–136.

Ainsworth, M. D., Bell, S. M. & Stayton, D. J.: Individual Differences in Strange Situation Behavior of One-Year-Olds. In: Schaffer, H. R. (Ed.): The Origins of Human Social Relations. London: Academic Press 1969, 17–57.

Ainsworth, M. D., Bell, S. M. & Stayton, D. J.: Individual Differences in the Development of Some Attachment Behaviors. Merrill-Palmer Quarterly 18 (1972), 123–143.

Ainsworth, M. D., Bell, S. M. & Stayton, D. J.: Infant-Mother Attachment and Social Development: ‚Socialisation' as a Product of Reciprocal Responsiveness to Signals. In: Richards, M. P. M. (Ed.): The Integration of a Child into a Social World. Cambridge, Mass.: Cambridge University Press 1974, 99–135.

Ainsworth, M. D., Bell, S. M., Blehar, M. C. et al.: Physical Contact: A Study of Infant Responsiveness and Its Relation to Maternal Handling. Paper Presented at the Meeting of the Society for Research in Child Development, Minneapolis 1971.

Albert, R.: Cognitive Development and Parental Loss Among the Gifted, the Exceptionally Gifted, and the Creative. Psychological Reports 29 (1971), 19–26.

Albrecht, S. L.: Reactions and Adjustments to Divorce: Differences in the Experiences of Males and Females. Family Relations 29 (1980), 59–68.

Alexander, L.: Fathers in the Delivery Room. American Baby 34 (1972), 24–25.

Alexander, S. J.: Influential Factors on Divorced Parents in Determining Visitation Arrangements. Journal of Divorce 3 (1980), 223–239.

Ali, Z.: Discussion at the 2nd Fatherhood Research Meeting. Thomas Coran Research Unit 1980.

Altus, W. D.: The Broken Home and Factors of Adjustment. Psychological Reports 4 (1958), 477.

American Bar Association: Proposed Revised Uniform Marriage and Divorce Act. Family Law Quarterly 7 (1973), 135–165.

Ancona, L., Cesa-Bianchi, M. & Bocquet, C.: Identification with the Father in the Absence of the Paternal Model. Research Applied to Children of Navy Officers. Archivo di Psicologia Neurologia e Psichiatria 24 (1964), 339–361.

Anderson, H. H. & Anderson, G. L.: Social Development. In: Carmichael, L. (Ed.): Manual of Child Psychology. New York: Wiley, 1954 (2nd Ed.), 1162–1215.

Anderson, B. J. & Standley, K.: A Methodology for Observation of the Childbirth Environment. Paper Presented to the American Psychological Association, Washington, D. C. 1976.

Arntzen, F.: Elterliche Sorge und persönlicher Umgang mit Kindern aus gerichtspsychologischer Sicht. München: Beck 1980.

Asperger, H.: Fehlen und Versagen des Vaters in ihrer Auswirkung auf Entwicklung und Erziehung von Kindern und Jugendlichen. Jugendwohl 41 (1960), 142–150.

Atkinson, B. R. & Ogston, D. G.: The Effect of Father Absence on Male Children in the Home and School. Journal of School Psychology 12 (1974), 213–221.

Bach, G. R.: Father-Fantasies and Father Typing in Father-Separated Children. Child Development 17 (1946), 63–80.

Badaines, J. S.: Identification, Imitation, and Sex-Role Preference as a Function of Father-Absence and Father-Presence in Black and Chicano Boys. Dissertation Abstracts International 34 (1973), 403–404.

Baggett, A. T.: The Effect of Early Loss of Father Upon the Personality of Boys and Girls in Late Adolescence. Dissertation Abstracts International 28 (1967), 356–357.

Bakon, D.: The Duality of Human Existence. Chicago: Rand McNally 1966.

Balint, A.: Love for the Mother and Mother-Love. In: Balint, A. (Ed.): Primary Love and Psychoanalytic Technique. New York: Liveright 1953.

Ban, P. L. & Lewis, M.: Mothers and Fathers, Girls and Boys: Attachment Behavior in the One-Year-Old. Merrill-Palmer Quarterly 22 (1964), 195–204.

Bandura, A. & Walters, R. H.: Social Learning and Personality Development. New York: Holt, Rinehart & Winston 1963.

Barclay, A. & Cusumano, D. R.: Father Absence, Cross-Sex Identity, and Field-Dependent Behavior in Male Adolescents. Child Development 38 (1967), 243–250.

Bartz, K. W. & Witcher, W. C.: When Father Gets Custody. Children Today 7 (1978), 2–6/35.

Baumrind, D.: Reciprocal Rights and Responsibilities in Parent-Child Relations. Journal of Social Issues 34 (1978), 179–196.

Baumrind, D.: Kindererziehung zwischen Biologie und Emanzipation. Psychologie Heute 8 (1981), 66–74. (S. a.: „New Directions in Socialization Research", American Psychologist 35 (1980)).

Baumrind, D. & Black, A. E.: Socialization Practices Associated with Dimensions of Competence in Preschool Boys and Girls. Child Development 38 (1967), 291–327.

Beail, N.: Transition to Fatherhood: A Review. Paper Presented to the British Psychological Society, Division of Clinical Psychology Conference on ‚The Psychology of Human Reproduction'. University of Leicester 1980.

Beal, E. W.: Children of Divorce: A Family Systems Perspective. Journal of Social Issues 35 (1979), 140–154.

Bean, C. A.: Methods of Childbirth. Garden City, New York: Doubleday & Company 1972.

Beattie, S. & Viney, L. L.: Becoming a Lone Parent: A Cognitive Interactionist Approach to Appraising and Coping During a Crisis. British Journal of Social and Clinical Psychology 19 (1980), 343–351.

Beck, A. T., Sehti, B. B. & Tuthill, R. W.: Childhood Bereavement and Adult Depression. Archives of General Psychiatry 9 (1963), 295–302.

Bell, R. Q.: A Reinterpretation of the Direction of Effects in Studies of Socialization. Psychological Review 75 (1968), 81–95.

Bell, S. M.: The Development of the Concept of the Object as Related to Infant-Mother Attachment. Child Development 41 (1970), 291–311.

Bell, S. M. & Ainsworth, M. D.: Infant Crying and Maternal Responsiveness. Child Development 43 (1972), 1171–1190.

Belsky, J.: A Family Analysis of Parental Influence on Infant Exploratory Competence. In: Pedersen, F. A. (Ed.): The Father-Infant-Relationship. Observational Studies in the Family Setting. New York: Praeger Publishers 1980, 87–110.

Bem, S. L.: The Measurement of Psychological Androgyny. Journal of Consulting and Clinical Psychology 42 (1974), 155–162.

Bendkower, J. & Oggenguss, F.: Scheidungskinder und Schule. Familiendynamik 5 (1980), 242–271.

Benedek, T.: Adaptation to Reality in Early Infancy. Psychoanalytic Quarterly 7 (1938), 200–215.

Benedek, E. P. & Benedek, R. S.: New Child Custody Laws: Making Them Do What They Say. American Journal of Orthopsychiatry 42 (1972), 825–834.

Benedek, R. S. & Benedek, E. P.: Postdivorce Visitation. A Child's Right. Journal of the American Academy of Child Psychiatry 16 (1977), 256–271.

Benedek, R. S., DelCampo, R. L. & Benedek, E. P.: Michigan's Friends of the Court: Creative Programs for Children of Divorce. Family Coordinator 26 (1977), 447–450.

Berg, B. & Kelly, R.: The Measures Self-Esteem of Children from Broken, Rejected, and Accepted Families. Journal of Divorce 2 (1979), 363–370.

Berman, W. H. & Turk, D. C.: Adaptation to Divorce: Problems and Coping Strategies. Journal of Marriage and the Family 43 (1981), 179–189.

Biller, H. B.: A Multiaspect Investigation of Masculine Development in Kindergarten-Age Boys. Monographs of Genetic Psychology 76 (1968), 89–139.

Biller, H. B.: Father Absence, Maternal Encouragement, and Sex Role Development in Kindergarten-Age Boys. Child Development 40 (1969), 539–546.

Biller, H. B.: Father, Child, and Sex Role. Lexington, Mass.: Lexington Books, Heath & Company 1971 (a).

Biller, H. B.: The Mother-Child Relationship and the Father-Absent Boy's Personality Development. Merrill-Palmer Quarterly 17 (1971), 227–241 (b). (S. a. in: Bronfenbrenner, U. (Ed.): Influences on Human Development. Hinsdale, Ill.: Dryden 1972, 306–319).

Biller, H. B.: Fathering and Female Sexual Development. Medical Aspects of Human Sexuality 5 (1971), 116–138 (c).

Biller, H. B.: Paternal Deprivation. Family, School, Sexuality, and School. Lexington, Mass.: Lexington Books, Heath & Company 1974.

Biller, H. B.: The Father and Personality Development: Paternal Deprivation and Sex-Role Development. In: Lamb, M. E. (Ed.): The Role of the Father in Child Development. New York: Wiley & Sons 1976, 89–156.

Biller, H. B. & Bahm, R. M.: Father Absence, Perceived Maternal Behavior, and Masculinity of Self-Concept Among Junior High School Boys. Developmental Psychology 4 (1971), 178–181.

Biller, H. B. & Borstelmann, L. J.: Masculine Development: An Integrative Review. Merrill-Palmer Quarterly 13 (1967), 253–294.

Biller, H. B. & Weiss, S. D.: The Father-Daughter Relationship and the Personality Development of the Female. Journal of Genetic Psychology 116 (1970), 79–93.

233

Birtchnell, J.: Early Parent Death and Mental Illness. British Journal of Psychiatry 116 (1970), 281–288 (a).

Birtchnell, J.: Recent Parent Death and Mental Illness. British Journal of Psychiatry 116 (1970), 289–297 (b).

Birtchnell, J.: Depression in Relation to Early and Recent Parent Death. British Journal of Psychiatry 116 (1970), 299–306 (c).

Blanchard, R. W. & Biller, H. B.: Father Availability and Academic Performance Among Third-Grade Boys. Developmental Psychology 4 (1971), 301–305.

Block, H. J.: Conceptions of Sex Role: Some Cross-Cultural and Longitudinal Perspectives. American Psychologist 28 (1973), 512–526.

Bloom, B. L., Asher, S. J. & White, S. W.: Marital Disruption as a Stressor: A Review and Analysis. Psychological Bulletin 85 (1978), 867–894.

Borneman, E.: Das Patriarchat. Ursprung und Zukunft unseres Gesellschaftssystems. Frankfurt: Fischer 1975.

Bowlby, J.: Attachment and Loss: I. Attachment. New York: Basic Books 1969.

Bowlby, J.: Bindung. Eine Analyse der Mutter-Kind-Beziehung. München: Kindler 1975.

Bradley, R. A.: Husband-Coached Childbirth. New York: Harper & Row 1965.

Brazelton, T. B.: Neonatal Behavioral Scale. Philadelphia: Lippincott 1973.

Brazelton, T. B., Koslowski, B. & Main, M. B.: The Origins of Reciprocity: The Early Mother-Infant Interaction. In: Lewis, M. & Rosenblum, L. A. (Eds.): The Effect of the Infant on Its Caregiver. New York: Wiley & Sons 1974, 49–76.

Brazelton, T. B., Tronick, E., Adamson, L. et al.: Early Mother-Infant Reciprocity. In: Hofer, M. A. (Ed.): Parent-Infant Interaction. Amsterdam: Elsevier 1975, 137–154.

Bretherton, I.: Making Friends with One-Year-Olds: An Experimental Study of Infant-Stranger Interaction. Unpublished Doctoral Dissertation, John Hopkins University 1974.

Bretherton, I. & Ainsworth, M. D.: Responses of One-Year-Olds to a Stranger in a Strange Situation. In: Lewis, M. & Rosenblum, L. A. (Eds.): The Origins of Fear. New York: Wiley & Sons 1974, 131–164.

Brill, N. Q. & Liston, E. H., jr.: Parental Loss in Adults with Emotional Disorders. Archives of General Psychiatry 14 (1966), 307–314.

Broman, S. H., Nichols, P. L. & Kennedy, W. A.: Preschool IQ: Prenatal and Early Developmental Correlates. New York: Wiley & Sons 1975.

Bronfenbrenner, U.: Developmental Research, Public Policy and the Ecology of Childhood. Child Development 45 (1974) 1–5.

Bronfenbrenner, U.: The Ecology of Human Development. Experiments by Nature and Design. Cambridge, Mass.: Harvard University Press 1979. (Dt.: „Die Ökologie der menschlichen Entwicklung: Natürliche und geplante Experimente." Stuttgart: Klett-Cotta 1981).

Brown, F.: Depression and Childhood Bereavement. Journal of Mental Science 107 (1961), 754–777.

Brown, J. K.: A Cross-Cultural Study of Female Initiation Rites. American Anthropologist 65 (1963), 837–853.

Brown, R. & Manela, R.: Changing Family Roles: Women and Divorce. Journal of Divorce 1 (1978), 315–328.

Bruhn, J. G.: Broken Homes Among Attempted Suicide and Psychiatric Out-Patients: A Comparative Study. Journal of Mental Science 108 (1962), 772–779.

Bundesminister der Justiz: Das neue Recht der elterlichen Sorge – Ein Fragen- und Antwortenkatalog – Sonderdruck, Bonn, September 1979.

Burlingham, D.: The Preoedipal Infant-Father Relationship. Psychoanalytic Study of the Child 28 (1973), 23–47.

Burlingham, D. & Freud, A.: Infants without Families. London 1943.

Burton, R. V. & Whiting, J. W. M.: The Absent Father and Cross-Sex Identity. Merrill-Palmer Quarterly 7 (1961), 85–95.

Cantey, R. E.: The Relationship of Father-Absence, Socioeconomic Status, and Other Variables to Creative Abilities in Fifth-Grade Boys. Dissertation Abstracts International 34 (1974), 7-A, 3981.

Caplan, M. G. & Douglas, V. I.: Incidence of Parental Loss in Children with Depressed Mood. Journal of Child Psychology and Psychiatry 10 (1969), 225–232.

Carlsmith, L.: Effect of Early Father Absence on Scholastic Aptitude. Harvard Educational Review 34 (1964), 3–21.

Carlsmith, L.: Some Personality Characteristics of Boys Separated from Their Fathers During World War II. Ethos 1 (1973), 466–477.

Chapman, M.: Father Absence, Stepfathers, and the Cognitive Performance of College Students. Child Development 48 (1977), 1155–1158.

Chess, S., Thomas, A. & Birch, H. O.: Behavior Problems Revisited: Findings of an Anterospective Study. In: Chess, S. & Birch, H. O. (Eds.): Annual Progress in Child Psychiatry and Child Development. New York: Brunner & Mazel 1968.

Chiriboga, D. A. & Cuttler, L.: Stress Responses Among Divorcing Men and Women. Journal of Divorce 1 (1977), 95–106.

Chiriboga, D. A. & Thurnher, M.: Marital Lifestyles and Adjustment to Separation. Journal of Divorce 3 (1980), 379–390.

Clarke-Stewart, K. A.: Child Care in the Family: A Review of Research and Some Propositions for Policy. New York: Academic Press 1977.

Clarke-Stewart, K. A.: And Daddy Makes Three: The Father's Impact on Mother and Young Child. Child Development 49 (1978), 466–478.

Clarke-Stewart, K. A.: The Father's Contribution to Children's Cognitive and Social Development in Early Childhood. In: Pedersen, F. A. (Ed.): The Father-Infant Relationship. Observational Studies in the Family Setting. New York: Praeger Publishers 1980, 111–147.

Cleaves, W. T. & Rosenblatt, P. C.: Intimacy between Adults and Children in Public Places. Paper Presented at the Meeting of the Society for Research in Child Development, New Orleans 1977.

Cohen, L. J. & Campos, J. J.: Father, Mother, and Stranger as Elicitors of Attachment Behaviors in Infancy. Developmental Psychology 10 (1974), 146–154.

Coleman, J. S., Campbell, E. Q., Hobson, C. J. et al.: Equality of Educational Opportunity. Washington, D. C.: National Center for Educational Statistics, Office of Education 1966.

Colletta, N. I.: The Impact of Divorce: Father Absence or Poverty? Journal of Divorce 3 (1979), 27–36.

Colman, A. D. & Colman, L.: Pregnancy: The Psychological Experience. New York: Herder & Herder 1972.

Coogler, O. J.: Structured Mediation in Divorce Settlement – A Handbook for Marital Mediators. Lexington, Mass.: Heath & Company 1978.

Cortes, C. F. & Fleming, E. S.: The Effects of Father Absence on the Adjustment of Culturally Disadvantaged Boys. The Journal of Special Education 2 (1968), 413–420.

Cotroneo, M. & Krasner, B. R.: Familie und Rechtssprechung – Die Überschneidung zweier Systeme in familienbezogenen Gutachten. Familiendynamik 4 (1979), 355–361.

Cowan, C. P., Cowan, P. A., Coie, L. et al.: Becoming a Family: The Impact of a First Child's Birth on the Couple's Relationship. In: Miller, W. B. & Newman, L. F. (Eds.): The First Child and Family Formation. Carolina Population Center, The University of North Carolina at Chapel Hill 1978, 296–324.

Crescimbeni, J.: Broken Homes Do Affect Academic Achievement. Child and Family 4 (1965), 24–28.

Cronenwett, L. R. & Newmark, L. L.: Fathers' Responses to Childbirth. Nursing Research 23 (1974), 210–217.

D'Andrade, R. G.: Father Absence, Identification, and Identity. Ethos 1 (1973), 440–455.

Da Silva, G.: The Role of the Father with Chronic Schizophrenic Patients. Journal of the Canadian Psychiatric Association 8 (1963), 190–203.

Defrain, J. & Eirick, R.: Coping as Divorced Single Parents: Comparative Study of Fathers and Mothers. Family Relations 30 (1981), 265–274.

Dennehy, C. M.: Childhood Bereavement and Psychiatric Illness. British Journal of Psychiatry 112 (1966), 1049–1069.

Derdeyn, A. P.: Child Custody Consultation. American Journal of Orthopsychiatry 45 (1975), 791–801.

Derdeyn, A. P.: Child Custody Contests in Historical Perspective, American Journal of Psychiatry 133 (1976), 1369–1376.

Derdeyn, A. P.: Children in Divorce: Intervention in the Phase of Separation. Pediatrics 60 (1977), 20–27.

Derdeyn, A. P.: Divorce and Children: Clinical Interventions. Psychiatric Annals 10 (1980), 145–159.

Desimone-Luis, J., O'Mahoney, K. & Hunt, D.: Children of Separation and Divorce: Factors Influencing Adjustment. Journal of Divorce 3 (1979), 37–42.

Despert, L. J.: Children of Divorce. New York: Doubleday & Company 1962.

Deutsch, C. P.: Auditory Discrimination and Learning: Social Factors. Merrill-Palmer Quarterly 10 (1964), 277–296.

Deutsch, H.: The Psychology of Women. (Vol. I & II). New York: Grune & Stratton 1942, 1945.

Deutsch, M.: Minority Group and Class Status as Related to Social and Personality Factors in Scholastic Achievement. Monographs of the Society for Applied Anthropology 2 (1960), 1–32.

Deutsch, M. & Brown, B.: Social Influences in Negro-White Intelligence Differences. Journal of Social Issues 20 (1964), 24–35.

Deutsches Familienrechtsforum e. V. (Ed.): Referate und Texte der Tagung vom 6.–7. März 1981 in der Stadthalle Sindelfingen.

Dick-Read, G.: Childbirth without Fear. New York: Harper & Row 1959.

Dixon, R. B. & Weitzman, L. J.: Evaluating the Impact of No-Fault Divorce in California. Family Relations 29 (1980), 297–307.

Dominic, K. T. & Schlesinger, B.: Weekend Fathers: Family Shadows. Journal of Divorce 3 (1980), 241–247.

Douglas, J. W. B., Ross, J. M. & Simpson, H. R.: All Our Future. London: Peter Davies 1968.

Doyle, A. B.: Infant Development in Day Care. Developmental Psychology 11 (1975), 655–656.

Doyle, A. B. & Somers, K.: The Effect of Group and Individual Day Care on Infant Development. Paper Presented to the Canadian Psychological Association, Quebec 1975.

Drake, C. T. & McDougall, D.: Effects of the Absence of a Father and Other Male Models on the Development of Boys' Sex Roles. Developmental Psychology 13 (1977), 537–538.

Dybowski, T.: Die elterliche Sorge nach der Ehescheidung nach polnischem Recht. In: Deutsches Familienrechtsforum e.V. (Ed.): Referate und Texte der Tagung v. 6.–7. März 1981 in Sindelfingen, 9–22.

Eekelaar, J. & Clive, E.: Custody after Divorce – The Disposition of Custody in Divorce Cases in Great Britain. Oxford: Centre for Socio-Legal Studies, Wolfson College 1977.

Familiengerichtstag 1979, Arbeitskreis II 4: Kriterien der Verwertbarkeit psychologischer Gutachten. Zeitschrift für das gesamte Familienrecht 26 (1979), 901.

Fein, R.: Men's Experiences Before and After the Birth of a First Child: Dependence, Marital Sharing and Anxiety. Ph. D. Thesis, Harvard University 1974.

Feiring, C. & Taylor, J.: The Influence of the Infant and Secondary Parent on Maternal Behavior: Toward a Social System View of Infant Attachment. Unpublished Manuscript, University of Pittsburgh 1976 (To Appear in: Merrill-Palmer Quarterly).

Feldman, S. S.: Some Possible Antecedents of Attachment Behavior in Two-Year-Old Children. Unpublished Manuscript, Stanford University 1973.

Feldman, S. S.: The Impact of Day Care on One Aspect of Children's Social-Emotional Behavior. Paper Presented to the American Association for the Advancement of Science, San Francisco 1974.

Feldman, S. S. & Ingham, M. E.: Attachment Behavior: A Validation Study in Two Age Groups. Child Development 46 (1975), 319–330.

Ferri, E.: Growing Up in a One-Parent Family: A Long-Term Study of Child Development. Windsor, Berkshire: Nfer Publishing Company Ltd. 1976.

Field, T.: Interaction Behaviors of Primary Versus Secondary Caretaker Fathers. Developmental Psychology 14 (1978), 183–184.

Fine, R. A.: Men's Entrance to Parenthood. The Family Coordinator 25 (1976), 341–348.

Fine, S.: Annotation. Children in Divorce, Custody and Access Situations: The Contribution of the Mental Health Professional. Journal of Child Psychology and Psychiatry 21 (1980), 353–361.

Fineberg, A. D.: Joint Custody of Infants: Breakthrough or Fad? Canadian Journal of Family Law 2 (1979), 417–454.

Finzer, W.: Das Vater-Leitbild und seine Bedeutung für die religiöse Erziehung im Kindes- und Jugendalter. Theologische Dissertation. Freiburg 1974.

Fisk, D. W.: Strategies for Personality Research. San Francisco: Jossey-Bass 1978.

Fleener, D. E. & Cairns, R. B.: Attachment Behaviors in Human Infants: Discriminative Vocalization on Maternal Separation. Developmental Psychology 2 (1970), 215–223.

Foster, H. H.: Conciliation and Counseling in the Courts in Family Law Cases. New York University Law Review 41 (1966), 353–381.

Foster, H. H. & Freed, D. J.: Life with Father: 1978. Family Law Quarterly 11 (1978), 321–343.

Fowler, P. C. & Richards, H. C.: Father Absence, Educational Preparedness, and Academic Achievement: A Test of the Confluence Model. Journal of Educational Psychology 70 (1978), 595–601.

Freed, D. J. & Foster, H. H.: The Shuffled Child and Divorce Court. Trial 10 (1974), 26–33.

Freedman, D. G.: Human Infancy: An Evolutionary Perspective. Hillsdale, N. J.: Erlbaum 1974.

Freud, S.: Some Psychological Consequences of the Anatomical Distinction Between the Sexes. In: Freud, S.: Collected Papers, Vol. V. London: Hogarth Press 1950, 186–197.

Friedman, H. J.: The Father's Parenting Experience in Divorce. American Journal of Psychiatry 137 (1980), 1177–1182.

Frodi, A. M. & Lamb, M. E.: Fathers' and Mothers' Response to Infant Smile and Cries. Infant Behavior and Development 1 (1978) 187–198.

Frodi, A. M., Lamb, M. E., Leavitt, L. A. et al.: Fathers' and Mothers' Responses to Infant Signals. Possible Contributions of Children to Their Own Abuse? Unpublished Manuscript, University of Wisconsin, Madison 1977.

Fthenakis, W. E.: Elterntrennung aus der Perspektive des Kindes – Herausforderungen an Familienrecht und Sozialpolitik. In: Deutsches Familienrechtsforum e.V. (Ed.): Referate und Texte der Tagung v. 6.–7. März 1981 in Sindelfingen, 63–102.

Fthenakis, W. E. & Kunze, H.-R.: Das Konfluenz-Modell von Zajonc und Markus. Unveröffentlichtes Manuskript 1982.

Fthenakis, W. E. & Merz, H.: Schon das Kleinkind braucht den Vater. Bild der Wissenschaft 15 (1978), 90–99.

Fthenakis, W. E. & Niesel, R.: Wie Kinder die Trennung der Eltern erleben. Bild der Wissenschaft 18 (1981), 70–83.

Funkenstein, D. H.: Mathematics, Quantitative Aptitudes, and the Masculine Role. Diseases of the Nervous System 24 (1963), 140–146.

Garbower, G.: Behavior Problems of Children in Navy Officers' Families: As Related to

Social Conditions of Navy Family Life. Washington, D. C.: Catholic University Press 1959.

Gardner, R. A.: Psychotherapy with Children of Divorce. New York: Jason Aronson, Inc. 1976.

Gardner, R. A.: The Parents Book About Divorce. New York: Doubleday & Company 1977.

Gasser, R. D. & Taylor, C. M.: Role Adjustment of Single Parent Fathers with Dependent Children. The Family Coordinator 25 (1976), 397–430.

Gay, M. J. & Tonge, W. L.: The Late Effects of Loss of Parents in Childhood. British Journal of Psychiatry 113 (1967), 753–759.

Gayton, R. A.: A Comparison of Natural and Non-Natural Childbirth Fathers. Ph. D. Thesis. U. S. International University, No Date.

George, V. & Wilding, P.: Motherless Families. London: Routledge and Kegan 1972.

Gersick, E. K.: Fathers by Choice: Divorced Men Who Receive Custody of Their Children. In: Levinger, G. & Moles, O. C. (Eds.): Divorce and Separation. Context, Causes and Consequences. New York: Basic Books 1979, 307–323.

Gewirtz, H. B. & Gewirtz, J. L.: Visiting and Caretaking Patterns for Kibbutz Infants: Age and Sex Trends. American Journal of Orthopsychiatry 38 (1968), 427–443.

Glick, P. G. & Norton, A. J.: Marrying, Divorcing and Living Together in the U. S. Today. Population Bulletin 32 (1978), 3–38.

Goetsch, C.: Fathers in the Delivery Room – Helpful and Supportive. Hospital Topics 44 (1966), 104–105.

Goetting, A.: The Normative Integration of the Former Spouse Relationsship. Journal of Divorce 2 (1979), 395–413.

Goldman, J. & Coane, J.: Family Therapy After the Divorce: Developing a Strategy. Family Process 16 (1977), 357–362.

Goldstein, J., Freud, A. & Solnit, A. J.: Beyond the Best Interests of the Child. New York: Free Press 1973. (Dt.: „Jenseits des Kindeswohls". Frankfurt: Suhrkamp 1974).

Goode, W. J.: World Revolution and Family Patterns. New York: Free Press 1970.

Goodrich, F. W., Jr.: Preparing for Childbirth: A Manual for Expectant Parents. Englewood Cliffs, N. J.: Prentice-Hall 1966.

Gottman, J. M.: Time Series Analysis of Continuous Data in Dyads. In: Lamb, M. E., Suomi, S. J. & Stephenson, G. R. (Eds.): Social Interaction Analysis: Methodological Issues. Madison: University of Wisconsin Press 1979, 207–229.

Gottman, J. M. & Bakeman, R.: The Sequential Analysis of Observational Data. In: Lamb, M. E., Suomi, S. J. & Stephenson, G. R. (Eds.): Social Interaction Analysis: Methodological Issues. Madison: University of Wisconsin Press 1979, 185–206.

Grandville-Grossman, K.: Early Bereavement and Schizophrenia. British Journal of Psychiatry 112 (1966), 1027–1034.

Greenacre, P.: Considerations Regarding the Parent-Infant Relationship. International Journal of Psycho-Analysis 41 (1960), 571–584.

Greenacre, P.: Problems of Overidealization of the Analyst and of Analysis. Psychoanalytic Study of the Child 21 (1966), 193–212.

Greenberg, J. B.: Single-Parenting and Intimacy. Alternative Lifestyles 2 (1979), 308–330.

Greenberg, M. & Morris, N.: Engrossment: The Newborn's Impact Upon the Father. American Journal of Orthopsychiatry 44 (1974), 520–531.

Greenstein, J. M.: Father Characteristics and Sex Typing. Journal of Personality and Social Psychology 3 (1966), 271–277.

Gregory, I.: Studies of Parental Deprivation in Psychiatric Patients. American Journal of Psychiatry 115 (1958), 432–442.

Gregory, I.: Anterospective Data Following Childhood Loss of a Parent: I. Delinquency and High School Dropout. Archives of General Psychiatry 13 (1965), 99–109 (a).

Gregory, I.: Anterospective Data Following Childhood Loss of a Parent: II. Pathology, Performance, and Potential Among College Students. Archives of General Psychiatry 13 (1965), 110–120 (b).

Gregory, I.: Retrospective Data Concerning Childhood Loss of a Parent. Archives of General Psychiatry 15 (1966), 362–367.

Grosskopff, R.: Wer die Kinder bekommt, hat einfach Glück gehabt. Brigitte (1981), Nr. 12, 118–124.

Guerney, L. & Jordon, L.: Children of Divorce – A Community Support Group. Journal of Divorce 2 (1979), 283–294.

Gurin, G., Veroff, J. & Feld, S.: Americans View Their Mental Health: A Nationwide Interview Survey. New York: Basic Books 1960.

Haffter, C.: Kinder aus geschiedenen Ehen. Bern: Huber 1979, 3. unveränderte Auflage.

Hainline, L. & Feig, E.: The Correlates of Childhood Father Absence in College-Aged Women. Child Development 49 (1978), 37–42.

Hardy, M. C.: Aspects of Home Environment in Relation to Behavior at the Elementary School Age. Journal of Juvenile Research 21 (1937), 206–225.

Harlow, H. F.: The Nature of Love. American Psychologist 13 (1958), 673–685.

Harlow, H. F.: The Development of Affectional Patterns in Infant Monkeys. In: Foss, B. M. (Ed.): Determinants of Infant Behavior, Vol. I. London: Methuen 1961, 75–97.

Harlow, H. F. & Zimmermann, R. R.: Affectional Responses in the Infant Monkey. Science 130 (1959), 421.

Hartshorne, H. & May, M. A.: Studies in the Nature of Character, Vol. I: Studies in Deceit; Vol. II: Studies in Self-Control; Vol. III: Studies in the Organization of Character. New York: Macmillan 1928–1930.

Hartup, W. W. & Lempers, J.: A Problem in Life-Span Development: The Interactional Analysis of Family Attachments. In: Baltes, P. B. & Schaie, K. W. (Eds.): Life-Span Developmental Psychology. Personality and Socialization. New York: Academic Press 1973, 235–252.

Hathaway, S. R. & Monachesi, E. D.: Adolescent Personality and Behavior. Minneapolis: University of Minnesota Press 1963.

Haworth, M. R.: Parental Loss in Children as Reflected in Projective Responses. Journal of Projective Techniques 28 (1964), 31–35.

Haynes, J. W.: Divorce Mediator: A New Role. Social Work 23 (1978), 5–9.

Hebb, D. O.: The Organization of Behavior. New York: Wiley 1949.

Heilbrun, A. B., Jr.: Measurement of Masculine and Feminine Sex-Role Identities as Independent Dimensions. Journal of Consulting and Clinical Psychology 44 (1976), 183–190.

Henneborn, W. J. & Cogan, R.: The Effect of Husband Participation on Reported Pain and Probability of Medication During Labor and Birth. Journal of Psychosomatic Research 19 (1975), 215–222.

Henrich, D.: Perspektiven aus dem internationalen Rechtsvergleich (Arbeitsgruppe 3). In: Deutsches Familienrechtsforum e.V. (Ed.): Referate und Texte der Tagung v. 6.–7. März 1981 in Sindelfingen, 132–135.

Herzog, E. & Sudia, C. E.: Children in Fatherless Families. In: Caldwell, B. M. & Ricciuti, H. N. (Eds.): Review of Child Development Research. Vol. III: Child Development and Social Policy. Chicago: The University of Chicago Press 1973, 141–232.

Hess, R. D. & Camara, K. A.: Post-Divorce Family Relationships as Mediating Factors in the Consequences of Divorce for Children. Journal of Social Issues 35 (1979), 79–96.

Hess, R. D., Shipman, V. C., Brophy, J. E. et al.: The Cognitive Environments of Urban Preschool Children. Chicago: Graduate School of Education, University of Chicago 1968. (Eric Document Reproduction Service No. Ed 039 264).

Hess, R. D., Shipman, V. C., Brophy, J. E. et al.: The Cognitive Environments of Urban

Preschool Children: Follow-Up Phase. Chicago: Graduate School of Education, University of Chicago 1969. (Eric Document Reproduction Service No. Ed 039 270).

Hetherington, E. M.: Effects of Father Absence on Personality Development in Adolescent Daughters. Developmental Psychology 7 (1972), 313–326.

Hetherington, E. M.: Effects of Paternal Absence on Sex Typed Behaviors in Negro and White Preadolescent Males. In: Bee, H. (Ed.): Social Issues in Developmental Psychology. New York: Harper & Row 1974, 378–386.

Hetherington, E. M.: Mädchen ohne Vater. Psychologie Heute 2 (1975), 23–25/75–77.

Hetherington, E. M.: Children and Divorce. Paper Presented at the American Psychological Association, New York 1979. (S. a. in: Henderson, R. (Ed.): Parent-Child-Interaction: Theory, Research and Project. New York: Academic Press 1980).

Hetherington, E. M.: Scheidung aus der Perspektive des Kindes. Report Psychologie 5 (1980), 6–23.

Hetherington, E. M., Cox, M. & Cox, R.: Beyond Father Absence: Conceptualization of Effects of Divorce. Paper Presented to the Society for Research in Child Development, Denver, Colorado 1975.

Hetherington, E. M., Cox, M. & Cox, R.: Divorced Fathers. Family Coordinator 25 (1976), 417–428.

Hetherington, E. M., Cox, M. & Cox, R.: The Aftermath of Divorce. In: Stevens, J. H. & Mathews, M. (Eds.): Mother-Child, Father-Child Relationships. National Association for the Education of Young Children 1978, 149–176.

Hetherington, E. M., Cox, M. & Cox, R.: Stress and Coping in Divorce: A Focus on Woman. In: Gullahorn, J. E. (Ed.): Psychology and Women: In Transition. New York 1979, 95–128 (a).

Hetherington, E. M., Cox, M. & Cox, R.: Play and Social Interaction in Children Following Divorce. Journal of Social Issues 35 (1979), 27–49 (b).

Hill, R.: Contemporary Developments in Family Theory. Journal of Marriage and Family 28 (1966), 10–26.

Hill, O. W. & Price, J. S.: Childhood Bereavement and Adult Depression. British Journal of Psychiatry 113 (1967), 743–751.

Hillenbrand, E.: Father Absence in Military Families. (Doctoral Dissertation, George Washington University 1970) Dissertation Abstracts International 31 (1971), 6902B–6903B.

Hipgrave, T.: Lone Fatherhood: A Problematic Status. In: McKee, L. & O'Brien, M. (Eds.): The Father Figure. London: Tavistock Press 1982, in Press.

Hoffman, L. W.: Early Childhood Experiences and Women's Achievement Motives. Journal of Social Issues 28 (1972), 129–155.

Hoffman, L. W.: Changes in Family Roles, Socialization, and Sex Differences. American Psychologist 32 (1977), 644–657.

Hoffman, M. L.: Father Absence and Conscience Development. Developmental Psychology 4 (1971), 400–406.

Holman, P.: Some Factors in the Etiology of Maladjustment in Children. Journal of Mental Science 99 (1953), 654–688.

Holstein, C. E.: The Relation of Children's Moral Judgement Level to That of Their Parents and to Communication Patterns in the Family. In: Smart, R. C. & Smart, M. S. (Eds.): Readings in Child Development and Relationships. New York: Macmillan 1972, 484–494.

Hopkinson, G. & Reed, G. F.: Bereavement in Childhood and Depressive Psychosis. British Journal of Psychiatry 112 (1966), 459–463.

Horkheimer, M. (Ed.): Studien über Autorität und Familie. Schriften des Instituts für Sozialforschung, Vol. V, Paris 1936.

Hozman, T. L. & Froiland, D. J.: Families in Divorce: A Proposed Model for Counseling the Children. The Family Coordinator 25 (1976), 271–276.

Hudgens, R. W.: Life Events and the Onset of Primary Affective Disorders: A Study of 40

Hospitalized Patients and 40 Controls. Archives of General Psychiatry 16 (1967), 534–545.

Hunt, J. McV.: Intelligence and Experience. New York: Ronald Press 1961.

Huttunen, M. O. & Niskanen, P.: Prenatal Loss of Father and Psychiatry Disorders. Archives of General Psychiatry 35 (1978), 429–431.

Ingham, H. V.: A Statistical Study of Family Relationship in Psychoneurosis. American Journal of Orthopsychiatry 106 (1949), 91–98.

Jackson, A. M., Warner, N. S., Hornbein, R. et al.: Beyond the Best Interests of the Child Revisited: An Approach to Custody Evaluations. Journal of Divorce 3 (1980), 204–222.

Jacobsen, D. S.: The Impact of Marital Separation/Divorce on Children: I. Parent-Child Separation and Child Adjustment. Journal of Divorce 1 (1978), 341–360 (a).

Jacobsen, D. S.: The Impact of Marital Separation/Divorce on Children: II. Interparent Hostility and Child Adjustment. Journal of Divorce 2 (1978), 3–19 (b).

Jacobsen, D. S.: The Impact of Marital Separation/Divorce on Children: III. Parent-Communication and Child Adjustment, and Regression Analysis of Findings from Overall Study. Journal of Divorce 2 (1978), 175–194 (c).

Jacobson, G. & Ryder, R. G.: Parental Loss and Some Characteristics of the Early Marriage Relationship. American Journal of Orthopsychiatry 39 (1969), 779–787.

Jans, K. W. & Happe, G.: Gesetz zur Neuregelung des Rechts der elterlichen Sorge – Kommentar. Köln: Kohlhammer 1980.

Jones, H. E.: Father Absence During Childhood, Maternal Attitudes Toward Men, and the Sex-Role Development of Male College Students (Doctoral Dissertation, Michigan State University 1975). Dissertation Abstracts International 36 (1975), 3047B–3048B.

Josselyn, I. M.: Cultural Forces, Motherliness and Fatherliness. American Journal of Orthopsychiatry 26 (1956), 264–271.

Juritsch, M.: Der Vater in Familie und Welt. Paderborn: Schöningh 1966.

Kadushin, A.: Single Parent Adoptions: An Overview and Some Relevant Research. Social Service Review 44 (1970), 263–274.

Kagan, J.: Acquisition and Significance of Sex Typing and Sex-Role Identity. In: Hoffman, M. L. & Hoffman, L. W. (Eds.): Review of Child Development Research, Vol. I. New York: Russell Sage Foundation 1964, 137–167.

Kagel, S. A., White, R. M. & Coyne, J. C.: Father-Absent and Father-Present Families of Disturbed and Nondisturbed Adolescents. American Journal of Orthopsychiatry 48 (1978), 342–354.

Katkin, D., Bullington, B. & Levine, M.: Above and Beyond the Best Interests of the Child: An Inquiry Into the Relationship Between Social Science and Social Action. Law and Society Review 8 (1974), 669–687.

Keeler, W. R.: Children's Reaction to the Death of a Parent. In: Hoch, P. H. & Zubin, J. (Eds.): Depression. New York: Grune 1954, 109–120.

Keller, H. & Keller, W.: Verbales und vokales Verhalten von Vätern und Müttern gegenüber ihren weiblichen und männlichen Säuglingen in einem dreieinhalbmonatigen Längsschnitt. Zeitschrift für Entwicklungspsychologie und Pädagogische Psychologie 13 (1981), 116–126.

Keller, H. & Werner-Bonus, E.: Vater-Kind-Interaktionen bei drei Monate alten Säuglingen. Zeitschrift für Entwicklungspsychologie und Pädagogische Psychologie 10 (1978), 279–285.

Kelly, J. B. & Wallerstein, J. S.: The Effects of Parental Divorce. Experience of the Child in Early Latency. American Journal of Orthopsychiatry 46 (1976), 20–32.

Kelly, J. B. & Wallerstein, J. S.: Brief Intervention with Children in Divorcing Families. American Journal of Orthopsychiatry 47 (1977), 23–39.

Kenniston, K.: All Our Children: The American Family Under Pressure. New York: Harcourt, Brace & Jovanovich 1977.

Kerkhoff, W.: Vater-Kind-Beziehung und soziale Schichtzugehörigkeit. Eine Untersuchung über das Vater-Erleben 11–13jähriger Kinder. (Insbesondere auch der Schule für Lernbehinderte). Neuburgweier: Schindele 1975.

Kersey, K. C.: The Effects of Male Adolescence on Impulsivity and Self Control in Preschool Children. Dissertation Abstracts International 34 (1973), 4-A, 1704.

Keshet, H. F. & Rosenthal, K. M.: Fathering After Marital Separation. Social Work 23 (1978), 11–18.

Khollar, S.: Eine empirische Studie zur Erfassung der Vater-Kind-Beziehung. Philosophische Dissertation. Wien 1976.

Kitano, H. H.: The Child-Care Center. A Study of the Interaction Among One-Parent Children, Parents, and School. Berkeley, Los Angeles: University of California Press 1963.

Kitzinger, S.: The Experience of Childbirth. Baltimore: Penguin 1972.

Kitzinger, S.: Birth at Home. Oxford: Oxford University Press 1979.

Klar, W.: Entscheidungsrelevante psychologisch-pädagogische Faktoren im Sorgerechtsverfahren von Scheidungskindern. Zeitschrift für Kinder- und Jugendpsychiatrie 1 (1973), 37–42.

Klaus, M. H. & Kennell, J. H.: Parent-Infant Bonding. St. Louis: Mosby 1976.

Klein, M.: On Identification. In: Klein, M., Heimann, P. & Money-Kyrle, R. E. (Eds.): New Directions in Psycho-Analysis. The Significance of Infant Conflict in the Pattern of Adult Behavior. London: Tavistock Publishers 1955, 309–345.

Klein, M.: Die Psychoanalyse des Kindes. München: Reinhardt 1971.

Koch, M. B.: Anxiety in Preschool Children from Broken Homes. Merrill-Palmer Quarterly 7 (1961), 225–231.

Kogelschatz, J. L., Adams, P. L. & Tucker, D.: Family Styles of Fatherless Households. Journal of the American Academy of Child Psychiatry 11 (1972), 365–383.

Kohen, J. A., Brown, C. A. & Feldberg, R.: Divorced Mothers: The Costs and Benefits of Female Family Control. In: Levinger, G. & Moles, O. C. (Eds.): Divorce and Separation. Context, Causes and Consequences. New York: Basic Books 1979, 228–245.

Kohlberg, L.: A Cognitive-Developmental Analysis of Children's Sex-Role Concepts and Attitudes. In: Maccoby, E. E. (Ed.): The Development of Sex Differences. Stanford: Stanford University Press 1966, 82–173.

Kotelchuck, M.: The Nature of the Child's Tie to His Father. Unpublished Doctoral Dissertation, Harvard University 1972.

Kotelchuck, M.: The Nature of the Infant's Tie to the Father. Paper Presented at the Meeting of the Society for Research in Child Development, Philadelphia 1973.

Kotelchuck, M.: The Infants's Relationship to the Father: Experimental Evidence. In: Lamb, M. E. (Ed.): The Role of the Father in Child Development. New York: Wiley & Sons 1976, 329–344.

Kotelchuck, M., Zelazo, P., Kagan, J. et al.: Infant Reaction to Parental Separations When Left with Familiar and Unfamiliar Adults. Journal of Genetic Psychology 126 (1975), 255–262.

Kurdek, L. A.: An Integrative Perspective on Children's Divorce Adjustment. American Psychologist 36 (1981), 856–866.

Kurdek, L. A. & Siesky, A. E.: Divorced Parents' Perceptions of Child-Related Problems. Journal of Divorce 1 (1978), 361–371.

Kurdek, L. A. & Siesky, A. E.: Children's Perceptions of Their Parent's Divorce. Journal of Divorce 3 (1980), 339–378.

Kurdek, L. A., Blisk, D. & Siesky, A. E.: Correlates of Children's Long-Term Adjustment to Their Parent's Divorce. Developmental Psychology 17 (1981), 565–579.

Lamaze, F.: Painless Childbirth. Translated by J. R. Celestin. Chicago: Henry Regenery 1970.

Lamb, M. E.: A Defense of the Concept of Attachment. Human Development 17 (1974), 376–385.

Lamb, M. E.: The Role of the Father: An Overview. In: Lamb, M. E. (Ed.): The Role of the Father in Child Development. New York: Wiley & Sons 1976, 1–63 (a).

Lamb, M. E.: Interactions Between Eight-Month-Old Children and Their Fathers and Mothers. In: Lamb, M. E. (Ed.): The Role of the Father in Child Development. New York: Wiley & Sons 1976, 307–327 (b).

Lamb, M. E.: Effects of Stress and Cohort on Mother- and Father-Infant Interaction. Developmental Psychology 12 (1976), 435–443 (c).

Lamb, M. E.: Interactions Between Two-Year-Olds and Their Mothers and Fathers. Psychological Reports 38 (1976), 447–450 (d).

Lamb, M. E.: The One-Year-Old's Interaction with Its Parents. Paper Presented to the Eastern Psychological Association, New York 1976 (e).

Lamb, M. E.: The Development of Mother-Infant Attachments in the Second Year of Life. Developmental Psychology 13 (1977), 637–648 (a).

Lamb, M. E.: The Development of Parental Preferences in the First Two Years of Life. Sex Roles 3 (1977), 495–497 (b).

Lamb, M. E.: Father-Infant and Mother-Infant Interaction in the First Year of Live. Child Development 48 (1977), 167–181 (c).

Lamb, M. E.: The Effects of Divorce on Children's Personality Development. Journal of Divorce 1 (1977), 163–174 (d).

Lamb, M. E.: Infant Social Cognition and „Second Order" Effects. Infant Behavior and Development 1 (1978), 1–10 (a).

Lamb, M. E.: Social Interaction in Infancy and the Development of Personality. In: Lamb, M. E. (Ed.): Social and Personality Development. New York: Holt, Rinehart & Winston 1978(b).

Lamb, M. E.: The Development of Parent-Infant Attachments in the First Two Years of Life. In: Pedersen, F. A. (Ed.): The Father-Infant Relationship. Observational Studies in the Family Setting. New York: Praeger Publishers 1980, 21–43.

Lamb, M. E., Owen, M. T. & Chase-Lansdale, L.: The Father-Daughter Relationship: Past, Present, and Future. In: Kopp, C. & Kirkpatrick, M. (Eds.): Becoming Female. New York: Plenum Press 1979, 89–112.

Lambert, L. & Hart, S.: Who Needs a Father? New Society 22 (1976), 80.

Landolf, P.: Kind ohne Vater. Ein psychologischer Beitrag zur Bestimmung der Vaterrolle. Bern: Huber 1968.

Landy, F., Rosenberg, B. G. & Sutton-Smith, B.: The Effect of Limited Father-Absence on the Cognitive and Emotional Development of Children. Paper Presented at the Meeting of the Midwestern Psychological Association, Chicago 1967.

Landy, F., Rosenberg, B. G. & Sutton-Smith, B.: The Effect of Limited Father Absence on Cognitive Development. Child Development 40 (1969), 941–944.

Langner, T. S. & Michael, S. T.: Life Stress and Mental Health. New York: Free Press 1963.

Lavinson, N. B.: Father's Presence, Nurturance, and Alternate Responding as Related to Transgression in Young Negro Boys. Dissertation Abstracts International 30 (1970), 5223B–5224B.

Layman, E. M.: Discussion. In: Applezweig, D. G. (Ed.): Childhood and Mental Health: The Influence of the Father in the Family Setting. Presented at the Symposium of the American Psychological Association, Chicago 1960. (S. a. Merrill-Palmer Quarterly 1 (1969), 107–111).

Leboyer, F.: Der sanfte Weg ins Leben. Geburt ohne Gewalt. München: Desch 1974.

Lechtman, D. & Jenan, S.: CEALA's Policy on Fathers in the Delivery Room. Childbirth: A Family Experience. CEALA Newsletter 2 (1971), 3.

LeCorgne, L. L. & Laosa, L. M.: Father Absence in Low-Income Mexican-American Families: Children's Social Adjustment and Conceptual Differentiation of Sex Role Attributes. Developmental Psychology 12 (1976), 470–471.

Lehr, U.: Die Rolle der Mutter in der Sozialisation des Kindes. Darmstadt: Steinkopff 1974 (2. Aufl. 1978).

Lehr, U.: Die mütterliche Berufstätigkeit und mögliche Auswirkungen auf das Kind. In: Neidhardt, F. (Ed.): Frühkindliche Sozialisation. Theorien und Analysen (Der Mensch als soziales und personales Wesen, Vol. V). Stuttgart: Enke 1979, 2. Aufl., 230–269.

Lehr, U.: Die Rolle von Mutter und Vater in der frühen Sozialisation des Kindes. Therapiewoche 30 (1980), 649–665.

Leichty, M. M.: The Effect of Father-Absence During Early Childhood Upon the Oedipal Situation as Reflected in Young Adults. Merrill-Palmer Quarterly 6 (1960), 212–217.

Leiderman, G. F.: Effect of Family Experiences on Boys' Peer Relationships. Unpublished Dissertation, Harvard University 1953.

Lempp, R.: Die Rechtsstellung des Kindes aus geschiedener Ehe aus kinder- und jugendpsychiatrischer Sicht. Neue Juristische Wochenschrift 25 (1972), 315–319.

Lempp, R.: Die Ehescheidung und das Kind. Ein Ratgeber für Eltern. München: Kösel 1978.

Leonard, M. R.: Fathers and Daughters. International Journal of Psycho-Analysis 47 (1966), 325–334.

Lessing, E. E., Zagorin, S. W. & Nelson, D.: WISC Subtest and IQ Score Correlates of Father Absence. Journal of Genetic Psychology 67 (1970), 181–195.

Lewis, K.: Single-Father Families: Who They Were and How They Fare. Child Welfare 57 (1978), 643–651.

Lewis, M. & Rosenblum, L. A. (Eds.): The Effect of the Infant on Its Caregiver. New York: Wiley & Sons 1974.

Lewis, M. & Weinraub, M.: The Father's Role in the Child's Social Network. In: Lamb, M. E. (Ed.): The Role of the Father in Child Development. New York: Wiley & Sons 1976, 157–184.

Lewis, M., Weinraub, M. & Ban, P.: Mothers and Fathers, Girls and Boys: Attachment Behavior in the First Two Years of Life. Educational Testing Service Research Bulletin, Princeton, N. J. 1972.

Liljeström, R.: Våra Barn, Andras Ungar (Our Children, Others' Kids). Stockholm: Liber Förlag 1976.

Longabaugh, R.: Mother Behavior as a Variable Moderating the Effects of Father Absence. Ethos 1 (1973), 456–465.

Longfellow, C.: Divorce in Context: Its Impact on Children. In: Levinger, G. & Moles, O. C. (Eds.): Divorce and Separation. Context, Causes, and Consequences. New York: Basic Books 1979, 287–306.

Lowenstein, J. S. & Koopman, E. J.: A Comparison of the Self-Esteem Between Boys Living with Single-Parent Mothers and Single-Parent Fathers. Journal of Divorce 2 (1978), 195–208.

Luther, G.: Psychologische Gutachten im Vormundschafts- und Kindschaftsrecht. In: Blau, G. & Müller-Luckmann, E. (Eds.): Göttingen: Luchterhand 1962, 13–29.

Lynn, D. B.: The Father. His Role in Child Development. Monterey, Ca.: Brooks & Cole 1974.

Lynn, D. B. & Cross, A. D.: Parent Preference of Preschool Children. Journal of Marriage and the Family 36 (1974), 555–559.

Lynn, D. B. & Sawrey, W. L.: The Effects of Father-Absence on Norwegian Boys and Girls. Journal of Abnormal and Social Psychology 59 (1959), 258–262.

Lytton, H.: Comparative Yield of Three Data Sources in the Study of Parent-Child Interaction. Merrill-Palmer Quarterly 20 (1974), 53–64.

Lytton, H.: The Socialization of Two-Year-Old Boys: Ecological Findings. Journal of Child Psychology and Psychiatry 17 (1976), 287–304.

Maccoby, E. E.: Sex Differences in Intellectual Functioning. In: Maccoby, E. E. (Ed.): The Development of Sex Differences. Stanford: Standford University Press 1966, 25–55.

Maccoby, E. E. & Rau, L.: Differential Cognitive Abilities. Final Report, U. S. Office of Education, Cooperative Research Project No. 1040, 1962.

Macfarlane, A.: The Psychology of Childbirth. Cambridge, Mass.: Harvard University Press 1977.

Macfarlane, J. W.: From Infancy to Adulthood. Childhood Education 39 (1963), 336–342.

Mackie, J. B., Maxwell, A. D. & Rafferty, F. T.: Psychological Development of Culturally Disadvantaged Negro Kindergarten Children: A Study of the Selective Influence of Family and School Variables. Paper Presented at the Meeting of the American Orthopsychiatric Association, Washington, D. C. 1967.

Madow, L. & Hardy, S. E.: Incidence and Analysis of the Broken Family in the Background of Neurosis. American Journal of Orthopsychiatry 17 (1947), 521–528.

Mächtlinger, V. J.: Psychoanalytic Theory: Pre-oedipal and Oedipal Phases, with Special Reference to the Father. In: Lamb, M. E. (Ed.): The Role of the Father in Child Development. New York: Wiley & Sons 1976, 277–305.

Manion, J.: A Study of Father and Infant Caretaking. Birth and the Family Journal 4 (1977), 174–179.

McCall, R. B.: Exploratory Manipulation and Play in the Human Infant. Monographs of the Society for Research in Child Development 39 (1974), Serial No. 155.

McCord, J., McCord, W. & Thurber, E.: Some Effects of Paternal Absence on Male Children. Journal of Abnormal and Social Psychology 64 (1962), 361–369.

McDermott, J. F.: Divorce and Its Psychiatric Sequelae in Children. Archives of General Psychology 23 (1970), 421–427.

McDermott, J. F., Tseng, W., Char, W. F. et al.: Child Custody Decision Making. The Search for Improvement. Journal of the American Academy of Child Psychiatry 17 (1978), 104–116.

Mead, M.: Anomalies in American Postdivorce Relationships. In: Bohannan, P. (Ed.): Divorce and After. New York, Garden City: Doubleday & Company 1970, 97–112.

Meerloo, J. A. M.: The Father Cuts the Cord: The Role of the Father as Initial Transference Figure. American Journal of Psychotherapy 10 (1956), 471–480.

Meier, E. G.: Current Circumstances of Former Foster Children. Child Welfare 44 (1965), 196–206.

Meier, E. G.: Adults Who Were Foster Children. Children 13 (1966), 16–26.

Mendel, G.: Die Revolte gegen den Vater. Eine Einführung in die Sozialpsychoanalyse. Frankfurt: Fischer 1972.

Mendes, H. A.: Parental Experiences of Single Fathers. Ph. D. Dissertation, University of California at Los Angeles 1975.

Mendes, H. A.: Single Fathers. The Family Coordinator 25 (1976), 430–444.

Meyer-Krahmer, K.: Die Rolle des Vaters in der Entwicklung des Kindes. Psychologie in Erziehung und Unterricht 27 (1980), 87–102.

Miller, B.: Effects of Father-Absence and Mother's Evaluation of Father in the Socialization of Adolescent Boys. Unpublished Dissertation, Columbia University 1961.

Minister für Arbeit, Gesundheit und Soziales des Landes Nordrhein-Westfalen (Ed.): Landeskinderbericht. Köln 1980.

Mischel, W.: Preference for Delayed Reinforcement and Social Responsibility. Journal of Abnormal and Social Psychology 62 (1961), 1–7.

Mitchell, D. & Wilson, W.: Relationship of Father-Absence to Masculinity and Popularity of Delinquent Boys. Psychological Reports 20 (1967), 1173–1174.

Mitscherlich, A.: Der unsichtbare Vater. Ein Problem für Psychoanalyse und Soziologie. Kölner Zeitschrift für Soziologie und Sozialpsychologie 7 (1953), 188–201.

Morrison, J., Hudgens, R. W. & Barchha, R.: Life Events and Psychiatric Illness: A Study of 100 Patients and 100 Controls. British Journal of Psychiatry 114 (1968), 423–432.

Morton, J. H.: Fathers in the Delivery Room – An Opposition Standpoint. Hospital Topics 44 (1966), 103–104.

Moss, H. A.: Early Sex Differences and Mother-Infant Interactions. In: Friedman, R. C., Richart, R. M. & Van de Wiele, R. L. (Eds.): Sex Differences in Behavior. New York: Wiley & Sons 1974.

Mowrer, O. H.: Identification: A Link Between Learning Theory and Psychotherapy. In: Mowrer, O. H.: Learning Theory and Personality Dynamics. New York: Ronald Press 1950, 573–616.

Munro, A.: Parental Deprivation in Depressive Patients. British Journal of Psychiatry 112 (1966), 443–457.

Murphy, L. B.: The Widing World of Childhood. New York: Basic Books 1962.

Musetto, A. P.: Standards for Deciding Contested Child Custody. Journal of Clinical Child Psychology 10 (1981), 51–55.

Nash, J.: Historical and Social Change in the Perception of the Role of the Father. In: Lamb, M. E. (Ed.): The Role of the Father in Child Development. New York: Wiley & Sons 1976, 65–87.

National Conference of Commissioners on Uniform State Laws: Uniform Marriage and Divorce Act. Chicago: 1970 (Revised 1971, 1973).

Nehls, N. & Morgenbesser, M.: Joint Custody: An Exploration of the Issues. Family Process 19 (1980), 117–125.

Nelsen, E. A. & Maccoby, E. E.: The Relationship Between Social Development and Differential Abilities on the Scholastic Aptitude Test. Merrill-Palmer Quarterly 12 (1966), 269–289.

Nettelbladt, P., Uddenberg, N. & Englesson, I.: Father/Child Relationship: Background Factors in the Father. Acta Psychiatrica Scandinavia 61 (1980), 29–42.

Neubauer, P. B.: The One-Parent Child and His Oedipal Development. The Psychoanalytic Study of the Child 15 (1960), 286–309.

Newson, J. & Newson, E.: Usual and Unusual Patterns of Child-Rearing. Paper Presented at the Annual Meeting of the British Association for the Advancement of Science, Sept. 1966.

Newson, J. & Newson, E.: Four Years Old in an Urban Community. London: Allen & Unwin 1968.

Norton, A.: Incidence of Neurosis Related to Maternal Age and Birth Order. British Journal of Social Medicine 6 (1952), 253–258.

Oakley, A.: Becoming a Mother. Oxford, England: Martin Robertson 1979.

O'Brien, M.: Lone Fathers: Transition from Married to Separated State. Journal of Comparative Family Studies 11 (1980), 115–127.

Oltman, J. E. & Friedman, S.: Parental Deprivation in Psychiatric Conditions: III. In Personality Disorders and Other Conditions. Diseases of the Nervous System 28 (1967), 298–303.

Oltman, J. E., McGarry, J. J. & Friedman, S.: Parental Deprivation and the ‚Broken Home‘ in Dementia Praecox and Other Mental Disorders. American Journal of Psychiatry 108 (1952), 685–694.

Orthner, D. K. & Lewis, K.: Evidence of Single-Father Competence in Childrearing. Family Law Quarterly 13 (1979), 24–47.

Orthner, D. K., Brown, T. & Ferguson, D.: Single-Parent Fatherhood: An Emerging Lifestyle. The Family Coordinator 25 (1976), 429–437.

Oshman, H. P.: Some Effects of Father Absence Upon the Psychological Development of Male and Female Late Adolescents: Theoretical and Empirical Considerations (Doctoral Dissertation, University of Texas at Austin 1975). Dissertation Abstracts International 36 (1975), 919B–920B.

Oshman, H. P. & Manosevitz, M.: Father Absence: Effects of Stepfathers Upon Psychosocial Development in Males. Developmental Psychology 12 (1976), 479–480.

Osofsky, J. D. & Danzger, B.: Relationships Between Neonatal Characteristics and Mother-Infant Interaction. Developmental Psychology 10 (1974), 124–130.

Ostermeyer, H.: Anhörung im Kinderzimmer. Psychologie Heute 6 (1979), 31–33/36–37.

Otterström, E.: Delinquency and Children from Bad Homes. A Study of Prognosis from a Social Point of View. Lund 1946. (S. A.: Acta Paediatrica Scandinavia 33 (1946), Suppl. 5).

246

Pais, J. & White, P.: Family Redefinition: A Review of the Literature Toward a Model of Divorce Adjustment. Journal of Divorce 2 (1979), 271–281.

Palmer, R. C.: Behavior Problems of Children in Navy Officers' Families. Social Casework 41 (1960), 177–184.

Parke, R. D.: Perspectives on Father-Infant Interaction. In: Osofsky, J. D. (Ed.): Handbook of Infant Development. New York: Wiley & Sons, 1979, 549–590.

Parke, R. D. & O'Leary, S. E.: Family Interaction in the Newborn Period: Some Findings, Some Observations and Some Unresolved Issues. In: Riegel, K. F. & Meacham, J. A. (Eds.): The Developing Individual in a Changing World, Vol. II: Social and Environmental Issues. The Hague: Mouton 1976, 653–663.

Parke, R. D. & Sawin, D. B.: Infant Characteristics and Behavior as Elicitors of Maternal and Paternal Responsivity in the Newborn Period. Paper Presented at a Symposium „Direction of Effects in Studies of Early Parent-Infant Interaction", at the Society for Research in Child Development, Denver 1975.

Parke, R. D. & Sawin, D. B.: The Father's Role in Infancy: A Reevaluation. The Family Coordinator 25 (1976), 365–371.

Parke, R. D. & Sawin, D. B.: Fathering: It's a Major Role. Psychology Today 10 (1977), 108–112.

Parke, R. D. & Sawin, D. B.: The Family in Early Infancy: Social Interactional and Attitudinal Analyses. In: Pedersen, F. A. (Ed.): The Father-Infant Relationship. Observational Studies in the Family Setting. New York: Praeger Publishers 1980, 44–70.

Parke, R. D., O'Leary, S. E. & West, S.: Mother-Father-Newborn Interaction: Effects of Maternal Medication, Labor, and Sex of Infant. Proceedings of the American Psychological Association (1972), 85–86.

Parkes, C. M.: Bereavement. New York: International University Press 1972.

Parsons, T.: Family Structure and the Socialization of the Child. In: Parsons, T. & Bales, R. F. (Eds.): Family, Socialization and Interaction Process. Glencoe, Illinois: Free Press 1955, 25.

Patterson, G.: Mothers: The Unacknowledged Victims. Paper Presented at the Society for Research in Child Development Meeting, Oakland, Ca. 1976.

Pedersen, F. A.: Relationships Between Father-Absence and Emotional Disturbance in Male Military Dependents. Merrill-Palmer Quarterly 12 (1966), 321–331.

Pedersen, F. A.: Research Issues Related to Fathers and Infants. In: Pedersen, F. A. (Ed.): The Father-Infant Relationship. Observational Studies in the Family Setting. New York: Praeger Publishers 1980, 1–20 (a).

Pedersen, F. A.: Overview: Answers and Reformulated Questions. In: Pedersen, F. A. (Ed.): The Father-Infant-Relationship. Observational Studies in the Family Setting. New York: Praeger Publishers 1980, 147–163 (b).

Pedersen, F. A. & Robson, K. S.: Father Participation in Infancy. American Journal of Orthopsychiatry 39 (1969), 466–472.

Pedersen, F. A., Anderson, B. & Cain, R. L.: An Approach to Understanding Linkages Between the Parent-Infant and Spouse Relationships. Paper Presented at the Symposium „The Family System: Networks of Interactions Among Mother, Father and Infant" at the Meeting of the Society for Research in Child Development, New Orleans 1977.

Pedersen, F. A., Anderson, B. J. & Cain, R. L., jr.: Parent-Infant and Husband-Wife Interactions Observed at Age Five Months. In: Pedersen, F. A. (Ed.): The Father-Infant Relationship. Observational Studies in the Family Setting. New York: Praeger Publishers 1980, 71–86.

Pedersen, F. A., Rubenstein, J. & Yarrow, L. J.: Father Absence in Infancy. Paper Presented at the Meeting of the Society for Research in Child Development, Philadelphia 1973. (Eric Document Reproduction Service No. ED 085 088).

Pedersen, F. A., Yarrow, L. J. & Strain, B. A: Conceptualization of Father Influences and Its Implications for an Observational Methodology. Paper Presented at I.S.S.B.D., Guilford, England 1975.

Pedersen, F. A., Yarrow, L. J., Anderson, B. J. et al.: Conceptualization of Father Influences in the Infancy Period. In: Lewis, M. & Rosenblum, L. (Eds.): The Child and Its Family. (Genesis of Human Behavior, Ser. 2). New York: Plenum Press 1979, 45–66.

Pettigrew, T. F.: A Profile of the Negro American. Princeton: Van Nostrand 1964.

Piaget, J.: The Construction of Reality in the Child. New York: Basic Books 1937 (Second Edition 1954).

Pitts, F. N., jr. et al.: Adult Psychiatric Illness Assessed for Childhood Parental Loss, and Psychiatric Illness in Family Members – A Study of 748 Patients and 250 Controls. American Journal of Psychiatry 121 (1965), Suppl.

Pohle-Hauss, H.: Väter und Kinder. Zur Psychologie der Vater-Kind-Beziehung. Frankfurt/Main: Haag & Herchen 1977.

Pollak, O.: Interrelationships Between Economic Institutions and the Family. Social Security Bulletin 23 (1960), 9–15.

Power, T. B. & Parke, R. D.: Toward a Taxonomy of Father-Infant and Mother-Infant Play Patterns. Paper Presented to the Society for Research in Child Development, San Francisco 1979.

Prentice, B.: Divorce, Children and Custody: A Quantitative Study of Three Legal Factors. Canadian Journal of Family Law 2 (1979), 351–364.

Prestien, H.-C.: Die zerfallende Familie – Auftrag für den Familienrichter. Vortrag, gehalten im Oktober 1979 bei der Mitgliederversammlung des Deutschen Kinderschutzbundes in Stuttgart.

Price-Bonham, S. & Balswick, J. O.: The Noninstitutions: Divorce, Desertion, and Remarriage. Journal of Marriage and the Family 42 (1980), 959–972.

Rabaa, V., Seibert, U. & Stange, W.: Die Krisenfamilie in der Auflösung – Versuche der Konfliktsteuerung in Teamarbeit nach dem ‚Stuttgarter Modell‘. In: Deutsches Familienrechtsforum e. V. (Ed.): Referate und Texte der Tagung vom 6.–7. März 1981 in Sindelfingen, 103–125.

Ragozin, A.: Attachment in Day Care Children: Field and Laboratory Findings. Paper Presented to the Society for Research in Child Development, Denver 1975.

Raschke, H. J.: The Role of Social Participation in Postseparation and Postdivorce Adjustment. Journal of Divorce 1 (1977), 129–140.

Raschke, H. J. & Raschke, V. J.: Family Conflict and Children's Self-Concepts: A Comparison of Intact and Single-Parent Families. Journal of Marriage and the Family 41 (1979), 367–374.

Raush, H. L., Barry, W. A., Hertel, R. K. et al.: Communication, Conflict and Marriage. San Francisco: Jossey-Bass 1974.

Rebelsky, F. & Hanks, C.: Fathers' Verbal Interaction with Infants in the First Three Months of Life. Child Development 42 (1971), 63–68.

Redding, J.: Personality Factors and Family Variables Differentiating Emotionally Disturbed, Emotionally Handicapped and Emotionally Adjusted Pupils. Dissertation Abstracts International 31 (1971), 4473A.

Redican, W. K.: Adult Male-Infant Interactions in Nonhuman Primates. In: Lamb, M. (Ed.): The Role of the Father in Child Development. New York: Wiley & Sons 1976, 345–385.

Rees, A. H. & Palmer, F. H.: Factors Related to Change in Mental Test Performance. Developmental Psychology Monographs 3 (1970), 1–57.

Rendina, I. & Dickerscheid, J. D.: Father Involvement with Firstborn Infants. The Family Coordinator 25 (1976), 373–379.

Richards, M. P. M.: Infancy: World of the Newborn. New York: Harper & Row 1980.

Richards, M. P. M., Dunn, J. F. & Antonis, B.: Caretaking in the First Year of Life: The Role of Fathers' and Mothers' Social Isolation. Unpublished Manuscript, University of Cambridge 1975.

Richman, J. & Goldthorp, W. O.: Fatherhood, the Social Construction of Pregnancy and

Birth. In: Kitzinger, S. & Davis, J. (Eds.): The Place of Birth. Oxford: Oxford University Press 1978, 157–173.

Risen, M. L.: Relation of Lack of One or Both Parents to School Progress. Elementary School Journal 39 (1939), 528–531.

Robins, E., Schmidt, E. H. & O'Neal, P.: Some Interrelations of Social Factors and Clinical Diagnosis in Attempted Suicide. American Journal of Psychiatry 114 (1957), 221–231.

Robins, L. N.: Deviant Children Grown Up. Baltimore, Maryland: Williams & Wilkins 1966.

Rogers, W. B. & Long, J. M.: Male Models and Sexual Identification: A Case from the Out Island Bahamas. Human Organization 27 (1968), 326–331.

Rohrer, H. H. & Edmonson, M. S.: The Eighth Generation. New York: Harper 1960.

Roman, M. & Haddad, W.: The Case for Joint Custody. Psychology Today 11 (1978), 96–105 (a).

Roman, M. & Haddad, W.: The Disposable Parent. New York: Holt, Rinehart & Winston 1978 (b).

Rosen, R.: Children of Divorce: What They Feel about Access and Other Aspects of the Divorce Experience. Journal of Clinical Child Psychology 6 (1977), 24–27.

Rosen, R.: The Need for Counseling Service for Parents on Divorce. South African Law Journal 95 (1978), 117–120.

Rosen, R.: Some Crucial Issues Concerning Children of Divorce. Journal of Divorce 3 (1979), 19–25.

Rosenberg, C. M.: Determinants of Psychiatric Illness in Young People. British Journal of Psychiatry 115 (1969), 907–915.

Ross, G., Kagan, J., Zelazo, P. et al.: Separation Protest in Infants in Home and Laboratory. Developmental Psychology 11 (1975), 256–257.

Roussel, L.: Ehe und Ehescheidung. Familiendynamik 5 (1980), 186–203.

Rowntree, G.: Early Childhood in Broken Families. Population Studies 8 (1955), 247–253.

Rubin, J. Z., Provenzano, F. J. & Luria, Z.: The Eye of the Beholder: Parents' Views on Sex of Newborns. American Journal of Orthopsychiatry 44 (1974), 512–519.

Russell, G.: The Father Role and Its Relation to Masculinity, Femininity, and Androgyny. Child Development 49 (1978), 1174–1181.

Russell, I. L.: Behavior Problems of Children from Broken and Intact Homes. Journal of Educational Sociology 31 (1957), 124–129.

Rutherford, R. N.: Fathers in the Delivery Room – Long Experience Molds One Viewpoint. Hospital Topics 44 (1966), 97.

Rutter, M.: Children of Sick Parents: An Environmental and Psychiatric Study. Oxford: Oxford University Press 1966.

Rutter, M.: Sex Differences in Children's Responses to Family Stress. In: Anthony, E. J. & Koupernik, C. (Eds.): The Child in His Family. (The International Yearbook for Child Psychiatry and Allied Disciplines, Vol. I). New York: Wiley & Sons 1970, 165–196.

Rutter, M.: Parent-Child Separation: Psychological Effects on the Children. Journal of Child Psychology and Psychiatry 12 (1971), 223–260.

Rutter, M.: Maternal Deprivation, 1972–1978: New Findings, New Concepts, New Approaches. Child Development 50 (1979), 283–305.

Safilios-Rothschild, C.: Trends in the Family: A Cross-Cultural Perspective. Children Today (1978), 38–44.

Safilios-Rothschild, C.: Sex Role Socialization and Sex Discrimination: A Synthesis and Critique of the Literature. Washington, D. C.: The National Institute of Education, U. S. Department of Health, Education and Welfare 1979.

Safilios-Rothschild, C.: Gemeinsame elterliche Sorge in den USA, neue Konzepte und Entwicklungen. In: Deutsches Familienrechtsforum e. V. (Ed.): Referate und Texte der Tagung v. 6.–7. März 1981 in Sindelfingen, 42–62.

Salk, L.: What Every Child Would Like Parents to Know About Divorce, New York: Harper & Row 1978.

Salts, C. J.: Divorce Process: Integration of Theory. Journal of Divorce 2 (1979), 233–240.

Santrock, J. W.: Paternal Absence, Sex Typing, and Identification. Developmental Psychology 2 (1970), 264–272.

Santrock, J. W.: Relation of Type and Onset of Father Absence to Cognitive Development. Child Development 43 (1972), 455–469.

Santrock, J. W.: Family Structure, Maternal Behavior and Moral Development in Boys. Dissertation Abstracts International 34 (1974), 7-B 3474–3475.

Santrock, J. W.: Effects of Father Absence on Sex-Typed Behaviors in Male Children: Reason for the Absence and Age of Onset of the Absence. The Journal of Genetic Psychology 130 (1977), 3–10.

Santrock, J. W. & Warshak, R. A.: Father Custody and Social Development in Boys and Girls. Journal of Social Issues 35 (1979), 112–125.

Santrock, J. W. & Wohlford, P.: Effects of Father Absence: Influence of the Reason for and the Onset of the Absence. Proceedings of the 78th Annual Convention of the American Psychological Association 5 (1970), 265–266.

Sawin, D. B. & Parke, R. D.: Adolescent Fathers: Some Implications from Recent Research on Paternal Roles. Educational Horizons 55 (1976), 38–43.

Sawin, D. B., Langlois, J. & Leitner, E. F.: What Do You Do After You Say Hello? Observing, Coding, and Analyzing Parent-Infant Interactions. Behavior Research Methods and Instrumentation 9 (1977), 425–428.

Schaefer, E. S.: Children's Reports of Parental Behavior: An Inventory. Child Development 36 (1965), 413–424.

Schaffer, H. R.: The Growth of Sociability. London: Penguin Books 1971.

Schaffer, H. R. & Emerson, P. E.: The Development of Social Attachments in Infancy. Monographs of the Society for Research in Child Development 94 (1964), 3–75.

Schaffer, R.: Mothering. Cambridge, Mass.: Harvard University Press, 1977 (Dt.: „Mütterliche Fürsorge in den ersten Lebensjahren". Stuttgart: Klett-Cotta 1978).

Scharmann, D. L. & Scharmann, T.: Die Vaterrolle im Sozialisationsprozeß des Kindes. In: Neidhardt, F. (Ed.): Frühkindliche Sozialisation – Theorien und Analysen (Der Mensch als soziales und personales Wesen, Vol. V). Stuttgart: Enke 1979, 2. Aufl., 270–316.

Scherer, G.: Die Macht des Vaters. Essen: Driewer 1962.

Schlesinger, B.: Single Parent. A Research Review. Children Today 7 (1978), 12/18–19/37–39.

Schlesinger, B.: One-Parent Families: Knowns and Unknowns. Social Science 55 (1980), 25–28.

Schofield, W. & Balian, L. A.: Comparative Study of the Personal Histories of Schizophrenics and Non-Psychiatric Patients. Journal of Abnormal and Social Psychology 59 (1959), 295.

Seagull, A. A. & Seagull, E. A. W.: The Non-Custodial Father's Relationship to His Child: Conflicts and Solutions. Journal of Clinical Child Psychology 6 (1977), 11–15.

Sears, P. S.: Doll-Play Aggression in Normal Young Children: Influence of Sex, Age, Sibling Status, Father's Absence. Psychological Monographs 65 (1951), No. 6.

Sears, R. R.: Identification as a Form of Behavior Development. In: Harris, D. B. (Ed.): The Concept of Development. Minneapolis: University of Minnesota Press 1957, 149–161.

Sears, R. R., Pintler, M. H. & Sears, P. S.: Effect of Father-Separation on Preschool Children's Doll-Play Aggression. Child Development 17 (1946), 219–243.

Selman, R. L.: The Growth of Interpersonal Understanding. New York: Academic Press 1980.

Selman, R. L. & Byrne, D. K.: Structural-Developmental Analysis of Levels of Role-Taking in Middle Childhood. Child Development 45 (1974), 803–806.

Seplin, C. D.: A Study of the Influence of the Father's Absence for Military Service. Smith College Studies in Social Work 22 (1952), 123–124.

Seward, G. H.: Cultural Conflict and the Feminine Role: An Experimental Study. Journal of Social Psychology 22 (1945), 177–194.

Shelton, L.A.: A Comparative Study of Educational Achievement in One-Parent Families and in Two-Parent Families. Dissertation Abstracts International 29 (1969), 8–A, 2535–2536.

Shereshefsky, P. M. & Yarrow, L. J.: Psychological Aspects of a First Pregnancy and Early Postnatal Adaptation. New York: Raven 1973.

Shinn, M.: Father Absence and Children's Cognitive Development. Psychological Bulletin 85 (1978), 295–324.

Siegman, A. W.: Father Absence During Early Childhood and Antisocial Behavior. Journal of Abnormal Psychology 71 (1966), 71–74.

Simitis, S., Rosenkötter, L., Vogel, R. et al.: Kindeswohl. Eine interdisziplinäre Untersuchung über seine Verwirklichung in der vormundschaftsgerichtlichen Praxis. Frankfurt: Suhrkamp 1979.

Slovenko, R.: Psychological Testimony and Presumptions in Child Custody Cases. In: Hofling, C. K. (Ed.): Law and Ethics in the Practice of Psychiatry. New York: Brunner & Mazel 1981, 167–190.

Solomon, D., Hirsch, J. G., Scheinfeld, D. R. et al.: Family Characteristics and Elementary School Achievement in an Urban Ghetto. Journal of Consulting and Clinical Psychology 39 (1972), 462–466.

Spanier, G. B. & Lachman, M. E.: Factors Associated with Adjustment to Marital Separation. Sociological Focus 13 (1980), 369–381.

Speck, O.: Kinder brauchen auch den Vater. Unsere Jugend 10 (1958), 269–275.

Speck, O.: Die Bedeutung des Vaters für eine gesunde seelische Entwicklung in Kindheit und Jugendzeit. Jugendwohl. Katholische Zeitschrift für Kinder- und Jugendfürsorge 41 (1960), 132–141.

Spelke, E., Zelazo, P., Kagan, J. et al.: Father Interaction and Separation Protest. Developmental Psychology 9 (1973), 83–90.

Spence, J. T. & Helmreich, R. L.: Masculinity and Femininity. Austin: University of Texas Press 1978.

Spitz, R.: Relevancy of Direct Infant Observation. Psychoanalytic Study of the Child 5 (1950), 66–73.

Stack, C. B.: Who Owns the Child? Divorce and Child Custody Decisions in Middle-Class Families. Social Problems 23 (1976), 505–515.

Stayton, D. J., Ainsworth, M. D. & Main, M. B.: Development of Separation Behavior in the First Year of Life: Protest, Following and Greeting. Developmental Psychology 9 (1973), 213–225.

Steinberg, J. L.: Paternal Custody: An Overview. Trial 17 (1981), 16–24.

Stender, F. (Ed.): Husbands in the Delivery Room. Bellevue, Wash.: International Childbirth Education Association, ICEA Supplies Center 1971.

Stephens, W. N.: The Oedipus Complex: Cross-Cultural Evidence. Glencoe, Ill.: Free Press 1962.

Stephens, W. N.: The Family in Cross-Cultural Perspective. New York: Holt 1963.

Stolz, L. M. et al.: Father Relation of Warborn Children. The Effect of Postwar Adjustment of Fathers on the Behavior and Personality of First Children Born While Fathers Were at War. Stanford: Leland Stanford Junior University 1954.

Stork, J. (Ed.): Fragen nach dem Vater. Freiburg: Karl Alber 1974.

Studnitz, A. v., Wachowitz, E. & Wegener, H.: Psychologische Grundlagen für die Begutachtung erzieherischer Kompetenzen von Vater und Mutter im Rahmen vormundschaftlicher Maßregeln bei Kleinkindern. (§§ 1671, 1672, 1632 Abs. 2, 1634 Abs. 2 BGB) Zeitschrift für Kinder- und Jugendpsychiatrie 6 (1978) 266–279.

Suarez, J. M., Weston, N. L. & Hartstein, N. B.: Mental Health Interventions in Divorce Proceedings. American Journal of Orthopsychiatry 48 (1978), 273–283.

Suomi, S. J.: Adult Male-Infant Interactions among Monkeys Living in Nuclear Families. Child Development 48 (1977), 1255–1270.

Sutton-Smith, B., Rosenberg, B. G. & Landy, F.: Father-Absence Effects in Families of Different Sibling Compositions. Child Development 38 (1968), 1213–1221.

Tanzer, D. & Block, J. L.: Why Natural Childbirth? Psychologists' Report on the Benefits to Mothers, Fathers, and Babies. Garden City, N. Y.: Doubleday & Company 1972.

Tavris, C.: Who Lives Women's Liberation – and Why: The Case of the Unliberated Liberals. Journal of Social Issues 29 (1973), 175–198.

Tellenbach, H. (Ed.): Das Vaterbild in Mythos und Geschichte. Stuttgart: Kohlhammer 1976.

Tellenbach, H. (Ed.): Das Vaterbild im Abendland. Vol. I: Rom – Frühes Christentum – Mittelalter – Neuzeit – Gegenwart. Vol. II: Literatur und Dichtung Europas. Stuttgart: Kohlhammer 1978.

Terman, L. M. & Miles, C. C.: Sex and Personality. New York: McGraw-Hill 1936.

Thomas, A.: Untersuchungen zum Problem der vaterlosen Erziehung in ihrem Einfluß auf die psycho-soziale Entwicklung des Kindes. Psychologische Beiträge 22 (1980), 27–48.

Tiller, P. O.: Father-Absence and Personality Development of Children in Sailor Families. Nordisk Psychologi's Monograph Series 9 (1958), 1–48.

Tiller, P. O.: Father Separation and Adolescence. Oslo: Institute of Social Research 1961.

Tooley, K.: Antisocial Behavior and Social Alienation Post Divorce: The ‚Man of the House' and His Mother. American Journal of Orthopsychiatry 46 (1976), 33–42.

Tracy, R. L., Lamb, M. E. & Ainsworth, M. D.: Infant Approach Behavior as Related to Attachment. Child Development 47 (1976), 571–578.

Trost, J. E.: Joint Custody and Cohabitation. Unpublished Manuscript, Uppsala: Uppsala University 1979.

Trost, J. E.: Gemeinsame elterliche Sorge in Schweden; familiensoziologische Beobachtungen. In: Deutsches Familienrechtsforum e. V. (Ed.): Referate und Texte der Tagung v. 6.–7. März 1981 in Sindelfingen, 23–41.

Trunnell, T. L.: The Absent Father's Children's Emotional Disturbances. Archives of General Psychiatry 19 (1968), 180–188.

Tuckman, J. & Regan, R. A.: Intactness of the Home and Behavioral Problems in Children. Journal of Child Psychology and Psychiatry 7 (1966), 225–233.

Vetter, A.: Das Urbild der Väterlichkeit. Jugendwohl 41 (1960), 123–131.

Vincent, C. E.: Implications of Changes in Male-Female Role Expectations for Interpreting M-F Scores. Journal of Marriage and the Family 28 (1966), 196–199.

Vroegh, K.: Relationship of Sex of Teacher and Father Presence-Absence to Academic Achievement. Proceedings of the 81st Annual Convention of the American Psychological Association 8 (1973), 663–664.

Wahl, C. W.: Antecedent Factors in Family Histories of 392 Schizophrenics. American Journal of Psychiatry 110 (1954), 668–678.

Wallerstein, J. S. & Kelly, J. B.: The Effects of Parental Divorce: Experiences of the Preschool Child. Journal of the American Academy of Child Psychiatry 14 (1975), 600–616.

Wallerstein, J. S. & Kelly, J. B.: The Effects of Parental Divorce: Experiences of the Child in Later Latency. American Journal of Orthopsychiatry 46 (1976), 256–269.

Wallerstein, J. S. & Kelly, J. B.: Divorce Counseling: A Community Service for Families in the Midst of Divorce. American Journal of Orthopsychiatry 47 (1977), 4–22.

Wallerstein, J. S. & Kelly, J. B.: Children and Divorce: A Review. Social Work 24 (1979), 468–475.

Wallerstein, J. S. & Kelly, J. B.: Surviving the Breakup: How Children and Parents Cope with Divorce. New York: Basic Books 1980 (a).

Wallerstein, J. S. & Kelly, J. B.: Effects of Divorce on the Visiting Father-Child Relationship. American Journal of Orthopsychiatry 137 (1980), 1534–1539 (b).

Wallmeyer, J.: Die Stellung des Sachverständigen bei der Begutachtung von Eltern und Kindern im Rahmen der Sorgerechtsentscheidung nach § 1671 BGB. (Manuskript, o.O., o.J.).

Waring, M. & Ricks, D.: Family Patterns of Children Who Became Adult Schizophrenics. Journal of Nervous and Mental Disease 140 (1965), 351–364.

Warner, N. W. & Elliott, C. J.: Problems of the Interpretative Phase of Divorce-Custody Evaluations. Journal of Divorce 2 (1979), 371–382.

Watson, J. B.: Psychological Care of Infant and Child. New York: Norton 1928.

Watson, M. A.: Custody Alternatives: Defining the Best Interests of the Children. Manuscript, Denver: 1979.

Weinraub, M. & Frankel, J.: Sex Differences in Parent-Infant Interaction During Free Play, Departure, and Separation. Child Development 48 (1977), 1240–1249.

Weiss, R. S.: The Emotional Impact of Marital Separation. Journal of Social Issues 32 (1976), 135–145.

Weiss, R. S.: Growing Up a Little Faster: The Experience of Growing Up in a Single-Parent Household. Journal of Social Issues 35 (1979), 97–111 (a).

Weiss, R. S.: Going It Alone: The Family Life and Social Situation of the Single Parent. New York: Basic Books 1979 (b).

Weiss, R. S.: Issues in the Adjudication of Custody When Parents Separate. In: Levinger, G. & Moles, O. C. (Eds.): Divorce and Separation. Context, Causes, and Consequences. New York: Basic Books 1979, 324–336 (c).

Wente, A. S. & Crockenberg, S. B.: Transition to Fatherhood: Lamaze Preparation, Adjustment Difficulty and the Husband-Wife Relationship. The Family Coordinator 25 (1976), 351–357.

Westman, J. C.: Effects of Divorce on a Child's Personality Development. Medical Aspects of Human Sexuality 6 (1972), 38–55.

White, B.: The Relationship of Self-Concept and Parental Identification to Women's Vocational Interests. Journal of Consulting Psychology 6 (1959), 202–206.

Whiteman, M. & Deutsch, M.: Social Disadvantage as Related to Intellective and Language Development. In: Deutsch, M. et al. (Eds.): The Disadvantaged. New York: Basic Books 1967, 337–356.

Willemsen, E., Flaherty, D., Heaton, C. et al.: Attachment Behavior of the One-Year-Olds as a Function of Mother vs Father, Sex of Child, Session, and Toys. Genetic Psychological Monographs 90 (1974), 305–324.

Wilson, A. B.: Educational Consequences of Segregation in a California Community (Appendix C3). In: U. S. Commission on Civil Rights (Ed.): Racial Isolation in the Public Schools. Washington, D. C.: U. S. Government Printing Office 1967.

Winch, R. F.: Some Data Bearing on the Oedipus Hypothesis. Journal of Abnormal and Social Psychology 45 (1950), 481–489.

Winnicott, D. W.: The Theory of the Parent-Infant Relationship. International Journal of Psycho-Analysis 41 (1960), 585–595.

Wohlford, P., Santrock, J. W., Berger, S. E. et al.: Older Brother's Influence on Sex-Typed Aggressive, and Dependent Behavior in Father-Absent Children. Developmental Psychology 4 (1971), 124–134.

Wonnell, E. B.: The Education of the Expectant Father for Childbirth. Nursing Clinic of North America 6 (1971), 591–603.

Woody, R. H.: Behavioral Science Criteria in Child Custody Determinations. Journal of Marriage and Family Counseling 3 (1977), 11–18.

Woody, R. H.: Fathers with Child Custody. Counseling Psychologist 7 (1978), 60–63.

Wylie, H. L. & Delgado, R. A.: A Pattern of Mother-Son Relationship Involving the Absence of the Father. American Journal of Orthopsychiatry 29 (1959), 644–649.

Yarrow, L. J.: Attachment and Dependency: A Developmental Perspective. In: Gewirtz, J. L. (Ed.): Attachment and Dependency. Washington, D. C.: Winston 1972, 81–95.

Yarrow, M. R., Campbell, J. B. & Burton, R. V.: Child Rearing. San Francisco: Jossey-Bass 1968.

Yogman, M. W.: The Goals and Structure of Face-To-Face Interaction Between Infants and Fathers. Paper Presented at the Biennial Meeting of the Society for Research in Child Development, New Orleans, Louisiana 1977.

Yogman, M. W.: Games Fathers and Mothers Play with Their Infants. Infant Mental Health Journal 2 (1981), 241–248.

Yogman, M. W., Dixon, S., Tronick, E. et al.: Development of Infant Social Interaction with Fathers. Paper Presented to the Eastern Psychological Association, New York 1976.

Yogman, M. W., Dixon, S., Tronick, E. et. al.: The Goals and Structure of Face-To-Face Interaction Between Infants and Fathers. Paper Presented at the Biennial Meeting of the Society for Research in Child Development, New Orleans 1977.

Young, E. R. & Parish, T. S.: Impact of Father Absence During Childhood on the Psychological Adjustment of College Females. Sex Roles 3 (1977), 217–227.

Zajonc, R. B. & Markus, G. B.: Birth Order and Intellectual Development. Psychological Review 82 (1975), 74–88.

Zenz, G.: Das Kindeswohl in der richterlichen Entscheidung. Psychosozial. Zeitschrift für Analyse, Prävention und Therapie psychosozialer Konflikte und Krankheiten 1 (1978), 69–95.

Zurwieden, T.: Die Suche nach der „am wenigsten schädlichen Alternative" bei der Entscheidung über die elterliche Sorge bei Elterntrennung als heilpädagogisches Problem. Evangelische Fachhochschule Rheinland-Westfalen-Lippe, Institut für Heilpädagogik: Unveröffentlichter Abschlußbericht 1981.

Personenregister

Abarbanel, A. 203, 204
Abelin, E. L. 10
Adams, P. L. 104
Adorno, T. W. 3
Ahrons, C. R. 96, 140, 141, 202
Ainsworth, M. D. 41, 42, 43, 44, 47, 48, 53
Albert, R. 65
Albrecht, S. J. 105
Alexander, L. 17
Ali, Z. 19
Altus, W. D. 65, 74
American Bar Association 211
Ancona, L. 76
Anderson, B. J. 11, 14, 16, 27, 31, 33, 51
Anderson, G. L. 61
Anderson, H. H. 61
Antonis, B. 20, 25
Arntzen, F. 218
Asher, S. J. 125
Asperger, H. 3
Atkinson, B. R. 58

Bach, G. R. 73, 80
Badaines, J. S. 71, 72, 76
Baggett, A. T. 57, 83, 84
Bahm, R. M. 75, 77
Bakeman, R. 16
Bakon, D. 8
Balian, L. A. 86
Balint, A. 40
Balswick, J. O. 102, 103, 104, 110, 117
Ban, P. L. 42, 44, 46
Bandura, A. 78, 79
Barchha, R. 86
Barclay, A. 72, 74
Bartz, K. W. 106, 107, 110, 112, 114, 115, 117, 118, 125
Baumrind, D. 10, 37, 128, 209
Beail, N. 18, 22
Beal, E. W. 130, 156
Bean, C. A. 17
Beattie, S. 101, 103
Beck, A. T. 86
Bell, R. Q. 15
Bell, S. M. 41, 42, 43, 47, 48
Belsky, J. 16, 28, 29, 30, 31, 32, 90, 91
Bem, S. L. 8
Bendkower, J. 97, 98, 99, 104, 106, 130

Benedek, E. P. 172, 201, 211, 214, 224
Benedek, R. S. 172, 201, 211, 214, 224
Benedek, T. 40
Berg, B. 161, 162
Berger, S. E. 75
Berman, W. H. 101, 108, 112
Biller, H. B. 6, 15, 24, 55, 56, 57, 61, 62, 63, 64, 67, 71, 72, 75, 77, 80, 97
Birch, H. O. 156
Birtchnell, J. 86
Black, A. E. 37
Blanchard, R. W. 56, 57, 61, 62, 63, 64, 67, 97
Blisk, D. 100, 101, 133, 139, 151, 152, 153, 155, 156, 162
Block, H. J. 8
Block, J. L. 19
Bloom, B. L. 125
Bocquet, C. 76
Borneman, E. 3
Borstelmann, L. J. 71
Bowlby, J. 10, 40, 41, 42, 47, 53
Bradley, R. A. 17, 18
Brazelton, T. B. 14, 16, 36
Bretherton, I. 43
Brill, N. Q. 86
Broman, S. H. 64
Bronfenbrenner, U. 13, 157, 158, 220
Brown, B. 63, 64
Brown, C. A. 105, 106, 107, 108, 110, 112
Brown, F. 86
Brown, J. K. 80
Brown, R. 159
Brown, T. 109, 114, 117
Bruhn, J. G. 86
Bullington, B. 225
Bundesminister der Justiz 227
Burlingham, D. 9, 10, 46
Burton, R. V. 12, 79
Byrne, D. K. 144

Cain, R. L. 11, 27, 31, 33, 51
Cairns, R. B. 42
Camara, K. A. 98, 131, 138, 161
Campbell, J. B. 12
Campos, J. J. 43, 44, 49
Cantey, R. E. 65
Caplan, M. G. 84, 85

Carlsmith, L. 56, 57, 61, 63, 66, 74, 76
Cesa-Bianchi, M. 76
Chapman, M. 62
Char, W. F. 132, 133, 218
Chase-Lansdale, L. 80
Chess, S. 156
Chiriboga, D. A. 100, 159
Clarke-Stewart, K. A. 6, 14, 15, 28, 30, 31, 32, 34, 37, 46, 90, 91
Cleaves, W. T. 14
Clive, E. 193
Coane, J. 176
Cogan, R. 14
Cohen, L. J. 43, 44, 49
Coleman, J. S. 63
Colletta, N. I. 104
Colman, A. D. 17
Colman, L. 17
Coogler, O. J. 167
Cortes, C. F. 65, 83
Cotroneo, M. 53, 174
Cowan, C. P. 15
Cox, M. & R. 58, 67, 99, 100, 102, 104, 106, 108, 109, 110, 111, 112, 121–128, 132, 134, 135, 136, 137, 138, 154, 156, 161, 162, 200, 201
Coyne, J. C. 85
Crescimbeni, J. 57
Crockenberg, S. B. 18
Cronenwett, L. R. 17, 20
Cross, A. D. 46
Cusumano, D. R. 72, 74
Cuttler, L. 159

D'Andrade, R. G. 57, 71, 75, 76, 77, 80
Danzger, B. 16
Da Silva, G. 86
Defrain, J. 114
DelCampo, R. L. 172, 214, 224
Delgado, R. A. 85
Dennehy, C. M. 86, 87
Derdeyn, A. P. 132, 176, 219, 223
Desimone-Luis, J. 104, 161
Despert, L. J. 176
Deutsch, C. P. 61
Deutsch, H. 79
Deutsch, M. 56, 61, 63, 64
Deutscher Familiengerichtstag 1979, Arbeitskreis II 4 219
Deutsches Familienrechtsforum e.V. 218
Dickerscheid, J. D. 25, 33, 34, 46
Dick-Read, G. 18
Dixon, R. B. 193

Dixon, S. 16
Dominic, K. T. 138
Douglas, J. W. B. 60, 64
Douglas, V. I. 84, 85
Doyle, A. B. 48
Drake, C. T. 71, 72, 75, 76
Dunn, J. F. 20, 25
Dybowski, T. 192

Edmonson, M. S. 76, 84
Eekelaar, J. 193
Eirick, R. 176
Elliott, C. J. 174
Emmerson, P. E. 5, 43, 44, 48
Englesson, J. 24

Feig, E. 82
Fein, R. 17, 19, 20
Feiring, C. 14
Feld, S. 84
Feldberg, R. 105, 106, 107, 108, 110, 112
Feldman, S. S. 6, 44, 48
Ferguson, D. 109, 114, 117
Ferri, E. 57, 60, 61
Field, T. 6, 28, 31, 46
Fine, R. A. 9
Fine, S. 165
Fineberg, A. D. 200
Finzer, W. 3
Fisk, D. W. 16
Fleener, D. E. 42
Fleming, E. S. 65, 83
Foster, H. H. 169, 172, 193
Fowler, P. C. 63, 65, 67
Frankel, J. 31, 34
Freed, D. J. 193
Freedman, D. G. 46
Freud, A. 9, 10, 198, 203, 211, 225
Freud, S. 77, 78, 79
Friedman, H. J. 102, 110, 125
Friedman, S. 86
Frodi, A. M. 28, 49
Froiland, D. J. 176
Fthenakis, W. E. 4, 53, 67
Funkenstein, D. H. 65

Garbower, G. 85
Gardner, R. A. 176
Gasser, R. D. 117
Gay, M. J. 86
Gayton, R. A. 18
George, V. 106
Gersick, E. K. 114, 115, 116, 117, 118

Gewirtz, H. B. 34
Gewirtz, J. L. 34
Glick, P. G. 95
Goetsch, C. 17
Goetting, A. 122
Goldman, J. 176
Goldstein, J. 198, 203, 211, 225
Goldthorp, W. O. 19
Goode, W. J. 8
Goodrich, F. W., jr. 17
Gottman, J. M. 16, 90
Grandville-Grossman, K. 86
Greenacre, P. 10
Greenberg, J. B. 97, 112, 113
Greenberg, M. 24, 112
Greenstein, J. M. 74
Gregory, I. 63, 65, 83, 84, 85, 86
Grosskopff, R. 218
Guerney, L. 186
Gurin, G. 84

Haddad, W. 202
Haffter, C. 142
Hainline, L. 82
Hanks, C. 31, 33, 34
Happe, G. 189, 207, 223
Hardy, M. C. 85
Hardy, S. E. 86
Harlow, H. F. 10, 44, 49
Hart, S. 64
Hartshorne, H. 68
Hartstein, N. B. 175
Hartup, W. W. 16, 220
Hathaway, S. R. 74
Haworth, M. R. 86
Haynes, J. W. 166, 167
Hebb, D. O. 10
Heilbrun, A. B. 8
Heinrich, D. 192, 193
Helmreich, R. L. 8
Henneborn, W. J. 14
Herzog, E. 6, 15, 55, 59, 68, 72, 74, 83
Hess, R. D. 59, 61, 98, 131, 138, 161
Hetherington, E. M. 58, 67, 72, 73, 75, 76,
    80, 81, 84, 95, 99, 100, 102, 104, 106, 108,
    109, 110, 111, 112, 121–128, 132, 133, 134,
    135, 136, 137, 138, 151, 154, 155, 156, 161,
    162, 200, 201
Hill, D. W. 86
Hill, R. 11
Hillenbrand, E. 57, 61
Hipgrave, T. 102, 103, 105, 106, 107, 110,
    112, 114, 116

Hirsch, J. G. 62
Hoffman, L. W. 8, 11
Hoffman, M. L. 69, 70, 71
Holman, P. 85
Holstein, C. E. 69
Hopkinson, G. 86
Horkheimer, M. 3
Hornbein, R. 174
Hozman, T. L. 176
Hudgens, R. W. 86
Hunt, D. 104, 161
Hunt, J. McV. 10
Huttunen, M. O. 87

Ingham, H. V. 86
Ingham, M. E. 6, 44

Jackson, A. M. 174
Jacobsen, D. S. 138, 161
Jacobson, G. 80, 84
Jans, K. W. 189, 207, 223
Jenan, S. 17
Jones, H. E. 65
Jordon, L. 186
Josselyn, J. M. 24
Juritsch, M. 3

Kadushin, A. 83
Kagan, J. 75
Kagel, S. A. 85
Katkin, D. 225
Keeler, W. R. 86
Keller, H. 4, 34
Kelly, J. B. 98, 100, 107, 108, 124, 126, 127,
    131, 132, 134, 136, 137, 138, 139, 143,
    152, 155, 156, 160, 161, 162, 176–184, 200,
    201
Kennedy, W. A. 64
Kennell, J. H. 19
Kenniston, K. 196
Kerkhoff, W. 3
Kersey, K. C. 69
Keshet, H. F. 98, 106, 107, 110, 114, 117,
    125, 139, 140
Khollar, S. 4
Kitano, H. H. 63
Kitzinger, S. 19, 22
Klaus, M. H. 19
Klein, M. 9
Koch, M. B. 83
Kogelschatz, J. L. 104
Kohen, J. A. 105, 106, 107, 108, 110, 112
Kohlberg, L. 67, 75, 78

Koopman, E. J. 138, 161
Koslowski, B. 16
Kotelchuck, M. 6, 11, 16, 25, 42, 47
Krasner, B. R. 53, 174
Kunze, H.-R. 67
Kurdek, L. A. 100, 101, 126, 133, 139, 151, 152, 153, 155, 156, 157, 158, 159, 160, 161, 162, 163

Lachman, M. E. 105, 112, 113
Lamaze, F. 18
Lamb, M. E. 6, 11, 14, 16, 28, 29, 31, 32, 34, 41, 43, 44, 45, 46, 50, 52, 53, 54, 55, 80, 91, 151
Lambert, L. 64
Landolf, P. 3
Landy, F. 56, 57, 58, 60, 61, 62, 63, 64, 65, 67, 80
Langlois, J. 35
Langner, T. S. 84
Laosa, L. M. 71, 76
Lavinson, N. B. 69
Layman, E. M. 85
Leboyer, F. 18
Lechtman, D. 17
LeCorgne, L. L. 71, 76
Lehr, U. 4, 55
Leichty, M. M. 71
Leiderman, G. F. 83
Leitner, E. F. 35
Lempers, J. 16, 220
Lempp, R. 176, 218
Leonard, M. R. 10
Lessing, E. E. 57, 62, 63, 65, 80
Levine, M. 225
Lewis, K. 102, 107, 112, 113, 114, 115, 117, 118, 119, 120, 121
Lewis, M. 6, 13, 31, 42, 44, 46
Liljeström, R. 24
Liston, E. H., jr. 86
Long, J. M. 74
Longabaugh, R. 75, 77
Longfellow, C. 97, 133, 144, 146, 147, 149, 150, 151
Lowenstein, J. S. 138, 161
Luria, Z. 34
Luther, G. 218
Lynn, D. B. 24, 46, 55, 56, 71, 72, 73, 76, 80
Lytton, H. 12, 31, 46

Maccoby, E. E. 65, 66, 76
Macfarlane, A. 14, 60
Mackie, J. B. 64

Madow, L. 86
Mächtlinger, V. J. 9, 10
Main, M. B. 16, 43
Manela, R. 159
Manion, J. 17, 18, 20, 22
Manosevitz, M. 83, 84
Markus, G. B. 66, 67
Maxwell, A. D. 64
May, M. A. 68
McCall, R. B. 29
McCord, J. 75
McCord, W. 75
McDermott, J. F. 132, 133, 218
McDougall, D. 71, 72, 75, 76
McGarry, J. J. 86
Mead, M. 99
Meerloo, J. A. M. 69
Meier, E. G. 60
Mendel, G. 3
Mendes, H. A. 107, 113, 114, 118, 125
Merz, H. 4
Meyer-Krahmer, K. 4
Michael, S. T. 84
Miles, C. C. 74
Miller, B. 74, 83
Minister für Arbeit, Gesundheit und Soziales des Landes Nordrhein-Westfalen 193
Mischel, W. 69
Mitchell, D. 83
Mitscherlich, A. 3
Monachesi, E. D. 74
Morgenbesser, M. 200
Morris, N. 24, 112
Morrison, J. 86
Morton, J. H. 17
Moss, H. A. 33, 34
Mowrer, O. H. 79
Munro, A. 86
Murphy, L. B. 41
Musetto, A. P. 208, 211

Nash, J. 8, 21, 22
National Conference of Commissioners on Uniform State Laws 211
Nehls, N. 200
Nelsen, E. A. 65, 66
Nelson, D. 57, 62, 63, 65, 80
Nettelbladt, P. 24
Neubauer, P. B. 10
Newmark, L. L. 17, 20
Newson, E. 41
Newson, J. 41
Nichols, P. L. 64

Niskanen, P. 87
Norton, A. 86
Norton, A. J. 95

Oakley, A. 19
O'Brien, M. 102, 118
Oggenfuss, F. 97, 98, 99, 104, 106, 130
Ogston, D. G. 58
O'Leary, S. E. 6, 14, 16, 17, 20, 24, 26, 27, 30, 31, 48
Oltman, J. E. 86
O'Mahoney, K. 104, 161
O'Neal, P. 86
Orthner, D. K. 102, 107, 109, 112, 113, 114, 115, 117, 118, 119, 120, 121
Oshman, H. P. 65, 83, 84
Osofsky, J. D. 16
Ostermeyer, H. 212
Otterström, E. 60
Owen, M. T. 80

Pais, J. 96
Palmer, F. H. 58, 61
Palmer, R. C. 85
Parish, T. S. 82
Parke, R. D. 6, 11, 12, 14, 16, 17, 20, 24, 26, 27, 28, 30, 31, 32, 33, 34, 35, 36, 37, 38, 48, 49, 51, 52, 89, 90, 91, 220
Parkes, C. M. 123
Parsons, T. 7, 70
Patterson, G. 128
Pedersen, F. A. 5, 6, 8, 11, 12, 13, 14, 17, 20, 21, 25, 27, 31, 33, 48, 51, 52, 54, 56, 58, 62, 63, 85, 89
Pettigrew, T. F. 84
Piaget, J. 41
Pintler, M. H. 73
Pitts, F. N., jr. 86
Pohle-Hauss, H. 4
Pollak, O. 74
Power, T. B. 31
Prentice, B. 193, 200, 208
Prestien, H.-C. 214
Price, J. S. 86
Price-Bonham, S. 102, 103, 104, 110, 117
Provenzano, F. J. 34

Rabaa, V. 171, 214, 216, 220
Rafferty, F. T. 64
Ragozin, A. 48
Raschke, H. J. 97, 107, 134
Raschke, V. J. 97, 134

Rau, L. 66
Raush, H. L. 15
Rebelsky, F. 31, 33, 34
Redding, J. 85
Redican, W. K. 34
Reed, G. F. 86
Rees, A. H. 58, 61
Regan, R. A. 85
Rendina, J. 25, 33, 34, 46
Richards, H. C. 63, 65, 67
Richards, M. P. M. 19, 20, 25
Richmann, J. 19
Ricks, D. 86
Risen, M. L. 85
Robins, E. 86
Robins, L. N. 86
Robson, K. S. 5, 12, 25, 48
Rogers, W. B. 74
Rohrer, H. H. 76, 84
Roman, M. 202
Rosen, R. 153, 161, 169, 201
Rosenberg, B. G. 56, 57, 58, 60, 61, 62, 63, 64, 65, 67, 80
Rosenberg, C. M. 86
Rosenblatt, P. C. 14
Rosenblum, L. A. 6
Rosenthal, K. M. 98, 106, 107, 110, 114, 117, 125, 139, 140
Ross, G. 44, 47
Ross, J. M. 60, 64
Roussel, L. 226
Rowntree, G. 85
Rubenstein, J. 58, 62, 63
Rubin, J. Z. 34
Russel, G. 16
Russel, J. L. 85
Rutherford, R. N. 17
Rutter, M. 85, 97, 127, 133, 134, 154, 156
Ryder, R. G. 80, 84

Safilios-Rothschild, C. 34, 193, 207, 213
Salk, L. 142
Salts, C. J. 96
Santrock, J. W. 57, 60, 61, 62, 63, 64, 68, 69, 70, 71, 72, 73, 75, 80, 84, 120, 127, 161
Sawin, D. B. 6, 11, 16, 26, 27, 28, 31, 32, 33, 34, 35, 36, 37, 38, 48, 49, 51, 52, 89, 90, 92
Sawrey, W. L. 56, 71, 72, 73, 76, 80
Schaefer, E. S. 17
Schaffer, H. R. 5, 41, 43, 44, 48
Schaffer, R. 12, 16, 220
Scharmann, D. L. 3

Scharmann, T. 3
Scheinfeld, D. R. 62
Scherer, G. 3
Schlesinger, B. 98, 106, 107, 138
Schmidt, E. H. 86
Schofield, W. 86
Seagull, A. A. 135, 137
Seagull, E. A. W. 135, 137
Sears, P. S. 73
Sears, R. R. 73, 79
Sehti, B. B. 86
Seibert, U. 171, 214, 216, 220
Selman, R. L. 144, 152
Seward, G. H. 80
Seplin, C. D. 73, 85
Shelton, L. A. 65
Shereshefsky, P. M. 14
Shinn, M. 6, 15, 55, 58, 63, 65, 68
Siegman, A. W. 70
Siesky, A. E. 100, 101, 126, 133, 139, 151, 152, 153, 155, 156, 160, 162
Simitis, S. 193, 195, 196, 200, 212, 215, 218, 224
Simpson, H. R. 60, 64
Slovenko, R. 210, 211
Solnit, A. J. 198, 203, 211, 225
Solomon, D. 57, 62, 64
Somers, K. 48
Spanier, G. B. 105, 112, 113
Spelke, E. 44, 47
Spence, J. T. 8
Spitz, R. 41
Stack, C. B. 225
Standley, K. 14, 16
Stange, W. 171, 214, 216, 220
Stayton, D. J. 43, 47, 48
Steinberg, J. L. 211, 216, 219
Stender, F. 17
Stephens, W. N. 24, 80
Stolz, L. M. 73, 83
Stork, J. 3
Strain, B. A. 14
Studnitz, A. v. 218
Sudia, C. E. 6, 15, 55, 59, 68, 72, 74, 83
Suarez, J. M. 175
Suomi, S. J. 46
Sutton-Smith, B. 56, 57, 58, 60, 61, 62, 63, 64, 65, 67, 80

Tanzer, D. 19
Tavris, C. 8
Taylor, C. M. 117
Taylor, J. 14

Tellenbach, H. 3
Terman, L. M. 74
Thomas, A. 4, 15, 55
Thomas, A. 156
Thurber, E. 75
Thurnher, M. 102
Tiller, P. O. 72, 73, 74, 83
Tonge, W. L. 86
Tronick, E. 16
Tooley, K. 102, 132, 133
Tracy, R. L. 43
Trost, J. E. 192, 228
Trunnell, T. L. 56, 57, 85
Tseng, W. 132, 133, 218
Tucker, D. 104
Tuckman, J. 85
Turk, D. C. 101, 108, 112
Tuthill, R. W. 86

Uddenberg, N. 24

Veroff, J. 84
Vetter, A. 3
Vincent, C. E. 74
Viney, L. L. 101, 103
Vroegh, K. 65

Wachowitz, E. 218
Wahl, C. W. 86
Wallerstein, J. S. 98, 100, 107, 108, 124, 126, 127, 131, 132, 134, 136, 137, 138, 139, 143–152, 156, 160, 161, 162, 176–184, 200, 201
Wallmeyer, J. 218
Walters, R. H. 78, 79
Waring, M. 86
Warner, N. S. 174
Warner, N. W. 174, 214, 219
Warshak, R. A. 120, 127, 161
Watson, J. B. 78
Watson, M. A. 193, 204
Wegener, H. 218
Weinraub, M. 31, 34, 42, 44
Weiss, R. S. 103, 109, 123, 124, 132, 195, 196, 201
Weiss, S. D. 80
Weitzman, L. J. 193
Wente, A. S. 18
Werner-Bonus, E. 4, 34
West, S. 16, 26, 31
Westman, J. C. 142

Weston, N. L. 175
White, B. 10, 80
White, P. 96
White, R. M. 85
White, S. W. 125
Whiteman, M. 56
Whiting, J. W. M. 79, 80
Wilding, P. 106
Willemsen, E. 6, 44
Wilson, A. B. 63
Wilson, W. 83
Winch, R. F. 80
Winnicott, D. W. 10
Witcher, W. C. 106, 107, 110, 112, 114, 115, 117, 118, 125
Wittig, B. A, 42, 43

Wohlford, P. 57, 61, 69, 72, 73, 75
Wonnell, E. B. 17
Woody, R. H. 200, 211, 212
Wylie, H. L. 85

Yarrow, L. J. 14, 41, 58, 62, 63
Yarrow, M. R. 12
Yogman, M. W. 6, 12, 16, 28, 30, 31, 36, 46
Young, E. R. 82

Zagorin, S. W. 57, 62, 63, 65, 80
Zajonc, R. B. 66, 67
Zenz, G. 215
Zimmermann, R. R. 44, 49
Zurwieden, T. 214

Sachregister

Alter des Kindes 126, 132, 136, 139, 142ff., 153, 162
Alternative, am wenigsten schädliche 198, 211
Androgynie, psychologische 8, 90
Angstinterferenz 66
Anpassung alleinerziehender Eltern 101, 107, 117, 118ff.
Anpassung von Kindern 101, 151, 153, 156, 161, 162, 182, 185
Ansätze, systemanalytische 97, 130, 220
Anwälte (im Sorgerechtsverfahren) 115, 165, 166, 170, 172, 174, 175, 178, 214, *216f.*, 230
Anwalt des Kindes 159, 171f., 174, 224
„Arche-Noah-Syndrom" 98
Aspekt, normativer 98, 99
Aussöhnungswunsch 203, 205

Beratung (vgl. Scheidungsberatung) 100, 142, 161, 164ff.
Beratungsstelle am Familiengericht 168f.
Berufstätigkeit 11, 103, 104ff., 109, 134, 135
Besuchsrecht (vgl. Umgangsrecht) 165, 168, 171, 172, 201
Beziehung, dyadische 7, 12, 13, 14, 35, 36, 54, 89, 97
Beziehung, multiple 13, 89, 220
Beziehung, tetradische 13, 220
Beziehung, triadische 12, 13, 14, 26, 45, 54, 89, 91, 220
Beziehungen, familiäre nach der Scheidung 121ff., 161, 165
Beziehungen geschiedener Ehepartner 121ff., 161, 201, 202, 203
Beziehungen, sexuelle 110, 111, 112, 113, 123, 124, 135, 203
Beziehungen, soziale (vgl. Kontakte) *109ff.*
Beziehungsaspekt 99
Bindungen des Kindes 211, 217, 218, 226
Bindungsperson, primäre 10, 24, 40, 50, 51
Bindungstheorie 5, 10, 24, 41, 43, 45, 49, 51
Bindungsverhalten 5, 10, 40ff., 54, 91
„binukleare Familienstruktur" 140, 141

„California Children of Divorce Project" 176ff.

„chaotischer Lebensstil" 102, 108, 134
„Child Focus" 131

Defizit-Hypothese 15
Diskontinuität 16, 91
Disziplinierung (-smaßnahmen) 126, 127, 130, 132, 155, 161
Divorce Mediator 165ff.

Eheformen 158, 226
Ein-Eltern-Familie 59, 97, 98, 116, 119, 127
Eingriffsvoraussetzungen, staatliche 189
Einstellung, elterliche 38f.
„Elterliche Gewalt" (vgl. Sorge, elterliche) 159, 206
Eltern, alleinerziehende 95, 99, 103, 104, 106, 109, 111, 115, 132, 180, 184
Eltern, Lebensstil der 204, 205, 206
Eltern, Motivlagen von, 117ff., 208, 215
Eltern-Kind-Beziehung 6, 11, 12, 48, 51, 54, 89, 90, 92, 159, 177, 178, 179
Eltern-Kind-Interaktion 11, 51, 88, 99, 103, 104, 121, 127, 154f., 156, 173, 174
Elternrechte und Kindesrechte 53, 209ff.
Elternrechte und Elternpflichten 206ff., 224
Elternrolle 110, 159, 179
Elternschaft, alleinerziehende 98, 101, 141
Elternschaft, biologische 198
Elternschaft, psychologische 198
Elternteil, nichtsorgeberechtigter (vgl. Vater, nichtsorgeberechtigter; Mutter, nichtsorgeberechtigte) 23, 117, 134, 178, 179, 182
Elternteil, sorgeberechtigter (vgl. Vater, sorgeberechtigter; Mutter, sorgeberechtigte) 124ff., 128, 134
Empfinden, entwicklungsabhängiges 145ff., 151ff.
Entscheidungspraxis 200
Entwicklung, kognitive 37, 58, 60, 61, 66, 67, 78, 144, 147, 152, 162
Entwicklung, moralische 68f., 70, 71, 73
Entwicklung, psychosexuelle 6
Entwicklung, psychosoziale 82, *83, 84*
Erkundungskompetenz 28, 29
Erziehungsprioritäten der Elternteile 202, 204, 205, 206, 212, 218, 226
Erziehungsstil 125, 129, 139, 161
Exosystem 158, *160*

Familie, mutterlose 105
Familie, Prozeß- und Entwicklungseigenschaft der 221 f., 229
Familie, „scheidungsverdächtige" 223, 226
Familie, Systemeigenschaft der 99, 121, 124, 131, 138, 161, 169, 220 ff.
Familie, Teilsystemeigenschaft der 222 ff.
Familie, unvollständige 88, 97, 98
Familie, vaterlose 58, 59, 64, 67, 70, 75, 104
Familiengröße 64, 66 f.
Familienrichter (vgl. Richter)
„Family Center" 174 f.
„Family Court System" 168
Forschung, Qualität und Probleme der 96, 100, 116, 143, 153, 157, 158, 176, 225 ff.
Forschung und Intervention 143, 176 ff.

Geburt 16, *17 ff.,* 34, 38, 51, 87, 91
Geschlecht des Kindes 33, 34, 35, 36, 40, 58, 127 ff., 133, 136, 154 ff., 162
Geschlecht, elterliches 28, 32, 35, 40, 46
Geschlechtsrolle 8, 71, 72, 74, 81, 102
Geschlechtsrollenentwicklung 71, 72, 74 ff.
Geschlechtsrollenstereotypen 7, 102, 106, 107, 116, 159, 161
Geschlechtsrollenübernahme (-identifikation) 9, 66, *70,* 78
Gesetz zur Neuregelung des Rechts der elterlichen Sorge (vgl. Sorgerechtsgesetz)
Gutachten 211 ff., 217 ff., 227
Gutachter (vgl. Sachverständiger) 170, 172

Haushaltsführung 103, *107 ff.,* 132, 134, 135

Identifikation 70, 79, 80
Intelligenzdefizithypothese 67
Initiative zur Scheidung 103, 220
„integrative Perspektive" 157 ff.
Interesse des Kindes 141, 160, 162, 171, 197, 198, 199, 202, 213, 215, 216, 224
Intervention (-smaßnahmen) 4, 100, 120, 142, 153, 161, 164 ff.
Intervention, elternzentrierte 180 ff.
Intervention, kindzentrierte 153, 179 ff.
„Intimate Relationship" 112
Isolation 106, 111, 113, 135

Kinderbetreuung 103, *107 ff.,* 113, 160, 165, 184
Kinderrolle (vgl. Rolle des Kindes) 209 f., 213, 224
Kindesanhörung 212, 224

Kompetenz, elterliche 14, 26, 101, 121, 126, 128, 129, 139, 140, 177, 180
Kompetenz, kindliche 15, 29, 37, 39
Konfluenz-Modell 66 f.
Kontakt zum nichtsorgeberechtigten Elternteil 97, 128, 136 ff., 161
Kontakte, soziale (vgl. Beziehungen) 103, 107, 109 ff., 135
Kontakte, unterstützende (vgl. „Support Systems"; Unterstützung) 111, 113, 130
Kontaktverhalten 43, 45 ff., 50, 54
Kontinuität 16, 91, 102, 204, 226
Kriterien für Sorgerechtsentscheidungen 211 ff., 219, 222

Langzeitprognosen 204, 221 f., 225
Lebensbedingungen geschiedener Familien 100 ff.
Leistung, kognitive 60 ff., *64 ff.,* 67
Lernen, reziprokes 79

Makrosystem *158,* 159
Mesosystem 158
„Michigan's Friends of the Court" 171
Mikrosystem 158, *161*
Minderwertigkeitsgefühle 108, 110
Modell, mechanistisches 16, 88, 90
Modell, organismisches 16
Mutter, alleinerziehende 23, 83, 97, 98, 100, 101, 102, 104, 105, 106, 112, 113, 114, 116, 117, 119, 126, 128, 134, 158
Mütter, alleinerziehende, Interaktion mit Kind 124 ff., 139
Mütter, alleinerziehende mit Söhnen 109, 120, *127 ff.,* 132 ff., 155
Mütter, alleinerziehende, nichtberufstätige 107, 113, 124
Mütter, nichtsorgeberechtigte 99, 124
Mütter, sorgeberechtigte 108, 122, 124, 129, 130, 140
Mutterabwesenheit 10, 30
Mutteranwesenheit 30
Mutterersatz 52
Mutter-Kind-Beziehung 3 ff., *9 f.,* 12 f., 15, *32 f.,* 40, 43, 45, 47 f., 52, 89, 126, 128, 130
Mutter-Kind-Interaktion 19, *24 ff.,* 33, 71, 81
Mutterrolle 13, 196
Mutter-Substitut 119
Mutterverlust 87

Nachscheidungszeit 96 ff., 221, 226
Normen, gesellschaftliche 96, 98, 114, 122, 158

Objektpermanenz 41, 91
Ödipuskomplex 77, 78

Paragraph 1671 BGB 189, 194, 211
Partnerersatz, Kind als 130ff.
Personensorge 191, 192
Perspektive des Kindes 99, 160, 162, 165, 224 f.
Phase, sensible 19
Position in der Geschwisterreihe 33, 35, 36
Präferenz für einen Elternteil 49, 50, 52, 53
Probleme, emotionale 109ff., 134, 141
Prozeßcharakter der Scheidung 96, 97, 99, 100, 157, 160, 164, 175
Prozeß- und Entwicklungsdaten, Erhebung von 210, 213, 219, 222, 225
Psychoanalyse 5, 9, 23, 40, 43, 45, 48, 77
„Puffer-Effekt" 127

Reaktionen, altersspezifische 143ff.
Reaktionen, geschlechtsspezifische 154ff.
Rechtsstellung des Kindes 159, 171
Rechtsstellung des Kindes im Sorgerechtsverfahren 197, 199, 201, 213, 215, 224, 229
„Restfamilie" 99
Reziprozitätssystem der Eltern-Kind-Beziehung 209, 213, 220ff.
Richter 165, 166, 171, 172, 200, 210, 211, 212, *214f.*, 216, 217, 218, 219, 227, 229f.
Rolle des Kindes (vgl. Kinderrolle) 161, 178
Rollenangleichung 39
Rollendifferenzierung 27
Rollenerwartung 109, 110
Rollenkonvergenz 32, 33
Rollenlernen 79, 80
Rollenteilung 6, *7ff.*, 8, 11, 24, 27, 28, 39, 53, 88, 102, 103, 135, 159
Rollenumkehr 32, 33
Rollenumkehrung (-substitution) 131, 132
Rollenverhalten 33, 51, 52, 91
Rollenverständnis 24
Rollenunsicherheit 137

Sachverständiger (vgl. Gutachter) 200, 212, 214, 215, *217ff.*, 228f.
Scheidungsberatung und -prophylaxe (vgl. Beratung) 227, 229
Scheidungsentschluß 155, 164, 178
Scheidungsstatistik 95, 115
Scheidungsvorgang, Verrechtlichung des 216, 224, 229
„Scheidungswaisen" 99
Schicht, sozioökonomische 58, 63, 65, 75, 76

Schuldprinzip 115, 199
Schwangerschaft 14, 16, *17,* 18, 19, 21, 22, 23
Selbstkonzept 71, 98, 109, 111, 112, 134
Selbstverständnis 106, 116, 139
„Separation Distress Syndrom" 123
Setting, naturalistisches 16, 50, 90
Situation, finanzielle 103, *104ff.*, 134, 135, 161
Sorge, elterliche 159, 189
Sorgerecht, elterliches 98, 165, 168, 171, 172, *189ff.*
Sorgerecht für jüngere Kinder 53, 115, 193, 195, 211
Sorgerecht, gemeinsames (elterliches) 8, 23, 40, 52, 53, 192, 193, 194, 200ff., 227f.
Sorgerecht, Verzicht auf 116
Sorgerechtsempfehlung 172, 173, 174, 175
Sorgerechtsgesetz 189, 206
Sorgerechtsregelungen, Begründungsmuster für 194ff.
Sorgerechtsregelungen, Formen von 190ff.
Spielstil 30, 45, 46, 47, 52
Spielverhalten 28, 154
Status, sozio-ökonomischer 58f., *104f.*, 117, 179
Stiefvater 57, 62, 84
Stimulierung 35, 37, 38
Strukturaspekt 97, 99
„Stuttgarter Modell" 169ff.
Surrogat 9, 56, *57, 62,* 75, 84
„Support Systems" (Rückhaltesysteme) (vgl. Kontakte, unterstützende; Unterstützung) 22, 130, 182, 185
Symptomformen 142, 145ff., 183
System, ontogenetisches 158, *162*

Tender Years Doctrine (vgl. Sorgerecht für jüngere Kinder)
„The Divorce Experience" 164f., 168
Trennung 10, 42, 49, 56, 57, 59, 60, 61, 73, 75, 84, 85, 86
Trennungsprotest 41, 42, 44, 47, 51

Überlastung alleinerziehender Eltern 103, 106, 107, 108, 109, 134
Umgangsrecht (vgl. Besuchsrecht) 191, 198, 201, 208, 209, 227
Unterhaltszahlungen 107, 160, 167, 171, 172, 207, 221
Unterschiede, kulturelle 63, 76
Unterstützung (vgl. Kontakte, unterstützende; „Support Systems") 100, 158, 160, 161, 182, 184, 185

Väter, alleinerziehende 8, 23, 100, 101, 105, 106, 110, 112, 113, 114, 115, 125, 158
Väter, alleinerziehende mit Töchtern 120, 129
Väter, nichtsorgeberechtigte 97, 99, 102, 111, 118, 122, 124, 126, *134ff.,* 180, 184
Väter, sorgeberechtigte 102, 105, 114, *115ff.,* 122, 124, 125
Vaterabwesenheit 4, 5, 6, 15, *54ff.,* 97, 141
Vateranwesenheit 17, *18ff.,* 31, 54, 55, 82
Vaterforschung 4, 5, 6, 11, 15, 54, 55, 56, 88, 90
Vaterrolle 6, 8, 9, 10, 54, 134, 155, 196
Vaterschaft 22
Vaterverlust 57, 59, 60, 66, 81, 86, 87
Vater-Kind-Beziehung 3f., 9, 11f., 15f., *32f.,* 43f., 47f., 52, 77, 89, 91, 118, 120, 124, 130, 134f., *136ff.*
Vater-Kind-Interaktion 16, *24ff.,* 30, 33, 37, 67

Vater-Mutter-Beziehung 13, 15, 89
Verfügbarkeit 55, 56, *62,* 67, 75
Verhalten, antisoziales 70, 73, 133
Verhaltensauffälligkeiten 82, 84ff., 127, 133, 141, 142, 145ff., 154ff., 176, 183
Vermögenssorge 191
Verstehen, entwicklungsabhängiges 144ff., 151ff.
„vielgerichtete Parteilichkeit" 174
Vokalisierung 35ff.
Vorhersagbarkeit 204, 205, 218

„Warren Village" 184f.
Wiederverheiratung 62, 110, 123
Wohl des Kindes 134, 163, 174, 175, 194, 197, 207, 209, 210ff., 214, 216, 223, 226, 228

Zerrüttungsprinzip 199

(Kursiv gedruckte Stichwörter und Seitenangaben beziehen sich auf Überschriften.)

Lehrbücher
und Studientexte

Oerter/Montada
Entwicklungspsychologie
1982. 944 Seiten, kartoniert DM 29,80   ISBN 3-541-09961-5

Davison/Neale
Klinische Psychologie
1982. 2. unveränderte Aufl., 692 Seiten, geb. DM 58,-   ISBN 3-541-09071-5

Ballstaedt/Mandl/Schnotz/Tergan
Texte verstehen – Texte gestalten
1981. 350 Seiten, kartoniert DM 32,-   ISBN 3-541-09901-1

Beck/Rush/Shaw/Emery
Kognitive Therapie der Depression
1981. 399 Seiten, gebunden DM 48,-   ISBN 3-541-09531-8

Fliegel/Groeger/Künzel/Schulte/Sorgatz
Verhaltenstherapeutische Standardmethoden
1981. 302 Seiten, kartoniert DM 28,-   ISBN 3-541-09881-3

Keller
Grundlagen der Motivation
1981. 464 Seiten, 80 Abbildungen, gebunden DM 48,-   ISBN 3-541-09741-8

Whitbourne/Weinstock
Die mittlere Lebensspanne
Entwicklungspsychologie des Erwachsenenalters
1982. 340 Seiten, kartoniert DM 38,-

U&S Psychologie